佛山市社会科学界联合会

佛山科学技术学院佛山岭南文化研究院

广东地域文化传承与研究

Studies on Regional Culture Inheritance in Guangdong

主　编　邓　翔

副主编　李若岚　谢中元

暨南大學出版社
JINAN UNIVERSITY PRESS

中国·广州

图书在版编目（CIP）数据

广东地域文化传承与研究 / 邓翔主编;李若岚，谢中元副主编 . —广州：暨南大学出版社，2016. 11

ISBN 978 - 7 - 5668 - 1957 - 4

Ⅰ. ①广… Ⅱ. ①邓…②李…③谢… Ⅲ. ①文化史—研究—广东 Ⅳ. ①K296. 5

中国版本图书馆 CIP 数据核字（2016）第 247341 号

广东地域文化传承与研究

GUANGDONG DIYU WENHUA CHUANCHENG YU YANJIU

主　编：邓　翔　副主编：李若岚　谢中元

出 版 人：徐义雄
策划编辑：潘雅琴
责任编辑：潘雅琴　潘江曼　焦　婕
责任校对：冯　琳　牛　攀
责任印制：汤慧君　周一丹

出版发行：暨南大学出版社（510630）
电　　话：总编室（8620）85221601
营销部（8620）85225284　85228291　85228292（邮购）
传　　真：（8620）85221583（办公室）　85223774（营销部）
网　　址：http：//www. jnupress. com　http：//press. jnu. edu. cn
排　　版：广州良弓广告有限公司
印　　刷：佛山市浩文彩色印刷有限公司
开　　本：787mm × 960mm　1/16
印　　张：21. 125
字　　数：426 千
版　　次：2016 年 11 月第 1 版
印　　次：2016 年 11 月第 1 次
定　　价：45. 00 元

前　言

为繁荣广东省哲学社会科学研究，促进广东省社会科学理论创新，由广东省社会科学界联合会主办，佛山科学技术学院（佛山岭南文化研究院、中国语言文学重点培养学科）、佛山市社会科学界联合会等单位承办的2015年广东省社会科学学术年会佛山分会，于2015年10月30日在佛山科学技术学院举行，来自全省社科界的专家学者及省内主要科研部门的负责人共计140多人参加了大会。本次学术年会佛山分会以“地方特色文化的研究与传承”为主题，围绕主题大家畅所欲言、各抒己见，既有理论性的科学阐发，也有具体化的个案分析，对广东省社会科学的研究和发展作了多角度的深入探讨，为广东地方特色文化的研究与传承提出了诸多具有启发性意义的建议，取得了丰硕的科研成果。

此次举办以“地方特色文化的研究与传承”为主题的广东省社会科学学术年会具有较为重要的意义。首先，在“建设文化强省”背景下拓展深化对岭南文化的研究和发掘。《广东省建设文化强省规划纲要（2011—2020年）》提出建设广东文化强省，为岭南文化赋予了新的发展机遇。此次学术年会有助于聚合岭南文化研究领域的专家学者，拓展深化在“建设文化强省”背景下对岭南文化的新一轮研究和发掘，推动广东地方特色文化传承保护、文化事业发展、文化产业繁荣和精神文明建设。其次，为佛山“文化导向型城市”建设提供智囊支持。佛山是国家级历史文化名城，有着文献之邦、衣冠之薮、工商巨镇、民间艺术之乡等美誉。近年来，佛山提出了建设岭南文化名城的宏伟目标，2015年又启动了文化升级两年行动计划，提出建设岭南风韵突出、城市形象鲜明的文化导向型城市。佛山作为岭南文化名城，文化产业生机勃勃，具有数量居全省前列的国家非遗项目、多个国家级文化产业示范基地、影响较大的文化品牌活动等，丰富的岭南文化资源也为此次学术年会提供了充足的研究资源。本次学术年会开展对岭南文化资源进行整理开发和学术研究，为佛山“文化导向型城市”建设提供了文化支撑、智力支持。

繁荣哲学社会科学需要理论先行，大会围绕“文化遗产”“文学艺术”“历史文化”和“文化创意”四个主题进行研讨，共收集到全省社科界专家学者106篇优秀学术论文。为了使研究成果能够进一步发生作用，我们决定把这些优秀论文辑成《广东地域文化传承与研究》，以飨读者。

佛山市社会科学界联合会主席　邓翔

2016年9月

目　录

历史文化

文化创意

文化遗产

开平碉楼与村落

——跨越时空的乡村风景

广东外语外贸大学 李于昆

2007 年 6 月 28 日，在新西兰基督城召开的联合国教科文组织第 31 届世界遗产委员会大会上，“开平碉楼与村落” 申报世界文化遗产项目顺利通过表决，被正式列入《世界遗产名录》，成为我国第 35 处世界遗产，广东省第一处世界文化遗产。

开平碉楼是中国乡土建筑的一个特殊类型，是一种集防卫、居住和中西建筑艺术于一体的多层塔楼式建筑。根据现存实证，开平碉楼最迟在明代后期（16 世纪）已经产生，到二十世纪二三十年代，随着大量华侨回乡置业，开平碉楼出现了一个前所未有的鼎盛时期，形成了侨房建设的高潮，如今人们所见到的碉楼大多建成于这一时期，由此发展成为表现中国华侨历史、社会形态与文化传统的一种独具特色的群体建筑形象。

碉楼申遗成功前的 2006 年 9 月，联合国教科文组织世界遗产委员会委托国际古迹遗址理事会派遣马来西亚籍古建筑专家卢光裕等一行，对开平蚬冈镇锦江里、塘口镇自力村、百合镇马降龙、赤坎镇三门里四个申报点的核心区和缓冲区进行了考察。专家评价道：开平碉楼与村落是全世界最美的乡村，堪称民间主动融合不同文化的典范，这样的历史文化遗迹在全世界是独一无二的。

一、中国乡土气息的西式建筑

开平碉楼与村落从它的繁盛期到现在历史不过百年，却是中国民居建筑中一项绝无仅有的融中西建筑样式为一体的经典创造。

开平现存 1 833 座碉楼，其整体结构成功地结合了东西方建筑物的外形、建筑元素和装饰部件等，既有中国传统的硬山顶式、悬山顶式，也有国外不同时期的建筑形式和风格，如罗马柱、拱券、穹窿顶、伊斯兰尖券，还将洛可可风格和巴洛克建筑的山花、新艺术运动的装饰手法以及工业派的建筑艺术表现形式融入其中，形成了别具特色的中西结合的庭院式、别墅式的建筑。它们散落在村庄或郊外，并且运用多样物料，包括大量采用钢筋混凝土等，这在当时亚洲的广大乡村建筑中是独一无二的，反映了侨乡文化的超前性和创新性，在中国乡村建筑史上堪称奇迹，被誉为“令人震撼的建筑艺术长廊”。

有“开平碉楼第一楼”之称的瑞石楼是开平建筑艺术价值最高的碉楼，建筑造型呈现出中世纪意大利城堡风格。瑞石楼在立面上运用西洋式窗楣线脚、柱廊造型，大量的灰塑图案中融入了中国传统的福、禄、喜、寿等内容，在西洋的外表下蕴含着浓郁的传统文化气息。建筑立面上的“瑞石楼”三个字刚劲隽秀，很多楼层还刻上了“富贵吉祥”“世界大同”等字。

开平碉楼除了亦中亦西的建筑风格外，室内陈设也有明显的中西合璧的痕迹。虽然外表西式，但只要进入碉楼，就会发现其无论是生活用具，还是壁画内容，都是很传统的中国风格。比如“神龛的制作，除了雕刻有龙、凤、麒麟、喜鹊、鹿、梅花、竹等图案外，还会有罗马柱、拱券或伊斯兰尖券结合的混合造型（如赤华镇耀华坊俊庐和化德楼的神龛）”①。在开平自力村保存最完好、陈设最豪华的碉楼——铭石楼里，首层正中悬挂着楼主方润文与三位太太的大幅照片，顶层供奉着方家的祖宗牌位。当然，室内除了摆设精美的岭南家具外，也有舶来品：美国式座钟，法国香水，德国的落地钟、留声机、缝纫机等。

来自不同旅居地侨民的不同审美观，造就了开平碉楼的千姿百态。碉楼不仅融合了不同国家的建筑元素，而且在造型上没有重复，从它们的材料、功能、结构上可以看出，当时华侨受西方个性张扬、观念自由的影响很深，他们标新立异，当然也传递着一种互相攀比和光宗耀祖的意愿。

西式风格与乡村生活的结合，或许使开平碉楼不像学院派的设计那样规范，然而，正是它的“不土不洋”，成就了碉楼的独特价值——富有中国乡土气息的西式建筑。因此，在开平碉楼里看到的不只是单纯的建筑上生硬的中西融合，还有一种颇具智慧的创造以及表达生活愿望的主动融合。

二、碉楼的类别和建筑样式

开平碉楼种类繁多，从建筑材料来分，大致有以下四种：

（一）钢筋水泥楼

这种楼多建于二十世纪二三十年代，是华侨吸收了世界各国建筑不同特点后设计建造的。整座碉楼全部用水泥、砂、石子和钢筋建成，极为坚固耐用，但由于当时的建筑材料靠国外进口，造价较高，为节省材料，有的内面楼层也用木阁建造。

---

① 梅伟强．信仰虔诚　人神共居　中西融合［J］．五邑大学学报（社会科学版），2007（1）．

（二）青砖碉楼

青砖碉楼包括内泥外青砖、内水泥外青砖和青砖砌筑三种。①内泥外青砖。这种碉楼，实际上就是泥砖楼，不过，它在泥墙外表铺上一层青砖，这样不但美观，而且可以延长碉楼的使用寿命。②内水泥外青砖。这种碉楼的墙，表面看上去是由青砖建造而成，其实是里、外青砖包皮，中间用少量钢筋和水泥建成。这样既可使楼较为坚固，又能比全部用钢筋水泥省钱，且更加美观。③青砖楼。这样楼全部用青砖砌成，比较经济、美观、耐用，适应南方雨水多的特点。

（三）泥楼

包括泥砖楼和黄泥夯筑楼两种。泥砖楼是由将泥晒干制成的泥砖建造的。为了延长泥砖的使用寿命，工匠们在建筑时，往往在泥砖墙外面抹上一层灰沙或水泥，用以防御雨水的冲刷。黄泥夯筑楼的建筑原料是黄泥、石灰、砂、红糖，按比例混合拌成后用两块大木板夯筑成墙。这样夯筑而成的黄泥墙一般有一尺多厚，其坚固程度可与钢筋水泥墙相媲美。

（四）石楼

石楼是用山石或鹅卵石作建筑材料，外形粗糙、矮小，却坚固耐用，这种碉楼数量极少，主要分布在大沙等山区。

开平碉楼的建筑风格和装饰艺术千姿百态。碉楼的造型变化主要表现在塔楼顶部。从现存的碉楼来看，楼顶建筑的形式可以归纳为一百种，比较美观的有中国式屋项、中西混合式屋顶、古罗马式山花顶和穹顶、美国城堡式屋顶、欧美别墅式房顶和庭院式阳台顶等形式。

碉楼在总体造型、建筑构件和表现手法上，将中国传统的建筑艺术与西方建筑风格融为一体，而不单纯是某一时期、某一国家、某一地域建筑艺术的引进，这就是我们无法将开平碉楼和民居具体归入某种西方建筑风格的原因所在。准确地讲，开平碉楼应该是中外多种建筑风格“碎片”的组合，是多种建筑类型相互交融的产物。

开平碉楼尽管在用材、建筑、装饰形式上各有差异，但门窗窄小，铁门钢窗，顶层四边均设有枪眼是它们的共同特色。枪眼大体上都成长方形或“T”字形，有的碉楼更是在顶层四角建有突出楼体的“燕子窝”，从“燕子窝”的枪眼居高临下便可以对碉楼的上下左右形成全方位的控制。碉楼顶层多设有瞭望台，不少还设有枪械、火炮、石块、铜钟、警报器、探照灯等装置，这使百姓的生命财产得到很好的保护。

三、碉楼的历史、艺术和科学价值

开平碉楼与村落的产生和发展，反映出一种特别的历史、艺术和科学价值，它们是在特有的历史与自然环境中，中外文化交流、人类文明和平交融的结果，体现着人类不同文化与创造相互交流、促进，共同发展的久远历程与伟大的成就。

第一，开平碉楼是中国社会转型期不可多得的主动接受外来文化的重要历史文化景观。开平碉楼大规模兴建的年代，正是中国传统社会向近代社会过渡的阶段，外来文化对传统文化的冲击方式各不相同。国内一些沿海沿江大城市的西式建筑主要是被动接受的舶来品，而以开平为中心出现的碉楼群，则是中国乡村民众主动接受西方建筑艺术并将其与本土建筑艺术融合的产物，他们不仅带回了外国的建筑文化，还带回了西方的制度文化、观念文化和其他器物文化，将这些西方文化和本土文化较好地融合在一起，充分体现了他们面对外国先进文化时的一种自信、开放、包容的心态，他们把自己的所见所闻，加上自己的审美情趣，融注在碉楼上。

建筑，本就属于艺术的范畴，侨民乡民在建造这数千座碉楼的时候自觉或不自觉地创造出一种别具特色的文化景观，因而具有特殊的历史文化价值。

第二，开平碉楼是外国建筑艺术大规模移植中国乡村的集中展示和杰出代表。像这样多种风格、多种类型的外国建筑元素在中国乡村完好地保存下来，开平碉楼是一个非常特殊的载体，它成了中国乡土建筑中一道独特的景观，十分珍贵，是一个首创。国际古迹遗址理事会世界遗产协调员亨利·克里亚第一次看到碉楼后就表示，“我不知道用什么来形容我所看到的东西。我所看到的这些建筑是独一无二的。我访华这么多次，在这么长的时间中，我在中国的其他地区都没有发现这种现象——当地人走出去，走到西方，把西方的一些文化带回到他们的家乡”。他认为开平碉楼与村落的价值在于其背后隐藏的文化意味——中西文化是可以相互借鉴、融合、发展的，而不是单一的对抗关系。

第三，开平碉楼最典型地代表了中国华侨文化的特质。华侨是中华文化的传播者。中外多种文化的交融和碰撞是发展的必然产物，它所带来的文化冲突势必广泛触及中国传统社会的方方面面，这也是世界移民文化的共同规律。这种文化的冲突和交融，在开平表现得极为外在化。保持着自己的传统且融合中西建筑文化的乡土建筑在开平举目皆是，随走到一座碉楼和民居都可以看到中外文化交融的痕迹和创新，这种创新“一方面体现在按照自己的意愿选取不同的外国建筑综合在一起，自成一体；另一方面体现在结合现实需要对外国建造构件进行有效的改造，既不失去原有的风格，又富有现实意义”①。如柱廊是一种源自古希腊神庙的古典建筑样式，从单纯的美学意义考虑，它的主要特点是等距离排列的西式列柱与拱券结合，呈开敞状，显得富贵典雅。开平碉楼的柱廊多为步廊，有一面柱廊、三面本廊和四面柱廊之分，兼具休息、巡逻等实际功能，这与古希腊神庙的柱廊建筑相比，显然具有创造性的发展。因此，完全可以说，开平碉楼非常突出地体现了中国华侨文化的创新性和普遍性。华侨华人不仅是国际移民，也是中华文化的传播者。开平碉楼与村落体现了华侨文化的特点，也是国际移民文化的一处遗产，反映了跨国、跨地域的迁移所带来的文化交流，这种遗产项目在现有世界遗产中是极其罕见的。

第四，开平碉楼是将世界先进建筑技术广泛引入中国乡村民间建筑的先锋。近代中国城镇建筑已经大量采用国外的建筑材料和建筑技术，开平碉楼作为一种乡土建筑也大量使用了进口水泥、木材、钢筋、玻璃等材料。钢筋混凝土的结构改变了以秦砖汉瓦为主的传统建筑方法，这使建筑物加强了防洪防涝和防卫的功能，同时又突出形式的变化和美感。开平既是华侨之乡又是建筑之乡，在 20 世纪早期就有大批人在境内外从事建筑业，发展到现在已拥有 50 余家建筑公司 8 万多名建筑从业者。开平的华侨和工匠较早地掌握了西方的建筑构件和建筑艺术，他们是西方先进建筑材料和技术的引进者。正是他们，才使开平碉楼为丰富中国乡土建筑的内涵做出了突出的贡献。

第五，开平碉楼寄寓了侨乡人民的传统环境意识，是规划、建筑与自然环境、人文理念的完美结合。碉楼这种单体建筑主要分布在村后，与四周的竹林、村前的水塘、村口的榕树构成了根深叶茂、平安聚财、文化昌盛的和谐环境。还有开平碉楼所蕴含的追求和平的故事，从开平的名字到很多碉楼和村屋的命名，都与和平的“平”字有关。这样的命名不难理解，它表现了在社会动荡的 20 世纪早期，老百姓大量兴建碉楼时所寄托的愿望。而点式的碉楼与成片的民居相结合，在平原地区宛如全村的靠山，满足了村民需要安全保护的心理。从民居到碉楼，由低到高的过渡表达了村民“步步高升”的愿望。

从这方面看，开平的碉楼和村落，突显了传统人类定居的错综复杂的多层历史，代表着在特定时间、特定地点发展的独特文化。重要的是，开平碉楼是侨乡民众构建和谐生存环境的重要物质载体。

四、和谐统一的生态文化景观

在申遗的过程中，开平碉楼的申报题目经历了从“开平碉楼”到“开平碉楼与村落”的变化，开平的村落也成为世界文化遗产中与碉楼密不可分的一部

① 林翰．解读开平碉楼的历史文化信息［J］．特区经济，2006（2）．

分。世界文化遗产的标准有六条，符合其中一条就具备申报条件，而开平碉楼与村落符合四条标准，其中最核心的是：没有相同的历史、社会、政治、经济、文化条件，不可能再产生这样的建筑形态。在近代史上，中国传统文化接受外来文化的冲击多带被动色彩，像香港、澳门等地留存的近代建筑，都具有典型的殖民统治文化特点；而以开平为中心的碉楼群，则是中国乡村民众主动接受西方建筑文明的产物，充分体现了广东人那种“人无我有”的开放胸怀和融会变通的创新精神。碉楼创造了中外文化和谐相处、共生共荣的状态。正如“开平碉楼与村落”申遗首席专家、五邑大学张国雄教授在《开平碉楼与民居》一文中指出的，在建造这数千座碉楼的时候，人们不经意地便创造出一种绝世艺术，一种别具特色的文化。

开平现存的散落在 3 060 个村落中的 1 833 座碉楼，几乎每一座碉楼都是依山、面水、近田，与周边的河流、池塘、田野、山丘、树林等连成一体。走进碉楼与村落，村前的水塘、村口的榕树、四周的竹林、村后的碉楼，这些构成了开平村落特有的共性，是人与自然的完美结合。行走在开平的乡村间，高大坚固、造型独特、中西合璧的古老建筑随处可见，多者一村十几座，少者一村两三座，连绵数十公里。别致、挺拔的碉楼与质朴的村落、竹林、果园、山水、稻田，甚至日落日出的景象，共同构成了优美的文化景观，杰出地展现了人与自然和谐统一的生产、生活和居住方式。

可以设想，如果只是碉楼申遗，那它可能只是强调遗产的考古价值或美学价值，加上村落后，中西合璧的碉楼就能和谐地融人东方农耕文明中。碉楼与外部环境中的竹林、池塘、田野、山丘、树木等连成一体，浓缩了开平百余年社会转型变化中个人、家庭、家族的生活变迁，形成一道独具侨乡特色的农耕文化景观。

目前国际上文化遗产的价值观正在发生改变，专家们开始把人与环境、人与文化之间的关系放到了首要位置，把视线转移到“活”的文化遗产上。开平碉楼与村落展示给人们的恰恰是这样的人文景观，它展示了一种特定的历史文化内涵，即近代华侨的生活与思想的演变和发展过程，更展示了一种和谐统一的生态文化景观。

总之，开平碉楼与村落见证了中西方文化交流的重要阶段，为渐趋消逝的近代文明提供了独特的见证，对中国近代建筑史产生过重大影响，成为人类居住的杰出范例。开平碉楼罕有地体现了近代中西文化在中国乡村的广泛交流，它融合了中国传统乡村建筑文化与西方建筑文化，也是那个历史时期，中国移民文化与不同族群之间文化相互影响、交融、促进人类共同发展的最有说服力的历史见证。同时，开平碉楼丰富的建筑风格，凝聚了西方建筑史上不同时期不同国家和地区的建筑风格，与中国的乡村建筑风格相融，成为一种独特的建筑艺术形式，极大地改变了当地的人文与自然景观，具有突出的历史价值、艺术价值和科学价值，是一道跨越时空的乡村风景。

注：本文部分资料源于下列网站，引用时未能一一注明出处，特此说明并鸣谢！

http：/www. kaipingdiaolou. com.

http：//www. wenhuacn. com/news_ article. asp? classid = 19&newsid = 6047.

http：//heritagetourism. bokee. com/5583907. html.

http：//hi. baidu. com/qwxa/blog/item/241a1dedb72ba7d6b21cb16e. html.

以重塑价值为手段推动乞巧的活化传承

广州市社科院　梁凤莲

珠村是广州典型的城中村，耕地的消失使得珠村曾经拥有的农业经济、农村组织荡然无存，便利的交通、大量的外来人口等城市化要素成为珠村的新特色，村中祠堂、寺庙等历史建筑和乞巧等民俗文化，随着文化土壤的流失，逐渐演变为确证传统的标本，进入被保护的行列。

乞巧节内在的、最根本的困境，在于节日信仰的消亡和文化功能的减退。乞巧节的形成，来源于民众的信仰支撑，古代天地一体、原始崇拜的思想，导致人们寄望于天，这个节日得以发展，正是因为它满足了封建社会女性渴求灵巧的需求，是典型的古代男耕女织经济模式的反映。在耕地面积大量减少的城中村，男耕女织已经不再是现代村民的谋生方式。乞巧节存在的社会根基已经受到动摇，乞巧节所蕴含的乞求巧智、乞求姻缘的祈福功能，不能满足现代社会女性的需求，个性意识的增强和个人主义的崛起，使得女性相信自己胜于相信上天，传统的乞巧信仰已经被当今社会所忽略，乞巧节功能转型势在必行。

活化乞巧，推动乞巧节离开政府扶持，重新回到民间、扎根民间、深入民间，作为活态节日存在，用学术语言来表述这一行为，就是在特定时代、特定区域，处于不同社会地位、承担不同社会角色的社会成员在特定情境下对节日习俗活动的全部或部分实践。用通俗的话来说，就是必须有一定数量的人把这天当作“节日”来过。

对于普通百姓来说，随着社会变迁，农耕时代寄托在乞巧节中的信仰已经不复存在，乞巧节的价值何在，为什么要过这个节，是迫切需要解答的问题。“情感”是人们希望在节日中找到的东西，这也是节庆的价值所在，乞巧节必须带给大家新的情感体验，唯有重塑价值、重建情感体验，乞巧节才能受到民众的喜爱，而不仅仅是政府的文化惠民行动。

对于传统文化的活态传承，还需要区分日常文化行为与节庆文化形态。乞巧是一种文化行为，它与乞巧节最大的不同在于时间的固定与否：乞巧可以日常化，但乞巧节不行。乞巧节是一个民俗节日，它的形态构成包括特殊的名称、在历法中的特殊位置、特殊的活动内容、特殊的活动空间、参与主体特殊的情感寄托等众多要素。

传承乞巧节与活化乞巧紧密联系在一起，把握两者的区别，有助于我们推广乞巧，没有活化了的乞巧，人们便没有对节日的期盼；没有乞巧节，人们也就失去了对于乞巧的热爱，二者互为因果、相辅相成，从政府部门的角度来看，工作同样包括了活化乞巧和转型乞巧节两大板块。

一、目前国内传承乞巧节的办法

（一）文化内涵重构

乞巧节本身具有两种意义的维向：它可以是歌颂少女心灵手巧的成人礼，也可以是歌颂坚贞爱情的中国情人节。尽管很多人对于七夕变身中国情人节持反对态度，但是，毋庸置疑，爱情文化重构对七夕节的命运逆转起了至关重要的作用。

爱情成为七夕节的主题，契合了当代人的生活方式和情感需求，因为这一重构，七夕最大的变化在于吸引了都市年轻人的关注，他们的消费能力带动了众多商家的推波助澜，广告的介入和传播迅速为节庆升温，促使古老节庆进入市场，成为时尚男女的生活习惯。

（二）与美食等大众文化嫁接

为了推广乞巧节，国内很多地方都在七夕文化的“物化”方面想办法，主要手段一是生产七夕信物、纪念品，二是生产七巧果等食品。

如2006年七夕节前，河北省七夕情侣节组委会提出，为让这个传统节日更好地进入寻常百姓家，需有节日期间群众可餐、可用、可赠之物，于是广泛征集节日花卉、节日特定食品。

经过努力，2007年6月河北省评审确定“百合花”为七夕节花，“糯米枣”为七夕食品。2008、2009年又连续进行了相关的推广工作，确定糯米枣的名称为“七巧果”。为进一步推广“七巧果”这一新生事物，河北省文明办、团省委、省妇联、省民俗文化协会等单位于2011年农历七月初五还在石家庄举行了全省“七巧果”制作、包装大赛，许多酒家、饼店、美术工作室、动漫设计机构都参与了此次竞赛。

（三）复合多种文化内容

综合是大部分地方政府采用的办节方法，这使得乞巧节平台化、同质化，百节一面，成为现代文化的集合体。例如，西和乞巧女儿节一般有10项系列活动，包括乞巧文化高峰论坛、乞巧音乐创作活动、专家学者田野考察、乞巧文化摄影采风活动、制作乞巧电视宣传片、创作乞巧歌舞节目、网上乞巧活动、出版学术著作和论坛文集、民间乞巧活动、乞巧文化推广普及。类似的活动也会在其他地方的乞巧节甚至是任何文化节中看到，说明这些手段被经常复制而且没有经过创新。

(四) 民间自由成长为泛宗教仪式

活化传统祈福文化还有一个常用手段，就是对民俗文化中祭祀、祈福功能过分强调，使民俗文化慢慢变为泛宗教仪式，这种转变最大的便利在于吸引民众参与，最大的弊端在于改变了民俗文化的快乐本源，成为人们敬天畏地的心理延伸。

至今，现代社会依然存在源于祭神仪式的民俗节庆，科技的发展给了这些民俗节庆客观上脱胎换骨的环境，在大多数地方，祭祀民俗已经脱离出宗教信仰的土壤，变为纯粹世俗化的民间节日了，仪式的娱乐性已经替代了功用性。但是，如果主观上依旧强化这些节庆的原始崇拜性，必然给其未来发展带来阴影。

二、活化乞巧等传统应遵循的原则

(一)“日常化”“年轻化”“市场化”

文化传承分为两种，其中一种是静态传承，如修建博物馆收藏物证，整理录音录像资料，出版图书举办讲座等，对于传统文化而言，来自外部切片式的固化传承都是静态传承，静态传承是较为容易实现的目标。

将过往的静态传承改为活化传承，是一项长久、艰苦而且成效反复的系统工程。活化传承最主要的目标，就是要完成对承继者的培育。承继者一要有传统文化的技艺，二要有承继传统文化的热情，只有解决了主体问题，才能真正实现文化的活化。

主体问题的解决无法通过发布简单行政命令的方式实现。乞巧活化工程是系统化的，只有完成了从内到外的转变之后，乞巧文化才能被新时代的承继者接受，这样的转变不是一次性完成的，而是在未来随着时代的变化多次出现。

乞巧文化在坚持女性文化、传统文化的基础上，以“日常化”“年轻化”“市场化”为发展原则，配套不同的文化工程，推动乞巧由官方文化活动逐步变回民间的民俗节日。

节庆时人潮涌动，节庆后无人理睬，乞巧活动受乞巧节时间制约呈现出短暂热闹的局面，要突破这一瓶颈，必须使得文化活动“日常化”，长年有人关心乞巧、谈论乞巧、表演乞巧、传播乞巧、学习乞巧。而未来乞巧文化发展的走向离不开年轻一代的成长，如果不能实现乞巧文化“年轻化”，再过20年，将会出现后继无人的尴尬局面。仅仅依赖政府投入，文化自身无法赢得群众喜爱，缺乏市场价值，也是不利于民俗节庆成长的。“市场化”是一个复杂的原则，它包括了乞巧工艺、乞巧活动的市场化，也包括了文化观念的市场化。

（二）以“变”保护“不变”

非物质文化遗产的生命力除了与自身强大与否有关外，还与它适应外界时代变化的灵活性密切相关，有些非遗文化娱乐性强，如端午赛龙舟；有些非遗文化功用性强，例如武术。它们扎根民间数百年，通过父子、师徒、家族、社群等方式代代衍传、绵延不绝，基本不需要通过改变来适应变化。

而有的非遗文化一旦脱离原有社会环境，就难以维持生存。例如，龙舟说唱、宫灯制作，它们的传承与发展，关键在于如何在不断变化的现实中“活下去”，以“变化”的手段、“变化”的形式来维持“不变”的本质。源于旧时代生活的非遗文化，如果没有改变和创新，固守原有的形式和内容，一味依赖政府供养，将渐渐失去活力，也难以融入现代生活中去。因此，在实事求是地考量非遗文化时，第一要素是生命力，第二要素是应变力。活化乞巧节等非遗文化，实际上就是增强节日文化的生命力和应变力，进行创新性传承是非遗保持活力、保持生命力的重要动力。

“变”也是时代的要求，乞巧节在被列入国家级非物质文化遗产名录之前，传承主体是各地民众，作为一种生活方式，它体现了各地民众的信仰和价值观；在成为非遗后，乞巧节传统的形式和内容都会因为有政府的保护而传承下来。但是在民间，传统乞巧节不可能被原汁原味地传承下去，肯定要有适当的调整或自我更新，以适应年轻一代的需要。

创造性传承体现了文化对辩证规律的遵守。在西和，年轻女孩在乞巧节期间不愿跳过去奶奶们教的舞蹈，她们用的是流行歌曲，跳的是现代舞，有些年轻姑娘就是为跳现代舞才参加乞巧节活动的。我们不会因为姑娘们喜欢跳现代舞，就认为这不再是乞巧节，用以人为本的原则来衡量，本真性不是非物质文化遗产传承追求的终极目标，生命力才是非遗文化的灵魂。

三、以重塑价值为手段推动乞巧的活化传承

（一）重塑节日的核心价值

从功能定位而言，心灵手巧无法涵盖当代女性对于自身美德的追求，未来的乞巧应该反映女性对于真善美的永恒追求。歌颂美、体验美，成为“中国最美的女性节日”，将是未来乞巧节的定位。从地方政府而言，扩大珠村乞巧节在国内、

国际的影响，将广州市天河区打造成“中国乞巧文化体验中心”，吸引世界各地游客的兴趣。从情感体验而言，改变乞巧陈旧的祈福主题，演变为大众参与度高、愉悦感强的“乞巧嘉年华”。

中国传统节日的构成要素概括起来有以下几点：一是特殊的节日名称，二是在历法中的特殊位置，三是特殊的活动内容，四是特殊的活动空间，五是参与主体体验和情感的特殊性，最后一点是最重要的。

“为什么要过乞巧节”是当代和未来年轻人必然不断探寻的一个核心问题，仅仅为了继承传统、承担社会责任是无法推动乞巧深入民心成为民众自觉行为的，在娱乐至上、自我中心的年代，节庆必然要有个体值得投入的价值，才可以为年轻一代接受。一味追溯乞巧节的历史来源，过分强调传统的牢不可破，实际上，对于乞巧的活化并不有利。设置乞巧节的情感主题是重塑乞巧节核心价值的关键。

老市长朱光将乞巧划归姻缘范畴，他在《广州好》里写道：“广州好，乞巧乞姻缘。巧艺年年祈夙愿，钟情红粉总堪怜。今日得团圆。”一语道破乞巧节内在的心理动机——乞求姻缘，乞求美好的婚姻。

母亲节、父亲节、情人节、感恩节等西方节日获得当代年轻人认可的重要原因之一，就是它们强烈的、独特的抒情性，或是表达爱意，或是表达感激，节庆的客体与主体的关系都非常明确：儿女对母亲，儿女对父亲，或是情侣之间。

目前，国内的七夕节，部分地方以爱情为情感诉求，倡导高尚文明的爱情生活，推崇忠贞不渝、始终不变的感情，这种健康的爱情理想与现代爱情观是相通的，可以正确引导现代婚姻家庭的健康成长，对提高民族素质、净化社会风气能起到很好的促进作用。

对于天河区来说，乞巧节转向爱情主题与传统不符，不过，也没有必要完全排斥爱情文化，爱情与乞巧有着天然的联系，活化乞巧节要善于发扬岭南文化务实、兼容的特点，在文化的根源上树立情感的皈依，因势利导、顺势而为，根据群众的选择和认可来做决定。

随着时代的变化，乞巧节以女性心灵手巧为情感皈依，显然无法为当代女性尤其是年轻女性所接受，放弃狭隘的“乞巧”，而把祈福的主题扩大至与女性相关，基本主题可以为祈愿“女人一生美丽”，而分主题则可以是对健康、样貌、心灵、家庭、事业等不同幸福的祈祷。

除了功用之外，节庆的情绪体验也是其重要的组成内容。情感是节日的核心价值，现代节日必须是快乐生活的升华，它的活动内容不是沉重的、刻板的，而应是愉悦的、幸福的体验。女性的嘉年华尤其是青年女性的嘉年华，可是未来乞巧节承载快乐的方式，例如在乞巧节组织“最美巡游”，多种美丽形象。在这个巡游节目中展示，如巴西的桑巴、中国的花旦、比基尼女郎等。也可组织专属女性的“彩色跑”，只允许女性参加，全长10公里。

节日活动还是一种社交活动，内容必然是便于大众参与的，如举办乞巧女儿选美活动，能够参与的人数不多，活动的门槛较高。不妨尝试举办“广州巧女儿”系列技能大赛，如缝纫比赛、裁剪服装比赛、十字绣大赛、快乐厨房大赛等，拓宽活动的参与面，降低公众关注的门槛。

（二）保留乞巧节祈愿文化的本质，简化程序

未来生活，同样需要祈祷美好的愿望能够实现，只是人们不再迷信祈祷的作用，人们清醒地认识到，祈愿不会改变个人的命运，只是安慰心灵的一种方式，这是传统文化在古今功能方面的巨大差异。因此，在乞巧文化的价值建设上，继续以祈愿为核心，就需要进化祈愿的载体，传统实体祈愿手法是互联网等虚拟科技无法取代的，这是值得保留的。佛山正月“行通济”为我们提供了一个现代祈愿的成功例证，现代生活中的祈愿方式要求越简单越好，一是有一个独特的场所，通济桥“九出十三归”；二是有一个独特的时间，传统是正月十六行通济；三是有一句独特的口号，“行通济，有闭翳”。类似的案例还有黄大仙、车公庙、三元宫上头炷香或者南海观音寺的“借库”，都非常简单，过多的仪式和繁复的环节只会阻碍普通百姓参与。乞巧祈愿也需要与之相适应的场所，乞巧博物馆用于收藏文化发展的物证，无法推进其作为祈愿的场所。让传说成为现实的场景，让美好的感情有寄托的载体，无论是具爱情含义的七夕文化，还是具成长含义的乞巧文化，都需要用实际的方式来表达，桥梁、街道都可以成为祈愿的场所。建议天河区在珠吉街正式获得“中国民间文化艺术之乡”称号后，选择一个地方，新建一处文化地标，使之成为人们的祈愿胜地。

对于信众来说，还需要一种行为来表达感情，例如在七夕桥上挂连心锁，或者抽“乞巧签”，可将与女性有关的所有好事，一事一签，无须解签，供人抽取，一人只能抽一签，寓意心想好事。日本乞巧节的祈愿方式值得借鉴，它的举行没有庙宇之类的场所，在街道通过商家就能实现祈愿，非常简单易行。

乞巧祈愿还需要改进的是设立口号，口号传递的是祈愿活动的核心竞争力或者说独特诉求。口号的征集有多种方式，征集口号的过程也是宣传乞巧文化的过程，更重要的是，它是讨论乞巧核心价值的过程，经过研讨，将群众特别是青年人认可的乞巧核心诉求过滤出来、确定下来。

总之，祈愿的核心是心灵安慰，程序起到的作用是强化暗示力量，到了当代，程序难以发挥心理暗示作用，祈愿需要简化手续，程序不是越复杂越好，而是越简单越好。如果乞巧需要很多复杂的跪拜程序、禁忌仪式，在年轻一代的传承中必然遭遇强大的阻力，因此，乞巧祈愿必然是一个人就能完成的事情，大规模、步骤化、社团式的集体仪式，只能由政府组织，不可能实现个人化，也必然

不可能全民化。

（三）机制设计：搭建“四有”框架

乞巧等非遗文化实现活化传承需要建立“四有”机制，即有人教、有人学、有传承阵地和成果、有自我组织系统。

“四有”机制涉及传统文化存在的真实状态、主体传承的自觉性、文化设施、社会组织的参与等软硬件条件，诸多要素联动形成“四有”，这是一个行政区划内的本土文化实现自我传承的最基础保障。

对于珠村来说，“有人教”指本村存在着乞巧传承人，除了省市文广新局认定的非遗传承人之外，传承人也可以是被公认为该地区该类型文化的代表人物，传承人由民间推举官方认定，其主要职责便是传授或组织传授本村年轻人学习乞巧技艺，保留传统的基本根基。“有人学”是指本村或本市的适龄青年，通过自然传承或组织化行为，向乞巧的传承人或家中长辈学习此项技能、知识，意愿是“有人学”的关键核心，“有人学”的意思是“有人愿意学”，而不是“有人被迫学”。在经济条件优越的情况下，“有传承阵地和成果”是较为容易实现的，珠村有乞巧博物馆、广场等集体活动场所作为文化阵地，政府的扶持保障了非物质文化遗产的阵地和成果，乞巧成品陈列在博物馆中，发挥着持续激励和凝聚作用。“有自我组织系统”是“四有”机制的关键，当自然传承出现阻滞的时候，人为建立一套新的组织系统，实现传统文化的传承，变得非常重要。系统中的“组织”最好是指村民的自发组织，不需要政府介入便可开展有效的传承活动，在古代，宗族势力往往是这样的组织形式，它通过民俗礼法、村规乡约等载体，刺激或承载着上述文化传承。今天，人口组成的复杂性、社会的开放性，都很难再采用家族式管理来推进文化的延续，组织的延续机制只能是通过服务型非政府组织、协会等民间团体来完成。

四、结语

在恢复传统节庆的过程中，各地的地方政府发挥了极其重要的推动作用，可以说，没有地方政府的参与，很多传统节庆都将随着时间的推移而静静地消亡。不过，“官办”的走向与民俗的发展存在一定的差异，在20世纪80年代末，地方政府借用节庆的目的是“搭台唱戏”，借文化招商引资。到了21世纪，经济发展趋于稳定，人民群众日益增长的文化需求与生产力之间的矛盾突出，才使得政府回过头来，着力在文化上投入资源。“官办”节庆的优势在于启动速度快、活动规模大、社会影响面广，但是，弊端在于地方政府过度在规模和投入上下力气，导致民俗节庆的本真特色逐渐淡化，根植于民间的节日变为参与度较低的文化活动，客观上使得原本乃是民众自发的自娱自乐，演变为政府主导的传统文化秀。对于政府来说，一方面在做大乞巧影响力之后功成身退，逐渐移交主导权，淡出直接管理者角色，交由民间自然培育，另一方面，为保障尚处于恢复初期的乞巧能够健康成长，政府要制定规划，引导乞巧向正确的方向发展；提供资金援助，鼓励年轻一代参与乞巧活动；设置间接管理手段，通过非官方组织进行调控。只有多管齐下、多种手段并举，乞巧才能真正在民间土壤上扎根发芽、开花结果。

莞香：中华香文化中的奇葩

中共东莞市委党校　刘建中　刘丽莎

中华民族是一个非常讲究香火传承的民族。五千年历史长河浩浩荡荡，奔流不止；五千年传统延续，香火旺盛。研究中华香文化的渊源及其流变，有助于我们从一个侧面深入细致地了解中华文化及其精髓，对弘扬中华民族传统、振兴我国文化事业、促进文化产业和文化消费有着重要的意义。

一、香文化是中华文化的有机组成部分

中华民族有敬神焚香的传统，祭祀敬神敬祖都离不开香。上自皇室下至百姓，香的使用，广而久，成为一种根深蒂固的文化现象。综观中华民族的香文化，有四个问题值得深入研究：①中国人为什么要烧香；②中国人常用的香有哪几种，什么香最好；③中国香文化的内涵是什么；④为什么中国人的烟火不断？

据多年研究中国香的经验，我认为中国人烧香，与自古以来的信仰有关。中华民族是有敬畏心的民族。敬天、敬地、敬祖先，目的是祈福避祸。中国人的祖先有图腾之说，信什么就敬什么，认为生命来源于图腾。比如中国人普遍认为敬重龙，就是敬祖先；敬神就是敬自己的守护者。怎么敬？用香敬。香有四种功能：一是可以和天、地、神对话，焚烧之后的香气可以通天、地、人三界，可以神、人对话，古、今对话。二是可以僻鬼邪、驱妖孽，淫气不入，正气扶植。三是可以安神静心，集思无邪，治病除湿。四是可以营造一种和谐、共生、共乐的氛围和境界。

中国人常用的香有四类。第一类是动物香。从动物身上取下最宝贵的部分制成香，如鹿茸、蛇胆、麝香。动物香以麝香最好。第二类是草本香，各种草本植物的花香是常见的香源。最好的植物香是新疆生产的薰衣草（注：笔者到新疆考察时发现，目前国内最好最成规模的植物香当数新疆生产建设兵团生产基地种植的，但大部分销往俄罗斯）。第三类是木本香，常见的有柏籽香、松香，最好的当数沉木香。第四类是化学香，用不同化学成分合成的香精（以上海日用化学品公司合成的最好）。这四类香中，最好的是木本香，而木本香中最好的是沉木香。沉木香也有许多种，其中最好的是莞香。

数千年来，人们不仅视莞香为百姓之香，用于一般的敬神、祭祖活动，而且

把莞香作为重要的贡香，用于国祭；不仅国内市场热衷于莞香，而且远销五洲，风靡全球。但随着现代生活的变化，莞香所代表的香文化慢慢消失，以致出现断层。幸而在挖掘我国非物质文化遗产过程中，莞香成为被抢救的一种，进而得到专家学者的重视。本文就莞香及莞香所代表的文化现象进行钩沉，以唤起人们对香文化的记忆。

二、莞香是中国木质香中的极品

所有的文化现象无不与其产生的地理环境相联系。以香为符号的文化，在不同地域有不同的选择。我们从岭南文化的地域性、独特性考察，发现莞香文化在岭南出现是自然而然、顺理成章的事。明代卢祥（1402—1468）在《周志》中写道："莞诸物俱不异他邑，惟香奇特。"① 意思是说，东莞的许多物件和其他地方没有什么不同，所不同的只有香。据笔者在东莞23年的考察，东莞不同于其他地方的物产还有荔枝、龙眼等，但最能够上升到文化层次的物产当数莞香。

东莞奇特的香是什么香呢？为什么说东莞的香奇特呢？通过翻阅史料、走访民间，我们考证了东莞的奇香，就是莞香。明清之间有个画家叫张穆（1607—1683，字尔启，号铁桥，东莞茶山人），他说："粤南称众香国，而马牙、黄熟阖出于东莞。去城三十里外皆山，民以为业。树有籽可种，越莞则如橘与枳矣……盖未知其对莞邑水土也。"② 清人赵其光（生卒不详，广东新会人）在他的《本草求原》中也说，这种香"禀南方纯阳之气以生"③，一方水土养一方人，一个地方出一种特产，东莞出的特产就是莞香。

香树是唐时从越南传入的，最早名叫蜜香树，宋代广东普遍种植。刘宋《广州记》云："肇庆、新兴县多出香木，俗名木香。"④ 唐代刘恂《岭表录异》中说："广管罗州（唐代罗州在广东廉江一带）多栈香，树身似柳，其花白而繁，其药如橘皮，堪作纸，名为香皮纸。"⑤ 据以上史料，说明肇庆、新兴、廉江一带都种植香树。不仅如此，有人说海南也是出香木的地方。南宋范成大在《桂海香志》中说："沉水香上品出海南黎峒，一名土沉香，少大块，其次如茧、栗

① 陈伯陶．东莞县志［M］．台北：成文出版社，1921：400．陈伯陶（1855—1930），字象华，号子励，东莞中堂镇凤涌村人。光绪元年（1875年）考取秀才，光绪五年（1879年）考取解元，光绪十八年（1892年）中探花。根据苏泽东编撰的《东莞题名录》，他是东莞历史上唯一的一位文探花，工书、擅画。《东莞县志》《瓜庐文剩》《瓜庐书剩》等，都可以在香港大学、香港大会堂图书馆及罗浮山酥醪观找到，其中以《胜朝粤东遗民录》《东莞县志》最有价值。

② 陈伯陶．东莞县志［M］．台北：成文出版社，1921：401．

③ 赵其光．本草求原［M］//朱晓光．岭南本草古籍三种．北京：中国医药科技出版社，1999：246．

④ 莞香及衍生品［J］．区域城市文化研究，2009（2）：17．

⑤ 莞香及衍生品［J］．区域城市文化研究，2009（2）：15．

角，如附子，如芝菌，如毛竹叶者，佳至轻薄如纸者，入水即沉。”[①] 北宋丁渭《天香传》中则说：“海北雷、化、高、窦，亦中国出香之地，比海南者，优劣不侔甚矣。”[②] 北宋寇宗爽在《本草衍义》中明确地说过这样的话：“沉香木，岭南诸郡悉有之，旁海诸州成多。”[③] 这里起码有两个信息告诉我们：第一，中国人对香树的重视从唐宋时期就开始了；第二，岭南沿海各地都有香木树种植且比较多。

东莞是岭南沿海之一隅，风气所至，种植香木不算稀奇。可奇在为什么东莞就独占了香木之特呢？权威的证明有二：一是嘉庆年间的《东莞县志》，二是屈大均的《广东新语》。《东莞县志》载：“莞香至明代始重于世。”据《广东新语莞香》莞香篇记载：“盖自有东莞所植之香，而诸州县之香山皆废矣。昔之香生于天者已尽。幸而东莞以人力补之，实之所存。”[④] 这里也告诉我们两个信息：一是香木出现过断代，明代以前世上已很少见到香木；二是东莞人力补之，使香木“重于世”。

查阅中国植物志，植物志这样介绍：莞香树学名沉香树，又名女儿香、牙香树、蜜香树、土沉香、白木香等，属双子叶植物瑞香科，国家二级重点保护植物，是中国唯一以东莞地方名命名的树木。根据史书的记载，莞香树在唐朝时由国外传入广东，宋朝时普遍种植，明代之后因其主要集中在东莞地区，故而又被称为莞香。

目前可以查阅到的史料中，屈大均《广东新语》中的莞香篇记载比较周详。屈大均是广东番禺人，生活在明末清初，对广东自然生物、人情风俗都有生动而客观的记录。他说：“凡香，先辨其所出之地，香在地而不在种，非其地则香种变。”“香择其地而生，香无美恶，以其地为美恶，购香者问其所生何地，则其香之美恶可知矣”，“莞人多种香，祖父所遗，世享其利”。东莞“地之硗确者，不生他物而独生香，有香而地无余壤，人无徒手。种香之人一，而鬻香之人十，燃香之人且千百，香之为用亦溥哉”！

史料证明，东莞木质香闻名遐迩不是偶然的。它由三大原因所致：一是地气最宜香木生长；二是东莞人祖祖辈辈有种植传统；三是举世认可，官民同享，市场广阔，名利双收。

说莞香是中国香中最好的，还有一证，就是明末清朝贡册中，每年都要广东上贡莞香供皇室贵戚享用。莞香成为贡品之后，曾被朝廷各级命官层层加码，横征暴敛，民间不堪其苦，遂自毁香林，自断财路，令其一时绝迹，这在地方志里

---

① 莞香及衍生品［J］. 区域城市文化研究，2009（2）：18.

② 莞香及衍生品［J］. 区域城市文化研究，2009（2）：18.

③ 莞香及衍生品［J］. 区域城市文化研究，2009（2）：18.

④ 这是民间关于莞香的起源的一个最为普遍的说法。

皆有记载。苛政猛于虎，莞香绝迹于政的事情发生之后，莞香就更为珍奇起来。如果不是时值中华民族挖掘非物质文化遗产之春风吹起，莞香这种奇香也不会为更多的学人所关注和研究。

三、莞香的文化意义

我们之所以把莞香作为一种文化现象来研究，是因为它超出了单纯的地方特产的概念。凡是能与文化相关联的东西，一定具有某种为人类认可的普适性的价值，否则它不会传之久远。莞香的文化价值在于：

第一，莞香历史源远流长。这里引用两个民间传说。相传在清朝康熙年间，著名香农汤茂才常年起早摸黑地种植香树，女儿汤秀香每天烧水送饭陪伴着父亲。汤茂才爱女心切，年年精挑细选最好的牙香珍藏，待女儿出阁时做嫁妆。女儿远嫁后，每天清晨都点烧牙香以表对父亲的思念之情。众邻里闻此香味纷纷询问，得知缘由，广为流传。莞香中的上品牙香“女儿香”之名不胫而走，传颂至今。[①] 另外，还有一种传说：古时候，东莞种植香树的人，在莞香树长大以后，就把它连根挖起，洗晒成块状后出售。莞香的洗晒全由姑娘们负责，她们常将最好的香块偷藏于袖中，用来换取脂粉。“女儿香”由此得名。其实，东莞的种香历史可以上溯到更远的年代。有两件事可以佐证：其一，在四百多年前的明代，东莞寮步的香市就与广州的花市、罗浮的药市、合浦（前属广东）的珠市并称为“广东四大市”。香市不在别处，就在东莞寮步镇。寮步镇境内有山，山上有莞香；有河，河通珠江；能行船，可运载莞香。所以，在东莞的香市里，“凡莞香生熟诸品皆聚焉”（《广东新语》卷二《地语》）。其二，香港在明万历元年（1573）以前为东莞地，“一向以贩香得名”（《永乐大典》卷十七）。也就是说，莞香的历史至少可以追溯到明万历年间。和前述相联系，可以说，早在唐代就有大量的香木种植和交易了，否则香港就不会得名于香了。

第二，莞香文化影响广泛。1997 年香港回归祖国怀抱后，人们有了更多更便捷的机会研究香港的人文历史。在香港历史博物馆，人们发现，汉唐时期的香港，隶属东莞县。早在晋咸和年，现在的东莞、深圳、珠海、中山、香港、澳门，原是一片海天相连的地方，都属于南海郡。当权者发现这块海边可以晒盐，而且盐质特别好，就任命了一个都尉来管此事。这个都尉因在东边管事，所以叫东官。东官管盐，运输盐需要包装。因为包装盐需要一种包装材料，而当时海边一种叫莞的草特别受人欢迎，可用来编草袋草席，耐用结实。于是这个地方到了唐朝至德二年（757）易名东莞，立县制，管辖东莞、深圳、珠海、中山、香港、

---

① 这是民间关于莞香的起源的一个最为普遍的说法。

澳门很大一块地方。

东莞出莞盐，出莞草，更出莞香。唐代引入莞香，在岭南各地种植。但人们发现，东莞的莞香是最好的，质量是最优的，是可以供皇室贵戚享用的上等香。于是，莞香由零星产品集合成批面市，东莞就有了闻名岭南的香市。随着莞香价值的提升，贩香运香也就日益兴旺起来。

《寻访莞香》书中有这样的描述：

一条江，因许多香料运输在江面，空气香了，江水香了，一江两岸的人与来往的商贾骚客都香了，于是，这条江叫香江。

一条港，因许多香料的转运和交易，港口的码头香了，码头的商船香了，来住的男客女眷、大人小孩也都香了。香味随着香料漫向世界，世界上的人便知道了东方有个港叫香港，香港有世界上最好的香木，叫莞香。

实际上，莞香已经是我国久经考验的历史品牌，是我国香文化中的奇葩。莞香的历史是东莞人的文化史、经商史、交流史、生活史，莞香树本身那种经历磨难、顽强实用的品质以及高贵的气质，和东莞人的精神面貌非常吻合。文化的散失并不等于文化的彻底消亡，莞香的文化因子仍暗藏于民间的记忆之中。

第三，莞香精神意味深长。伟大而高贵的东西，通常是和平常而微小的东西联系在一起的。莞香树这种看似寻常的树木，一旦和人的文化追求相联系，就成了一种精神符号。当我们进一步了解莞香的时候，不由对莞香生出敬仰之情，原来这莞香的香并不是一下子就能领略到的。平时听说莞香名贵，可当我们找到莞香树的时候，发现它和其他树木没有明显不同，围着树身转来转去也闻不出其香究竟能浓多少。

经过反复研究，人们发现，这莞香和梅花一样品性，不经风霜，不露本香；不经百战，不显老练。为什么这样说呢？因为莞香之香不是轻易就能领略到的。它一定要经过许多风雨的磨炼，甚至是雷电折磨、虫蚀蚁蛀之后才能产生香来。祖辈几代取香的人告诉我，从香苗长到香树要经过七八年甚至更长的时间才能采香。

第一次凿采莞香称“开香门”。农历腊月视树干粗细情况，在活树上凿取门洞，取出白木香。这白木香因为是头次凿采，质地一般。以后在愈合的伤口处凿采出来的香块叫“镰头香”，这种香木质花纹少无油质，价格比白木香高。经过多次凿采而后出来的香块叫“沉香”，它来源于一些老香树的树头，有丰富的油质，加工时把它大块大块地凿下来，再精心将没有油质的部分铲去，留下带油质的部分就是沉香。

在莞香中，越是凿了多年的老树越有开采的价值，它油质特别富足。香农从树身里精心地凿成一条条马牙形，如手指大小，其价格比“镰头香”高几倍，是莞香中之精品，谓之牙香。传说女孩子们拿了不肯放手，偷了放在嫁妆里，乡间便给了它一个漂亮的名字——女儿香，这也可谓此香名来源的另一说法。

一棵香树历经了无数凿采，有了自己的沉香或女儿香时，真正的价值才能体现出来。和人生一样，不同阶段经历不同，对人生的体验不同，常常对人生的感悟也有深浅的不同、对社会的贡献也就大小不同。这由“白木香”“镰头香”“沉香”“牙香”（又名女儿香）标明的各个阶段，就是莞香不同阶段价值的体现。

莞香的价值在其本身，然而，它更高的价值在于对人们精神的引导。莞香是一种植物，一种名贵药材，更体现一种精神境界。由莞香生发出来的沉香、女儿香，进入皇宫、寺庙、宅第的烟炉被点燃时，它的香味具有安神功能，当沉香雕刻的念珠、佛像等用于礼佛、参禅打坐时，它的宁静便带上了安详的成分。当莞香所具有的品质和精神成为人们的追求境界的时候，莞香也就不是自然界中的植物了，而是有着象征的意义与价值了。

综上所述，莞香是中国香中的翘楚，莞香文化是中华文化特色的宝贵资源。莞香精神是中华民族精神的体现，愿我们研究它、认识它，让它为中国文化的发展和繁荣发挥应有的作用。

发展是最好的保护

——从香云纱看非物质文化遗产保护

广东省社会科学院　郭　军

这是一幅意味深长的画面：一方面，中国的非物质文化遗产（以下简称“非遗”）面临严峻的挑战，在与城市化和全球化的进程中展开了一场持久的拉锯战；另一方面，申遗正在国内的许多城市火热上演，无论是物质文化遗产还是非物质文化遗产，都成为许多地方政府眼中的香饽饽。

这种境遇与现状反差的背后，是中国非遗保护希望与忧虑并存的现实。自2001年昆曲被列入联合国教科文组织公布的第一批非物质文化遗产名录至今，中国非遗保护已走过15年。从庙堂到江湖的关注与投入，令非物质文化遗产保护迅速画出由冷转热的轨迹。

但在功利化的发展目标和非遗产保护的张力间，我们必须问一句：在热潮背后，在“后申遗”时代，我国的非遗保护效果如何？非遗保护路在何方？

对此，我们将关注的目光投向香云纱。这个产于广东，因为穿着走路时会发出特有的“沙沙”声，被称作“响云纱”，后人取其谐音而得名的独特传统面料，近年来在国内外市场的发展同样“沙沙”作响，引人瞩目。其对非遗的生产性保护的探索，不仅取得了良好的市场反响，而且为非遗挖掘、保护、传承与创新留下了值得思索的经验。

当然，香云纱的命运起伏只是一个个案，却由此投射出佛山和深圳乃至中国非遗保护面临的机遇与挑战，保护与传承，创新与发展，走出去与走进来之间的种种现实。关注香云纱，就是关注中国非遗保护。如何创新性地承继传统，继而发现非遗保护的有效模式？这是我们观察与思考的起点。

一、机遇与挑战：非遗的热闹与虚火

在西方，保护非遗的要求来自西方社会对现代化进程中人的“异化”和“物化”的反思。然而，中国的现代化方兴未艾，这就注定了中国的非遗保护要在矛盾与纠结中前行。

一个典型的例证，是申遗中的重重乱象。有的申报单位没有如实填写材料，申报项目夸大其词，不切实际；有的直接将一些已经作为旅游开发、本体和生态

环境都遭到改变的民俗项目拿来申报；更有的将少数民族风俗作为噱头。由此，中国非遗保护的起步时间虽短，却提前迎来了“浮躁期”。

虚火背后，非遗保护已经成了一些地方和部门的生财之道。“保护”成了名正言顺的理由，利益才是背后的目的。问题在于，当宝贵的非遗被异化为一种经济资源，重开发轻保护就成为必然，而盲目将其推向市场进行开发利用，打着保护的旗号肆意狂欢，对非遗项目的开发势必成为揠苗助长。

我们并不反对开发，事实上，非遗与其所处的地方经济社会有着千丝万缕的联系，亦不可避免。但必须提醒的是，维护和保护文化的多样性才是遗保护的真正目的所在。

非遗承载着中华民族数千年活态文明史，是民族共同的文化记忆和文化基因，是一个民族的文脉，是民族文化里的根，民众记忆里的魂。任何的盲目开采都是对民族历史的亵渎，更是对民族未来的不负责任。

跳出“非遗经济”的框框，从事非遗保护首先需要的是一种态度。有非遗专家这样描述佛山和深圳从事香云纱生产与开发的企业领头人：“对于一般的企业经营者来说，应该更关心每天销出了多少件衣服，销到了什么地方，但是香云纱的决策者不是这样的思维。除了关心企业的发展外，如何让香云纱得到最好的传承是他们一直在琢磨的问题。”

在非遗保护的热火与虚火中，能否切实履行非遗传承的责任和义务，应该成为所有人在内心对自己的追问。

二、文化与市场：“生产性保护”的融合之道

当我们真正深入到民间非遗之中，以科学的、文化的眼光审视，非遗的热闹背后更多的是问题：首先是非遗载体的大量瓦解。当原有的生活方式改变瓦解，非遗也就消失了。其次是传承人的老年化以及非遗保护科学性的缺乏。如何解决这些问题，就成为非遗保护的关键所在。

在漫长的实践与探索中，学界针对部分具有生产性质和特点的项目，提出了以生产性方式保护的措施，即通过生产、流通、销售等方式，将非遗（特指传统手工艺）及其资源转化为生产力和产品，产生经济效益，并促进相关产业发展，使其在生产实践中得到活态的传承和保护。

如何理解生产性保护的价值？历代都产生了很多技艺，其产品的功能、形态、旨趣反映的是当时社会的现实需要。假如其产品不被社会所接受和需要了，这门手艺也就消失了。生产性保护的价值，就是要使手工艺重新进入到当代物质财富的创造中，只有这样，才能真正实现保护的目的。

香云纱就是一个生产性保护的经典案例。回望香云纱的百年发展，可谓迂回

曲折。在那个夹缝中艰难生存的中国民族工业的短暂春天里，纺织业大发展背景下，香云纱诞生了。1920 年，伴随着广州丝织业的鼎盛，香云纱也达到巅峰。当时，广东顺德县有晒莨工场 500 多家，工人 10 000 多人，日产香云纱 4 000 多米。

改革开放后，市场上涌现出大量物价廉的棉纺类产品，传统的香云纱服装由于色调单一、款式陈旧、原料成本高等局限，逐渐退出市场，相关产业趋于衰落。直到 20 世纪末，佛山、深圳等地企业家在传统的香云纱面料上融入时尚元素，产品一经推出便引起社会的广泛关注。2005 年，深圳市某公司宣布注册“香云纱（香云莎牌）”商标，并获得国家质量监督检验检疫总局审批的“原产地地理标志”称号，此举将香云纱重新纳入大众的视野，并由此引发了佛山和深圳企业间就“原产地”之争的全民大讨论。

香云纱公司在生产过程中，对香云纱商标进行全面注册和保护，如此强烈的品牌保护意识无疑具有前瞻性；对手工技艺既有抢救、保护和传承，又有改革、创新和发展，通过将香云纱进行产业化和品牌化经营的运作模式，进入社会服务市场；对香云纱产品进行抢救、传承和创新；针对香云纱这样一种传统面料，注册了多项发明专利——这些探索与突破对于保护和传承非遗无疑有很大的启发意义，但归纳起来也很简单：按市场规律办事。

至此，文化与市场，在这里完美对接了：利用现代电子商务运营模式更广更快地将中国文化传向全球，让全世界通过消费认知香云纱；利用现代先进生产技术从根本上解决了香云纱生产损耗大和成本过高的问题，革命性地解决了香云纱生产力严重缺乏、后继无人的困局；利用现代技术让客户享受香云纱项目更优质的服务，更好地理解香云纱文化的魅力。

然而，生产性保护同样面临自身的困境与挑战。有专家担心，生产性保护是一柄“双刃剑”，如果一味追求产品数量、经济效益，重开发轻保护，导致“以假乱真”，就会丧失非遗产品的文化内涵和艺术价值，对非遗保护造成严重损害。

但我们认为，这与其说是生产性保护的问题，不如说是某些地方政府与企业对生产性保护的误用。严格规范生产性保护，保持非遗的底色，坚守其文化价值和艺术魅力，真正将生产与保护、市场与文化结合起来，是打破这种负面倾向的有效手段。

一个非遗项目只有当真正有了一定的市场的时候，才得到了一个确切的、实在的保护。因为有市场，才有足够的收益支撑人们坚持把事情做下去，把传统传下去，这项非遗产项目所承载的文化也才有了真正的生命力。

三、物质与非物质：“非遗物质化”不等于商品化

近年来，“非遗物质化”成为非遗保护中一个绕不开的话题，它被某些地方

政府和企业热捧的同时，又被某些学者视若砒霜。究竟如何理解物质化与非物质化，“非遗物质化”是不是就等同于商品化？

首先，“非遗物质化”自有其合理性。非遗作为一种文化遗产，长久封存于历史和人们的记忆中，可能面临着被时间风化的窘境。对现今的许多青少年来讲，更是对非遗缺乏直观的认识和感知。

非遗通过将自身所具有的独具特色的文化特点直接或加工成个性化的物品展现给人们，在丰富了人们精神生活的同时，也必将会促使非遗这种艺术形式本身，随着这些物品的展示与流通而在更大的范围内传播，从而唤醒与强化关于非遗产品的公共记忆。

进而言之，近年来，众多以民间艺术为代表的非遗几乎无一例外出现了传承危机，传统的剪纸艺术难续昔日辉煌，传统黑陶工艺的发展处于停滞，皮影表演艺术更是后续乏人。没有了传承人的非物质文化遗产，注定只能是渐渐淡出历史舞台，退出人们的记忆。

在此，我们无须抵毁市场对非遗生存的重要作用，如果一种艺术形式连自身生存都难以维持，何谈保护？充分发掘非遗的文化内涵，开发相关产品，构建非遗产业链，大胆追求非遗的“钱途”，不仅不庸俗，而且是促进非遗传承的关键一环。

但是，我们必须明确物质化与非物质化的关系。当我们说保护，指的是对非遗的活态保护，保护的首先是一种具有多样性的文化选择；当我们说传承，传承的是一种精神价值、一份记忆、一种有关生活的信仰等，传承下来，这个东西就是活的。而不是只把眼睛盯在它对经济的推动作用或者它的商业价值，非遗物质化绝不等同于商品化。

仍以香云纱为例，为了传承香云纱的古老工艺和文化，佛山和深圳香云纱生产企业对这一岭南独有的丝绸染整工艺和文化内涵进行了系统的整理，并通过自主创新，引入现代科技和经营理念，逐步形成产、学、研相结合的发展模式。但是对于香云纱来说，香云纱服饰只是一个承载主体，除了要展示、传承其独特针法和技法以外，更多的还是要传承并创新一种文化。

可以说，非遗来自中华民族共同的记忆，而共同的记忆需要靠物质传送和承载，服饰无疑是承载民众“传统记忆”的一个好的载体——其所承载的，只能是非物质文化。正因为有了新的载体，非遗的保护才是保护一个活的传统，一个在今天还能生存甚至发展的传统。也正是在对传统的追寻中，香云纱找到了自己的模式：在艺术与文化语境中，沿着传统文化的精气神一路前行。在香云纱这个传承的故事里，物质化与非物质化实现了一次完美的融合。

由此，当我们谈论非遗活态文化的传承，重要的不是有关非遗物质化的概念之争，而是传承者能否通过物质，让真正的传统带着传统文化内涵传递下来，这才是关键。

四、传统与创新：在传统的底子上创造未来

非遗保护与传承，牌面是传统，牌底是创新。丢了传统的底子，光有创新的面子怎么都不灵；空守传统，不谈创新，终究还是会让传统失了面子。

在传统与创新的关系上，香云纱始终处理得很妥帖，在传统的底子上创新，进退有度，张弛得法。这种创新包括现代科技与传统技艺的融合，当延续数百年“靠天吃饭”的制作工艺遇上“纳米”，意味着未来香云纱服装也可以走功能纺织品路线，产品线将更加丰富多样。同时，其服装杀菌率能达到99.99%，服装不会容易洗水掉色，色牢度更强。高科技面料再加上产品本身的品牌附加值，也为这一传统民族华服的市场空间增添了更多的可能。

但真正能决定未来的创新不是技术，而是思维与观念，譬如品牌理念。非遗产品要想进一步推广，离不开营销，而营销离不开品牌。不进行品牌营销的文化遗产，必将不容易被消费者接受，在诸多非遗项目的坎坷命运中，这一点一再得到印证。所以，非遗的当代生命力塑造需要从品牌演绎做起。

如何重新定位香云纱？这是香云纱公司进行品牌塑造必须思考的首要关键问题。香云纱公司的选择是：完成传统文化与时代的接壤，赋予香云纱更符合当代生活方式、审美观念的时代感。从对香云纱商标进行全面注册和保护，申请注册“香云纱（御品云莎牌）”原产地地理标志，到针对香云纱这样一种传统面料进行工艺创新等多项发明专利，再到全球性的CI企业形象工程创建，这一切背后无不是现代化创新思维的必然选择。

也正是在现代企业的理念和方式推动下，香云纱这项古老的工艺与文化，终于借助现代化商业模式，以及产品创新、技术创新和市场创新等战略，重新赢得了人们的认可，迅速占领了市场的制高点。

御品云莎自创建日起就与国内著名品牌管理机构及学术机构紧密合作，对品牌个性进行整体规划，但这种规划并不是脱离传统的自说自话。一方面，御品云莎以经典、现代、简洁、舒适、品味为主要风格线，是风格稳定、清晰、独特及认知度高的个性品牌，是一种文化的代表。另一方面，御品云莎坚持以传统文化作为品牌的灵魂，呈现的是一种崇尚自然的生活状态和心理需求的品牌特质。

生产性保护，本质是对一种技艺与工艺的坚守，但在坚守中如何突破与再造，却成为许多非遗保护面前难以突破的围城。生存与死亡，困惑与无奈，茫然与抉择构成非遗保护者们共同的记忆。值得庆幸的是，香云纱在传统与创新之间的辗转腾挪，为非遗保护留下了艰难而珍贵的体验。在传统中找寻未来，在前进中回望传统，成为香云纱成长道路上最意味深长的故事。

五、保护与传承：立法保护是根本

在香云纱行业中，有一个典型的现象，即明流暗流同在，产品良莠不齐。

香云纱的制作工艺复杂，需要经过浸莨水、晒莨、煮绸等几十道工序。既有像香云纱公司这样不仅严守工序，而且启动筹建深圳首家非遗传承体验馆——香云纱博物馆，免费向市民展示香云纱传统染制工艺和产品及其形成、发展历史的企业，也有许多为了获取更大利润，在香云纱的生产制作过程中偷工减料、粗制滥造、减少制作工序的企业，后者无疑严重损害了香云纱的声誉，影响了香云纱产业的健康发展。

香云纱面临的问题也是我国非遗保护面临的共同问题。近年来，我国虽已基本形成了文化保护体系，但就非遗保护目前还没有出台专门的法律法规。正是因为专门立法的缺失，直接导致了非遗保护的诸多问题。

在这方面，不妨向其他国家借鉴。日本是世界上最早关注非物质文化遗产保护的国家，1950 年，政府以法律形式规定了非物质文化遗产的范畴和保护办法。从 1955 年起，在全国不定期地选拔认定身怀绝技的艺人和工匠，经严格遴选确认后由国家保护起来，每年发给他们 200 万日元（约 14 万元人民币）的特别扶助金，用以磨炼技艺、培养传人。而韩国政府制定了金字塔式的文化传承人制度，全国具有传统文化技能、民间文化艺能或者是掌握传统工艺制作、加工的最杰出的文化遗产传承人，国家给予他们用于公演、展示、研究、扩展技能的全部经费，同时政府还提供每人每月 100 万韩元的生活补助并提供一系列医疗保障。

不能传承，何谈保护；没有保护，难以传承。专门立法缺失，传承机制不明，成为国内非遗保护的软肋所在。我们期待专项立法的尽快出台，因为只有以立法为底线，以行业自律为导向，非遗保护才有可能真正驶入安全的港湾。

六、政府与企业：非遗保护的政府角色

在许多与非遗有关的民意调查中，政府都被认为是当仁不让的主角，这当然没错，保护非遗离不开政府的资金和政策支持。但落实到具体的实践中，政府究竟应该扮演何种角色，起到什么作用，依然有必要厘清。

以深圳为例，对于非遗产业，深圳文博会注重“非遗”产品的准入门槛，在“内容为王”、注重文化传统的基础上，注重产品的创新和市场包装，这当然是文博会现场来自全国各地的“非遗”项目争芳斗艳、大受青睐的重要推力，但更具有解释力的是，近年来，深圳已初步构建起符合产业发展需求的一整套现代文化市场体系，是文化博览、交易、投融资等的平台。

然而，这依然无法解释深圳与许多城市有什么不同。在全球化、城市化的热潮之下，不少地方政府官员眼中，申遗成功，意味着可以“文化搭台，经济唱戏”，于是重申报、重开发、轻保护、轻管理的现象普遍。但深圳市前任市委书记王荣认为，政府引导和企业主导是文化产业发展的两个“轮子”，只有“双轮”驱动，才能实现产业发展提速。

由此就可以理解，为什么自 2011 年起，深圳文博会为非遗的市场化提供一个国际化大平台。在“非物质文化遗产馆”里，众多非遗传人和企业借此迈开了产业化的步伐，许多非遗项目开始找到突破的路径，保护与传承同步推进，不少已形成了较完整的产业链，推动了非遗项目的可持续发展。亦可理解，在政府的一系列政策支持下，香云纱何以飘在世界的肩头，除开发更多的香云纱服饰、家庭饰品、美术品等消费品外，还以香云纱历史展现、工艺展览及现场体验作为着力点，实现香云纱产业多元化发展，进一步扩大香云纱品牌的影响力。

如果把政府与文化产业的融合当作一条融合之路，从香云纱落地深圳的全程来观察，最让人欣慰的是：从一开始，这条路就走在正确的方向上，从未偏离过轨道。我们需要重新认识政府在文化产业发展中的角色问题，它的实质不在“文化搭台、经济唱戏”的形式上，也不在于政府由此收获了多少好看的数字——无论是经济，还是非遗申报。认清政府角色的问题，要拉开视角，由文化产业发展的大格局进入，方可窥得真实，并理解为什么在深圳这片曾经的文化沙漠上，香云纱能够飘得这么美，这么高。

非遗保护，需要的是非遗传人、企业、政府多方互动，非遗传人干好传承的事，企业干好市场的事，政府干好自己的活，各司其职，互不越位，共同保护岁月淘洗流传下的传统民俗文化，才能将非遗传得久远。这是老结论，却是新故事。道理许多地方政府都懂，可面临现实考验，是“官本位”作祟，把专家学者以及传承人的意见抛在脑后，抑或从可持续发展的角度对非遗进行合理的保护和开发？深圳的选择不仅坚定，而且具有说服力。

事实上，为避免政府参与非遗保护可能会出现的“官俗化”问题，联合国教科文组织公布的各种非遗保护文件及公约中，将保护非遗的政府行为严格限定在宏观的指导范畴。2011 年 6 月 1 日正式施行的《中华人民共和国非物质文化遗产法》中，对各级政府非遗保护的职能也有明确划分。

具体而言，作为非遗保护的第一责任人，政府至少应当承担以下责任：首先是立法，重申报、轻保护等情况背后，往往是法律不到位，在这个过程中政府应该是主导。其次，保护工作应该调动社会共同参与，整合社会资源。最后，在抢救性保护、整体性保护中，政府应该冲到前面，而对于生产性保护，政府则应以尊重非遗项目的态度，谨守开发与保护的边界。最重要的是，始终把握好分寸，尊重非遗项目的内在属性，保护第一。

七、中国与世界：中国范儿成就国际范儿

在2014年5月的深圳第十届文博会上，美丽的香云纱又一次吸引了不少国际关注。在中西方文化交流中，较之中国传统文化，西方人更愿意了解与自身有更多相通之处的中国现代文化。这就造成了非遗等中国传统文化对外传播的困境。

然而，随着全球经济一体化时代的到来，文化已不单纯是意识形态，而是一种参与国际市场竞争的软实力，开发民族自主创新品牌的文化产品成为当务之急。

非遗产品如何国际化？一个宏大命题的论述于具体的企业而言实则微观，怎样应对以及应对什么样的挑战才是这段历史的关键所在——中国的传统文化，能否走出国门去打动世界？如何将传统文化之美翻译给世界？答案不是抽象的，而是具体的。

为了参与全球竞争，香云纱生产企业全面推行全球CI战略。随着消费者对环保意识的加强和对生活品质要求的不断提高，香云纱品牌逐渐受到广大高端销售市场的喜爱。该公司将全球CI战略和知识产权保护作为首要任务，加强质量控制，不断提高品牌的附加值，将“立足东方、面向世界”“传承东方文化”作为一项核心任务，通过严格的质量管理和全面CI战略，使香云莎品牌赢得了良好的声誉，获得了国际市场的认可，该公司生产的服装30%的产量主要是出口。在香云纱走出去的故事里，中国范儿成就了国际范儿，国际范儿又成为中国范儿的一部分。

归根到底，非遗是活的文化，活的传统，怎样才能传承下去？要站在传统文化精神和非遗经典元素的土壤上，要踩准时代的节拍，还要找到能够吸引现代人的兴趣点，再形成产品推向公众，并且打动公众，才能得到很好的发展，而发展才是最好的保护。中国非遗保护，真不容易，但这是香云纱们必须承担的责任。

江门东艺宫灯在香港发展的历史考证与研究

五邑大学　张　超

香港开埠至今，它的经济、文化发展历程呈现出两个比较鲜明的特点：在经济方面，工业产品占出口的绝大多数，约为90%，所以香港经济与世界市场几乎是融为一体的；在文化方面，作为中国最早接受西方文化影响的地区之一，香港多方面充分体现了文化链接的作用，具有沟通中西文化的桥梁意义。正是基于这样的区域特征，香港对于中国大陆有特色的工艺美术产品的外销和工艺美术文化的传播无疑有着得天独厚的条件。

江门传统工艺美术产品东艺宫灯于20世纪40年代至80年代在香港建厂生产，并在香港得到蓬勃发展。1949年东艺宫灯在香港获得了英国政府专利，这是中国工艺美术史上最早的灯具结构造型专利；20世纪60年代东艺宫灯参加了十二届香港最大的工业品展览会（香港国际工业出品展销会，简称为工展会），获得六项金奖，这是中国工艺美术品在香港获得的最多奖项；20世纪70年代，东艺宫灯成为中国第一家中外合营的工艺美术品类企业产品；由于东艺宫灯在香港的发展，也使它成为唯一的由建厂至今没有间断生产的中国宫灯品种，后成为广东省省级非物质文化遗产。它的发展见证和代表了传统工艺美术产品在香港近半世纪的历史。

一、东艺宫灯的起源

江门东艺宫灯的发轫是在1279年。导致南宋灭亡的宋元大海战发生在江门市新会崖门，大战结束后，南宋宫廷艺人、御师流落在江门一带。此时，百姓于元宵、中秋等节日张挂花灯的风俗已经形成。当时流落到江门新会的李氏宫灯御师就开始利用宫廷制造宫灯的技术谋生。清光绪年间，其后人李希焱在江门长堤开设了宫灯瓷业行，贩卖宫灯。光绪二十八年（1902），江门被定为通商口岸。商业日趋繁荣，对外交往更加频繁，宫灯行业发展兴旺。1925年，李希焱的儿子李发继承祖业，这一年，江门经广东省政府批准为省辖市建制，在此后的发展中，江门经济逐步形成规模，工业、手工业、商业、服务业、交通邮电业、金融业和对外贸易都创历史新高，房屋、道路、市容市貌大为改观，呈现一派繁荣景象，成为重要商埠，有“小澳门”之称。李发开始为东南亚华侨代办各种饮食行业的装饰用品和杂货，包括宫灯在内的葵扇、陶瓷等得到大量出口的机会，宫灯的制作生产开始焕发生机。20 世纪 40 年代中期，成长于印刷世家的李发太太有感于多年战争，担心祖国的文化遗产渐渐流失，于是冒着风险来到北京，用了两年时间流连于故宫紫禁城，用最直接的白描手法将大部分的宫廷饰物一一描绘下来，并记录注释。

20 世纪 40 年代内战爆发，而此时是香港华资工业发展的鼎盛时期，这一兴旺局面的出现，归因于诸多因素的共同作用，尤其是早期香港工业发展的几个制约因素发生了重大改变，香港工业因此有了不同的景象。1937—1941 年，香港的华资工业呈跳跃式迅猛发展，香港由转口贸易港转变为工商业城市的前景开始显现出来，当时，一些具有远见的华人工业家已经认识到了香港走上工业发展道路的必要性及现实的可能性①。在此背景下，李发将宫灯生意迁至香港继续研发生产和推广，并按太太描绘下来的宫廷用品图案加以改造，制成现代宫灯。20 世纪 40 年代后期，由于内战，东艺宫灯厂转移到香港。

在香港期间，东艺宫灯先后共参加了十二届香港工业展览会，六次获得金奖，蜚声海内外。

二、东艺宫灯在香港发展的独特地理条件

江门地处珠江三角洲西部，是全国著名侨乡，有“中国第一侨乡”的美誉。祖籍江门的华侨、华人和港澳台同胞近 400 万，分布在全世界五大洲 107 个国家和地区。

江门毗邻港澳，水陆交通方便。水路至香港 95 海里。香港曾是五邑人海外谋生的中转站，在近代史上，五邑人向香港移居的历史主要经历了三个时期。在鸦片战争前后，香港和澳门都是盛极一时的“猪仔贸易”的主要转运中心，其中一部分人留在香港植根发展。到了二十世纪六七十年代中后期，不少原本居住海外的五邑侨民的后辈们希望到香港谋发展。20 世纪 90 年代后，侨民纷纷掀起回流香港潮。早在 20 世纪 50 年代前后，在香港的江门人达到香港总人口的 80%。时至今日，江门人仍占香港总人口的 20% 左右。独特的地理、人文优势使江门与香港建立了难以割舍的关系，进而使得江门东艺宫灯与香港发生了深入的交流。

三、东艺宫灯在香港的发展

香港经济在“二战”后复苏，二十世纪四十年代的区域工业发展，二十世

① 张丽. 1937—1941 年香港华资工业的发展［J］. 控史研究，1999（1）：226－240.

纪五六十年代的贸易出口和旅游、影视行业的崛起等变化都直接促进了东艺宫灯在香港的发展。东艺宫灯的发展尤其与每年举办的香港工业展览会关系密不可分，东艺宫灯不但从工展会获取大量订单，更是以十二次参展中六次夺冠而闻名遐迩。

1. 东艺宫灯迁入香港与在工展会摘冠

20 世纪 30 年代，港商在外销上遭遇重大挫折，所以他们决定开拓南洋市场，1935 年港商参加在新加坡举行的“第一届中国国货展览会”，自此港货在南洋备受欢迎，南洋迅速成为香港的主要出口市场之一。当时日本正在侵略中国，日本货在中国大肆倾销，香港的华资厂商为了唤起同胞用国货的热诚，1938 年 2 月，在香港中环铁岗圣保罗书院举办第一届国货展览会（简称国展会），当时只有 40 余家厂家参与。之后，香港每年均举办中国国货展览会，展览会的规模也逐年扩大，每次至少吸引百余厂家的千余种货品参展，种类之繁多，制造之精美，盛况空前，参观者无不称奇。1940 年，香港总督罗富国曾亲临第三届展览会，参观后赞赏不已。至此，工展会成为香港第一大工业产品的大型展览会①。20 世纪 40 年代后期内战爆发，为避开战争影响，东艺宫灯厂由江门转移到香港。

当时，正值香港“二战”后的经济复苏期，香港在这个时期完成了由转口贸易到工业发展的转变。1947 年，香港出口总值达 27. 67 亿元，比战前的最高年份 1931 年，增长了 116%②。

当时，在香港生产的东艺宫灯的销售依托香港的经济特点，产品主要以出口为主，出口市场以美国最为庞大占 40%，西欧占 30%，其余国家占 30%。

东艺宫灯销售渠道主要是通过历届香港工展会获取贸易订单，当时东艺宫灯在香港的主要领军人物是李发先生。他积极扩展东艺宫灯的生产和贸易销售，在这个时期东艺宫灯的生产得到了极大的发展，东艺宫灯前后共参加了十二届工展会，分别在 1961 年的第 19 届、1962 年的第 20 届、1963 年的第 21 届、1965 年的第 23 届等六次获得金奖。其中以第 6 届、第 15 届最具代表性。第 6 届工展会于 1948 年 12 月在尖沙咀举行，摊位 178 个，45 万人到场。这次展会是工展会因为日本统治而停办 7 年后的首次复办，因此政府非常重视，此次柏立基爵士（第 23 任香港总督）亲临东艺宫灯展区参观，并与李发先生交谈。在此届工展会结束后，1949 年东艺宫灯向香港殖民政府申请，获得了港英政府颁发的东艺宫灯专利证书，这是中国工艺美术史上最早的灯具结构造型专利。

2. 工业化促进了东艺宫灯在香港的发展

1959 年，港制产品出口货值已达 22. 8 亿港币，第一次超过转口港值（9. 95

① 甘长求．香港经济教程［M］．广州：中山大学出版社，1989：123.

② 郑德良．现代香港经济［M］．广州：中山大学出版社，1993：80.

亿港币），它标志着香港已经走上了工业化的道路。第15届工展会于1957年12月4日至1958年1月2日在尖沙咀举行，共设437个摊位，100万人进场，这次工展会首次使用橱窗摆放产品，并以“港人用港货”作为大会口号。此次戴麟趾爵士（第24任香港总督）亲临东艺宫灯展区参观，并与李发先生交谈。

1960年，香港对外贸易总额达98.02亿港币，已经超过1951年，它表示香港经济已经恢复元气，同内地相比，已超过上海、广州等地，正式开始“起飞”了。其中，塑胶工艺的推广发展为传统制造业带来重大契机，此时东艺宫灯在造型设计中开始大量运用塑料材料，新型塑料材料替代了传统的木材料，使得东艺宫灯的大型工业化生产成为可能，这个时期的东艺宫灯产量迅速提升，同时，它的包装与内容形式也得到了较大的拓展。

3. 旅游、影视业推动东艺宫灯在香港蓬勃发展

1957年，香港旅游协会成立，抵港旅游人次超过新加坡。在亚太地区，香港成为仅次于夏威夷的一个具有东方特色的著名国际旅游中心。为刺激旅游发展，香港创设了大量的具有东方色彩的旅游项目，如宋城、龙舟竞赛、迎春盛会、中秋彩灯，通过这些展现中国文化艺术的项目吸引了大量游客，并获得大量的收益。这些旅游项目的增加为传统的手工制造行业提供了很好的发展机会，东艺宫灯作为场景装饰而需求量大增。

而此时香港社会的工业化和文化的转型也带动了电影产业的突破，1956年至1966年，香港电影进入第一个繁盛时期。当时古装戏十分盛行，香港无线电视台古装戏中的宫灯道具就常年采用东艺宫灯，这个时期东艺宫灯已成为香港各个表演团体和无线电视台等的指定道具。而欧美华人在海外社交圈小，有租借录像带在家中消遣的习惯，这使得香港电影的录像带在海外发行量和在海外华人圈的影响巨大，同时也使海外华人通过电影认识了东艺宫灯。

20世纪50年代中期之后，香港电影也进入第一次扩充市场版图的繁盛时期。这些以制作商业片为主的公司成功开辟了另一国语片最大市场——台湾市场。台湾的演艺界受到香港同行的影响，也到香港观摩和大量采购东艺宫灯道具。香港政府统计处资料显示，1973年内，香港宫灯的总出口数量是7 650万元港币，1974年是9 180万元港币，至今在香港的流通货币上，还印有宫灯的图案。东艺宫灯作为香港宫灯行业的主要企业，大力推动该行业向海外发展。

4. 改革开放辅助东艺宫灯在香港的发展

20世纪70年代末，香港东艺宫灯实业公司在内地政府“三来一补”[①] 政策背景下，与江门的国企成立了“东方工艺制品有限公司”，当时是内地第一家与

---

① “三来一补”指来料加工、来样加工、来件装配和补偿贸易，是我国改革开放初期尝试性创立的一种企业贸易形式。

香港合营的宫灯生产类企业。当时，香港东艺宫灯实业公司董事长是李发先生，李先生任香港江门同乡会第一届（1981 年）至第五届（1989 年）的副理事长和理事长，他在推动香港东艺宫灯的发展同时，也加强了东艺宫灯与故乡江门的联系。

1989 年，由于特殊的历史背景，香港企业不敢回内地发展。此时，原江门市委书记黎子流先生赴香港说服李发先生，将东艺宫灯生产厂搬回江门。李发先生本着爱国、爱乡的热情毅然将离开了江门 60 多年的东艺宫灯生产厂又迁回到了江门。1994 年，李发先生之子李永棪继承公司后，成立了江门东艺宫灯有限公司。

2012 年，东艺宫灯被评为广东省省级非物质文化遗产。至此，由于独特的历史和香港的地域条件，东艺宫灯成为从建厂至今唯一没有间断生产的中国宫灯品种。

四、结语

缘于一段特殊的历史，江门东艺宫灯凭借香港地域与文化上的优势，以及香港工业化发展、旅游影视业发展等多方背景的促进，在香港得到蓬勃发展，它的发展见证和代表了传统工艺美术产品在香港半世纪的历史。正是由于香港与江门紧密的联系，使得江门的工艺美术产品与香港有了深入的交流。研究东艺宫灯在香港的发展，从一个独特的角度去观察中国传统工艺美术在特殊的年代、特殊地域和特殊文化背景的生存发展，了解它为什么成为唯一的由建厂至今没有间断生产的中国宫灯品种，对于我们提高民族工艺美术的发展与保护的水平有着启发意义。

参考文献：

［1］张丽．1937—1941 年香港华资工业的发展［J］．近代史研究，1999（1）．
［2］陈杰．香港有个“小江门”［N］．广州日报，2010－11－12（A8）．
［3］罗旭和．百年商业之中英合作与香港百年［M］．香港：香港出版社，1941．
［4］甘长求．香港经济教程［M］．广州：中山大学出版社，1989．
［5］郑德良．现代香港经济［M］．广州：中山大学出版社，1993．

源远流长　金声玉振

——传承岭南古琴流派，发展岭南古琴文化

广东技术师范学院　刘茉琳

前两年，一部名为“甄嬛传”的古装剧红遍大江南北，剧中小主们个个才艺了得，为哄圣上高兴使出十八般武艺，古琴自然是不可或缺的道具，然而可悲的是，剧中数次出现将古琴琴头倒置的镜头。作为一部普遍认为制作精良的影视剧，不得不说这样的错误拉低了整部电视剧的艺术水准，同时也反映了整个社会对古琴认识之隔膜的一种文化落差。

其实早在2003年11月，古琴就被联合国教科文组列为第二批“人类口述及非物质文化遗产”；2006年，古琴又被国务院列入国家首批物质遗产名录；更早一点，1977年8月，美国发射的“旅行者”号太空船上放置了一张可以循环播放的《地球之音》喷金唱片，收录了从全球选出的人类代表性艺术，其中就有中国的古琴曲《流水》，由著名古琴大师管平湖先生演奏，用以代表中国音乐。这就是中国的古琴，一方面在国际上享有极高声誉，代表中国音乐、文化、艺术的地位，另一方面又是在生活中可谓是“阳春白雪”，以致发生常识性的错误。

在岭南地区，古琴也有着悠久的历史。作为中国古琴几大重要流派之一，岭南古琴流派具有独特的审美风格，有自己传世的经典名曲，传承岭南古琴流派、发展岭南古琴文化应该说是广东在发展地方文化工作中不应忽视、不可或缺的重要部分。

一、古琴与传统文化

古琴在中国是最古老的弹拨乐器之一，有三千多年历史，在它身上承载了中国最古老最传统的文化气质。古时称“琴”，就是特指今日的古琴，别称瑶琴、玉琴、七弦琴，常言“琴棋书画”之琴就是说的古琴。

所谓“君子无故不彻琴瑟”，孔子云“兴于诗，立于礼，成于乐”，琴是中国传统文人日常生活中的必需品；《诗经》有“窈窕淑女，琴瑟友之”“琴瑟击鼓，已御田祖”的诗句，千百年来，更有无数文人轶事围绕古琴发生：伯牙子期高山流水遇知音是以琴会友；司马相如一曲《凤求凰》打动卓文君是以琴求爱；嵇康临死前弹奏《广陵散》是以琴明志；诸葛亮设下空城计退司马懿十万雄兵

是以琴制敌……所以，琴也是社会活动中的重要部分。总之，古琴是中国传统文化不可或缺的组成部分。

由于与整个传统文化互相依存，古琴不仅仅是一种乐器，它与其他中国传统艺术，如书法、绘画一样追求意境美，形式只是表象，感官愉悦不是终极目的，其内在意蕴深厚，与中国古代哲学相融相生，构成古琴内在的气质，也是古琴所谓“高雅艺术”“阳春白雪”的深刻原因。

二、岭南古琴流派之源流

（一）古琴流派

古琴文化源远流长，中国地域广博，因此在流传过程中形成了不同的古琴流派。古琴流派主要受到地方色彩、师承体系、所传琴谱这些因素的影响。

常言道：一方水土养一方人，一方水土也会形成一方艺术风格，同一地域的琴家，互相寻师访友经常切磋琴艺，互相影响，容易形成同一地区的琴派风格；有深厚造诣的琴学家得到众多琴人追随，其独特的艺术风格以及艺术见解又传授给自己的徒弟，形成师承体系也是一种琴派风格；而不同琴谱在普及过程中造成的风格各异的理解与传承也是琴派形成的因素。中国古琴流派在明末清初至近代形成了较为完整全面的流派风貌：江浙派（浙派）、虞山派（熟派）、广陵派、浦城派、蜀山派、九嶷派、诸城派、梅庵派与岭南派，这九大派别是中国古琴发展史中最有代表性的流派，且都是至今依然有生命力的古琴流派。

（二）岭南古琴流派溯源

岭南古琴流派是中国古琴文化中极具历史分量的重要流派，在广州西汉南越王墓出土了七弦琴配件宝物，可见岭南古琴的出现最晚不会迟于西汉初。岭南远离中原，没有过多地受到中原战火的影响，历代保留收藏了不少重要的古琴乐器与琴谱，也出现了不少著名琴家。南北朝时期，广东曲江人侯安都就是著名的琴家，有很高的琴艺。

南宋末年是岭南琴派发展的重要转折期。宋朝的宋太宗赵炅、宋徽宗赵佶、南宋度宗及妻儿均是爱琴之人，赵佶还曾设万琴堂，广收天下名琴。南宋末年金元入侵中原，南宋皇帝被迫从临安（今杭州）南迁至冈州崖山（今广东新会），南逃途中还带了汪元量等琴师相随，第二年金元兵进逼，陆秀夫、张世杰、文天祥等死战不敌，最后陆秀夫身背少帝在崖门投海殉国，结束宋朝历史，史称“崖门之难”。宋室遗臣、学者名流以及宫廷琴师在新会遗留下不少琴与谱，后人集宋王室留下的秘本琴谱，题为“古冈遗谱”。这一历史事件对岭南文化的影响深远，对岭南古琴艺术的发展起到了关键作用。此后几百年岭南琴学昌盛，元明两代，有新会陈白沙、增城湛甘泉、中山黄泰泉等理学家的心学和乐学思想滋养，迎来丰厚积淀。琴家有陈白沙、黄景星、杨新伦等数十人①；珍贵藏琴有：绿绮台、春雷②、都梁、天蚃③等④。在琴谱和琴学等论著方面则有云志高的《蓼怀堂琴谱》、黄景星的《悟雪山房琴谱》、何斌襄的《琴学汇成》、朱启连的《鄂公祠说琴》、容庆瑞和林芝仙合编的《琴瑟合谱》等⑤。

清道光年间，真正具有岭南地域文化的岭南琴派正式形成，创始人是黄景星，有《悟雪山房琴谱》（《古冈遗谱》与另外十几首琴曲汇订）传世，此后岭南古琴正式形成自己刚健、爽朗、明快的独特艺术风格，成为古韵清高、举国知名的岭南古琴艺术流派。

（三）岭南古琴流派之传承

作为一种艺术流派，同时也是一种重要的文化传承，岭南古琴流派在当下依然有鲜活的艺术生命力，它不同于许多已经从人们的日常生活中彻底消失的非物质文化遗产，相反，近些年来，古琴从人们的文化记忆与生活记忆中日渐复苏，其顽强的生命力正如岭南古琴传承曲《碧涧流泉》所体现的，历史长河中有时是涓涓细流，但从不干涸；有时又能迸发出铿锵之音。岭南古琴流派作为重要的岭南传统文化以及岭南艺术，从琴人、琴谱、琴曲、琴风四个方面展现出特有的顽强且鲜活的艺术生命力。

1. 琴人

古琴传承首先需要有传承人——操琴者与斫琴者。新中国成立后，广东音乐专科学校就开设了古琴专业，由岭南古琴一代宗师杨新伦授业，今日岭南古琴流派传承人谢导秀先生就是从那时候的音专古琴毕业，得杨新伦先生亲传。“文革”结束后，1980 年，广东古琴研究会成立，当时有杨新伦、莫尚德、区君虹、袁建成等人，后又有高欲生、伍翠群、陈磊、陈瑞明等人加入，岭南古琴重整旗鼓。今天，举国知名的岭南古琴演奏家有谢导秀、谢东笑、吕宏望，这三位可谓广东省非物质文化遗产古琴艺术（岭南派）代表性传承人，另有区君虹、陈磊、马常胜、陈洪等举国知名的古琴家。其中，区君虹、陈一民先生是古琴修复和制作方面的代表性传承人。

---

① 琴家有：陈白沙、邝海雪（露）、陈子壮（秋涛）、陈子升、何洛书、黄观炯、黄景星、何斌襄、郑健侯、卢家炳、招鉴芬、杨新伦。

② 唐，雷威制，列赵佶万琴堂之首。

③ 唐诗人韦应物用琴。

④ 振玉（唐雷文制）、松雪（元赵孟頫用琴）、中和等。

⑤ 宋婕，冯焕珍. 宝树堂琴谱［M］. 成都：巴蜀书社，2010：122.

中国传统琴家往往既能斫琴又能弹琴，由于斫琴过程中对用木、长短、厚薄、阔窄、轻重、漆灰、漆色和琴音变化的把握不同，在弹琴过程中会发映出对琴独一无二的理解。近代社会工业大发展之后，许多传统艺术失去了手工打造的过程，丧失了独一无二的艺术性，古琴却依然保持着古老的斫琴工艺。当代岭南古琴流派中，著名的斫琴师有区君虹、陈一民，其中区君虹更是当代著名的古琴修复专家。古琴文物对于中国文化与历史有深远影响，有些唐宋古琴出土依然可以弹奏，发出古朴苍劲的声音。修复古琴实物对于史学、考古学、木材学、漆器学、音响学、琴体美学、度量衡，以及新琴制作和演奏等都有深远意义，因此古琴修复不仅仅是一件乐器的修复，更是一件文物的修复。区君虹不仅修复了许多珍贵的古琴，且在修复斫琴过程中有所创新，自创出古木、竹节、青石、蕉叶、闲云等制式，发展弘扬了古琴艺术。

2. 琴谱

如前文所提，岭南古琴流派是在宋氏南迁之后发展的，其中极为重要的一点就是受到了中原皇室文化的影响。此后经年，遗留下来的宫廷雅乐与岭南地方文化相结合，最终形成一部《古冈遗谱》。岭南古琴一代宗师杨新伦先生抗战时曾在上海演奏《古冈遗谱》琴曲，那时音乐史家已将《古冈遗谱》断为明代前琴谱，新中国成立之后，中央音乐学院为其录像，经北京古琴古谱专家鉴定，认定《古冈遗谱》为广东所仅见，具有重要历史价值，不仅在广东，在全国古琴历史上都是难得一见的瑰宝。

近代岭南古琴流派创始人黄景星家传有手抄本《古冈遗谱》（据明代陈白沙保留下来的原本抄录，据说现存于香港），他将其中 30 多首古琴曲，加上其琴学师傅何洛书传给他的 10 余首曲共计 50 支曲，经考订校正汇为《悟雪山房琴谱》一部传世。这部琴谱“律吕相生，立体为用之法，不容稍紊”，是“冲和雅正，古逸清高”之作①。该琴谱有数个抄本传世，现在国家图书馆就藏有光绪十年（1884）刊刻线装六册本《悟雪山房琴谱》。

当代，杨新伦先生的亲传弟子谢导秀先生又有《宝树堂琴谱》传世，这些琴谱的传世，见证了岭南古琴流派的历史，保证了岭南古琴流派的风格传承。

3. 琴曲

岭南古琴流传至今，依靠琴谱保留、琴人相传的岭南派古曲主要有出自《古冈遗谱》的《怀古》《玉树临风》《鸥鹭忘机》《渔樵问答》《神化引》《双鹤听泉》以及名曲《乌夜啼》《碧涧流泉》等。“其中，《神化引》相传为战国庄子所做”②，有“飘然、尘脱、物化、蝶游……”数段并尾声，《乌夜啼》相传为南

① 宋婕，冯焕珍. 宝树堂琴谱［M］. 成都：巴蜀书社，2010：3.

② 王孺童. 古琴曲溯源［M］. 桂林：漓江出版社，2014：83.

宋刘义庆所作，传达了深沉的情感，而《双鹤听泉》《碧涧流泉》等曲都蕴含丰富的岭南情致，尽管《古冈遗谱》元代刻本孤本已佚，但这些岭南传承曲音韵古朴，节奏明朗，保留着传统的演奏手法与古韵清高的音乐风格。明末陈子升又创《水东游》、清代黄文玉创《猿啼秋峡》、黄炳之创《南湖秋雁》《赏荷》三曲，并成为《黄氏三弄》。这些都丰富了岭南古琴曲的艺术世界。

4. 琴风

一派之艺术，除了有器物、传人、传谱等外，最为重要的是形成一派之风格，岭南古琴流派风格显著，在全国几大流派中显示出与中原文化极为不同的艺术追求，对于丰富古琴艺术风貌具有很重要的意义。

杨新伦先生曾将岭南琴风总结为“刚健、爽朗、明快”六字真言，要求琴学后辈谨记恪守，万变不离其宗。由于是古曲遗风，岭南古琴有极为质朴悠远的追求，同时也结合了岭南的在地文化，包括地域风貌、语言特色以及民间文化等。

以岭南传承名曲《碧涧流泉》为例，全曲为三段体结构，由慢而快，由快进缓，最后归于平静，曲折迂回，跌宕起伏，很吻合广东特色；同时可将《碧涧流泉》与川派《流水》做一比较，《碧涧流泉》一曲虽然也跌宕起伏，但是感觉是深林之中石涧上的一汪清泉；而《流水》则是一种激雷奔浪，险峻山间湍急江水。一是高山流水，一是碧涧流泉，由音乐可见迥异的地域特色，反映出各具风貌的艺术风格。岭南代表琴曲《乌夜啼》更是国内唯一有师承指授，代代相传的曲子，指法传神，节奏明快，令人回味无穷。后世岭南琴人的自创琴曲《黄氏三弄》等都十分注重巧妙地运用节奏、指法等技巧，使乐曲主题鲜明、旋律流畅，不着痕迹地彰显地方特色。

除了琴曲本身的风格特点，岭南古琴也有独树一帜的演奏特点——刚柔并济、活泼明朗而富于装饰（特别是倚音的运用），追求清、微、淡、远的意境。

综上，岭南古琴流派虽然是在清道光年间才始创的年轻琴派，但经数年积累，如今在琴人、琴谱、琴曲、琴风四方面皆有很好的传承，岭南古琴不仅仅是古琴或琴谱文物，不仅仅是文化遗产，更是一个有血有肉，立体、全面的艺术生命体，岭南古琴流派具备鲜活的文化生命力。

三、岭南古琴流派之发展

（一）“古琴热”之机遇与挑战

国学复兴，古琴也慢慢得到越来越多人的关注，在文化浪潮中，古琴迎来了古琴界翘首以盼的关注与热潮，却也同时在商业社会中有被裹挟着迷失方向的危险。所谓“要想出名快，弹古琴；要想赚钱快，做古琴”。一方面，大城市开设了很多琴馆，卖琴卖课程，价格很贵，任教老师却水平参差不齐，没有标准；另一方面，许多开斫琴小作坊的人技艺不精。这些琴馆与斫琴作坊“看上去很美”，却经不起行家考验，这不是对古琴文化的传承，而是对古琴文化的破坏。据了解，古琴从2007年开始重新被重视，现在全国约有60万人在学弹古琴！看上去很丰满的数字背后却是一个很骨感的现实：古琴文化的传承急需有力量的正确的引导，真正的古琴文化讲究的是内在的气质与精神，是一种境界的追求，只有在这个层面才是真正的传承与发展岭南古琴文化，面对“古琴热”，欣喜之余更多的应该是反省与警惕以及思考。

（二）古琴传承之组织与发展

岭南古琴如今在岭南地区尤其是珠江三角洲地区有较好的发展态势，但古琴毕竟是一种基于传统文化的音乐艺术，除了音乐院校的专业化教育，琴社组织是岭南古琴音乐文化传承与传播的主要渠道。广东古琴研究会早在1980年已成立，当时岭南一代宗师杨新伦先生尚在世，由他带领谢导秀、区君虹、陈一民等人为岭南古琴新时代的发展积蓄了力量。进入新世纪，各种琴社组织建立起来，除了从属于政府的广东古琴研究会。另外有从属于高校的中山大学澄心琴社以及各种民间琴社。

澄心琴社最初由中山大学哲学系举办，邀请谢导秀先生为指导，多年来立足于高校文化建设，与中国传统文化、传统哲学相结合，较好地实现了古琴在传统文化音乐载体这一性质上的传承工作。民间琴社则有七木琴社、白沙古琴社、古冈琴社、南越琴社、春风古琴社、大佛寺古琴班等较为重要的组织，另外，在广州周边地区，如花都（华严寺）、从化、清远、东莞、番禺等地都有琴社以及琴馆在发展。

南越琴社由“岭南古琴艺术”广东省非物质文化遗产古琴艺术（岭南派）代表性传承人、广东琴会会长吕宏望先生创立，以发展弘扬岭南古琴文化为己任，将古琴、洞箫、书法、篆刻、香道等多种传统文化相结合，建以传授岭南传承曲为主，琴社要求学员皆以学习传承曲为主要学习内容。七木琴社由“岭南古琴艺术”广东省非物质文化遗产古琴艺术（岭南派）代表性传承人谢东笑先生创立，是集创作、交流、传承于一体的古琴文化空间，七木琴社的主要工作内容有社会教育、学校教育以及音乐治疗，琴社在昌岗东路小学设置了岭南古琴传承基地。

四、岭南古琴文化之弘扬

（一）对传统的保护与尊重

古琴作为一种依然具有鲜活艺术生命力的非物质文化遗产，作为岭南传统文化在音乐世界里的载体，其本身也是在不断变化中发展的。纵观古琴发展历史会发现，就连古琴本身也是在变化中发展的：周朝时古琴已是宫廷雅乐伴奏，古琴曲《高山流水》《阳春白雪》都传自此一时期，但这时的古琴弦数不固定，五至二十七弦不等；至汉朝，古琴七弦琴制基本定型，且有了蔡邕《琴操》这样的琴学专著；魏晋南北朝时期的竹林文人更是将古琴文化推至一个新高潮，使得古琴与中国文人的思想、性格、品格紧密相连，这一时期的《广陵散》《酒狂》《梅花三弄》《乌夜啼》等都是中国艺术宝库最珍贵的遗产。可以看出，古琴也是在不断发展中提升自己、影响社会的。今天谈岭南古琴文化，也应站在这种发展的角度来保护与传承，而不是一味地拘泥于传统，被束缚了手脚不敢动弹。

岭南古琴流派有着自身鲜明的艺术风格，只有风格明朗，流派才有价值。比如在古琴曲目中，一般分为练习曲、情节曲、传承曲与新创曲。这其中，练习曲如《仙翁操》是帮助习琴者熟悉指法打好功底的；情节曲如《秋风辞》较为简单明了，最能帮助初学者入门体会古琴文化；而传承曲则应该是岭南古琴流派教学中的重中之重，学习传承曲，才能更好地体会岭南古琴文化，也是传承与弘扬岭南古琴文化的重要过程。

岭南古琴一代宗师杨新伦先生有具体的授琴要旨传于后人：少上、多弹、慢对、勤学。这四点习琴要旨固然是针对古琴演奏，但古琴演奏的另一个重要辅助元素就是讲究文化体悟。在古琴演奏中，琴、方法、功夫、修养、环境这五点缺一不可，需要时间沉淀，需要文化积累，这也是古琴与其他乐器最不同的地方。只懂音符节奏旋律距离真正的古琴文化还很远，古琴文化的传承从表面看是一种乐器一种音乐的传承，其实际却是一种文化一种、精神的流传。

（二）与现代文化的碰撞与交流

古琴文化源远流长，与中国传统文化相依相生，在与现代文化与西洋乐器碰撞的过程中必然会有一些不适，但也会出现许多新的火花，只是需要人们摆正姿态，以包容之心面对这种碰撞与交流。

比如岭南古琴流派传承曲中的《鸥鹭忘机》《碧涧流泉》等曲目是非常优秀的“绿色”曲目，与今天所提倡的生态保护、生态文明具有同构性，是中国传统文化中天人合一的最佳代表，这些曲目在今天的弘扬一方面是传统文化的新生，另一方面也是现代文明在古琴世界里的回应。

七木琴社推广一种“生活琴”理念，认为应该将古琴融入生活中。谢东笑先生一方面将很多现代歌曲、音乐改编成古琴曲弹奏传唱，同时也在小学音乐教学中将课本中的古诗词变成古琴演唱，提高学生的学习兴趣；琴社还将古琴与中医结合在一起，进行音乐治疗或者音乐养生方面的交流，成立“音乐爱心家园”，尝试以音乐进行心理疾病治疗或者音乐养生方面的探讨①。

五、源远流长，金声玉振

岭南地区历来文化风貌特殊，因受沿海海洋文明之风吹拂，同时亦从未排斥中原优秀文化的影响，岭南文化从来都是保守性与开放性同在，既是全国改革开放的最前沿，亦是传统文化保护最好的地区，传统与开放这两者在岭南、在广东从来不是矛盾或冲突。古琴文化之传承与发展亦是如此，保守性是为了保护古琴之“古”的生命特征；开放性是为了发展古琴之“新”的生命力量，才能源远流长，金声玉振。

古琴本身是中国文化的代表，当年入选太空船《地球之音》时人们说“这个声音足以代表中国”，那不仅仅指中国的音乐，而是指中国的整个文化。在古琴身上融入了古人对天、地、时、人的理解，在古琴的弹奏上分为天（泛音）、地（散音）、人（按音）三种技法，在古琴的指法运力上讲究与中国传统武术、太极的互相融合，在琴曲追求上与中国传统文人精神、文人气质、中国传统文学的深刻理解相一致，古琴大师往往琴棋书画样样精通，比如岭南古琴流派的代表吕宏望先生一身武艺，书法、绘画、篆刻无一不通；斫琴大师区君虹先生出自中医世家，篆刻、书法、武术亦样样精通。这就是古琴独特的艺术性，其文化内涵的追求远高于技艺的探索，习琴之最终目的是对传统文化的传承与学习，古人云古琴有四节：高贵、深沉、悠远、神圣，说的都是古琴中蕴含的历史性、文学性和哲理性，而这些都是“工夫在诗外”。

新世纪以来，文化发展成为中国社会发展的重中之重。岭南古琴流派作为广东原生态的非物质文化遗产，是重要的传统文化，在琴人、琴谱、琴曲、琴风四方面皆有很好的传承，理应得到更多的重视与更多的关怀。在当下“古琴热”的文化浪潮中，广东古琴流派面临发展的机遇与挑战，与传统文化相生相依的岭南古琴文化期待人们的保护与重视，为广东地域文化的发展金声玉振。

参考文献：

[1] 闫香百．关于七木琴社岭南古琴传承调查的思考［J］．大众文艺，2008（8）．

[2] 王孺童．古琴曲溯源［M］．桂林：漓江出版社，2014．

[3] 宋婕，冯焕珍．宝树堂琴谱［M］．成都：巴蜀书社，2010．

[4] 郭平．古琴丛谈［M］．济南：山东画报出版社，2006．

---

① 闫香百．关于七木琴社岭南古琴传承调查的思考［J］．大众文艺，2008（8）：46．

广东非物质文化遗产研究的学术视点

——由传统音乐引申的领域扩展

电子科技大学中山学院 刘 倩

近年来，随着文化生态环境的改变，非物质文化遗产存在的困境日益成为社会关注的焦点，也不断成为学界研究的热点。学者们纷纷从不同角度进入非物质文化遗产领域，对其展开较全面深入的研究。其中，国内学界对广东非物质文化遗产的研究也处在这样一种不断发展的状态之中。

本文对广东非物质文化遗产研究所展开的学术视点总结，主要依据近10年来公开发表在国家核心期刊（含CSSCI）的32篇代表性学术论文。这些论文均以广东省级非物质文化遗产为研究对象，范围基本涵盖了“非遗”的十大门类①。

纵观现阶段广东“非遗”研究的项目构成，虽覆盖面较为广泛，但各门类研究出现了冷热不均的情况。32篇论文中，“传统音乐”与“传统戏剧”17篇，占论文总数的53.125%，其余则零星地分散在其他项目类别。同时，以学科分类目录为参照对比项，上述论文研究背景虽呈现出学科多元的特点，在旅游、体育、手工业、高等教育等专业领域都有体现，但在非遗本体论中，针对项目本身所进行的技术理论分析，仍多半借助的是研究者以音乐学为主导的艺术学科背景。

尽管各研究者对广东非遗的关注点不同，所研究的具体项目也存在差异，但通过梳理发现，目前广东非遗研究重点在项目的保护传承，且论文结构在行文上较为一致：起于对项目历史的源头追溯，收于对项目传承的发展建议。在广东非遗源流考中，研究者突出了时间与空间两个因素，其实也是历史与地域两个概念，强调广东非遗是一种有历史的文化，它的形成发展受到广东地区特有的自然、人文因素影响，并呈现出较为鲜明的岭南文化特征。而对其的保护传承，研究者更多借助自身的学科优势，提出从经济产品开发到旅游文化规划，从传承方式改变到传承主体培养等诸多合理的对策建议。

本文正是基于以上研究事实，通过弱化较为单一的专业本体认知与技术分

---

① 非物质文化遗产的十大门类包括：民间文学、传统音乐、传统舞蹈、传统戏剧、曲艺、传统体育、游艺与杂技、传统美术、传统技艺、传统医药、民俗。

析，主要从三方面总结评述广东非遗研究的学术视点，即广东非遗的历史性研究、地域性研究与传承性研究。

一、广东非遗的历史性研究

对非遗项目进行研究，其形成发展的历史是十分重要的考察因素，《中华人民共和国非物质文化遗产法》第二条规定，“本法所称非物质文化遗产，是指各族人民世代相传并视为其文化遗产组成部分的各种传统文化表现形式，以及与传统文化表现形式相关的实物和场所”，其中的“世代相传”就突出了非遗存在的历史性。而研究者对广东非遗的历史关注集中体现在两个方面，另一个是可追溯的时间段，一个是发展振兴的时间点。

对广东非遗的历史把握，研究者一致认为，作为文化传统的“活化石”，其有着悠久的历史可供追溯。借助上古遗迹来确认，部分非遗的源头甚至可追溯到古老的新石器时代。研究者提出，根据1957年发掘出土的新石器时代文化遗迹，得出广东玉雕艺术的文化源头始于四千多年前；而根据广东石湾东汉汉墓出土的陶塑雏形，推断出石湾陶塑最早也可追溯至新石器时代。

可见，广东非遗有着悠久的历史，它的孕育萌芽可能就出现在人类文明发展的早期。而在研究中，与历史相关的时间节点，更多研究者提到了唐宋、明清时期，尤以明清为多。

“木鱼歌的历史渊源可以追溯到唐代民间流行的说唱文学‘俗讲’。至元末明初，流行于江南的‘变文’（即‘俗讲’的文字）嬗变为‘弹词’，弹词流入广东，结合当地人民的生活和独特方言，便发展为‘木鱼歌’。”①

“连滩山歌，起源于明朝年间，流行于两广（广东、广西）三市（肇庆、罗定、云浮）六县（郁南、云安、封开、德庆、苍梧、岑溪）。”②

“‘采茶’作为一种民间艺术品种有采茶戏、采茶灯、采茶舞、采茶歌等。流行于我国南方的江、浙、闽、赣、湘、鄂、粤、桂、云、贵等省（区）。源流可溯至唐宋，盛行于明代嘉庆以后。”③

据多名专家考证，贵儿戏初步形成约在清同治、光绪年间④；广东音乐、潮州音乐、八音锣鼓等也都是自明清以来形成并不断发展的。⑤

---

① 黄琼. 谁的“非遗”？——东莞木鱼歌的田野调查与思考［J］. 文艺争鸣，2014（3）：201.

② 黄春蕾. 广东连滩山歌及其独特的艺术风格［J］. 艺术百家，2011（6）：241.

③ 范晓君. 广东怀集“采茶”述略［J］. 四川戏剧，2009（2）：69.

④ 范晓君. 广东怀集贵儿戏考察报告［J］. 中国音乐，2007（3）：147.

⑤ 广东省非物质文化遗产名录图典编辑委员会. 广东省非物质文化遗产名录图典（一）［M］. 广州：世界图书出版公司，2010.

在广东非遗的形成发展历史上，明清是一个重要的时间节点，无论在珠江三角洲还是在粤东、粤西或粤北，多个项目都产生、形成甚或流行起来，论者对此也多有表述。但笔者认为，这样的认识可能存在“想象性困境”：对广东非遗历史渊源的考察，对具体项目形成时间的确认，在缺少基本文献注释与论证表达的前提下，研究者却普遍使用了一种定性式的语言。同时，在研究过程中，论者对项目的源流考察又以过程描述为主，在现象与结果之间缺少对应的分析，更忽视了对非遗历史成因的探寻。

马克思说：“人们自己创造自己的历史，但是他们并不是随心所欲地创造，并不是在他们自己选定的条件下创造，而是在直接碰到的、既定的、从过去承继下来的条件下创造。”① 此处包含了两个意思：①历史的产生是有条件的；②历史的发展是有传统的。从非遗存在的前提出发对其展开分析论证，这正是一种极富历史意识的思考。非遗的历史研究，我们要充分考虑其存在所依赖的“直接碰到的、既定的、从过去承继下来的条件”，其中就包含着政治、经济、文化、社会在内的诸多条件。

笔者认为，明清之所以成为广东“非遗”形成和发展的关键时期，原因是多方面的。目前的研究分析，虽只是偶有论者对这一时期人口南迁的社会现象稍有提及，对人口迁移的时间与过程略有几句大概的说明，但仍能管窥到人口迁徙对文化的影响。显见的是，一些非遗项目并非广东“土生土长”，而是随着外来主体的迁入继而传播到广东，并在此过程中实现了外来文化与本土文化的有效融合，促成了广东非遗的形成发展。其后，甚至又随着人口的流动向着更大的范围传播开去，许多项目也因此传播到了海内外，如广东音乐、潮州音乐等在国外的振兴。稍感遗憾的是，这种研究中获得的推论，研究者多“述”而不“论”，研究过程缺乏有意识的理论分析。

另一方面，广东非遗的产生发展还存在更为关键的决定因素，如经济的基础作用。在社会科学方法论中，马克斯·韦伯提出：“从社会现象和文化事件受到经济制约和影响的角度对它们进行分析无疑是一个富有创造性的原则，而且只要审慎地使用和摆脱教条主义的偏见，在可以预见的将来它也仍然是这样的原则。”② 这一点同样适用于非遗的发展研究。

明清之际是我国封建社会商贸经济相对繁荣的时期，非遗民间活动之所以在这一阶段较为活跃，与此有着很大关系。不过目前鲜有论者以此角度展开对广东非遗的历史研究，而这对地处经济改革发展前沿的广东尤为重要。由此，未来的研究路径可能需要我们理清经济发展与非遗存在的脉络关系，深入到兴盛衰落的

---

① 马克思. 路易·波拿巴的雾月十八日（1855—1852）［M］//中共中央马克思恩格斯列宁斯大林著作编译局. 马克思恩格斯选集：第一卷. 北京：人民出版社，1995：585.

② 马克斯·韦伯. 社会科学方法论［M］. 韩水法，莫茜，译. 北京：商务印书馆，2013：37.

非遗现象中去寻找其经济社会发展的根源，并应进一步认识到，今天的经济全球化与文化多元化，对非遗发展而言，不应只是现实的挑战，还应成为发展的机遇。

可见，现阶段，我们对广东非遗的历史研究就理论层面和现实层面都还远远不够，一定程度上可能受制于古史记载材料的缺失，但更为重要的是，我们在其中也缺少了对历史现象的审视，对历史本质的探寻。非遗是历史发展的产物，也是历史发展的印证，但非遗历史的研究不是单纯的过程描述，也不是个别的现象分析，更不是靠想象来推断得出结论。我们需要对经验事实做出思维整理，在历史现象与结果之中找到尽可能多的连接点，看到非遗产生发展更为本质的条件。

二、广东非遗的地域性研究

非物质文化遗产“指被各群体、团体、有时为个人视为其文化遗产的各种实践、表演、表现形式、知识和技能及其有关的工具、实物、工艺品和文化场所。各个群体和团体随着其所处环境、与自然界的相互关系和历史条件的变化不断使这种代代相传的非物质遗产得到创新，同时使他们自己具有一种认同感和历史观，从而促进了文化多样性和人类的创造力”①。

定义表明，非遗的存在需要借助一定的文化场所，“人与自然界的相互关系和历史条件的不断变化”包含着推动非遗形成的自然环境与社会环境。研究者对广东“非遗”的研究，突出了非遗形成的地域文化因素，这不仅因为广东“非遗”是形成发展在广东这个具体的地理空间，更显见的是，它是岭南文化风格的鲜活显现。

1. 广东“非遗”受到的自然环境制约

由于地域环境的限制，“非遗”项目的形成因地而异。一些技艺类“非遗”仅存在并流行于广东，因其所需的原材料仅限于当地。石湾陶塑与当地的沙质陶土有关，潮汕的嵌瓷是适应当地气候而产生的装饰。“潮汕地区地处广东省东部沿海地区，夏季炎热，多台风、暴雨，空气中盐分含量较高。特定的气候条件对嵌瓷的材料、工艺提出了地域适应性的要求。”② 对此，学者给予了关注，并表示，广东“非遗”的形成是适应当地自然资源条件的结果。若“非遗”存在环境发生变化，“非遗”活动必受冲击。如随着河道交错、水网纵横的沙田环境消失，广东人摇艇吟唱的“咸水歌”正面临消亡。

不仅如此，自然地理环境还在整体上制约着广东“非遗”的空间分布。

---

① 根据《保护非物质文化遗产公约》第二条规定。

② 薛颖，程建军. 屋脊的艺术——地域性的潮汕嵌瓷装饰［J］. 民俗民艺，2012（9）：119.

在项目总类上，广东“非遗”虽较为丰富完整，涵盖了十大门类，但“非遗”在广东的空间分布并不均衡，“以珠三角区域为主，粤东区域相对较多，粤北和粤西区域较少”①，研究者认为此分布特征的出现虽是诸多因素共同影响的结果，但主要与广东省的主要河流水系分布相关。“珠三角区域的非遗项目主要集中在珠江三角洲平原；而粤东潮汕文化遗产则分布在韩江、榕江流域，客家文化遗产主要分布在新丰江、东江和梅江流域；粤北文化遗产分布在北江、凤江河、连江河南水流域；粤西文化遗产主要分布在西江、漠阳江、鉴江和南渡河流域。”②

可见，研究者对广东“非遗”所受自然环境影响的认识较为客观，提出了广东“非遗”的产生是人们适应特定地理、气候等自然环境而形成各种生活需要的结果，强调了广东“非遗”的空间结构分布受到的自然环境制约。同时，也关注到较为封闭或开放的自然环境对“非遗”传播的影响。“岭南地区北依南岭，南傍南海，加上南岭万山叠嶂，使岭南地区构成一个相对独立的自然地理环境单元”③，这使得广东“非遗”较少受到外来文化的冲击，因而“活态”特征明显。无疑，此研究为我们证明地域制约着“非遗”的生存发展提供了可靠依据，但我们还应该在更广泛的文化生态理论背景下，充分发掘自然条件与文化形成的内在联系，多方面考察广东“非遗”的地域传播特点，为“非遗”的传承发展创设条件。

2. 广东“非遗”受到的文化环境影响

地域环境的差异，造成了文化的多元。岭南，作为五岭之南地理位置的代称，同时也是一个内涵丰富的文化概念。相对于自然环境，广东“非遗”的形成发展受到人文环境的影响更大。这表现在，广东“非遗”多经岭南文化的浸润而成，带有鲜明的包容、开放、务实、创新等岭南文化特征，研究者从不同方面对广东“非遗”的特征给予了例证说明。

“非遗”的多个项目并非土生土长，而由外来传入，继而与本土文化融合交汇，最终在广东地区“安家落户”，岭南文化的包容性由此显见其中。这样的例子在传统音乐、传统戏剧中比比皆是。

粤东的客家山歌是典型的中原文化与梅州土著文化融合的产物；广东汉乐保留了原有中原音乐的特点，并与客家地区的民间音乐结合，成为广东三大民间乐种之一；粤北怀集的采茶戏经由外地传入，至清中晚期开始流行；源自西北的西秦腔是西秦戏的主要唱腔，西秦戏在明末传入广东，在乾隆年间开始活跃于粤

---

① 袁少雄，等. 广东省非物质文化遗产结构及地理空间分布［J］. 热带地理，2012（1）：95.

② 袁少雄，等. 广东省非物质文化遗产结构及地理空间分布［J］. 热带地理，2012（1）：97.

③ 李吉远，牛爱军. 从非物质文化遗产视角探究广东南拳形成的地域文化［J］. 武汉体育学院学报，2008（6）：77.

东。中山大学的“非遗”研究专家康保成等就曾对西秦戏根植于广东的因由做了分析探讨。

可见，岭南文化的包容性使得广东“非遗”绝不抗拒外来要素的影响，而是吸收、利用，并在各项目间融会贯通，如粤剧传播对佛山剪纸的影响发展，采茶戏对采茶歌、采茶灯、采茶舞的形式吸收，广东传统民间舞蹈对传统武术的改造利用等。

开拓，是岭南文化的重要特征，也是广东“非遗”的文化体现。广东地处沿海，对外通商较早，海内外文化交流频繁，这使得与内陆相比，广东的民间文化艺术有更多“走出去”的机会，多年来，广东“非遗”在国际推广上渐成一股开拓之风。“海外练习的中国武术拳种，广东南拳仅次于太极拳，每年都有大批海外习武者来广东‘寻根问祖’。海外的蔡李佛拳、咏春拳等拳种在国际上享有很高的知名度，这也是广东南拳开拓务实的表现。”①

同时，广东“非遗”又具有一种务实之性。南拳研究者在此提到，“南拳的技术朴实无华，讲究实用，无花法”，且所用器械“多为日常使用的生活、生产器械”②。这是广东人适应生活的需要，也是广东“非遗”务实精神的体现。这种务实甚至还影响到“非遗”的未来发展。

通过分析我们发现，研究者对广东“非遗”的地域性研究，表现为集中论述了地方性文化传统的形成与自然地理、人文环境的密切关系，并将受地域文化孕育而显现的广东“非遗”文化特征给予了概括说明。两方面的分析展开，表明论者对广东“非遗”已经具有了相对自觉的研究意识，不仅关注到“非遗”产生存在的空间范围，而且认识到地域给“非遗”所可能带来的影响。

三、广东“非遗”的传承性研究

传承问题说到底是一个社会问题。这个问题既能超越空间与时间的局限，但又直接受到历史与地域的影响制约，因而呈现出复杂性，使得传承问题研究成为广东“非遗”学术研究的重点。现阶段研究，论者突出两方面，一方面说明传承现状不容乐观，另一方面强调传承发展存在可能。

1. 对传承场域的概括总结

场域，是一个有指征性的空间范围，“非遗”的传承场域主要指传承活动所依赖的文化场所，也可理解为“非遗”的生存空间。结合文献资料与田野调查，

---

① 李吉远，牛爱军. 从非物质文化遗产视角探究广东南拳形成的地域文化［J］. 武汉体育学院学报，2008（6）：77.

② 李吉远，牛爱军. 从非物质文化遗产视角探究广东南拳形成的地域文化［J］. 武汉体育学院学报，2008（6）：77.

论者提出，历史上“非遗”的主要传承场域为民众的日常生活、民俗节庆及民间信仰仪式。其中，学者们尤为关注民俗节庆所构筑的文化空间对广东“非遗”的重要意义，尤其对乡村的戏剧活动而言。

长期以来，传统戏剧类“非遗”在广东的乡村有着较好的传承态势，这多半是依托了当地相沿传习的民俗节庆。各族各地的岁时节日及民俗，春节、元宵节、清明节、端午节、中元节、中秋节以及婚丧、庆典及各种祭祖和庙会都促成了“非遗”活动的开展，甚至有学者称，“民俗演戏是维系岭南传统戏剧生存与发展的生命线”。“虽然广东仍然保有民俗演戏市场，但是在传统戏剧赖以生存和发展的经济基础、体制条件和社会环境发生深刻变化的大背景下，各剧种、院团依然面临生存与发展的巨大挑战，存在诸多困难与问题”①。

为此，笔者认为，面对传统意义上“非遗”生存空间的逼仄，我们不能徒有惋惜与抗拒，而要用发展的眼光来考量，也应该认识到：经济基础与社会环境的不可逆，也可能带来“非遗”的自身改善与发展。既然城市化的进程，带来了乡村文化空间的萎缩，我们更需要考虑，如何在当代文化空间创造条件，将“非遗”传承合规则性地融入城镇日常生活中，更好地实现保护利用。

2. 对传承主体的分析把握

“非遗”的传承发展中，人是核心。就传统音乐而言，“传承人是活态音乐的创造者和传播者，离开了身怀绝技的传承人，活态音乐就难以为继”②。但现阶段，“很多青少年已不再喜欢唱山歌、听山歌了，客家山歌的传承人老龄化趋势愈来愈明显”③。“再加上现如今的青少年受流行音乐的影响，即使不是缺乏客观公正的认识和判断，也很少会对雷歌感兴趣，喜欢听雷歌的观众大多都是一些年长者。这样下去，对于雷歌的传承和发展必然起到阻碍的作用”④。这一研究为我们的“非遗”传承提供了警醒的必然。

传承主体缺失是当今“非遗”传承面临的最大问题。但现实问题在于，一则传承人老龄化突出，二则青年受众群体有限。在此方面，研究者有着较为一致的观点，提出，要积极培养青少年人才，通过培训班、学校课堂的教育形式，在青年群体中扩大“非遗”的欣赏者与接受者人数，而更有效的方式是吸引民众的参与，毕竟大众才是“非遗”传承的真正主体。

---

① 詹双晖，《地方戏剧的生存与发展对策研究——以岭南传统戏剧为例［J］. 中国戏剧》2010（4）：60－61.

② 冯光钰. 广东汉乐活态传承及发展的现代视野［J］. 星海音乐学院学报，2007（1）：19.

③ 宋俊华，等. 岭南人文图说之四十二——梅州客家山歌［J］. 学术研究，2007（6）：162.

④ 马柯. 论雷州歌进入声乐课堂的双重意义——以岭南师范学院为例［J］. 艺术评论，2014（10）：121.

3. 对传承方式的归纳认知

(1) 自然传承方式。

传统的口传心授，在较长的历史时间内，一直是“非遗”传承所依赖的主要方式。这种方式，多发生在口耳相传的家族传承中，在较为自然的生活状态下后辈通过掌握前辈的知识与技能，成为日后活动的主体。当然，在师徒传承中，“口传心授”的方式也不少见。

研究者认为，历史上的口传心授模式曾保证了“非遗”项目的有效传承，并一致认为，即便在现代社会发展之中，仍应当保留“口传心授”的传承方式，充分发挥其优势。高校专业音乐教学中，通过多渠道的实施保证，将传统口传心授模式纳入教学，能改变原有单一的西方教学模式，更适合中国传统音乐的教与学。

(2) 社会传承方式。

随着时代的变化，传统传承的条件几近瓦解，在原有的自然传承方式之外，“非遗”的传承还需要结合社会传承来进行，这是研究者们已经取得的共识，其中最为重要的是学校教育。

现代社会，学校教育尤其是高校教育，对“非遗”的影响日增。在传承发展过程中，地方高校的优势被不断发挥。在高校，研究者可以利用专业背景与学术资源，展开有针对性的研究，教学者可以将“非遗”引入课堂，通过教育传播，培养传承主体，扩大受众。高校为“非遗”发展提供的人才与智力支持显而易见。

在社会传承中，一些民间组织、团体也值得一提，广东汉乐研究会或民间较多自发组织的“私伙局”等，通过多样的实践活动演出、交流，形成了有利于“非遗”传承的良好社会氛围。

4. 对传承途径的开发创新

在此问题上，很多学者提出了不同的观点，不管具体如何，都在为“非遗”的未来而努力。发展到今天，“非遗”保护已经从静态保护进入动态传承的阶段。现阶段的研究者，更注重“非遗”的活态传承与生产性保护，提出应将“非遗”推入市场，与经济社会发展密切关联，并通过旅游经济、文化产业等实施途径，使其在现代经济浪潮中也能健康发展。客家山歌，“如果充分运用节庆、参与体验、纪念品等模式对其进行旅游开发，将促进客家山歌文化的保护和发展、带动客家地区经济发展、拓展客家地区旅游业的发展空间、提升客家地区旅游形象”①。

多数论者认为，“非遗”项目的发展应加快以其为主体的旅游资源开发。这

① 钟俊昆，郭起华. 论客家山歌文化的旅游开发［J］. 特区经济，2008（12）：148.

种开发，形式可以多样：可以通过利用节庆等纪念日开展大型主题活动，吸引旅游者；可以将主题公园与博物馆的开放时间设置成常态，作为一个供参观学习与体验的景点；可以通过开发纪念品等商业产品，供游客消费留念。而作为文化产业，重点正在于对“非遗”资源的有效整合开发与创新利用。当然，在传承途径的问题探讨中，部分措施已成为论者的共识：政府应加大资金的投入，全民要参与其中，“非遗”传承需融入到民众生活之中等。

上述三方面对广东“非遗”传统音乐（当然其他领域也如此）具有重要的研究意义和学术指向。在理论与实际结合的基础上，研究者们较为集中地考察了广东“非遗”产生发展的历史缘由，分析了广东“非遗”所受到的地域环境文化影响，探讨了广东“非遗”未来传承发展的路径选择。此三方面研究者的论述虽各有侧重但并不孤立。若论及广东“非遗”的发展，只谈传承，不提历史，这样的文章不免缺少学理；若对广东“非遗”展开历史研究，只提过去，不谈发展，这样的文章显然又缺乏意义。

显然，现阶段的广东“非遗”已经具备了基本的研究范畴，但其未来发展需要在更大的理论背景下，以马克思主义发展观为指导，结合经济、政治、社会等现实因素，在充分认识“个体性现实”的基础上，加大对广东“非遗”的整体性把握，对广东“非遗”的传承提出更具针对性的发展建议。

佛山传统武术拳理要义的文化共性

中共佛山市委党校 何伟强

作为“武术之乡”，佛山武术界兼收并蓄，纳百家之长，逐渐形成一套具有佛山特色的武术体系。据粗略统计，当前佛山流行的武术拳种有60多种，无论是佛山传统武术五大拳种（咏春拳、白眉拳、蔡李佛拳、洪拳、龙形拳），还是太极拳、六合八法拳（水拳）等拳种，之所以得以传承和发展，除了传习者身体力行的不懈努力之外，更重要的是有自身的拳理体系。拳理是拳学理论的简称，大致包括技术构成、习练要求和拳法特色三大内容，它是任何拳种得以形成和传承的重要文化基础，是探索武术各拳种属性的关键，也是理解武术拳种内容和特点的基础。一直以来，佛山武术各流派的拳理（拳论），大多以拳谱、拳谚（诀）的形式分散在民间。这些史料都是有志于传续民间武术瑰宝的习武人士，通过多年习武感悟和长年的积累、记录、整理、提炼形成的文字资料，以内部印刷刊物或手抄本的形式流传于民间，方便习武者之间的传承、学习与交流。实际上，佛山传统武术各门派拳种虽然在术语表达上存在差异，但在拳理的层面是相通的。流传于民间的《题武林宝鉴》《步武行功七字歌》《拳学十八四言辞》以及各门派的拳谱、拳谚等资料基本上凝练了佛山当今流行各武术拳种的共性与精华。对拳理文化内涵的探讨与理解，不但有助于对佛山传统武术意识层面多种要素的掌握，在实践中正确认识练与用、合理把握攻与防，还有助于挖掘佛山武术的人文价值，进一步弘扬中华文化，为发展武术产业提供文化支撑。研究表明，佛山传统武术不同流派的拳理要义除了表现出了动作元素的同源性之外，更表现出了文化内涵的一致性。

一、彰显中国传统文化的理论内涵

任何一种拳种的套路，都是以“跌打摔拿”为运动主体，配以柔韧的身姿、灵活的步法、巧妙的造型，根据人体的生理特点、骨骼结构、四肢功能、气血运行，经武术前辈们反复实践、精心雕琢而成。各拳种通过多年的传承与发展，形成各具特色的功法理论。纵观各拳种拳理的内容构成所体现出的思维特性，几乎涵盖了中国传统文化的主要要素。

其一，《易经》的“阴阳八卦”、道家哲学的本体论、太极哲理以及五行学说、《孙子兵法》等，奠定了拳学理论心法和技法的可靠依据与思想源泉。“动作螺旋太极功，来迎去送法归中，刚柔运用无穷变，四象五行六合通”正是集上述大成之写照。

其二，儒家伦常奠定了习武者的行为规范，形成了诸如“尊祖尊师尊武道”“学仁学义学武功”等习武者共同遵循的道德规范和标准，形成了明确的追求目标和价值体系。

其三，东方古典美学的特殊范畴塑造了传统武术的美感。如《题武林宝鉴》所言：“浑元扛鼎站如松，守静清仪坐似钟。神动明之有象外，意存妙在无形中。轻行重落手如箭，独进齐操步若风。矛盾互为传动力，安然归整气自容。”其中的“气、韵、形、神、意”等意境，使传统武术各拳种不仅体现于外在的气质动作与形体美，而且讲究形神兼备，进而引申到思想境界，实现知与行的和谐统一。

其四，以传统的中医养生理论为基础。“拳起于易，理成于医”，强调武医同源、内外兼修，极大地丰富了拳理体系的内涵。

其五，古代兵学思想融入武术习练的搏击智慧之中。

二、体现“阴阳辩证”的技击策略

无论是蔡李佛拳的“抛、吸、鞭、穿、挂、捎、插”，洪拳的“刚、柔、逼、直、分、金、定、寸、停、留、运、制”，咏春拳的“来留去送、逢桥先占、甩手直冲”，还是白眉拳和龙形拳所共有的“直索、升沉、旋弹”，佛山各传统拳种的武术技击理论自始至终都贯穿着中国传统文化中的“阴阳辩证”思想。阴阳学说是古人在两种对立属性或事物两两相对的认识基础上逐渐产生的。太极拳的“四两拨千斤”理念，开创了中国哲学诠释武术拳理、指导武术实践的先河。佛山各拳种虽然源流不一，称谓有别，功法各异，风格不同，招式变化万端，但拳技的每一招一式都以阴阳为根本，其拳理都建立在“对立统一”的朴素哲学观基础上，并以中国传统哲学的“一阴一阳为之道”和“阴阳互为其根”的运动规律作为拳法内容构成的立意基础，从而衍生出阴阳、动静、刚柔、虚实、开合等种种相辅相成、互为因果的变化。

如佛山武术前辈陈澄耀先生所著的《步武行功七字歌》强调的“松为紧效”“静乃动基”“前伸后靠”“横旋直撞”“轻出重落”“手箭身弩”，都是对中国传统阴阳太极哲理的结合与传承。可见，各流行拳种的理论体系均建构在“阴阳辩证”思想之上。武术宗师们基于对传统哲学“太极、五行、八卦”的理解，体悟出拳中的“阴阳、五行、八卦”之道，使武术的套路衍生出各流行武术拳种，也使武术研习者能在潜移默化中自觉地接受中国传统文化的教化。借哲理阐述拳理，以拳理规范拳技，是包括佛山武术在内的中国传统武术所有流行拳种的基本特征。

三、强调圣贤之道的价值伦理

武术起源于冷兵器时代，恶劣自然环境和社会环境决定了武术搏击所特有的狡诈与残酷。随着社会发展和文明进步，人们不再诉诸武力来解决纠纷、实现愿望，对人际关系的矛盾和社会冲突的解决方式趋于理智化。事实上，长期以来，以儒家思想为主线的传统道德，限制了武术搏击中狡诈与残酷的负面效应，确立了习武者的价值理性，形成了习武者共同遵守的价值伦理——武德。

佛山五大拳种之一的白眉拳创派宗师张礼泉训曰："尊祖尊师尊武道，学仁学义学武功。学得武功宜守已，英雄半点不欺人。有亲无义不可教，有义无亲则可传。学得白眉真技法，纵然废石变金砖。"短短几十字，秉承了传统道德观念和价值原则，形成从择徒拜师、习武练武、从武施武到生活及人生追求的道德体系。而白眉拳的《拜师帖》，则进一步强化了习武者的武德意识："为发扬中华武术，兹向×师××学习白眉拳功，恪遵师训，敬业乐群，勤学苦练，以武德为锻体，以道德为应世，仁爱存于中，光明行于外，平时则为安善之民，为国则为忠勇之士，奉公守法，端正去邪，一心一德，以振兴白眉拳术为己任，戒骄戒躁，以发扬中华武德为目标，衷诚不冒，所具是实。"

几乎所有门派教拳习武的口传身授中，都在强调这样一种观念——要遵循社会基本的伦理规范，做一个对国家忠诚、对师长孝敬的人。孝，是儒家立论之本；忠，是保障儒家思想在政治社会中发挥作用的基本要件。而此两者正好也是传统武术传授中最为强调的两点。即使在现在的师徒制教学训练模式中，师父与徒弟日常交往的礼节与规范，依然十分明显地表现出了传统儒家思想的特色。所谓武德教育，不是为了仁慈化技击的残酷性，而是要影响习武者的价值判断，使以搏击为主要表现的武术在工具理性与价值理性相结合的基础上实现高深的功夫与高尚人格的完美统一。传统武术中的武德其实也就是传统文化的主流思想所强调的为人之道，也即儒家的圣贤之道，它要求习武者在研习武术的实践中遵循与证悟。可见，武术领域也是一个儒家圣贤之道的实践领域。通过这种实践，以一种做人之道来引导习武者，使其追求的人生境界远远超越武术运动自身所能达到的水平。

四、注重"道法自然"的思想逻辑

老子的"人法地，地法天，天法道，道法自然"，强调人应顺应自然、遵从自然。《庄子·齐物论》中说："天地与我并生，物与我为一。"不同门派拳种的拳理都共同体现出顺应自然、追求天人合一的整体观。

首先，注重顺应四时气候变化习练功法。武术是人体运动，只有恪守自然法则，顺应自然变化，遵循自然规律，才能达到与自然的和谐统一。因此，传统武术练功一向重视按自然界四季和人体机能的变化，采用不同方法，来达到相应的练功目的。其次，注重"师万物、法天地"。从佛山现有不同拳种的拳谱资料中发现，"孤雁出群、双燕入洞、灵狮开口、懒虎伸腰、蝴蝶穿花、毒蛇吹利、白鹤啄食"等飞禽走兽的形象和动作，以及"风卷残云、川流不息、风动浮萍、流星赶月"等自然现象，都不同程度地融入一招一式的攻防意蕴之中，通过从大自然的生化衍变现象中获得的灵感和启迪来展现拳法特色。此外，注重"内外双修"，既注重习练内养功法，通过修养心、意、性而善养神，也注重习练外动功法，通过修养精、气、神而善养形，内养心性与外炼形体相结合，最终臻于合一而达到升华。各派拳理在套路演练不仅强调"手、眼、身、步"的外在规范，更强调"精、神、气、力、功"的内在传意，强调"内三合"（心与意合、意与气合、气与力合）与"外三合"（肩与胯合、肘与膝合、手与足合），使各拳种在发展过程中逐渐形成以健身强心、讲究技艺、追求神韵、内外合一的文化底蕴。

五、追求爽心悦目的武术意境

佛山传统武术拳种各有风格特点，咏春拳的"来留去送、甩手直冲"，蔡李佛拳的长桥大马、南拳北腿，龙形拳的"出拳如脱箭、退守似弓弦"，洪拳的硬桥硬马、粗放沉雄，以及白眉拳的"迎风接打、化整攻缺"，都是不同拳种、不同流派对武术命题的具体演绎。各派拳谱在描绘动作时也经常采用意象性的语言，如"临崖立马、移花接木、摘星换斗、顺水推舟、旋转乾坤"等，这些招式描述虽然没有将动作准确地描绘出来，但是它给人一种意境美，使人感觉到习武并非仅仅是肢体运动，而是种种意境的心灵体验和感应，为枯燥的动作增添了无限生机，大大增强了习武的理趣性。拳理使武术的一招一式得以传授和观摩习练，但其中的意境和神韵，则只可意会不可言传，要求学习者用直觉去领悟、体验。当然，武术的意境之美，也是"仁者见仁，智者见智"。如出拳的轻重、长短、急缓、强弱等节律变化，有人可能联想到不同音乐旋律的"合奏"；出拳招式的左右、上下、内外以及"欲前先后，欲左先右，欲提先伏，欲放先收"，有人会顿悟到传统书法的"间架结构"和运笔走势；武术套路的演练还可以想象为生命旋律的激荡、人体诗韵的律动……不同的体悟演绎出拳种的千家百派与千姿百态，形成了佛山传统武术拳种整体圆融、赏心悦目的武术意境，散发出独特的魅力。

武术拳种在形成与发展进程中，无论是心法还是技法，均受特定地理环境和人文环境的影响。特定地理环境和人文环境孕育出武术拳种特殊的文化形态，促成了拳理和拳法的形成，而拳理的形成和发展，又促使武术拳种得以传承和繁衍。当前，佛山传统武术文化资源的系统性挖掘与理论研究，远远落后于武术技击实践。对佛山传统武术拳理文化内涵的探讨，有助于树立正确的武术产业发展观，通过文化引领，推动佛山武术产业的发展。

参考文献：

[1] 戴国斌. 体悟：对武术的解释 [J]. 武汉体育学院学报，2001 (1).
[2] 杨弢，许红霞，徐泉永. “武” 释 “道” 论 [J]. 体育文化导刊，2008 (2).
[3] 张晓林. 论中华武术“心动形随”的文化基础 [J]. 广东技术师范学院学报，2006 (6).
[4] 李泽厚. 美的历程 [M]. 合肥：安徽文艺出版社，1994.
[5] 乔凤杰. 中华武术与传统文化 [M]. 北京：社会科学文献出版社，2006.

口头诗学与日常瑶歌

——当代粤北过山瑶瑶歌变迁研究

广东技术师范学院 邱 婧

在我国南方民族文学中，瑶族口头文学——“瑶歌”是一个重要的组成部分。广东瑶族主要分布在广东省北部的连南、连山、乳源3个自治县。连南的瑶族被称为“排瑶”，乳源的瑶族被称为“过山瑶”，连山既有“排瑶”也有“过山瑶”。两者语言语音不同，其瑶歌的音乐样式也有很大差异，他们都没有书面文字，歌书均使用汉字传抄。本文结合田野调查访谈，主要选取粤北过山瑶（连山和乳源）的瑶歌歌书为例进行书面文本研究①。

有论者曾将广东过山瑶瑶歌按照时间序列分为传统原始体系、近代古典体系以及当代的生活散歌体系，因本文的考察内容具体到当代乳源瑶族自治县的瑶歌，故将其分为两种：一种是以《大歌书》（或称《盘王歌》）的底本展开演唱的传统瑶歌，另一种是日常生活中的瑶歌。前者多集中演唱于节日和宗教活动的时节，而后者则在日常生活中较为常见，并且随着时间的推移和社会背景的变化，日常瑶歌的内容和歌者的身份也有所变化。

美国学者阿尔伯特·贝茨·洛德在他的《故事的歌手》一书中提及：“对口头诗人来说，创作的那一刻就是表演。”② 当代粤北过山瑶瑶歌的表现形式也是如此。日常瑶歌的创作和演唱通常发生在瑶族人的日常生活中，与以《大歌书》为底本的传统瑶歌不同，日常的瑶歌以即兴的演唱为主，它的创作和演唱过程、流传过程、听者的接受过程是融合为一的。即便如此，日常的瑶歌也涉及传统文化语境的重现，包含了传统《盘王歌》的元素；另外，瑶歌的内容随着社会语境的不断变化而变迁，新兴事物不断呈现在瑶歌的素材中；值得一提的是，粤北瑶歌因其特定的地理位置，较其他地域瑶歌有所不同，粤北瑶歌吸收了部分客家文化的元素。对于以上三点，本文选取近年来经由田野调查获得的连山和乳源瑶歌歌书的若干手抄或者油印文本，对日常生活中的瑶歌展开全面的考察和分析。

---

① 连山瑶族壮族自治县和乳源瑶族自治县的瑶族人均为“过山瑶”，其中乳源瑶族自治县的瑶歌歌书传抄和留存相对而言更为完备，因此本文主要以乳源歌书为主要素材进行研究，辅以部分连山的歌书资料。

② 阿尔伯特·贝茨·洛德. 故事的歌手［M］. 尹虎彬，译. 北京：中华书局，2004：13.

一、传统文化语境的再现

连山的文艺工作者陈艳云等人曾经收集了部分近年来创作的连山瑶族民歌，后收录到《连山民歌集成》中。其中有一首和《盘王歌》相关的当代瑶歌，名为“盘王置天又置地”：“盘王置天又置地，置得大河又置山，瑶人挖地又种树，日子过得好风流。”①

歌本的前半部分是对祖先的回忆和对本民族历史文化记忆的呈现，后半部分则是对当下生活场景的描述。连山壮族瑶族自治县的瑶族人被称为“过山瑶”，同其他瑶族一样，他们主要的文化记忆和认同也来自对盘王崇拜。因此，在表达当下生活的同时，也不忘在日常的瑶歌中咏唱关于盘王创世的历史故事。

乳源瑶族文艺工作者赵天银新近编写了《乳源瑶山歌谣》的歌书，主要收录了当代乳源瑶族自治县的瑶歌。值得注意的是，这些来自赵天银收集的当代乳源歌谣和传统的历史歌谣不同，全歌中既夹杂了历史传说，又糅合了当代瑶族社会的生产、安居、地理景色、道德准则等各类素材。其中有一篇瑶歌涉及了“渡海”的神话元素，如《过山过海退洞歌》，全歌共分为六节，涵盖了“渡海”“开山”以及现在瑶族人安居乐业的整个历史过程，一至六节分别名为“过山过海退洞歌”“退洞歌”“桃源歌”“陪郎进山歌”“南山瑶乡歌”“三八妇女节之歌”②。

此歌的第一节描述了华南地区瑶族和东南亚瑶族特有的“渡海神话”，如“瑶人出世先出世，瑶人出世南京道。瑶人出世十宝山，压得地头作犯人……瑶人先住南京道，一居南京十宝洞。十宝洞头作犯人，瑶人愁愁齐退洞……十二姓人齐退洞，退到大河大海边。撑船过海风打散，重有六姓到海边。”③ 在此节末尾，描述了过山过海之后十二姓将要分开的场景。“船到广东珠江口，靠岸瑶人安乐修。漂洋过海落尽难，浮出海面无样修。”④ 第二节名为“退洞歌”，在开头，接着叙述第一节中的迁徙场景。“有的分过广西道，有的分过湖南道。有的分过贵州道，有的分过云南道。有的分过外国道，分出外国起家难。”⑤ 这几句瑶歌是对瑶族各分支迁徙的主要描述。

日本学者竹村卓二长期从事华南地区和海外瑶族的研究。他在关于瑶族的人类学研究论著《瑶族的历史与文化》中曾详细探讨过：瑶族的文化记忆分为

---

① 广东省民族宗教研究院．连山民歌集成［M］．广东人民出版社，2012：25.

② 赵天银．乳源瑶山歌谣［M］．乳源瑶族自治县民族宗教局编印，2014.

③ 赵天银．乳源瑶山歌谣［M］．乳源瑶族自治县民族宗教局编印，2014：21.

④ 赵天银．乳源瑶山歌谣［M］．乳源瑶族自治县民族宗教局编印，2014：23.

⑤ 赵天银．乳源瑶山歌谣［M］．乳源瑶族自治县民族宗教局编印，2014：23.

“槃瓠神话”和“渡海神话”两种，居住于泰国北部和广东地区的过山瑶拥有与其他瑶族不同的历史记忆——“渡海神话”。他认为“广东的过山瑶……泰国北部的优勉瑶，不仅保持着有共同来源的渡海神话，而且这个神话在他们日常信仰和礼仪中，占着重要的地位”①。然而，在他的人类学调查中，仅仅引用了德国传教士勒斯尼尔20世纪初期对广东北部曲江区瑶族历史记忆的调查和记述，却并未详细提及广东过山瑶中渡海神话的表述样式。以上这首乳源瑶歌《过山过海退洞歌》中所叙述的十二姓瑶族人从南京一路迁徙到华南各地以及东南亚的故事，显然可以与竹村卓二在泰国北部清莱府、中国广西北部过山瑶居住区进行的人类学调查和访谈中得到的信息相互印证，是一份较为详细的展现渡海神话的证据材料。

除了渡海神话之外，粤北过山瑶瑶歌还呈现出和其他瑶族共同的历史记忆，如“桃源洞”。经过比对，乳源瑶歌《过山过海退洞歌》中的第三节《桃源歌》实际上和乳源盘才万版的《盘王歌》歌书版本②，以及湖南江华县《盘王大歌》赵庚妹版手抄本③十分相似，没有太大的改动。这一点亦表明，当代粤北瑶歌糅合了传统瑶歌中的历史素材以及当代的新兴事物的素材。

二、新兴事物和时代性

正如神话对共同体有着重要的聚合意义一样，在当代日常瑶歌中，对新兴事物的表述也是对共同体所处的地理环境和社会环境的印证。学者徐新建曾对瑶族的语言做过文学、人类学角度的研究，他认为，瑶族具有“多国民族”的属性，因此具有语言的裂变和文化的整合的特征。④

基于笔者对乳源瑶族自治县的田野调查，现有的乳源瑶歌在近年来发生了很多变化，这种变化是内置于当代少数民族口传文学的流变之中的。在乳源瑶族自治县的田野调查中可以看出，住所迁移、旅游业发展、非物质文化遗产保护政策的推动都导致瑶歌的文化生态发生变化，而这种变化使得瑶歌增添了新的内容。瑶歌在这里实现了日常和传统的交汇，古老和现代的碰撞。

以乳源瑶族自治县沿江中路的瑶歌为例，沿江中路是乳源城区的一条道路。这条道路沿江而建，中段有一棵大榕树，榕树下有一个10平方米左右的平台，既可步行时乘凉歇脚，又可以观赏江景，数年来，成为瑶胞每天下午的聚集地之

① 竹村卓二. 瑶族的历史和文化［M］. 金省萍，朱桂昌，译. 北京：民族出版社，2003：268.

② 盘才万，房先清，李默，等. 盘王歌［M］. 广州：广东人民出版社，1990.

③ 赵庚妹版手抄本原文参考自盛磊. 瑶族盘王大歌中的文化传统研究［D］. 武汉：中南民族大学，2013.

④ 徐新建. 全球语境与本土认同［M］. 成都：四川出版集团，2008：253.

一。在这里休闲娱乐的瑶胞，多为60~100岁不等的老人，他们唱瑶歌，或是闲聊，因其戴瑶族特有的头巾，成为一道独特的风景。

这些瑶族老人并非一直生活在县城，而是若干年来不断从山中迁徙到县城的。其迁徙原因①大致有三种：

（1）自发行为：1990年之后，从必背、游溪、东坪三镇到县城打工并定居。

（2）政策干预：从1990年至今，政府不断鼓励和引导瑶族搬迁到县城的平地定居，开始分房和分土地给瑶族耕种，后来逐渐取消分地，仅仅是分房子给瑶族人居住。

（3）社会学因素：越来越多的瑶族青少年到县城来学习、工作、定居，下一代出生，老人便从山区到县城，帮忙照顾孩子。

基于以上三种情况，以往聚居在必背、游溪、东坪三镇的瑶族人越来越多地迁徙到县城。而在县城定居的瑶族老人们较为寂寞，需要得到一定的认同感和归属感，沿江中路便成为瑶族老人聚集休闲的主要地点之一。处于60~100岁年龄段的老人，恰恰是掌握瑶歌艺术的主要人群。在访谈中，当问及瑶歌是否在这些年有所变化的时候，少数人表示无变化，还是按照传统的歌书演唱，多数人表示会有所变化，如在20世纪60年代的唱法内容和当下的唱法内容有很大的区别。在60年代的歌曲中，和其他社会主义文学形式一样，瑶族民众会在口头文学中更加强调意识形态的宣传，而现在的瑶歌则不再唱那些内容，取而代之的是新兴事物、观念对瑶歌的影响。

如果从当代的歌书中寻找答案，地处华南的乳源瑶族，在其瑶歌的发展中，确实融入了对“电梯”“电脑”“煤气”等新兴事物的描写，这亦在某种意义上折射了转型期广东瑶族社会的变迁。

如在《美丽县城之歌》中，歌词为：“美丽县城景色光，金色州庭好风光。美丽县城电灯明，电灯照亮夜景名。西边山脚发电明，电灯照州州庭明，龙南清水发电明，电灯照见万家明。”② 可以看出，尽管这是瑶歌的形式，内容却几乎是陈述新兴事物对传统生活方式的影响，颇具现代特色。

另外，在《机电歌》里，歌者承袭了瑶族的“何物歌”的形式，并增添了新事物的内容，比如：“何物爱吃江河水，吃了江水电气化？何物水底隆隆转，水面出火又无烟？”然后答道：“水轮机爱吃河水，吃了江水电气化。轮机水底隆隆转，水面出火又无烟。”“何物歌”是瑶歌传统样式中关于诙谐逗趣、猜谜的一种主要歌曲形式，在当代，被用作指称社会变迁中的新兴事物，体现了瑶歌与时俱进的新特征。

---

① 根据2015年6月20日下午笔者的访谈整理的材料得出此结论。

② 赵天银．乳源瑶山歌谣［M］．乳源瑶族自治县民族宗教局编印，2014：43.

除此之外，其他社会习俗在瑶歌中的体现也较为明显。三八妇女节并不是瑶族的传统节日，然而自从乳源瑶族接受了这一节庆之后，瑶歌中也加入了妇女节的元素。比如《三八妇女节之歌》："国家重情妇女节，歌情素质祝妇女。生男育女是妇女，多谢国情重妇节。"

在《村户起灶歌》中，歌词如是写道："当初家家起炉灶，炉灶煮饭老小饮。上岭担柴归家里，放进灶厅火烟烟……时今社会不同前，打起煤气灶头奴。不要山岭木树柴，煤气煮饭无黑烟。天下人家煤气灶，灶面两奴排行坐。两奴打火煮菜饭，一奴煮饭二奴菜。"①

在这首瑶歌里，前几句沿袭了传统瑶歌中的关于劳动的元素，而后面就有着明显的再创造的痕迹。这些瑶歌，既是对新兴事物的摹写，也是歌者即兴表演的产物。正如阿尔伯特·贝茨·洛德在《故事的歌手》中所言："无论他表演什么，他都要再创造；他即兴表演的艺术牢牢地植根于他对传统要素的把握……"② 因此，不难得出结论，既根植于传统要素，又即兴创造新的歌句，是乳源日常瑶歌的一大特征。

三、对外来文化元素的吸收

由于乳源地处广东的特殊地理位置，乳源瑶族和其他民族的散杂居状况由来已久。因此，在乳源瑶歌中，长期以来吸收了相对较多的外来文化元素，如道教和客家文化等，而这些元素又在当代瑶歌中有着别样的展示。学者赵家旺曾对广东瑶族的宗教仪式有过较为深入的研究，他认为瑶族宗教和道教同样有着"三清"崇拜，但是二者之间有着差异性③，盘才万在其《拜王歌堂》的前言中也有着类似的观点④。显然，瑶族歌谣中受到了道教的影响。

比如在瑶歌《三清歌》里，提到了诸多道教方面的术语。"闻说今朝有状请，元始天尊齐下坛。元始天尊为第一，灵宝天尊第二名。"在道教中，三清分别为玉清元始天尊、上清灵宝天尊、太清道德天尊。元始天尊，在"三清"中地位为最尊，也是道教神仙中的第一位。在诸多瑶族地区的《三清歌》里，都有道教术语和道教形象的体现，当代乳源瑶歌中也不例外。

另外，由于岭南文化生态场域中分布了不同的族群，因此客家文化也不可避免地融入乳源瑶歌的创作中。尤其是在乳源瑶族自治县，客家人和瑶族人几乎占

---

① 赵天银．乳源瑶山歌谣［M］．乳源瑶族自治县民族宗教局编印，2014：174.
② 阿尔伯特·贝茨·洛德．故事的歌手［M］．尹虎彬，译．北京：中华书局，2004：35.
③ 赵家旺．瑶族度戒与道教斋戒［J］．广东技术师范学院学报，1990（3）.
④ 盘才万，房先清．拜王歌堂［M］．广州：广东人民出版社，1994：15.

据了人口的绝大多数[①]，因此客家人和瑶族人都是处于文化共生的社会场域中。笔者在2015年的田野调查中发现，在县城沿江中路，瑶歌的聚集点和客家山歌的聚集点也分布在较近的区域。

事实上，早在清代，王士禛和屈大均就曾经研究过“粤歌”及其中的相互关联。王士禛认为，“粤西风淫佚，其地有民歌、傜歌、俍歌、僮歌、蛋人歌、俍人扇歌、布刀歌、僮人舞、桃叶等歌，种种不一，大抵皆男女相谑之词”[②]。其中，王士禛所言的“傜歌”就是乳源的瑶歌。

屈大均在《广东新语》卷十二中的《粤歌》中如是提及瑶歌：“赵龙文云：傜俗最尚歌，男女杂遝，一唱百和。其歌与民歌皆七言而不用韵，或三句，或十余句，专以比兴为重，而布格命意，有迥出于民歌之外者。”[③] 随后，他选取了两组瑶歌作展示：

其一是，“黄蜂细小螫人痛，油麻细小炒仁香”；“行路思娘留半路，睡也思娘留半床”[④]。

其二是，“与娘同行江边路，却滴江水上娘身。滴水一身娘未怪，要凭江水作媒人”[⑤]。

屈大均同时表示：“傜语不能尽晓，为笺译之如此。”瑶族有语言却无书面文字，所以屈大均应是选取了几首瑶歌进行汉语的转译。他在《粤歌》中强调“粤俗好歌”，分别介绍了广府歌谣、潮汕歌谣、潮剧、瑶族歌谣等民俗艺术形式。瑶歌和客家山歌的相互影响也可以在瑶歌的歌书中一窥端倪。尤其是情爱歌，比如在盘才万选编的《乳源瑶族民歌选编》中，可以看到一首《流书歌》，是表达爱情的瑶歌：“山顶云雾连一起，黄蜂飞落花丛里。但愿我俩心连心，相亲相爱不分离。”另外一首《花枝恋》写道：“春日鲜花枝上开，哥似青枝妹如花，花枝恋歌唱起来。”

而笔者看到客家情歌中也有类似的诗句：“哥是天上一条龙，妹是地下花一丛，龙唔翻身唔落雨，雨唔淋花花唔红。郎是蜜蜂飞上天，妹是蜘蛛挂檐前。”[⑥] 可见，在瑶歌和客家情歌中，将男女比喻为蜜蜂、花朵等事物的修辞屡见不鲜，这类比喻的区别并不明显。

考察瑶歌和客家山歌中的情爱歌的区别大概分为两个方面。首先从修辞方式来看，瑶歌采用的一般是前两句是喻体、后两句是本体的唱法，而在刘晓春看

---

① 据官方统计，乳源瑶族自治县的客家人占据总人口80%，瑶族人占据了总人口11.4%。
② 王士禛．粤风续九［M］// 王士禛．池北偶谈．济南：齐鲁书社，2007.
③ 屈大均．广东新语［M］．北京：中华书局，1997.
④ 屈大均．广东新语［M］．北京：中华书局，1997.
⑤ 屈大均．广东新语［M］．北京：中华书局，1997.
⑥ 黄火兴．客家情歌精选1900首［M］．广州：花城出版社，1982：51.

来，客家山歌使用了隐喻的方式，喻体和本体之间没有比喻词。① 另外，从整体形式来看，瑶歌一般不喜反复，而是顺着比喻手法，用叙事的方式不断推进，比如在《流书歌》和《花枝恋》中，都采用了演进的动态过程，前者是以“妹到来”为开端，然后经历了“门前有园韭菜地，郎少无双等妹连”，“入山砍竹爱留尾，进园摘菜爱留心”，就到了“一更行到妹门前，二更行到妹窗边”，最后以“阿妹有心伴郎去，情投意合结鸳鸯。铜盆载水郎洗脚，洗好双双入洞房”四句结尾。也就是说，瑶歌尤其重视叙事的推进，经常和比兴的修辞手法同时出现。《花枝恋》也是同样，但有所区别的是，这是对唱关系中的叙事推进。

哥：青枝小，也能给妹载情来。妹若拗枝种水边，朝朝担水心花开。
妹：花未开，也能给哥飘香来。哥若拗枝栽门口，进出门槛心花开。
哥：望花开，哥把花枝插楼台。金盆载水面架上，朝朝洗脸望花开。
妹：要花开，花枝摆上吃饭台。餐餐对酒观花蕊，三朝一过花便开。②

直到结尾句“大家花枝心里栽，阿妹是哥心头肉，一生一世不离开”，可以发现，瑶歌的形式基本采用的都是叙事的演进或对唱的演进，而客家山歌恰恰相反，以重复比喻的形式存在。如在一首情歌中重复修辞：“哥是绿叶妹是花，哥是绫罗妹是纱，哥是高山石崖水，妹是山中嫩细茶。”也就是各句修辞中没有存在时间关系和递进关系，只是单纯的并列修辞。

另外，赵天银在《乳源瑶山歌谣》的前言中特地强调，“本歌书融入了客家文化的元素”③。而阳林碧曾考证，《岭南逸史》中的歌谣是吸收了百越民族歌、瑶歌因素的客家山歌。这两个观点实际上都间接证明了在多民族散杂居、交往交流交融的过程中体现的文化多元共生，也为粤北日常瑶歌的变迁提供了丰富的佐证材料。

参考文献：

[1] 盘才万，房先清. 拜王歌堂［M］. 广州：广东人民出版社，1994.
[2] 盘才万，房先清，李默，等. 盘王歌［M］. 广州：广东人民出版社，1990.
[3] 郑威. 社会记忆：民族文学作为族群叙事文本——以瑶族创世古歌密洛陀的族群认同功能为例［J］. 广西民族研究，2006.
[4] 阿尔伯特·贝茨·洛德. 故事的歌手［M］. 尹虎彬，译. 北京：中华书局，2004.

① 刘晓春，等. 客家山歌的当代传播与影响［M］. 北京：北京大学出版社，2010：68.
② 黄火兴. 客家情歌精选1900首［M］. 广州：花城出版社，1982：51.
③ 赵天银. 乳源瑶山歌谣［M］. 乳源瑶族自治县民族宗教局编印，2014：6.

香云纱身世及其价值考辨

佛山市南海区地方志办公室　张　莹

香云纱又名莨纱，是广东近代丝织品中的佼佼者，自晚清以来的100多年里，它以其精湛高超的织造技艺及其镂空提花的特性名扬海内外，成为广东海上丝绸贸易的杰出代表。香云纱（莨纱）的织造技艺不仅是广东丝织史上一块重要的里程碑，《广东省志·丝绸志》称："这是广东丝织行业具有划时代意义和深远历史影响的创举。"①

那么，香云纱究竟是什么？有什么特征？起源于何时何地？经历了什么样的发展历程？它与莨绸有哪些异同？近十多年来，围绕香云纱的种种疑惑，社会上也泛起种种厘不清的"香云纱迷雾"，成为学界、商界、史志界关注和探究的焦点。很长时间以来，各方对香云纱的关注和研究主要侧重于它的后半部分工艺，即晒莨染整工艺，而对它的前半部分工艺即织造技艺的关注与研究甚少。自2011年春起，笔者对各种记述香云纱的史料进行研读、梳理和考辨，同时，深入香云纱发源地——佛山南海西樵镇民乐、百东等乡村进行实地考察调研，探究香云纱身世之谜。经过几年的调查研究、分析考辨，香云纱身世日益清晰。本文着重从广东丝织业发展的角度，就香云纱的历史渊源、特征、发展及其影响进行阐述，与方家学者切磋交流。

一、香云纱起源

在探讨香云纱起源问题前，首先来看看史籍中关于香云纱（莨纱）的定义："莨纱，是以桑蚕土丝为原料，在提花手拉机上织成的具有扭眼通花的纱罗组织物，经晒莨而成。"② 也即是说，香云纱这个名称是对特定产品的特定称谓，特指莨纱。近十余年来，由于社会上通常将莨纱与另一种丝织品莨绸混为一谈，因此明确香云纱为何种物品，对探讨、研究它的起源与发展至关重要。

香云纱起源于佛山市南海区西樵镇民乐儒林村，为程氏族人所创制，它的诞生和发展经历了一个漫长的过程，从初创到成熟的百年间，香云纱织造技艺发生

---

① 广东省地方志编纂委员会. 广东省志·丝绸志：上［M］. 广州：广东人民出版社，2004：397.

② 广东省地方志编纂委员会. 广东省志·丝绸志：下［M］. 广州：广东人民出版社，2004：1164.

四次重大技术革新，最早可追溯到清道光年间。清道光二十四年（1844）以后，南海县西樵相继出现了“小提花机”“啤架机”“扯花机”“马鞍丝织绞综提花机”等丝织新设备，使广东丝织业手工方式生产水平有了重大提升，为香云纱的出现提供了必要的技术支撑。可以说，香云纱的出现是广东丝织工具革新和丝织技术进步的结果，它的织造技术在广东丝织品中最为复杂，其成就在广东的丝织业中也是最高的。从香云纱的发展与演变的历程来看，可分为四个阶段。

第一阶段从清道光年间年到光绪年间，这时期为香云纱织造的初创期。《广东省志·纺织工业志》记载，清道光二十年（1840）以前，广东丝织业的生产工具主要是“标梭平纹织机”；《广东省志·丝绸志》也载：“早期，只有织平纹的腰机和木织机。”这种工具织造的产品为平纹织物，如绸、缎、锦等。道光二十四年（1844），西樵镇民乐儒林村程家改革标梭平纹织机，将之逐步演变成12片综小提花机和“啤架机”，这是广东丝织史上对纺织工具的一次重大改革，使丝织工具从单一的平纹织机发展为平纹织机与绞综提花机并存，拓展了广东丝织业的发展空间，成为广东纺织工业史尤其是丝织史上的一个转折点。改良后的织机可以织造简单提花图案的纱罗提花丝织品（民间称“薄花”[①]），一改自汉晋以来广东织造业一直为平纹织造的局面，开创了广东丝织纱罗提花织造新品种，这种丝织品即是早期的香云纱。

在道光年间程家改革标梭平纹织机后的数十年里，西樵民乐三乡（儒林村、藻美、云滘）的丝织工人对小提花机和“啤架机”进行一些微小改进，如“多综提花”“多臀提花”等，使丝织提花织造水平有所提高。

第二阶段从清末到民国初期，这时期为香云纱织造的发展期。据《广东省志·纺织工业志》记载，清末，南海西樵民乐程家又发明了“扯花机”，可织较复杂花纹图案的品种，每部机需要两个人同时操作，一人在下边织，一人在花楼上执衢扯花[②]。这种上部有“花楼”的扯花机高3米多，下面织机部分长近4米，机体庞大，构造复杂。在“花楼”上扯花的人和在下面织花的人互相看不见对方的动作，靠经验、口令和默契配合对方。西樵丝厂里的一组古代缫丝和织造壁画中，有一幅就再现了这种扯花机织造的场景。

扯花机的出现是广东丝织工具和提花织造工艺上第二次重大技术改良，使香云纱的图案复杂多样起来，提花也更为精美，是香云纱织造技艺的一次重要的技术进步。民乐程家发明的扯花机“一直沿用到抗战初期”[③]。

第三阶段为民国初期到中期，这一时期为香云纱织造的成熟期。继发明“扯花机”后，程家对提花织机和织造技术继续进行新的探索和改革，并取得重大突

① 广东省地方志编纂委员会. 广东省志·纺织工业志［M］. 广州：广东人民出版社，2002：89.
② 广东省地方志编纂委员会. 广东省志·纺织工业志［M］. 广州：广东人民出版社，2002：89.
③ 广东省地方志编纂委员会. 广东省志·丝绸志：上［M］. 广州：广东人民出版社，2004：422.

破。民国四年（1915），程家的程绍江、程炳全、程泽、程周4人发明了马鞍丝织提花绞综，首创纽眼通花的纱绸，开拓了丝织的新门路[①]。这种“马鞍丝织提花绞综”的发明，将广东丝织业一直沿用的经线组织变为绞纱组织，使织物外观上具有“扭眼通花”（绞纱镂空提花图案）的效果。丝织设备的革新带来丝织技艺的变化，西樵民乐织工创造性地将岭南传统木雕的镂空图案技法融入到香云纱的织造工艺里，如传统木雕中的九宫格、万字花等图案，都在香云纱织造的提花图案中出现，使香云纱的提花织造技艺走向成熟。香云纱图案精美超群，一经上市，即大受海内外华人的青睐，长销不衰，享誉海内外，成为广东乃至中国丝织品中的佼佼者。这一丝织技术上的进步，将广东丝织技术提高到崭新的水平，创造了广东丝织技艺的高峰，成为广东丝织业史上一个具有划时代意义的里程碑。

1920年，广州日商亚冠织造局使用日本生产的提花箱进行织造，提花箱安装在织机的上部，代替人工扯花，每部织机只要一人就可以进行生产，花色也更为多样。当时西樵织纱厂商高和、张仪最先效法使用这种提花箱，并对香云纱提花图案进行调整，如从织“大头梅”改良为织“细头梅”[②] 等。其他丝织工场也相继使用这种提花箱，当时大多使用日本的“沧田”及上海的“大成”“中华”等提花箱。[③]

第四阶段从民国三十三年（1944）到现在，这是香云纱织造技术提升、现代化时期。相比原来的人力扯花织造工具，日本和上海生产的提花箱的应用，将传统人力扯花发展为机械扯花，织造效率和织品质量都得到很大提高。西樵织工在使用外来技术的同时，也不断摸索对其进行改造。民国三十三年（1944），南海县西樵民乐的“何栋记”花箱铺改革日本的提花箱，率先制造出本省的提花龙头，立即得到推广[④]。“何栋记”改良后的提花龙头更加实用、完善，可用张数不等的花板织造不同花纹的丝织物，其提花龙头工艺技术在广东是首屈一指的[⑤]，“何栋记”提花箱极大地发展了香云纱的织造技艺，使之更完美精湛。

1959年，南海丝织业开始使用电动铁木丝织机代替丝织手拉机，1966年，装配电动提花机，实现香云纱手工生产到机械化生产的过渡。

二、香云纱诞生的环境因素

一种地方特产的产生，必定是与这个地方的环境有着密切的关系，环境对特

① 广东省地方志编纂委员会．广东省志·纺织工业志［M］．广州：广东人民出版社，2002：89.

② 南海县纺织企业集团公司，南海县毛纺织企业集团公司，南海县化纤丝绸企业集团公司．南海县纺织工业志［M］．内部出版，1992：43.

③ 广东省地方志编纂委员会．广东省志·纺织工业志［M］．广州：广东人民出版社，2002：89.

④ 广东省地方志编纂委员会．广东省志·纺织工业志［M］．广州：广东人民出版社，2002：17.

⑤ 广东省地方志编纂委员会．广东省志·纺织工业志［M］．广州：广东人民出版社，2002：89.

产有着极其重要的影响。香云纱之所以在南海西樵诞生，不是偶然的，是南海西部西樵、九江一带良好的自然生态环境、悠久的丝织业及开放的社会环境等多方面因素造就的。

首先是良好的自然生态环境。南海西樵、九江一带地处南海西部的珠江三角洲平原与丘陵相间地带，区域内珠江干流西江、北江自西北向东南穿越过境，大大小小的江河众多，河网密布，是典型的岭南水乡，水资源充沛，气候温和，日照时间长，适宜种桑养蚕，也适宜缫丝生产。

其次是悠久的丝织业。丝织业自西汉至今已有2 000多年历史，是南海历史悠久、从业人数最多的传统产业，素称“机纺世家”。早在西汉时期，南海一带已出现“采桑饲蚕”和“桑蚕织绩”，三国时期桑蚕丝织已很普遍，唐代开始兴旺，明代繁荣兴盛。明嘉靖九年（1530），县内丝织业已开始分工分业生产，从过去单纯经济自给生产的家庭手工业发展到专业生产的形式；清道光年间，县内九江、西樵、南庄等地已普遍设立桑市、茧市、纱圩、丝市，形成包括农工商贸在内的完整的蚕桑专业性体系。清同治十二年（1873），南海西樵人陈启沅在家乡简村创办全国第一家民族机器缫丝厂，生产的丝质量好，丝价高。县内缫丝业实现机器生产后，厂丝“一船丝运出，一船白银归”，极大地刺激了蚕丝业和缫丝业、丝织业的发展。[①] 从清末到民国中期，广东丝织产品以南海县最盛，民乐一带乡村机房栉比，从业人数以万计。仅民官山、民乐的织机就占全省织机的三分之一，丝织品输出占全省输出总值的80%以上。[②] 丝织品品种繁多，各村生产有程家织纱、潘家织罗、藻美织绫、云窖织绸、华夏织的“安南绸”、朗心织的绉、吉赞织的“孟买绸”等[③]，当中又以香云纱产量最大，生产时间最长。一直到20世纪70年代末，南海丝织业都没有间断。

再次是开放的社会环境。南海自隋代建县始，县城附廓省城广州，府县同治，处于广东政治、经济、文化的中心，享港口、陆路交通之利，商贸繁荣发达，唐宋时就与外商有贸易往来。明末清初，南海丝织品大量外销，清乾隆二十二年（1757），广州成为全国唯一通商口岸，外国商人都集中到广州来购买生丝和丝织品，极大地促进了丝织业的兴盛发展。辛亥革命后，中国收回关税权，扩大了丝织品的出口，丝织品出口量大增，加之当时南海县佛山堡的出口关税低于广州，省内各地的丝绸汇集此地出口，佛山因此成为全省纱绸贸易中心。开放自由的商贸环境，进一步刺激了西樵丝织业的发展。

悠久的丝织业，使西樵自古就是著名的纺织之乡。20世纪90年代，西樵建设了国内第二大轻纺城。2002年，中国纺织工业协会授予西樵“中国面料名镇”称号。

---

① 南海市地方志编纂委员会. 南海县志［M］. 北京：中华书局，2000：3.

② 南海市地方志编纂委员会. 南海县志［M］. 北京：中华书局，2000：3.

③ 广东省地方志编纂委员会. 广东省志·纺织工业志［M］. 广州：广东人民出版社，2002：96.

三、香云纱名称探究

关于香云纱这个名称的由来，比较普遍的说法是：穿着由其制成的成衣活动时有“沙沙”声而称“响云纱”，后取谐音美称为“香云纱”。在广佛一带的地方志中也都有此记述。关于“香云纱”得名的时间，还有一种说法比较流行，认为是民国时期上海人取的。一直以来，各种说法纷纭，虚实莫辨。2013 年 11 月，笔者在国家清史编纂委员会·文献丛刊的《清代稿钞本》中，看到一份写于同治戊辰年（1868）的资料《物意管窥》，文中记述：“广东本地所织纱在原料上有全线、半线半丝、全丝几种，全丝者为丝纱，名香云纱，为西樵省佛织者多，其晒莨有生晒，也有半生熟晒；有胶，其身轻稀薄且有响声，人们都喜欢用它做衣服；提花有重素、细花、小龙光、时花等。”① 这份《物意管窥》主要记述的是广东本地所产的各种土产种类、名称、特点、价格及上品下品货物的区分，作者佚名，精通南粤物产，熟知贸易行情，行文为粤方言，为粤人无疑。文中清楚地记述了最初的香云纱确实是有响声的。至于什么时候开始叫“响云纱”，什么时候称为“香云纱”的，有待探究。同治戊辰年是同治七年，即 1868 年，也就是说，“香云纱”这个名称在 19 世纪 60 年代就已经有了。联系香云纱起源的时间分析，笔者推测“香云纱”这个名称有可能在清道光中后期就出现了，且多为粤人命名。

那么，莨纱和香云纱，这两个名谁先谁后呢？从上面这份清代资料看，应该是“香云纱”名在先，“莨纱”名在后。“莨纱”这个名称在民国时期见于报端，最早出现在什么时候尚不能确定。无论如何，有一点是可以确定的，那就是香云纱诞生的一百多年来，它就是一种特定而具有独特特性的丝织品的名称，特指莨纱，而不是其他绸、棉等面料晒莨织品的代名词。近几年学术界提出所谓“广义的香云纱”与“狭义的香云纱”概念，实为今人所造，牵强曲解，与香云纱史实不相符。

四、香云纱特性及与莨绸之异同

（一）香云纱特性

香云纱学名为莨纱，也就是说，只有莨纱才是香云纱。然而，近十多年来，另一种叫莨绸的丝织品却被当成香云纱出现在各大商场及各种展销会、时装秀上。那么莨纱（香云纱）有什么特性？它与莨绸的区别是什么呢？香云纱之所

① 国家清史委员会. 清代稿钞本：第 129 册［M］. 广州：广东人民出版社，2010：364－365.

以成为享誉海内外的香云纱，绝不仅仅在于美妙的名字，而在于它高超精美的织造技艺和奇特的晒莨染整工艺。

织造技艺。香云纱织造技艺最重要的特征是使用马鞍丝织绞综提花机织造，用绞综将蚕丝的经线组织变为绞纱组织进行织造，使织物具有岭南特色的镂空提花图案（西樵民间称为“扭眼通花”）。这种织造技艺创造性地将岭南传统木雕窗花镂空技法与丝织提花技术结合，不仅将传统木雕中的九宫格、万字格等镂空图案引入坯纱织造，并且还编制出多种多样的提花图案，如云纹花、小梅头花、胜利花等。香云纱提花图案内敛含蓄，平视几乎看不出，只有将面料展开对着光，精美的镂空图案才会呈现出来。香云纱的奇妙之处还在于它对光透明如镜、穿着通风却不透光。这种绞纱镂空提花织造技艺，是广东丝织业技术含量最高、程序最复杂的技艺，创造了广东丝织技术的辉煌，不仅代表了岭南丝织业的最高织造水平，在近代中国丝织史上也占有重要的地位，这是它深受人们喜爱、蜚声海内外的主要原因。

晒莨染整。晒莨染整是广东古老的印染技术，古人用薯莨根茎、河泥作原料，用于印染棉麻布渔网等。清道光二十四年（1844），西樵民乐一带就已盛行将平纹织物进行晒莨染整手工业生产，当时用于晒莨染整的面料主要是绸缎、棉等，后来又用来印染香云纱。织好的香云纱坯纱在未进行晒莨染整之前被称为“白坯纱”。白坯纱经过晒莨、过乌（过泥）后即成香云纱成品。阳光、草地、薯莨、河泥、河水是晒莨染整必要的五个条件，薯莨为藤本植物，块茎含单宁酸，珠三角河泥富含铁离子等矿物质，染整过程中，河泥中的铁离子与薯莨中的单宁酸发生化学反应，生成黑色沉淀物凝结在坯纱表面，使坯纱表面形成一层薄薄的黑胶，增强了纱绸的韧性，使其挺爽耐磨。

（二）香云纱与莨绸之异同

香云纱又名莨纱，传统莨绸也称黑胶绸。莨纱和莨绸都是近代广东丝绸史上最有特色、最负盛名的丝织品，清道光以来，二者并存共荣，畅销海内外一个多世纪，人们常常将两者合称为“莨纱绸”。

历史上，莨纱和莨绸是分得很清楚的两种织品，清宣统《南海县志》载：“九江西樵大同沙头出丝最盛……供土人织绸及织纱之用……”《南海县纺织工业志》载：“晒莨产品分莨纱、莨绸二大类。”莨纱和莨绸的生产虽然有一些相同的地方，但织造的核心技术是不同的。相同之处：①从原料看，莨纱和莨绸都是用蚕丝作纺织原料。②从印染看，二者都采用晒莨染整工艺进行染色加工。③从产地看，二者均在道光时诞生于南海西樵。

不同之处：①织造工具不同。香云纱织造使用绞综提花织机，莨绸织造使用标梭平纹织机。②面料性状不同。香云纱有镂空提花图案，面料轻薄透气；莨绸平纹光滑，密实厚朴，过去民间也称为“光身”“素身”。③染整所用坯布不同。纱、绸最初织成的坯布，分别称为“白坯纱”“白坯绸”，又称“白身”①，经晒莨染整后的成品，民间也根据它们各自不同的性状，将二者分别称为香云纱和黑胶绸。④技术难度不同。莨绸为平纹织造，没有提花，织造技术难度不大，织造相对容易，织造的效率比香云纱高；而香云纱的织造十分复杂，技术难度和时间成本都比莨绸高。⑤主产地不同。莨纱多产于南海西樵、民乐一带；莨绸多产于顺德沙滘、伦教、勒流一带。②

莨纱在20世纪70年代末停止生产后，其织造工艺也随之失传。而莨绸在顺德伦教一带一直断断续续地有生产。后来人们渐渐就分不清何为纱何为绸。20世纪末，深圳一服装厂将莨绸定名“香云纱”推出市场后，莨绸就被人们当作了香云纱，十多年来，这种混淆的认知流传广泛，不少专家学者及文化机构都沿用这一错误的认识，使得莨纱、莨绸身份愈加困惑，社会各方有关香云纱的误解、曲解、困惑、迷雾与纷争由此产生。

五、香云纱发展轨迹与现状

香云纱诞生以来的一百多年间，它的命运与近代中国的沉浮史紧密相连，经历了兴衰起伏、迂回曲折的过程。

（1）兴盛。香云纱产品诞生后，即大受欢迎，迅速成为享誉海内外的丝织新产品，长销不衰，成为广东最负盛名的出口贸易丝织品。清末到民国中期的抗战前，是香云纱兴盛期，据《南海县志》记载，当时民乐一带乡村机房栉比，从业人数以万计，民乐儒林村程家一族600多人，除1人务农外，均以织纱为业，香云纱生产出现欣欣向荣局面。据民国中期的《蚕纱报导》和《广东蚕丝业调查报告》载：全省丝织机3万多台，仅西樵官山、民乐一带就有丝织机1.5万台，占全省丝织机总数的一半数，年产纱绸100多万匹，约占全省输出总值的80%。

（2）衰落。1938年，日军入侵广东，广州、南海沦陷，西樵遭受日军多次大屠杀，丝织生产陷入绝境，大量丝织工人外逃另谋生路，部分织厂迁往佛山、广州等地继续生产。此后，抗日战争、太平洋战争、解放战争的相继爆发，加上国外人造丝的冲击，香云纱生产动荡起伏。新中国成立后，西樵丝织业开始有所复苏，但受人造丝等化纤产品的冲击，纱绸业逐渐萎缩，到20世纪70年代末停产，西樵纺织业普遍转产各类化纤、家纺及牛仔面料。

---

① 顺德市地方志编纂委员会. 顺德县志［M］. 北京：中华书局，1996：394.

② 广东省地方志编纂委员会. 广东省志·纺织工业志［M］. 广州：广东人民出版社，2002：96.

（3）失传。据业内人士说，香云纱织造停止于20世纪80年代初期，其复杂的织造技艺也随生产的停止而消失。此后30多年里，香云纱织造技艺处于失传的状况，市面上也难觅它的身影。近十几年市面上出现的“香云纱”产品，其实是莨绸，不是香云纱（莨纱）。

（4）重现。2010年8月，一位叫冼达峰的西樵大同村人经过几年的摸索，运用现代纺织设备成功织造出具有扭眼通花图案的香云纱，由此，停产30年的香云纱真容重新出现在世人面前。2013年9月，西樵百东村张姓纺织世家的张绍锦、张绍钧、张绍淦、张绍景四兄弟经过一年多的努力，将从各家各户收集的传统木织机零散件成功组装复原，程家1915年创制的马鞍丝织提花绞综也被张氏兄弟成功复原。香云纱传统织造技艺在消失30多年后重现于世。

（5）现状。香云纱重现之后，很快引起社会强烈的反响，备受国内外服装设计师的青睐，在各类时装节上，与莨绸一起，惊艳亮相，展现出传统优良丝织品无限的魅力。然而，相比起莨绸的开发和发展规模，香云纱明显滞后很多。二十世纪五六十年代，南海丝厂曾采用现代染色技术生产彩色香云纱，但由于技术不成熟，加上丝业受人造丝等化纤产品的冲击辉煌不再而停止，使得香云纱现代化进程的探索搁浅，一直到二十世纪八十年代初香云纱停止生产之时，产品仍然还是传统的一面黑一面褐黄的颜色，色调单一，没有可供消费者选择的余地。2010年香云纱重现后，生产商也开发了红、紫、蓝等颜色的香云纱，但由于坯纱“扭眼通花”的特性，颜色开发的技术难度比平纹的莨绸要高，加之出现的时间不长，织造时间成本高等因素，目前生产规模不大，开发和发展步伐缓慢，现代化进程远不如莨绸成熟。

2006年以后，深圳、顺德相继以莨绸申报香云纱染整技艺非遗项目，2008年香云纱染整技艺列入国家级非遗项目。而香云纱织造技艺非遗项目在它重现于世后启动，于2015年列入佛山市级非遗项目。

六、香云纱的历史价值及其影响

香云纱是西樵先民勤劳智慧的结晶，其工艺由织造和晒莨染整两部分组成，代表了岭南丝织技术的最高水平。它的出现，是广东两千多年丝织史上一块重要的里程碑，其独特的晒莨染整技艺为世人惊叹，成为广东丝绸贸易的重要角色和文化符号，影响遍及东南亚、中东、欧美等地区。香云纱畅销海内外一个多世纪，创造了广东的丝织工业史和丝绸贸易史上的辉煌，影响深远，“是广东丝织行业具有划时代意义和深远历史影响的创举”。这在广东纺织工业史上有着举足轻重的地位，传承、保护和发展这一优良的丝绸文化，在“一带一路”的战略背景下，具有深远的历史和现实的意义。

七、结论

经过上述调研、分析及考辨，笔者对香云纱身世得出以下结论：

第一，香云纱起源于佛山市南海区西樵镇民乐儒林村，为程家于清道光年间所创制。香云纱的出现是丝织设备革新和纺织技术进步的结果，其工艺由织造和晒莨染整两部分组成。

第二，莨纱和莨绸为广东两种最有代表性的丝织品，合称莨纱绸。莨纱是用绞综提花机织造，为镂空提花丝织品；莨绸为标梭平纹织机织造，为平纹密实织品。香云纱特指莨纱，不是莨绸。

第三，香云纱诞生后持续兴盛一百多年，20 世纪 70 年代末停止生产，其织造技艺随之失传。2010 年用现代纺织设备成功重新织出香云纱，2013 年传统木织机复原成功。传统木机织造技艺和现代电机织造技艺同时恢复。

第四，十多年前，珠三角一些城市相继用莨绸冠以“香云纱”之名申请“香云纱染整技艺”非遗项目，随后，莨绸被商家当作“香云纱”销售成为流行时尚。2010 年香云纱重现以后，此种张冠李戴的现象依旧。莨纱、莨绸虽同为丝织物，但特点、功效不同，各有其长。只有正本清源，让它们各回其位各归其名，根据各自的特性设计规划，才能更好地传承、保护和发展。

第五，莨纱和莨绸均为广东丝绸史上最有代表性、最具有岭南特色的丝织品，都具有很高的历史文化价值，保护传承卓有成效。莨绸开发早，发展快；莨纱开发晚，发展缓慢。香云纱染整技艺和织造技艺先后列入国家级和佛山市级非遗名录。传承、保护和发展这一优良的丝绸文化，具有历史和现实的意义。

文学艺术

苏曼殊翻译思想研究

广东石油化工学院 秦 毅

苏曼殊是清末民初集革命与创作于一身的“天才情僧翻译家”①。他一生从事教育事业及文学、佛学的各种撰述和翻译工作，是近代公认的一位天才。在佛教中，他是佛学家，是一位特殊的高僧，是一位出色的西行求法的头陀；在文学艺术上，他是诗人、文学家、画家，是通晓英、法、中、日、梵文的翻译家；在政界，他是一名坚定的革命者。本文拟从苏曼殊生平、苏曼殊的翻译成就、苏曼殊的翻译思想等方面对其进行探讨。

一、苏曼殊生平

苏曼殊（1884—1918），近代作家、诗人、翻译家，始名宗之助，后改名苏戬，学名子谷，亦名元瑛、玄瑛②。法名博经，法号曼殊，笔名印禅、苏湜。苏曼殊一生随意起名，名号极多。光绪十年（1884），苏曼殊在日本横滨出生。他的父亲名叫苏杰生，是中国人，在日本经商；他的母亲是日本人，名叫河合叶子。苏杰生是广东香山县人，即今广东省珠海市前山镇沥溪村人③。

苏曼殊多才多艺，诗歌成就很高，影响巨大，有“诗僧”之称。其诗作为《无题诗三百首》，多为七言绝句，现仅存101首，其余的不幸失传。苏曼殊是南社的重要成员，常在《民报》《新青年》等刊物上发表诗作，工于七绝，诗风“清艳明秀”，形象鲜明，别具一格，在当时影响甚大，在中国文学史上也有一定的地位。苏曼殊一生共创作了七部小说：《人鬼记》《断鸿零雁记》《天涯红泪记》《绛纱记》《焚剑记》《碎簪记》《非梦记》。其中《人鬼记》已失传，《天涯红泪记》没有全部写完。此外，苏曼殊翻译的《惨世界》一书，虽名为法国文豪雨果《悲惨世界》一书的译本，但实际上其中三分之二的内容并非原书的翻译，而是苏曼殊本人“借他人酒杯，浇自己心中块垒”的创作，因此既可以归为译文，也可以算苏曼殊自己的创作。

---

① 齐瑞成．苏曼殊——天才情僧翻译家［M］//刘克敌，李西宏．那些翻译大师们．北京：金城出版社，2010：180.

② 李蔚．苏曼殊［M］．珠海：珠海出版社，2008：351.

③ 李蔚．苏曼殊［M］．珠海：珠海出版社，2008：351.

苏曼殊是我国近代较早的一位翻译家，在英语、法语、日语以及梵语等方面都有很高的造诣。其翻译作品有法国作家雨果的《悲惨世界》、英国诗人拜伦的《拜伦诗选》，还有印度文人瞿沙（Ghocha）的小说《娑罗海滨遁迹记》。他向中国读者引介了雨果、拜伦、雪莱、歌德等外国大文豪的作品，也把《诗经》《离骚》《长恨歌》等中国古典诗作及李白、杜甫、张九龄、曹雪芹等人的作品介绍给英语世界，展示了中华文化的灿烂绚丽。

苏曼殊还是一位学者，编撰过多种工具书，如《汉英辞典》《英汉辞典》《粤英辞典》《埃及古教考》《梵文典》《初步梵文典》《梵书摩多体文》等，还将梵文研究成果奉献给了世人。可惜现在都已不复存在。曾经有人统计过，苏曼殊的著述达三十多种。相对他三十四年的短暂人生，还要减除少不更事的十多年，这些著作实在不能不说是比较厚重了。

1918 年 5 月 2 日下午 4 时，苏曼殊久病不治，逝世于上海广慈医院。弥留之际的曼殊看着周围的生死挚友，以近乎微弱的声音轻轻呼唤着远在日本的母亲，最后，他给这个世界留下了八个字——一切有情，都无挂碍。①

二、苏曼殊的翻译成就

郁达夫曾经这样评价苏曼殊在文艺方面的成就："笼统讲起来，他的译诗，比他自作的诗好，他的诗比他的画好，他的画比他的小说好。"② 这种说法虽仅是一家之言，评价中肯与否，此处不予讨论，但至少肯定了翻译在苏曼殊的文学活动中所占据的重要地位。身为诗人的苏曼殊是最早"把诗作为独立的文学作品介绍给中国读者的翻译家"之一③。

苏曼殊甚至被誉为"第三个大翻译家"。对此，翁聆雨、罗郁正如是说："正如严复是 19 世纪末西方社会科学主要的引进者、林纾是西方小说最大的翻译家一样，苏曼殊由于介绍了西方诗歌，特别是他为介绍拜伦和雪莱（他自己首先受到了深刻的影响）所做的工作，应该获得第三个大翻译家的地位。"④

作为"第三个大翻译家"，苏曼殊的翻译大致分为小说翻译、诗歌翻译、印度文学及佛学经典翻译⑤、汉译英四大部分。以下分而述之。

---

① 齐瑞成．苏曼殊——天才情僧翻译家［M］//刘克敌，李西宏．那些翻译大师们．北京：金城出版社，2010：195.

② 郁达夫．杂评曼殊的作品［M］//柳亚子．苏曼殊全集．哈尔滨：哈尔滨出版社，2011：392.

③ 施蛰存．中国近代文学大系——翻译文学集一［M］．上海：上海书店，1990：10－11.

④ 柳无忌．苏曼殊传［M］．王晶垚，译．北京：生活．读书．新知三联书店，1992：183.

⑤ 黄轶．苏曼殊印度文学译介论［J］．中国比较文学，2007（1）．

（一）以雨果《悲惨世界》为代表的小说翻译

苏曼殊翻译了雨果的代表作《悲惨世界》（*Les Miserables*），这是其法国文学作品译介方面的主要成就。苏曼殊原译为《惨社会》，当时的署名是“法国大文豪嚣俄著，中国苏子谷译”，发表在上海出版的《国民日日报》上，时间是从1903年10月8日至12月1日。登载至第十一回后，报馆被封，因而被迫中止。1940年，上海镜今书局刊将其译文印为十四回的单行本《惨世界》。因陈独秀曾经帮助苏曼殊润饰过译文，而陈独秀别号由己，故署名“苏子谷、陈由己同译”①。

1921年，上海泰东图书局翻印此书，改名为“悲惨世界”，署名为“苏曼殊大师遗著”。1925年，泰东图书局再版此书，恢复了原名“惨世界”。后来的各种版本都题名为“惨世界”。②

在《苏曼殊：<悲惨世界>的译作者》一文中，丁富生先生通过分析陈独秀的回忆，比照《悲惨世界》的翻译用语与苏曼殊其他作品的用语，证实了《悲惨世界》确实是苏曼殊独自翻译的作品。

实际上，苏曼殊翻译的《惨世界》这部作品，并不是严格意义上的翻译，可能叫作“译改”更为合适。《惨世界》从开篇到第七回的前半部分，还有第十三回的后半部分和第十四回，是根据《悲惨世界》原著第一部《芳汀》中的第二卷《沉沦》引申而来的翻译；其余部分的所有内容，完全是苏曼殊本人的即兴发挥③。曼殊借*Les Miserables*之名，行创作之实，杜撰出了一个原书中根本没有的主人公——四处行侠仗义，最后因刺杀拿破仑未果而牺牲的革命志士明男德。

（二）以拜伦为代表的西方浪漫主义诗歌翻译

在众多的西方作家诗人中，苏曼殊最为推崇的是英国19世纪初浪漫主义文学的杰出代表拜伦。④ 苏曼殊对拜伦情有独钟，在《与高天梅书》中，他认为拜伦可与屈原、李白相提并论，“衲尝谓拜伦足以贯灵均、太白”⑤。曼殊还撰写有《题拜伦集》，引之为同道：“秋风海上已黄昏，独向遗编吊拜轮。词客飘蓬君与我，可能异域为招魂。”

---

① 苏曼殊．苏曼殊全集［M］．柳亚子，编订．哈尔滨：哈尔滨出版社，2011：167.

② 丁富生．苏曼殊：《惨世界》的译作者［J］．南通大学学报（社会科学版），2006（3）．

③ 李敏杰，朱薇．近代外国文学译介的先驱——苏曼殊［J］．长春工业大学学报（社会科学版），2009（3）．

④ 袁荻涌．苏曼殊研究三题［J］．贵州师范大学学报（社会科学版），2001（2）．

⑤ 苏曼殊．苏曼殊全集［M］．柳亚子，编订．哈尔滨：哈尔滨出版社，2011：68.

据黄元军、覃军的考证，从时间上来看，在中国第一个翻译拜伦诗歌的应该是梁启超。不过因为梁启超仅仅节选了拜伦诗中的两段进行翻译，数量太少，影响并不太大，而苏曼殊则开启了全面翻译拜伦作品的工作。因此，确切地说，苏曼殊是全面介绍拜伦文学给中国的第一人。①

收入《拜伦诗选》中的苏曼殊所译拜伦之诗，计有《去国行》《别雅典女郎》《赞大海》《答美人赠束发带诗》《哀希腊》五章。

未收入《拜伦诗选》，但收入《文学因缘》中的尚有拜伦的《星耶峰耶俱无生》一诗。

此外，苏曼殊还翻译了雪莱的《冬日》、豪易特的《去燕》、彭斯的《颎颎赤墙靡》、歌德《题沙恭达罗诗》以及印度诗人陀露哆的《乐苑》等诗歌。

（三）翻译印度文学及佛学经典

苏曼殊对印度文学推崇备至，他在《文学因缘》的序文中写道："印度为哲学文物渊源，俯视希腊，诚后进耳。"② 其印度文学及佛学经典翻译方面的译作包括印度小说《娑罗海滨遁迹记》、印度短诗《乐苑诗》及佛教文献《阿输迦王表彰佛诞生碑》和《印度法护尊者达波磨罗致杨仁山信》等。③

除翻译外，苏曼殊还从中外文学比较的角度出发，向中国引介印度纯文学作品，其中有《摩诃婆罗多》（Mahabrata）《罗摩衍那》（Ramayana）两首著名的叙事诗、抒情诗《云使》，还有古典诗剧《沙恭达罗》。④

在《燕子龛随笔》第五十三则中，苏曼殊这样介绍《摩诃婆罗多》和《罗摩衍那》："印度 Mahabrata、Ramayana 两篇，闳丽渊雅，为长篇叙事诗，欧洲治文学者视为鸿宝。犹 Iliad、Odyssey 二篇之于希腊也。此土向无译述，惟《华严疏钞》中有云：《婆罗多书》《罗摩延书》，是其名称。"⑤ 在《文学因缘》的序文中，苏曼殊同样对这两首著名的叙事诗赞不绝口："《摩诃婆罗多》《罗摩衍那》二章，衲谓中土名著，虽《孔雀东南飞》《北征》《南山》诸什，亦逊彼闳美。"⑥

苏曼殊最早注意到迦梨陀娑，指出："迦梨达舍，梵土诗圣也，英吉利骚坛推之为'天竺沙士比尔'。"而迦梨陀娑的作品中，《沙恭达罗》最得苏曼殊赏识。他在《燕子龛随笔》中极力向中国人推荐其作品："沙君达罗，英文译本有

---

① 黄元军，覃军．苏曼殊翻译实践述评［J］．佛山科学技术学院学报（社会科学版），2009（1）．
② 苏曼殊．苏曼殊全集［M］．柳亚子，编订．哈尔滨：哈尔滨出版社，2011：41.
③ 廖楚燕．从创作及翻译作品对比看苏曼殊翻译思想［J］．韶关学院学报（社会科学版），2005（11）.
④ 黄轶．苏曼殊印度文学译介论［J］．中国比较文学，2007（1）．
⑤ 苏曼殊．苏曼殊作品集［M］．开封：河南大学出版社，2004：33.
⑥ 苏曼殊．苏曼殊全集［M］．柳亚子，编订．哈尔滨：哈尔滨出版社，2011：41.

二，一、William Jones 译，一、Monier—Williams 译，犹《起信论》有梁、唐二译也。”“读其戏剧沙君达罗（Sakoontala），可以觇其流露矣。”①

（四）汉译英

苏曼殊一方面努力把外国文学引介进中国，另一方面也把中国文学作品翻译成英语，介绍到国外，加强了中外文学交流。朱少璋先生指出：“苏曼殊在翻译方面的成就，的确是集中地体现在他编译的四种材料之上，即《文学因缘》（1908）、《潮音》（1911）、《拜伦诗选》（1914）、《汉英三昧集》（1914）。”② 这四种材料，除《拜伦诗选》外，其余三种收录的主要是英译的中国古诗。在此之前，辜鸿铭先生也曾大力翻译介绍中国古典文学作品到西方去。苏曼殊此举，继往开来，大可以视其为中国从事比较文学研究的鼻祖。③

据苏曼殊《答玛德利庄湘处士书》，其英译作还有《燕子笺》，但可惜已经失传。

三、苏曼殊的翻译思想

（一）本质——翻译实不易

翻译可以说既是文学，也是艺术。完美的翻译绝非易事。翻译无外乎理解和表达两个方面：一方面，我们应立足整体，充分把握文章中心思想，认真弄清词语之间的联系及其内涵；另一方面，我们也应注意锤炼汉语，使表达流畅自然，力避佶屈聱牙。④

苏曼殊曾多次论及翻译的困难。在《与高天梅书》中，他感叹：“甚矣，译事之难也！”“衲谓凡治一国文学，须精通其文字。”⑤ 苏曼殊在《文学因缘自序》中也强调了翻译之困难：“夫文章构造，各自含英，有如吾粤木棉素馨，迁地弗为良。况歌诗之美，在乎节奏长短之间。虑非译意所能尽也。”⑥

（二）选材——注重原文的审美价值

苏曼殊特别注重原文的审美价值，其译作多是名家名作。所译之诗除拜伦之外，还有雪莱、歌德、彭斯等人的作品；所译小说则主要有雨果的代表作《悲惨

---

① 黄轶．苏曼殊印度文学译介论［J］．中国比较文学，2007（1）．

② 朱少璋．曼殊外集——苏曼殊编译集四种［M］．北京：学苑出版社，2009：序言．

③ 黄元军，覃军．苏曼殊翻译实践述评［J］．佛山科学技术学院学报（社会科学版），2009（1）．

④ 柳苏．你一定要看董桥［EB/OL］．http：//chinese. cersp. com/sYst/200712/6174_ 2. html.

⑤ 苏曼殊．苏曼殊全集［M］．柳亚子，编订．哈尔滨：哈尔滨出版社，2011：68.

⑥ 苏曼殊．苏曼殊全集［M］．柳亚子，编订．哈尔滨：哈尔滨出版社，2011：40.

世界》等，可见其审美鉴赏水平之高。

黄轶认为，苏曼殊在翻译中特别注重原文的审美价值，这主要反映在三个方面，一是翻译理论对“必关正教”的批评，二是译本选择有文学价值的原作，三是译笔对译文语言文学性近乎偏执。①

而苏曼殊之所以注重原文的审美价值，选材及其精审，其实是要“借他人酒杯，浇自己心中块垒”。苏曼殊一个大的选材特征是突出“革命”与“情”。② 苏曼殊选择译介外国文学文本的动机有二：一是社会因素，二是心理因素。③ 苏曼殊是一名坚定的革命者，深受当时革命思想的影响，所以选择翻译了《悲惨世界》《娑罗海滨遁迹记》《拜伦诗选》等作品，借之大力宣传革命舆论。而通过翻译拜伦、雪莱、彭斯、豪易特等人的诗，则寄寓了曼殊对美好爱情的追求和对自由的无限向往。

（三）形式——以诗译诗

苏曼殊十分重视诗歌的音律、节奏、意境、语言等诸多要素。在《拜伦诗选自序》中，他指出：“诗歌之美，在乎气体；然其情思幼眇，抑亦十方同感。”在《文学因缘自序》中，他坦陈：“衲谓文词简丽相俱者，莫若梵文，汉文次之，欧洲番书，瞠乎后矣！”④

诗人对诗歌的结构、韵律、意思等，会比别人有更加深刻的认识，翻译时也会照顾得更为周全。诗人译诗，自有其独到之处，身为诗人的苏曼殊以诗译诗也是顺理成章之事。苏曼殊根据自己对诗歌的理解，对原诗的内容、格律和风格作了一定的处理，译诗以四言、五言为主，以诗译诗，诗意横溢，音韵优美，动人心弦。

（四）方法——直译意译结合

“直译”“意译”之争，由来已久，各执一端，各有一定道理。其实，翻译绝不是机械地“对号入座”，而是要通过源语（source language）和目标语（target language）两种语言之间的转换，完美地传达出原文的精神实质，把原文的内容和风格在译文中忠实地再现出来。⑤

苏曼殊在《拜伦诗选自序》中这样描述其翻译原则：“按文切理，语无增

---

① 黄轶．对“意译”末流的抵制——苏曼殊译学思想论［J］．郑州大学学报（哲学社会科学版），2006（6）．

② 黄元军，覃军．苏曼殊翻译实践述评［J］．佛山科学技术学院学报（社会科学版），2009（1）．

③ 顾玉凤，丁富生．苏曼殊对译介外国文学文本的选择［J］．安徽文学（下半月），2009（3）．

④ 苏曼殊．苏曼殊全集［M］．柳亚子，编订．哈尔滨：哈尔滨出版社，2011：40.

⑤ 秦毅．AND 的特殊用法及其翻译［J］．遵义师范学院学报，2005（1）．

怖；陈义悱恻，事辞相称。”[①] 袁荻涌先生指出：前两句强调用“直译”之法，后两句则主张采用“意译”。将这两种方法结合使用，既避免了“损益任情”，随意增删之弊，又不拘泥于一字一句的死译，这就比林纾等人错误甚多的意译高明多了。[②]

这种翻译主张，避免了盲目的“直译”“意译”之争。对此，在《培根论说文集·译例》中，水天同先生一语中的：“夫‘直译’‘意译’之争，盲人摸象之争也。以中西文字相差如上之巨而欲完全‘直译’，此不待辩而知其不可能者也。亦有两方语言，不约而同，顺笔写来，自然巧合者，当是时也。虽欲不‘直译’岂可得乎？此中取舍全视译者中英文之造诣如何，非一言可决也。局外之人，必欲强立规律，定为一尊，则胶柱鼓瑟，刻舟求剑，徒贻笑于大方，全无补与学术也。”[③]

苏曼殊与严复、林纾并驰于清末民初的译坛。他中肯地指出了翻译的困难，选择翻译文本时特别注重原文的审美价值，主张以诗译诗，以诗人译诗，提倡直译意译结合。

苏曼殊的一生虽然短暂，但他对中外文学和文化交流的贡献颇大。“他既是英诗中译的翻译家的先驱，又是英译中国诗选集杰出的编者。因此，在中国人认识外国文学及其价值和意义之前很久，他就对促进东西方文学关系做出了贡献。”[④] 因此，苏曼殊在中国近代翻译史及中西文化交流史中占有不可替代的位置。

---

① 苏曼殊．苏曼殊全集［M］．柳亚子，编订．哈尔滨：哈尔滨出版社，2011：42.

② 袁荻涌．苏曼殊研究三题［J］．贵州师范大学学报（社会科学版），2001（2）．

③ 秦毅．汉语动物词语中动物意象的翻译——由“风马牛不相及”说开去［J］．重庆工学院学报（社会科学版），2009（1）．

④ 柳无忌．苏曼殊传［M］．王晶垚，译．北京：生活．读书．新知三联书店，1992：184.

岭南功夫电影叙事的民间价值取向

佛山科学技术学院　姚朝文

在对岭南源自佛山的南派功夫名人的叙事系列由民间传说、小说、粤剧、粤剧电影、无线电广播到现代电影、电视连续剧、互联网论坛（BBS）评论的叙事变迁脉络加以梳理后，笔者发现，这个庞大的叙事活动已经实现了由民间文化形态向当代大众娱乐文化形态的迁移与嬗替，从而由形式到内容都完成了一次重大的现代性转型。现在，我们有必要对这类功夫系列叙事活动，在情节模型上做系统分析与归类，概括出成百上千的功夫故事、功夫影视传奇背后反复出现着的一系列基本情节单元。这些情节单元的不断重构，形成了关于中国岭南功夫电影电视叙事系列至今依然绵延不绝的叙事扩大化、国际化的影视艺术产业浩大无边的再生产和国际扩张产业链条。因此，概括出功夫影视的系列叙事类型的研究工作，就显得意义重大而深远，既具有理论意义，更具有实践操作的延伸效果。

一、叙事母题与岭南民间价值观念

文学艺术史上出现的母题有很多，诸如赌技服人母题、高僧与美女母题、“恶有恶报与善有善报”母题、一见钟情与相思病母题、比武斗智与集团民族象征母题、比武招亲母题、侠义重诺母题、亲族或门派复仇母题等。

在比较诗学中，文学母题与某一特定作品的主题之间的区别在于：主题本身体现的只是一个思维过程，是作家通过一连串的事件、意象等构成的作家自己对生活的理解与阐释；而母题则是一种基本的人类概念、精神现象或动作本身，如乡土、都市、生命、死亡、战争、复仇、漂泊、童年、成长、家族、性爱等。在文学创作中，母题的存在往往有这样一些特点：首先是重复性，人类的精神与心理尽管随着历史的发展与时代的变迁必然会变得越来越繁复，越来越精致，但有些基本的特质是不会改变的，它们像一根生命的红线，紧紧地维系着人类作为一个文化族群在大自然中的独特存在。所以，歌德曾经说过：母题是一种“人类过去不断重复，今后还会继续重复的精神现象”①。这就是说母题是文学的永恒主

① 转引自乌尔利希·韦斯坦因．比较文学与文学理论［M］．刘象愚，译．沈阳：辽宁人民出版社，1987：143.

题，在任何一个时代里它们都有可能出现。其次是整体性，每一种母题作为人类生存方式的体现，无疑是一种具有独立自主性的精神现象，它有自己独特的结构功能与叙事模式，各种相近的题材与主题之间存在某种内在的意义联系，在外在的形式上也存在明显的共同之点。再次是变体性，有母题则必然有子题，这些子题往往就是母题的种种变体。

胡适研究歌谣中母题变迁特性的方法，对我们探讨岭南功夫影视叙事中的叙事类型颇有启示。他说："研究歌谣，有一个很有趣的法子，就是'比较的研究法'。有许多歌谣是大同小异的，大同的地方是它们的本旨，在文学的术语上叫作'母题'，小异的地方是随时随地添上枝叶细节。往往有一个'母题'，从北方直传到南方，从江苏直传到四川，随地加上许多'本地风光'；变到末了，几乎句句变了，字字变了，然而我们试把这些歌谣比较着看，剥去枝叶，仍旧可以看出：①某地的作者对于母题的见解之高低。②某地的特殊的风俗、服饰、语言——所谓'本地风光'。③作者的文学天才与技术。"①

纵观清末民初岭南武术界的传奇人物，比方说洪熙官、方世玉、胡惠乾、苏乞儿、铁桥三（梁坤）、林福成、梁赞、陈盛、叶问、李小龙之类，唯独黄飞鸿叙事的电影多、名气大，独居银幕翘楚之位（"方世玉电影"系列从1928年到1999年，内地和香港拍摄了20多部，是内地和香港黄飞鸿电影系列之外另一长寿武侠影片②）。个中道理是什么呢？一方面，是因为他的徒弟成就比较卓越，如追随黄飞鸿习武二十年之久的林世荣曾在清末广州的比武大会夺得冠军，又在民国初的国术大赛上得到大总统孙中山亲授银质奖。他曾在广州开设三家武馆，六十岁时因受徒弟拖累避难香港开馆授徒，名声在外，影响甚广。现在香港和海外开武馆者，许多人都是林世荣的再传徒孙。林世荣破除武林功夫秘不外传的规训，自己演示，让能文能画的弟子朱愚斋逐一绘出，由弟子张士镳、李世辉协助，印成拳谱公开发行。这就是盛行于世的《黄飞鸿嫡传工字伏虎拳》《铁桥三真传铁线拳》等中国南派武术大洪拳拳谱的主要由来。再比如写黄飞鸿小说的朱愚斋也是黄飞鸿的再传弟子，早期的黄飞鸿电影许多都是取材于他的小说。笔名为"念佛山人"的许凯如，抗战前夕移居香港，著有武侠小说《广东十虎传》《三德和尚》（20世纪70年代被洪金宝拍成电影《三德和尚与椿米六》）、《花枪白头保》等。其中，《广东十虎传》里，就有相当的篇幅描写黄飞鸿父子的传奇事迹。另一方面，也是更为重要的一方面，黄飞鸿电影扎根岭南文化，表现出鲜明的岭南民俗特点。其尚武侠义的精神，"武德仁勇"的品质，是岭南文化所认

---

① 胡适．歌谣的比较的研究法的一个实例［N］．努力周报（第31号），1922－12－31，《歌谣》周刊（第46号，1924－03－09）转载。

② 罗卡．略谈神怪武侠粤语片——并评价《如来神掌》、《圣火雄风》［M］//罗卡，吴昊，卓伯棠．香港电影类型论，香港：牛津大学出版社，1997：10.

同的美好形象的代表。银幕中清末民初的地域特色更让观众相信这是一个曾经确实存在过的英雄人物，以至于有数十万习武之人将其奉为宗师，顶礼膜拜。当然，最为重要的，还是电影这种现代技术媒体与黄飞鸿功夫传奇叙事活动夤缘际会的成功结合。李小龙功夫固然异常了得，但他成为“20 世纪世界十大偶像”之一，更得益于他主演的真功夫电影在世界上的风靡。

中国南方风俗的民间性或民间立场与中原文化、海派文化有显著的不同，这里没有北京文化圈那么强烈的国家意识形态色彩，与海派文化一样疏离政治、热衷经商的同时，官民冲突不像北方汉族地区那样截然对立。更与“十里洋场”的上海来自各地各国不同族系的人们无亲无故地到这“冒险家的乐园”来闯荡，因而构成松散的公民社会不同，南方区域的民系更多地见出一些共同的宗族认同、乡风习俗。冲突往往也不体现为绝对化、漫画化，不是非要采用你死我活的方式来解决，而是分出对错、高下、人心向背就可以收场了。

就以近现代市民趣味最浓的香港和珠江三角洲来说，不论儒、释、道、基督，也不论关公、妈祖都能得到人们的崇拜。精神信仰的兼容性而非排他性成为岭南区域文化的一个重要精神特征。而且随着现代化步伐的加速，传统价值观念的淡化、消解就越来越明显，以至于在现世享受和实用功利的双重驱动下，变成了宗教信仰和价值天平的“予取予求”。不管儒、释、道、基督、关公、妈祖、观音、真主安拉，只要“灵验”，只要能保佑信众消灾祛病、升官发财、多子多福、金榜高中，信众就都信；反之，不灵验，就都不信。岭南民间评判“灵验”与否的标准就显示出与京华、上海民间价值观念的差异，彰显出地域的独特性。其取舍标准不是看教义，也不是看主流意识形态的规范，而全凭现世生活的实用功利。

民间传统具有历史延续性的强大惯性，保留着远古、中古先民的集体无意识。这是可以穿透特定时代主流意识形态的规范，使人类的基本生存方式得以绵延的一种惯性力量。对粤港族群历史沿革的简约勾勒，便利了我们对黄飞鸿、李小龙叙事系列所表现的粤港族群心理意识、精神诉求与时代的巨变之间所产生的一系列文化母题的探讨。

笔者注意到有学者关于新派武侠小说叙事模式的研究成果对我们的功夫大师叙事类型研究有参照作用。丁永强依照普罗普《民间故事形态学》划分故事的 31 种功能的方法，将新派武侠小说的情节要素排列出 15 种核心场面，分别是：①仇杀；②流亡；③拜师；④练武；⑤复出；⑥艳遇；⑦遇挫；⑧再次拜师；⑨情变；⑩受伤；⑪疗伤；⑫得宝；⑬扫清帮凶；⑭大功告成；⑮归隐[①]。

---

① 丁永强．新派武侠小说的叙事模式［J］．艺术广角，1989（6）；陈平原．千古文人侠客梦［M］．北京：新世界出版社，2002：202.

前文曾经指出过岭南真功夫大师叙事母题与新派武侠小说叙事若干显著的不同特征。如果用丁永强《新派武侠小说的叙事模式》一文来比照我们的功夫名家叙事系列会发现，单一的某个具体的叙事文本里仅具有上述一至几个核心场面。但是如果以功夫大家系列化叙事系统的整体来观照，就会发现，只有第十二项“得宝”不存在于本书详加研究的功夫大家叙事中。因为梁赞、黄飞鸿、陈盛、叶问、李小龙都是名震一时而又真材实料的武功大侠，不需要再去得宝，尤其不需要像本身没有练过功夫的文人金庸那样，在小说里想尽办法去让后起之秀们弄到“武学秘籍”去多快好省地“读通”而非苦练就能精通上乘武功，在一夜之间迅速超过武林资深泰斗们。其余 14 项，或多或少都出现了。笔者惊异于丁氏概括的“类通”之余，更意识到武侠叙事母题的类通乃至雷同了。

由于庞大的岭南功夫大家叙事活动中涉及的许多反复呈现的最小情节单元不是单一或独立地加以表现，因而常常呈现为两种或两种以上的情节单元之间的交叉或复合效应。

二、擂台传奇的武德与生命价值追求

民间传说或武侠演义中，常有设擂武打的情节出现，这在岭南近代的武林中也很频繁。历史上的黄飞鸿曾经到香港斗败西洋犬，也曾与蔡李佛拳门下的后起新秀刘忠一同接受西洋拳师的设擂挑战①。而在中国电影史上，出现设擂比武情节的系列电影，也早于黄飞鸿电影叙事 21 年出现。《方世玉打擂台》（1928 年）、《擂台英雄》（1930 年）、《女镖师》（1931—1932 年连续片集）都出现过摆设擂台—比武争胜—正胜邪败的情节模式。② 民国段祺瑞执政时期，担任陆军武术教练的王子平就曾惩戒了俄国大力士。《少林寺》火爆之后拍摄的《武林志》电影里也出现了东洋武士与本土恶霸合谋设擂台的情节。广州设擂比武的事更多。当时以南拳北腿名世的南派蔡李佛拳，广州北胜馆馆主谭三与河北顾汝章在南北大对决前夕，决定双方易徒倾囊相授各自绝学，让各派武功兼容发展③，成为武林佳话。佛山也发生过本土拳师胡云绰在红星戏院击败设擂比武的白俄大力士之事。

我们还发现，恶霸要么是市井流氓地痞，比如李小龙的《唐山大兄》《林世荣》里的赵霸天的儿子；要么是官府里的败类，如《黄飞鸿铁鸡斗蜈蚣》里的千总大人；要么就是里通外国，如《黄飞鸿》里的沙河黑帮向美国洋枪队出售

---

① 分别参证韩春萌．武林奇侠黄飞鸿正传［M］．武汉：湖北人民出版社，2005：73，183－184；马梓能．佛山武术文化．禅印准字第 0006 号，2001：100.

② 陈墨．中国武侠电影史［M］．北京：中国电影出版社，2005：93.

③ 马梓能．佛山武术文化［M］．禅印准字第 0006 号，2001：6.

所掳妇女。在这几种情形里面，要数恶霸与番鬼交相侵害民众的模式最能激起观众的义愤，也最能使情节曲折多变，最便于编导们复合表现功夫大师们兼有一般武侠的抗暴除恶、解民倒悬的侠义风骨之外，更具有抵抗列强侵略的民族自强意识。他们成为民族气节代言人的文化象征含义缘此得以扩大并加深。

如果说除暴安良是民族内部问题，那么爱国灭洋则显然是本民族与外民族的关系问题。因此，在107部黄飞鸿电影系列、5部叶问电影、4部半的李小龙电影系列中，都出现了洋人欺凌华人、内贼作乱嫁祸的多重压力。也就是多种矛盾交叉在一起，才产生巨大的悬念，便于把主人公放在风口浪尖上，完成其灵魂的升华与盖世武功淋漓尽致的发挥。

当然，在岭南地区的近代武术史上也有设擂台征求高手比武的。据咏春拳的大师叶问忆述，其师祖梁赞（当地冠以雅称“佛山赞先生”）就在20岁接手父亲的医馆后，在大门前摆一根长棍，登出悬赏告示：谁能用棍术击败他，奉送白银500两。“远近武士慕名来请与较者辄为败，由是声名藉起。”① 当然，那是重在切磋武艺之举，目的不在打抱不平，也在抵抗外强的挑战。

传统的功夫叙事活动中，特别重视武功大师们以高超技艺制服挑战者，或压制邪恶者，以表现他们的非凡勇武。可是，我们又不能把民间关于武功英雄的叙事单纯地理解为武艺高超的行为。其实，在多数有关佛山起家的功夫大师的民间传说、武侠小说、电影、电视连续剧中，也或多或少地展示了主人公武艺高强背后的武德才是其更加可贵的东西，没有高尚的武德，就不会练成高超的武艺，成就高超武艺背后的精神支柱乃是武德。《义侠黄飞鸿》（1992年）里，大侠开导败在自己手下而准备剖腹自杀的日本武士十兵卫时说：“武林之道，以德为基，以恕为本，武功无德不立。”注重武德修为，成为入世修行的精神。

三、岭南武林的生存之道

岭南近代社会结构中，每村依然有社庙，每族都有宗祠，对逝去的祖先特别尊崇。这是一个宗法制社会特征比较显著的社会民众结构共同体。每有纠纷发生，人们会习惯地说“简姓的谁谁与刘姓的谁谁怎么样”而很少讲“地主的儿子和贫农的女儿如何如何”。这里固然有阶级的差别、贫富的分化，但更多的却体现为宗族观念和反抗恶霸、黑帮的斗争。在岭南功夫影视片中，也有表现富人优越生活的镜头，但是，画面里并没有多少仇富的情结，反而比较多地体现出富庶、祥和、融洽的氛围。从画面上看，这里的贫下中农很希望发财致富，无论选择漂洋出海还是在本地发展，都以“民生”为主要目的，改善生活处境是他们

---

① 马梓能．佛山武术文化［M］．禅印准字第0006号，2001：114.

很现实、很具体的愿望。

黄飞鸿影视系列中也出现过贫富对立的场景，比如广东近年拍摄的25集电视连续剧《我师傅系黄飞鸿》（粤语里“是”发音为“系”）里，就展示了黄飞鸿父子流落佛山，暂时借居外婆家的情景，也展示了卖猪肉的小摊主林世荣等不断被地痞恶少简氏收取“保护费”的场景。片中透露给观众的潜在信息是：少年黄飞鸿与林世荣对“地痞简”等人的反抗，主要问题不是在收保护费，而是一如剧中的林世荣所说：“你们收了保护费却不能保证我们安心卖肉活命。你们收我们的钱，反倒欺负我们良家妇女，打了我们的地摊。”

由此可见，岭南民间不认为收保护费就是剥削，不能容忍的是欺负人的恶霸行为。不管这恶霸是贫是富，只要他害人，就反抗他，就去锄强扶弱。反之，尽管身为富人，如果不欺负人的话，不仅不会遭到仇视，甚至还能以乡绅的资格得到乡党的尊敬和钦羡。岭南地区的仇富情结与中原乃至整个北方方言带相比较而言，是较为疏淡的。但是，这里虽不仇富，但也不爱贫。这里虽然不能被视为嫌贫爱富之地，但可以被说成向往富贵之乡。这里的人们比较注重实际，比较追求世俗的享受。

不以贫富论好坏，而以行为论正邪；少论阶层高低，多讲宗族情结。类似的价值取向不仅在黄飞鸿影视系列中多次出现，甚至在因出产黄飞鸿影视、李小龙电影和洪金宝电影而被美国全国电影院联合会选为“最杰出国际影人”的邹文怀的其他影片中都有表现。《赞先生与找钱华》《椿米六与三德和尚》是如此，佛山老作家任流的小说《少年黄飞鸿》中的民间心理结构图式也是如此。

可见，在岭南地区，民间区分人的标准常常不是贫富对立，而是正邪不容。是否可以由正邪不容再推导出“善有善报，恶有恶报；不是不报，时候未到；时候一到，一切皆报”呢？答案是否定的。在1983年热播的香港电视连续剧《霍元甲》中，霍大侠就多次忍让陈真为报师仇（独臂老人）的挑衅，说：“冤冤相报何时了。”黄飞鸿影视系列更是历时半个多世纪，影视系列的内容、风格、编剧、导演、演员都变了，但是，不只以武功胜人，更要以武德服人的思想却历久弥新；穷寇勿迫，留给对手反省悔悟后路的“中庸调和”处世方式却代代相传。中国远古“止戈为武”的思想在岁月的冲洗中，不仅没有褪色，反而更加增彩，成为儒释互补互用的一个民间化的典型。《陆阿采与黄飞鸿》中，黄飞鸿在花地湾新一年度的抢花炮节里，面对彭家武馆的门徒个个手持铁尺行凶、妄图独霸花炮的行径，只身入虎穴，扫除凶手，救出同门师兄弟。当他压制住彭家武馆的首徒而夺得花炮时，本来可以前去东道主台前领巨额赏金，实至名归是当然的事。但是，在那关键的时刻，黄飞鸿想到了老师傅的教诲：对方每吃一次亏，心里的怨恨就会增加一倍。于是，黄飞鸿本来可以击败，甚至打残对手，却意想不到地把夺过来的花炮送到对方手里。对方本来想以性命相搏，却不曾想到这样的结果。于是大声喝令他的人马："不要抢了！"双方都现出善意的微笑。次日，彭家武馆小心眼又护短的馆主彭师傅亲自到宝芝林（历史上的宝芝林系黄飞鸿在广州所创，黄飞鸿之父黄麒英一生走街串巷摆地摊，演武卖艺兜售"刀伤散"，却无力开设药铺——笔者注）向黄麒英认错道歉，而且颇有武人特性地要用自己花重金定做的铁尺当众打残自己的腿，以示认错的诚意。这就突出了一个兼具岭南价值观念和武林规矩的处世哲理：以武艺胜人，口服心不服；以武德服人，令人心折口服。

岭南民间能够接受官府的统治，只要这个官府对民间的剥削比较节制，能够体恤民生就可以了。而武夫、乡勇们起来反抗的原因几乎都是忍受不了官府肆意压迫，或与恶霸勾结共同鱼肉民众。所以，这些影片里的官民冲突就更多地被赋予了伦理道德色彩，转化成了正与邪之争，而不像内地主流影片里表现的阶级对立和政治理念之争。相比较而言，这种诉诸伦理道德的评价更接近中国传统的价值标准，它在由传统社会向现代社会转型时，也不像阶级冲突说取代正义与非正义说那样，断裂的强度也就相对和缓得多。

自从接受了佛教文化的熏陶，因果报应的观念深入人心。岭南地区，尤其是佛山，历史上就"好鬼而信巫"（《佛山忠义乡志》），因果报应的观念在民间颇为盛行。在这里，练武功者常常接受的训诫有二：一是不可好勇斗狠，而要以武止戈；二要多种善缘，少结仇怨。这本来是儒家思想和佛教意识在民间相结合的智慧结晶，但在功夫题材的电影里却是以多种善缘少结怨，"进一步冤家路窄，退一步海阔天空"的处世方式来消解"以血还血，以牙还牙"的复仇心理情结。在许多情况下，"善有善报，恶有恶报"的因果报应观念并不总是采用"以血还血，以牙还牙"的方式来对待，而常常选择的是以消除怨恨、以武止戈、减少冲突的方式来解决问题。"发乎情，止乎礼义"的中庸之道，在武功大侠们的叙事系列里，演变成"发乎侠义，适可而止"的忠恕之道。这也是岭南民间心理结构的一个重要特点。

在有关黄飞鸿叙事系列活动里，表现悬壶济世比表现除暴安良还应该处于优先位置。因为前者是一种觉悟、一种境界、一种目标、一种使命，而后者则是表现前者的一种常见方式。如果没有悬壶济世的情怀，一个武功高手很可能不仅不肯助人，却有可能只想着利己。在笔者看来，《水浒传》里的108位好汉，虽然也打出"替天行道"的大旗，由于他们并没有谁真的想为这个世界设计出更理想、更合理的制度安排，也就无心、无力真的去实践什么"替天行道"的使命来。于是，头领宋江整日担心的是山寨粮草日少的问题，不断下山"劫富"而来的结果并没有分配给广大下层穷人（"济贫"），而只是"济"了他们自己。所以说，如果没有济世的情怀，武功高超的人很可能只想着利己。而有了这种境界和使命，除暴安良就是他们再自然不过的选择。

当然，济世不一定非要通过除暴安良的方式来加以体现，济公和尚就是不用武功或很少用除暴安良的方式就实现了解民倒悬的目标。许多武侠之外的仁人志士也以他们各自的方式来济世。但是，在功夫影片里，济世的使命则往往要依靠除暴安良的方式加以实现，这就是黄飞鸿、叶问、李小龙功夫影视系列片的宿命。其优势在此，其所受局限亦在此；其长久地激起几代观众的观赏欲望在此，其越拍越难，不易推陈出新处亦在此。

乡邦意识与地域诗学观之建构

——以明清之际的岭南诗坛为个案

佛山科学技术学院 李婵娟

明清时期，传统诗学中的地域观念日益突出。地方诗派之繁兴、地域诗学传统与经典诗歌范式之建立、诗学批评领域对地域特质的关注、文献整理时对郡邑乡贤诗作的选编等，无不渗透着诗论家以乡邦意识为核心的地域观念。其中，明末清初的岭南诗坛表现尤为突出。本文即以之为考察中心，试对乡邦意识在地域诗学观念建构过程中的表现与影响作深入探讨。

一、乡邦意识与岭南地方诗派之繁兴

所谓乡邦意识，本文理解为人对自己生于斯长于斯的地域所拥有的亲近感、认同感、自豪感与归属感，具体表现为对家乡自然环境、风俗人情的由衷热爱及对乡邦先贤和地方文化传统的尊崇。唐宋以前，由于地域上的边缘化，岭南文化发展相对缓慢，岭南人的乡邦意识也较为滞后。学界一般认为岭南乡邦意识的勃发始于明代，如高建旺提出岭南意识源于明代广东才俊对柳宗元“岭南山川之气独钟于物，不钟于人”之说的反感与辩驳及明代广东人文之高涨[①]，其说法有一定道理。随着岭南地方文化全面繁荣，岭南人的乡邦意识亦随之高涨，到明末清初发展到最巅峰。此点可从屈大均的一段文字中得到证实。其云：

广东居天下之南……天下之文明至斯而极，故其发之也迟。始然于汉，炽于唐于宋，至有明乃照于四方焉，故今天下言文者必称广东。盖其地当日月之所交会，故陶唐曰南交，言乎日月之相交也。……生其地者，其人类足智而多文，固日月之精华所吐嗡而成者……此文献金鉴之录、文庄衍义之补、文简格物之通、文襄皇极之畴之所以与皋谟伊训相彪炳也。自洪武迄今，为年三百，文之盛极矣。极而无以会之，使与汉唐以来诸书，其远而为王范、黄恭之所纪述，近而为泰泉、梦菊之所编摩者，悉沦于草莽，文献无稽，斯非后死者之所大惧乎。[②]

---

① 高建旺. 岭南意识的勃发——以明代广东作家为考察对象［J］. 山西师大学报（社会科学版），2007（3）：109.

② 屈大均. 广东新语：卷11［M］. 北京：中华书局，1985：316.

屈大均解释岭南文明之所以迟发，乃因“天下之文明至斯而极，故其发之也迟”，他认为岭南之地“当日月之所交会”，岭南之人“足智而多文，固日月之精华所吐嗡而成者”，“故今天下言文者必称广东”。屈大均站在文化史的高度来彰显岭南意识，虽然其溢于言表的乡邦自豪感略带一点自夸和张扬的意味，但因有了文庄、文简、文襄、泰泉、梦菊等大批钟灵毓秀的明代岭南文人作为例证来支撑，其论断也确有很强的说服力。明末清初，在乡邦意识这一发酵源的催生下，以屈大均为核心的岭南地域文人集群得以形成，岭南地方诗派得以发展并繁兴，成为明清诗坛上颇为突出的现象。

从历史脉络上看，岭南地方诗派在形成、发展的过程中始终维系着一条重要的精神纽带——乡邦意识。岭南诗歌的影响始于初唐张九龄。明代岭南人丘濬曾高度肯定了张九龄在岭南乃至全国的地位，他说：“开元、天宝以前，南士未有以科第显者，而公首以道侔伊吕科进；未有以词翰显者，而公首掌制诰内供奉；未有以相业显者，而公首相玄宗……由是以观，公又非但超出江南，乃有唐一代第一流人物也。”[①]（《曲江集序》）丘濬对张九龄的溢美之词无疑充满了浓重的乡邦自豪感。虽然张九龄在初唐诗坛独领风骚，但当时在岭南之地并未形成诗人集团和诗歌流派。究其原因，盖其时岭南文坛整体较为沉寂，岭南人的乡邦意识尚未被唤醒。翁方纲尝言：“曲江在唐初，浑然复古，不得以方隅论。”[②] 正说明当时论诗并未引入地域观念。直至明初南园诗社成立，南园诗人们在集体性的创作实践中“形成了共同的审美情趣和鲜明的地域特质……实现了岭南诗派在南国崛起”[③]。明末清初，具有鲜明地域特征的岭南地方诗派更是大放异彩。岭南诗派繁兴的重要标志是诗人集群及文学社团的全面繁荣。当时岭南之地卓有声名的诗人集群有“南园十二子”“西园诗社”“北田五子”“诃林净社”等。岭南诗人集群在成员构成、结盟宗旨和诗学理想的传承方面均流露出自觉的乡邦意识。总体来看，雅集活动的参与者以本地诗人为主，多以家族、师友、乡邦为联系纽带，这是当时文人雅集的基本方式。如南园诗社经历了明初“南园五子”、明中期“南园后五子”、明末“南园十二子”三个阶段，均推崇雄直诗风，在岭南诗坛影响甚大。西园诗社不仅在诗社成员的构成上继南园十二子而起，在结社宗旨上也与南园诗社一脉相承[④]。诗社的世代承传使得岭南诗坛在一定程度上保持了纯正的地域气质与诗学理想。

岭南诗人通过诗歌创作完善岭南地域文化特质的建构，扩大了岭南诗歌的影

---

① 屈大均．广东文选：卷8［M］．北京：北京出版社，1997：314.

② 翁方纲．石洲诗话：卷1［M］．上海：上海古籍出版社，1983：1366.

③ 陈恩维．论地域文人集群与地域诗派的形成—以南园诗社与岭南诗派为例［J］．学术研究，2012（3）：127.

④ 李婵娟．清初岭南遗民诗人集结的文化因素考察［J］．五邑大学学报，2015（1）：47－48.

响。具体表现为岭南山川风物、历史古迹、民俗风情等内容的大量融入。如陈恭尹《石湖观梅花》《雨中放舟同诸子登青云阁》，陈子升《素馨鹦鹉》，屈大均《题南园绿草飞蝴蝶图》《花朝社集西禅寺》，王邦畿《海云寺咏木棉花》，何绛《集南园五先生祠》等诗，无论是意境的精心营造还是意象的精细描摹，均流露出诗人对乡邦的热爱，这与前代贬谪诗人对岭南穷山恶水、蛮烟瘴雨的描写及畏惧、抵触心态有着天壤之别。新鲜地域文化特质的加入使得岭南诗歌独具魅力，大幅度提升了明清时期岭南的文化地位，也吸引了大量的外籍仕宦。清人归允肃尝言："（今）仕宦者大率乐就外郡，而尤以南方为宜。五岭以南，珠崖象郡之饶，人皆欢然趋之，与唐宋间大异。"① 这种变化固然与岭南经济和交通的发展有关，但其中岭南诗人对本地风土人情的由衷赞美及文学性描绘也是一个不容小觑的因素。

岭南诗人还善于从本土的历史文化资源中挖掘、提炼出岭南精神。尤其在明清易代之际，岭南诗人频繁凭吊本地的历史遗迹，如广州越王台、新会厓门三忠祠、广西苍梧兴陵等地以作新亭之泣，并作诗颂扬历代英勇不屈之士民，以寄托悲壮慷慨的爱国之情和沉重压抑的亡国之恨，使其诗歌具有了独特的时代意义。可见，诗人们对本地历史文化资源的发掘与书写不仅丰富了岭南诗歌的表现范围，彰显了岭南地域的历史地位及政治意义，也促发和扩展了岭南精神。这其中无疑蕴含着岭南诗人们深沉的乡邦意识及寻源以自壮的隐微心理。

二、乡贤崇拜与岭南地域诗学传统之编纂

吴承学教授曾提出，特定的自然地理环境影响着人们的性格品质和风俗，对于诗人的审美理想也产生潜移默化的影响，而地域的人文地理环境对于文学创作的影响更为巨大、直接和深刻②。明清之际，岭南诗人们注意到自然环境和人文地理对地方文学的影响。陈恭尹云："百川东注，粤海独南其波；万木秋飞，岭树不凋其叶。生其土俗，发于歌咏，粤之诗所以自抒声情，不与时为俯仰也。"③"诗所以自写其性情，而无与于得丧荣瘁之数者也，故不以时代为升降。"④ 特征鲜明的岭南诗风也引起了岭外诗人的关注。曹溶《海日堂集序》云："吴越之诗矜风华而尚才分，河朔之诗苍莽任质，锐逸自喜。五岭之士处其间，无河朔之疆立，而亦不为江左之修靡，可谓偏方之擅胜者也。"⑤ 陆鎣《问花楼诗话》云：

---

① 归允肃．赵云六倚楼游草序［M］//归宫詹集：卷 2. 光绪刊本．

② 吴承学．中国古代文体学研究［M］．北京：人民出版社，2011：201－204.

③ 陈恭尹．征刻广州诗汇引［M］//郭培忠．独漉堂集．广州：中山大学出版社，1988：754.

④ 陈恭尹．征刻广州诗汇引［M］//郭培忠．独漉堂集．广州：中山大学出版社，1988：892.

⑤ 程可则．海日堂集［M］．清道光五年刻本：卷首曹溶序．

“国朝谈诗者，风格遒上推岭南，采藻新丽推江左。”①

岭南诗人们不仅关注地域文化特征，还通过历史编纂的手段来建构地域文化传统。为地方先贤立传是明清时期岭南诗人们采用的最直接有效的历史编纂手段。他们通过选择传主与传述事迹的处理有意识地描绘、完善并延续地域文化传统。如潘楳元著有《广州乡贤传》四卷，该书凡例道明了编撰初衷：“乡贤旧无特志，其间嘉言懿行，不过见于省志、郡志人物列传之内……若不表而出之，无以阐扬往哲。”② 陈恭尹也说：“变乱以来，其间毙死于桁杨，仆于草野，逃于浮屠、方士者相继；而毕命王事、自致青史者亦不乏人。乃搜录诗文……成《先友传》二卷”③。此外，屈大均撰《四朝成仁录》、何绛著《皇明纪略》，其感生民之疾苦，哀家国之沦丧，录誓死不屈之遗民，扬忠贞义勇之精神，对岭南的遗民精神做出了生动的描摹与诠释，这对成功构建岭南地域文化传统起到了不容忽视的作用。同时，编修方志也是岭南诗人用以考辨地域诗学流变、阐扬岭南诗学传统的重要手段。其中最有代表性的是屈大均的《广东新语》。该书不仅仅是纯粹的山川描绘、风情摹画、民俗记趣，还记述了广东历代的学术和文化状况，梳理了岭南诗歌的发展历程，记录了陈白沙、区大相、黎遂球、邝露等重要诗人，字里行间洋溢出浓郁的桑梓之情与乡邦自豪感。

岭南诗人对岭南地域诗学传统的编纂，彰显出一种自觉的岭南意识，标志着岭南诗学的地域观念开始形成。他们还通过塑造地域文化偶像，利用其精神感召力树立起一致的诗学理想。其中屈大均的努力最为突出。他对乡贤张九龄推崇备至，不仅肯定了他对唐代诗坛的贡献，更强调了他对岭南诗坛无可替代的影响：“公为有唐人物第一，诗亦冠绝一时。”④ 他把张九龄以来的以大雅元音、汉魏风骨及“唐音”“正声”为基调的诗学规范誉为“曲江规矩”，并将之奉为粤诗之圭臬，一再加以强化和宣扬：“千余年以来作者彬彬，家三唐而户汉魏，皆谨守曲江之规矩，无敢以新声野体而伤大雅。”⑤ 屈大均秉持的是一种时空交融的新型诗史观，他从整个诗史的角度对张九龄的历史地位做出评价，又从地域诗史的角度突显其影响，成功地塑造了张九龄这一岭南文化偶像，也确立了“曲江规矩”在岭南诗坛的领导地位。屈大均的诗学理论得到明清之际岭南诗人的集体认同。在乡邦自豪感这一纽带的维系下，岭南诗人们在诗学理想上达成共识并在诗论中反复描绘，使得以“曲江规矩”为核心的岭南地方诗歌传统不断得到强化、彰显和承传，“曲江流风”遂成为岭南诗人的精神家园。如顺德诗人薛始亨说：

---

① 郭绍虞．清诗话续编：第4册［M］．上海：上海古籍出版社，1983：2312.
② 潘楳元．广州乡贤传［M］．光绪六年双门底经韵楼校刊本．
③ 陈伯陶．陈恭尹传［M］// 陈伯陶．胜朝粤东遗民录．台北：台湾明文书局，1985：150－151.
④ 屈大均．广东新语：卷12［M］．北京：中华书局，1985：345.
⑤ 屈大均．广东文选［M］//欧初，王贵忱．屈大均全集：三．北京：人民文学出版社，1996：43.

“洪、永、成、弘以迄于今，天下之诗凡数变矣。独吾粤犹奉先正典型……彬彬乎曲江流风，于斯为盛。”① 梁佩兰也说：“末世崇饰虚名，人鲜殖学。甫就捃摭，便尔扬诩。毋论其于《三百篇》比、兴、赋之义未识源流，即汉魏六朝、三唐以迄有明，亦未能望其墙仞……诗安得不亡?”② 他强调诗歌创作要“殖学”，即必须深研《三百篇》及汉魏六朝、三唐以迄有明作者之精诣源流。其诗学主张与“曲江规矩”之内涵是一致的。在创作实践中，岭南诗人们也自觉恪守“曲江规矩”。如陈子升诗“以《风》《雅》为第宅，以《骚》《选》为苑囿”③；陈恭尹诗“惟宗唐贤古体，间入《选》理，一时习尚无所染焉”④；梁佩兰诗亦“从汉魏入”，“取神于苏、李、枚、叔，取骨于三曹”⑤。岭南诗人的创作主张与创作实践受到乡里景从，并不断得到强化和承传，最终形成一个有理论主张、有清晰风格及鲜明风土特征的地域诗派。

综上所述，明清之际的岭南诗人们通过分析地域文化差异，利用为先贤立传、编修方志、梳理乡邦诗学史等手段，发掘岭南精神，凸显乡贤作用，在不断的描绘与强化中编纂出具有岭南地方色彩的诗学传统。无论是对岭南地域文化特征和诗学特质的自豪，还是对乡邦诗学辉煌历史的自矜，抑或是对本地诗坛先贤的景仰，均源自于岭南人内心的桑梓情怀，其目的是彰显本地域的诗学成就，扩大乡邦诗学的时代影响。可见，浓郁的乡邦之恋正是成功编纂岭南地域诗学传统的情感基础。

三、探寻经典大传统与地域小传统的完美契合

地域诗学观念的成功建构不能游离于经典诗学大传统之外，也离不开对地域诗学传统的体认与尊重。正如蒋寅先生所言：“对地域文学传统的体认，不只激发乡邦文化的自豪感，更重要的是对传播地域文学史知识，培养地域文学观念产生积极影响。”⑥ 相对于经典诗学大传统而言，以乡贤崇拜为底色的地域诗学小传统对地域诗学观念往往会产生更大的影响。岭南诗人的地域诗学观念正是在经典诗学大传统与地域诗学小传统的离合间建构起来的，大传统与小传统的交织碰撞使得岭南地域诗学观焕发出动人的光彩。

明代以来，岭南诗人一直信奉经典诗学大传统，大力恢复《诗经》《离骚》

---

① 薛始亨．中洲草堂诗刻原序［M］//陈子升．中洲草堂遗集．台北：台湾新文丰出版公司，1985：272.

② 梁佩兰．大樗堂初集叙［M］//吕永光．六莹堂集．广州：中山大学出版社，1992：407.

③ 钱谦益．中洲集序［M］// 陈子升．中洲草堂遗集．台北：台湾新文丰出版公司，1985：270.

④ 温汝能．粤东诗海［M］．广州：中山大学出版社，1999：1202.

⑤ 王隼．六莹堂集序［M］//吕永光．六莹堂集．广州：中山大学出版社，1992：8.

⑥ 蒋寅．清代诗学与地域文学传统的建构［J］．中国社会科学，2003（5）：173.

以来风、雅、兴、寄的美学追求，这主要表现在三个方面：其一，强调诗歌的观政、纪史等政治功能。区大相说："夫诗者通乎政者也……是故先王之观政也，必陈诗焉。"① 屈大均说："不能以《春秋》纪之，当以《诗》纪之。"② 其二，重申诗歌的教化作用。屈大均强调为人师者应以《诗经》为范本，引导孩童通过诵读有关人伦、日用的诗歌以陶冶其体貌性情（《童子雅歌序》）；女子也能通过学诗而达至"性情正而礼义明"③（《于夫人诗序》）。其三，追求汉魏以来的高古格调。薛始亨尝云："格调之高不在字句，能于汉魏晋诸子深蕴而精涵之，则得矣。"④ 清人韩海《郭蕊亭诗集序》亦云："吾粤诗多以唐为宗……远自南园五先生开其源，近则屈、梁、陈三大家树之帜。粤人士从之，翕然如水之赴壑。"⑤ 岭南诗人重申儒家诗教，虽无太大新意，但在公安派绝去依傍、创为新诗之际，他们能关注并宣扬经典诗学大传统，强调诗歌的社会功能，主张恢复风、雅之道，对推动晚明诗风嬗变还是起到了一定的积极意义。

在尊重经典诗学大传统的同时，岭南诗人们还自觉发扬以"曲江流风"为核心的地域诗学小传统，不断寻求二者的完美契合，使之更符合诗歌发展的规律。其中，最为突出的表现是对温柔敦厚诗教传统的突破。张九龄曾指出："《诗》有怨刺之作，《骚》有愁思之文，求之微言，匪云'大雅'。"（《陪王司马宴王少府东阁序》）他在创作中发展了《诗经》摹写"怨情"及屈赋以来抒发幽愤的传统，抒写自己的穷通出处、孤忠气节及对国计民生的关注。明清之际，诗人们突显了张九龄恢复"怨刺""愁思"抒情传统的诗学主张，建构出一套以忠义气节为先的新时代诗学理论。如屈大均对黎遂球为国捐躯的英雄气节及其绝命诗中悲怆激越的呼号和豪壮无畏的气势极为激赏："以视李都尉兵尽矢穷，委身降敌，韦鞲椎结，对子卿泣下沾襟，相去何啻天壤哉！"⑥ 他还称僧函可《剩诗》"其痛伤人伦之变，感慨国家之亡，至性绝人，有士大夫之所不能及者"⑦。可见，屈大均对忠烈之士诗中激荡情感之表现，已不再汲汲于儒家温柔敦厚、怨而不怒之苑囿。这种以忠义气节为先的所谓"大雅"之风，实则为变雅之体，或称"变徵之音"，体现出明清易代的时代特色。

对"变徵之音"，岭南诗人大多是认可的，故"变徵之音"在清初岭南诗坛

① 区大相．《两越汇草》序［M］//吴文治．明诗话全编：第十册．南京：江苏古籍出版社，1997：10534.

② 屈大均．东莞诗集序［M］//欧初，王贵忱．屈大均全集：三．北京：人民文学出版社，1996：279.

③ 屈大均．于夫人诗序［M］//欧初，王贵忱．屈大均全集：三．北京：人民文学出版社，1996：84.

④ 薛始亨．与朱锡鬯书［M］// 蒯缑馆十一草．台北：台湾新文丰出版公司，1985：960.

⑤ 陈永正．岭南诗歌研究［M］．广州：中山大学出版社，2008：33.

⑥ 屈大均．广东新语：卷12［M］．北京：中华书局，1985：349.

⑦ 屈大均．广东新语：卷12［M］．北京：中华书局，1985：349.

比比皆是。如陈子升“为诗多悲慨，为变《雅》之音”[①]；王隼诗“犹庶几于《匪风》、《下泉》、《繁霜》、《楚茨》、《板》、《荡》，变风变雅之遗也”[②]。屈大均还提出变《风》、变《雅》之作应以杜诗为楷模：“吾欲邓子始终以少陵为归，从少陵以求夫变风、变雅，斯无负平生之所用心也已。”[③]“变徵之音”也得到了岭外诗人的认同。朱彝尊曾说：“甲申以后……所交类皆幽忧失志之士，诵其歌诗，往往愤世嫉俗，多《离骚》、变雅之体。”[④] 方以智说：“孤臣孽子，贞女高士，发其菀结，音贯金石，愤訾感慨，无非中和。”[⑤] 认为直言变雅之体，并无妨于温厚之旨。此类观点明显不同于清初主流诗坛归于典雅的诗学主张，它们与明清易代之际飘摇的政治格局、士大夫忧国伤世的情怀相一致，具有强烈的时代意义。

但需指出的是，对于变风变雅之体，岭南诗坛态度不一。如黎遂球极力维护儒家传统诗教，认为即使处在穷愁之际，诗人仍应做到“哀而不伤”。他批评韩愈“所作《别知赋》，以侣虫蛇于海陬为怼”，赞扬方玉堂为诗“未尝有厌薄高凉意……为雅人深致”[⑥]。梁佩兰也认为变风变雅之体“未免有损天和”[⑦]。梁佩兰曾有仕清经历，其诗学观点不排斥有维护清廷统治的考虑，但也鲜明代表了清代诗歌向大传统回归的主流倾向。此种思想立场一直影响到清代中后期，以致清嘉庆年间岭南文人罗学鹏编辑《广东文献》时，在《国初七子集》中收录了清初七位重要的岭南诗人的作品，却将屈大均排斥在外。对此，罗氏解释云：“翁山叫嚣狂噪，妄言贾祸，大失温柔敦厚之旨，其诗不宜入选。”[⑧] 看来屈大均因大力推崇和践行“变徵之音”而遭到乡议的责难，甚至对其作品流传也造成一定程度的影响。可见，对于“变徵之音”，岭南诗坛内部是存在着严重分歧的。这种分歧正体现了岭南诗论界寻找地域诗学小传统与经典诗学大传统最佳契合点的努力。同时，从诗学观的分歧中我们也可看出，明清之际岭南诗坛的诗学主张是多元并存的。屈大均所推崇的“变徵之音”正是岭南“雄直”诗风的突出呈现，但这种“雄直”气不是生来就有的，也不是轻易为所有岭南人所认可的。它是在岭南诗歌的批评史与接受史中渐渐突显和形成的。这也充分说明岭南诗派及岭南地域诗论观的形成是一个漫长的过程，是不同的审美追求在交织碰撞中得

---

① 薛始亨．陈乔生传［M］//陈子升．中洲草堂遗集，台北：台湾新文丰出版公司，1985：273.

② 梁佩兰．大樗堂初集叙［M］//吕永光．六莹堂集．广州：中山大学出版社，1992：408.

③ 屈大均．书淮海诗后［M］//欧初，王贵忱．屈大均全集：三．北京：人民文学出版社，1996：168.

④ 朱彝尊．王礼部诗序［M］//曝书亭集：卷37. 上海：世界书局，1937：455.

⑤ 方以智．诗说［M］//通雅．北京：中国书店出版社，1990：47.

⑥ 黎遂球．方玉堂诗序［M］//丛书集成续编：第187册：莲须阁文钞．台北：台湾新文丰出版公司，1985：446.

⑦ 梁佩兰．南塘渔父诗抄序［M］//吕永光．六莹堂集．广州：中山大学出版社，1992：419.

⑧ 罗学鹏．陈恭尹列传［M］//广东文献四集：卷19：国初七子集·陈恭尹集．清同治二年刻本。

以和谐并存的结果。

明清之际岭南诗学的崛起推进了岭南诗人乡邦意识的逐渐强化，而在地域诗学观念的建构过程中，乡邦意识的觉醒反过来又唤起了诗家弘扬地域诗学的信心及欲望，有力地催发了岭南诗人的文献存录意识。具体表现为标准诗歌范式的确立及地方性诗集的编选。这正是岭南诗人在构建地域诗学观念中探寻经典大传统与地域小传统完美契合点的另一重要表现。

岭南诗人以经典诗学传统为标准编选了一些前人诗集，以期建立雅正的诗歌范式，为乡邦后学提供学习范本。如黎遂球《九家集选序》就明确表达了这一初衷："近今之世，予每见一二后生，思力多有可为，乃以为非时所好，奔走利禄，汲汲沉没……舟中无事，为取九家者之所为著作，选而成集，使后生有一端之奇者知所依立。"① 梁无技也有感于清初诗坛"以庸俗为少陵，以卤莽为谪仙""以肤浅济其鄙怀""以饾饤惊其俗眼""风雅中衰，如江河之日下"② 的状况，又苦于诸选本"限于各体，选殊未备"③，故精选一千二百余首绝句，编成《唐诗绝句英华》十四卷。王隼编选的《唐诗五律英华》则"大毋弗涵，纤毋弗现；精取其浑，朴取其完。能使读者见选者之心，与作者当日之心相遇"④。经典诗作的编选充分体现了岭南诗人重申雅正诗风、确保岭南纯正诗学血统的良苦用心。

与此同时，岭南诗人也编选了大量地方性诗集，并开宗明义地表达了保存乡邦文献、宣扬岭南地方诗学传统的宗旨。如屈大均在编录《广东文选》时提出："不能述吾之乡，不可以述天下……惟能述而后能有文，文之存亡在述者之明，而不徒在作者之圣。"⑤ 认为文学能否传于后世，不仅在于作者的创作水平，更依赖于整理者的鉴赏水平。因此，后人有责任对乡贤所创造的文化成果进行整理、研究和弘扬。这种别树一帜的创见是非常有价值的。对于文集整理之目的，他说："一以慰孝子慈孙之心，一以开后生晚学之闻见。"⑥ 该选集虽旨在宣扬岭南诗文，但选录时他谨守"以文而存其人，不以人而存其文"的标准，"其文未能尽善，虽大贤不敢多录"⑦，并多次强调："是选以崇正学、辟异端为要"，"是选中正和平，咸归典则，于以正人心，维风俗，而培斯文元气"⑧。体现出对经

① 黎遂球．九家集选序［M］//丛书集成续编：第187册：莲须阁文钞．台北：台湾新文丰出版公司，1985：434.

② 梁无技．唐诗绝句英华序［M］//梁鼎芬．番禺县续志：卷32．民国二十年（1931）重印本．

③ 梁无技．唐诗绝句英华序［M］//梁鼎芬．番禺县续志：卷32．民国二十年（1931）重印本．

④ 梁佩兰．五律英华序［M］//吕永光．六莹堂集．广州：中山大学出版社，1992：409.

⑤ 屈大均．广东文选自序［M］//欧初，王贵忱．屈大均全集：三．北京：人民文学出版社，1996：42.

⑥ 屈大均．广东新语：卷11［M］．北京：中华书局，1985：318.

⑦ 屈大均．广东文选自序［M］//欧初，王贵忱．屈大均全集：三．北京：人民文学出版社，1996：43.

⑧ 屈大均．广东文选自序［M］//欧初，王贵忱．屈大均全集：三．北京：人民文学出版社，1996：43.

典诗学大传统的尊重。可见，屈氏在整理地方文献时，始终在努力探寻地域小传统与经典大传统的完美契合，体现了较为理性的文献存录意识。同时，地方性诗集的编选也表现出岭南诗人弘扬并强化岭南诗学传统的努力。如薛始亨深刻认识到文风形成与群众基础之间的重要关系："生今之世，欲复古圣贤之道，非一手一足之烈，盖必一大贤倡之而群贤者亦鼓吹应焉。"[①] 为此，他精心编选了《明粤七家诗选》以示后学，并说："是数公者，咸能渊源往哲，追逐其章，骋骅骝駃騠之足，以闲造父驰驱之轨，其于先民典型，斤斤乎若护气而不敢伤焉，功亦懋矣。虽未及成周之雅、南之奏，然驾唐轶汉有足观者。"[②] 显然，他认为具有鲜明地域特征的岭南诗风是合乎经典诗学大传统的，而他编选《明粤七家诗选》的目的，就是要使这种岭南诗歌传统通过"一大贤倡之而群贤者亦鼓吹应焉"的方式得到强化并定型。这对推动岭南诗派的发展、扩大岭南诗坛的影响，有着重要的意义。此外，王隼的《岭南诗纪》《岭南三大家诗选》、黄登的《岭南五朝诗选》、黎遂球后人的《番禺黎氏存诗汇选》等地方性诗集的编录，都表达出保存乡邦文献、宣扬岭南诗学传统的意图，体现了以经典诗学传统为基础的地域诗学观念。

四、在地域传统与诗学时尚的离合间游走

在诗学观念的建构中，除经典诗学大传统及地域诗学小传统外，还有一个重要的影响源，即诗学时尚。在古代社会，时尚往往"代表特定时期社会心理和审美趣味的流行趋势"[③]。公安派、竟陵派是晚明诗学时尚的突出代表，在诗坛影响极大。其时诗人大多追随"独抒性灵"之说，对前后七子的模拟之风进行大肆讨伐。然而，相对于江南诗人群在诗学宗尚上的紧追时代潮流，岭南诗坛似乎显得极度滞后。这种滞后正是其理性思考与选择的结果。明清之际的岭南诗坛在诗学时尚与地域传统之间坚持独立思考，建构出鲜明的地域诗学观念。

首先，岭南诗人们远离时尚，冷眼审视着新声屡变的主流诗坛，对诗坛弊端进行深刻的批判。岭南诗坛自古以来就形成的崇尚自然、务实创新、不随波逐流的诗论思想的直接体现。在张九龄之后，陈献章提倡以自然为宗，黄佐论诗也不囿于门户之见，既能辩证地对待当时弥漫诗坛的复古风气，也十分赞赏在执守雅正之中进行的创新。因此，当岭外主流诗坛因追逐模拟、复古、分宗立派的时代风气而迷失本真时，岭南诗坛却在先贤思想的影响下掀起了一股强劲的自然和理性之风。如针对明末诗坛流派众多的情况，黎遂球指出学诗者要善于辨别其优

① 薛始亨．与陆丽京书［M］//薛始亨．蒯缑馆十一草．台北：台湾新文丰出版公司，1985：960.
② 薛始亨．明粤七家诗选序［M］//薛始亨．蒯缑馆十一草．台北：台湾新文丰出版公司，1985：964.
③ 蒋寅．清代诗学与地域文学传统的建构［J］．中国社会科学，2003（5）：17.

劣，若能“以生得新，以新得生，为诗各有萌芽。苟取足而候至，何患不工，抑何必强同耶？”① 他认为时人对诸派诗家或“学”或“好”或“优孟”，都未真正学到精髓，都是赝品。这就强调了诗歌的独创性。陈子升对前后七子以来字剽句窃的复古诗风及公安派、竟陵派的一味创新也深为不满，他说：“唐人作自己诗，有三唐之分。今人作唐人之诗，无一唐之合。是以不成其为唐诗，复不成为自己诗。”②薛始亨也批评前后七子“应酬之作过多，则词旨或复、声调之平稳则数见不鲜”，至公安、竟陵派又“以剽流俗之誉，投轻浮之好，矫枉过正，若水火之易位”，对“不学之夫攘臂自列，俚语亵言实为新尚”③ 之现状深为痛惜。屈大均也提出“《易》以变化为道，诗亦然”④。这些观点均能跳出世俗之习见，以追随模拟为赝，以新生萌芽为尚，体现了岭南诗人的独立性。

对于诗歌是宗唐还是崇宋的问题，岭南诗人也进行了深入的思考。屈大均深受后七子重古轻宋倾向的影响，多次表达对宋诗的轻视与不满，“诗之衰，宋、元而极矣”⑤“诗莫丑于宋人”⑥ 等观点在其诗论中比比皆是。但岭南诗人并未盲从于前后七子的观点。如梁无技不苟同于前后七子“诗必盛唐”的观点，认为中晚唐诗“虽非风雅正宗，然而离奇矫异、别调新声，亦变风变雅之流而极者，已非宋人之浅率粗俚者所得而继”⑦，提出不能像批判宋诗那样随意批评中晚唐诗。陈恭尹则超越主流诗坛的种种争执，表达了较为通达的诗学观：“文章大道以为公，今昔何能强使同！只写性情流纸上，莫将唐宋滞胸中。”⑧ 认为文章重在写出胸中性情，而不必介怀是宗唐还是学宋，体现了豁达的诗学观念和鲜明的独立意识。

其次，岭南诗人们提出作诗须有强烈的感情。强调真情的自然流露是中国传统诗论的核心观点，也是岭南地域诗学传统的重要观念。张九龄早就强调诗歌的有感而发和真情实感的自然流露，陈献章提出“七情之发面为诗”⑨，黄佐也认为《诗三百》的情感流露是诗文创作的最高境界。明清之际，岭南诗人进一步

---

① 黎遂球．徐无減诗序［M］//丛书集成续编：第 187 册：莲须阁文钞．台北：台湾新文丰出版公司，1985：442.

② 陈子升．谭公子南征诗序［M］//丛书集成续编：第 151 册：中洲草堂遗集．台北：台湾新文丰出版公司，1985：415.

③ 薛始亨．明粤七家诗选序［M］//薛始亨．蒯缑馆十一草．台北：台湾新文丰出版公司，1985：964.

④ 屈大均．粤游杂咏序［M］//欧初，王贵忱．屈大均全集：三．北京：人民文学出版社，1996：79.

⑤ 屈大均．荆山诗集序［M］//欧初，王贵忱．屈大均全集：三．北京：人民文学出版社，1996：66.

⑥ 屈大均．书淮海诗后［M］//欧初，王贵忱．屈大均全集：三．北京：人民文学出版社，1996：168.

⑦ 梁无技．与陈天草书［M］//南樵二集：卷 10. 刻本．1718（清康熙五十七年）.

⑧ 陈恭尹．次韵答徐紫凝［M］//陈恭尹，郭培忠．独漉堂集．广州：中山大学出版社，1988：611.

⑨ 陈献章．认真子诗集序［M］//陈献章撰，孙通海点校．陈献章集：上册．北京：中华书局，1987：5.

发扬了这种诗学观。如邝露认为诗就是真实情感的表达：“诗之道，一喜一愠，尽之矣。无所喜，无所愠，无诗矣。”① 梁佩兰指出情感是写作的基础：“夫诗者，思也。人情有所感于中而不能散，则结而为思，而诗名焉。”② 陈恭尹也认为真性情是诗歌创作之源泉：“诗之真者，长篇短句，正锋侧笔，各具一面目，而作者之性情自见，故可使万里之遥，千载之下，读者虽未识其人，而恍惚遇之。”③ 此种诗学主张虽在一定程度上与公安派“独抒性灵”的时尚观念相合，但对其弊端，岭南诗人们也保持着清醒的认识。如陈恭尹就大胆指出，公安、竟陵派对复古派的矫枉过正而导致的“酸涩枯瘦”，不是诗之真者。他认为真诗一定要“性情自见”④。他还提出，“文章以其性情为不朽”，作诗“当求新于性情，不必求新于字句”⑤。岭南诗人对诗歌性情的强调并非新鲜之谈，但其目的是纠正公安派“信心而出，信口而谈”（袁宏道《张幼于》）的率性浮滑之偏论，这在当时诗坛具有一定的积极意义。

再次，岭南诗人重视诗歌的音律，对本土的“入乐”之诗情有独钟。明代自黄佐开始即注意到音乐与诗歌、政治的辩证关系，对于近体诗不注重情感、徒取便于吟哦而一味追求排比声律的弊病也多有微词。如黄佐提出近体诗“有意于摘词”⑥，“非声偶不以为诗”⑦，是刻意追求形式的失体之作，与《诗经》的自然宗旨与浑成境界大相径庭。张萱也批评明代乐府诗不入乐是“性情不足”的表现。明清之际，岭南诗人对音律尤为重视，远远超越了前后七子对格调法度的强调，他们推崇的是诗乐浑然未分的状态，这是岭南诗论较为鲜明的特色之一。如梁佩兰认为诗歌合律有助于世风教化、性情之正：“古天子甚重夫诗……民间闾阎，讴吟辄成音节，相与沐浴教化，而有以见其风俗之美、性情之正。”⑧ 屈大均提出作诗要用古音韵才能与《诗经》之旨相合：“为诗者能善用夫一阴一阳之韵，使清浊高下以序相谐，大不过刚，细不过柔，其文辞复足以畅达其喜怒哀乐之志，斯则既和且平，而可与三百五篇不相悖也哉。”⑨ 邝露也从审美的角度强调了音律对诗歌的重要性：“诗贵声律，如闻中霄之笛，不辨其词，而绕云流

---

① 邝露．峤雅·张穆之诗序［M］．广州：广东高等教育出版社，1990：377.

② 梁佩兰．大樗堂初集叙［M］//吕永光校点．六莹堂集．广州：中山大学出版社．1992：407.

③ 陈恭尹．梁药亭诗序［M］//郭培忠校点．独漉堂集．广州：中山大学出版社，1988：691.

④ 陈恭尹．梁药亭诗序［M］//郭培忠校点．独漉堂集．广州：中山大学出版社，1988：691.

⑤ 陈恭尹．梁药亭诗序［M］//郭培忠校点．独漉堂集．广州：中山大学出版社，1988：756.

⑥ 黄佐．六艺流别：卷三［M］//《四库全书存目丛书》编纂委员会．四库全书存目丛书：集部：第300册．济南：齐鲁书社，1997：111.

⑦ 黄佐．六艺流别：卷三［M］//《四库全书存目丛书》编纂委员会．四库全书存目丛书：集部：第300册．济南：齐鲁书社，1997：154.

⑧ 梁佩兰．大樗堂初集叙［M］//吕永光校点．六莹堂集．广州：中山大学出版社，1992：407.

⑨ 屈大均．怡怡堂诗韵序［M］//欧初，王贵忱．屈大均全集：三．北京：人民文学出版社，1996：278.

月，自是出尘之音。”[①] 岭南诗人们强调诗歌入乐，重视古音韵，实质上是遵循古代的礼乐传统，追求一种诗乐合一的状态，这种状态非唐诗的格律所能替代。他们对近体诗及新乐府诗的批判，实际上是对唐诗盛行的一次背离和反叛，其目的是将诗歌从唯格律是从的藩篱中解放出来，注入新的生机和活力，回归到《诗三百》的最高境界。这种观点与李东阳、黄道周、王夫之等诗人力求恢复古典诗歌美学的观点相吻合，在明代形成另一股以《诗三百》的诗学范式为旗帜的潜流，与“诗必盛唐”的主流思潮并行，呈现出古体诗与近体诗在融合与背离中相斥相生的真实状态。

对于本地诗人大多精通音律，且本土诗歌普遍“入乐”的特点，岭南诗人也深为自豪。如陈子升说：“广州多诗，而人人能以诗按声而歌，则莫若五羊城。城中歌诗凄凄婉婉，甚清以长，号曰‘楚吟’。盖音之动人，以悲而委约，悲愁极于骚些，南越故楚地，延迤而南，所自来矣。”[②] 屈大均亦云：“大抵粤音柔而直，颇近吴越……歌则清婉溜亮，纡徐有情，听者亦多感动。……说者谓粤歌始自榜人之女，其原辞不可解，以楚语译之……绝类《离骚》也。”[③] 他们能从声调与地域文化特征的对应入手，强调音节声调在体现诗风及地域文化特征方面的巨大功能，并从音调这一根源上阐释了岭南诗歌凄婉清长这一地域特征形成之原因，在一定程度上丰富了岭南地域诗学理论，这是很有价值的。

相对于之前的长久沉寂而言，岭南诗坛在明末清初的繁兴是中国古代诗歌史上颇为醒目的景观。无论是岭南诗人群体的形成还是岭南诗风的成熟，均预示着以地域性为主要特征的诗歌时代的到来。明清易代的特殊时局、张扬个性的创作追求、岭南意识的自觉勃发，多种因素的融合，引发了岭南诗论对地域特征的充分关注，更激起对岭南地域文学传统的反思和自觉编纂，并在与经典诗学大传统及诗学时尚的离合交织中形成更系统的地域诗学观念。透过明末清初岭南地域诗学观的系统化的建构过程，我们可以清楚地看到在乡邦意识的酵化下，传统诗论中的地域观念如何超越纯粹的自然地理空间，演变为富含多重意味的人文概念，并进一步影响到诗歌创作、诗学批评及诗集编选。这对我们突破经典诗学传统和时尚思潮的束缚，从地域学的角度重新认识多元化诗歌观念并存的清代诗坛无疑具有重要意义。

---

① 屈大均. 广东新语：卷12［M］. 北京：中华书局，1985：357.

② 陈子升. 楚吟行［M］//丛书集成续编：第151册：中洲草堂遗集：卷3. 台北：台湾新文丰出版公司，1985：289.

③ 屈大均. 广东新语：卷12［M］. 北京：中华书局，1985：361.

论兰寨古民居建筑雕饰与传统文化之关联

肇庆学院 李 徽 罗 明 罗丹舒

兰寨是广东省西部中游郁南的一个村落，保留下来的古民居建筑相对较多，并基本保留了原始的风貌，反映了兰寨古民的审美情怀与人文精神。其中不少古建筑上的雕塑以及绘画等，既有中原文化艺术的继承与传递，又融入了一些北方少数民族的绘画风格与民族特色，彰显出兰寨古村落的淳朴与兼容并蓄的胸襟，这些遗存的古民居建筑雕饰艺术显现出其与中华民族传统文化之关联。

一、古代兰寨人的文化生活

兰寨的总面积为“2.5 平方公里，现常住人口为 1 500 多人”①。古时属于瑶族先民的居住地，所以保留了浓郁且独特的瑶族风情，文化生活也丰富多彩，其中以稻田耕作文化为题材而闻名的“禾楼舞”即起源于此。

兰寨的古建筑艺术，由于受到南江地域传统文化以及所处地理位置等诸多因素的影响，故而形成了别具风格的南江流域建筑式样；又由于大多数村落建造于青山绿水之间，风景如画，所以又有了“自然古画”的别称，再加上所遗留的文物古迹众多，成为文化底蕴之沃土。

坐落于兰寨的文物古迹有百越时期遗留下的古城墙遗址等，到了明、清时期，这里开始广兴大屋、私塾和祠堂，于是又有了光二大屋、瑞昌大屋、福和大屋、十德第、林氏宗祠等一系列具有民间特色的、风格古朴的建筑，这些古建筑分别体现出当时社会的文化和艺术特色的发展与变化。另外，保存有“明经进士”牌匾，建于清代的古井一口，以及林如堂状元碑、进士碑、“状元及第”牌匾等众多历史遗存。粗略统计，郁南地区清末古建筑约 30 座，该地区在历史上曾出过武进士、翰林等文武方面的人才，故从中可以看出该地区文化氛围还是比较浓厚的。由于兰寨的很多家族是从中原等地迁移到该地区的汉民族的支系，故以维系汉族正统文化为荣，当地居民的言谈及古民居建筑的雕饰艺术上均能体现这一传统，完全承袭了中原古典文明。虽然兰寨地区的古民居建造于不同时期，但其建筑及雕饰艺术的风格和模式基本保持一致：首先，雕饰的部位集中在门、

---

① 兰寨年鉴编纂委员会. 兰寨年鉴［M］. 北京：中华书局，2011：173.

窗、梁枋和屋脊上；其次，雕饰的材料主要是木、石、瓷瓦和混沙泥土等；再次，雕饰艺术的工艺手法，主要采用了灰塑、镶拼、阳镌、线刻、彩绘、阴刻、泥塑和浮雕等手法；用的均是传统吉祥风格的雕饰题材，譬如蝙蝠、凤、龙、狮、鹿、麒麟和鳌鱼等吉祥动物以及戏文典故等。这种古民居建筑雕饰艺术所具有的较为统一的风格和模式，使它不仅成为郁南地区古民居建筑文化的一个重要组成部分，同时蕴含了深刻的文化内涵，起到了对古典文明的继承与传播的作用，反映出古代兰寨人丰富多彩的文化生活。

二、兰寨古民居建筑雕饰中的审美精神

兰寨古民居建筑雕饰艺术内容的表现，可归纳为以下四个方面的内涵：一是对匾额及楹联的功能利用；二是出现了以祥禽瑞兽（生活中的吉祥动物形象）为主要内容的相关题材；三是通过植物以及器物的谐音、品性、象征、指代等一些不同的方面，直接选取其吉祥之意功效的应用；四是对装饰纹样（主要是几何纹样）等具体形象的运用等方面。通过对兰寨古民居建筑雕饰的调查与研究发现，其中的审美精神主要包含质朴、凝重以及沉静等几个层面内容。

首先包含的是质朴之美。无论是从兰寨地区古民居建筑雕饰艺术的材料和题材，还是从其工艺制作、表现手法等方面来看，均能呈现出一种质朴的、自然的观感之美。这里的古民居建筑雕饰所选用的材料通常是石、木与沙土等，正是由于该基础材料的选择与利用，兰寨古民居建筑雕饰艺术形成了一个纯朴、本色的基调。而雕饰所选题材也大多数为花鸟与其他动物等，其来源于人们质朴的生活，以及深层的生命崇拜等内容，所有这些均与古代先民的生活习俗、文化艺术欣赏有着直接的关联。同样，兰寨古民居建筑雕饰所用的艺术表现手法也显现了一种朴素的美，除木雕工艺比较细致精美外，其他雕饰所用的手法和工艺都比较纯朴自然。譬如在古民居墙面中有些装饰绘画，构图简单、线条简练、色彩单调，有时甚至绘制技巧显得有些粗糙，画风也不专业，只求表达出装饰意图，并不在意该作品是否精美，显示出民间画风的纯朴风格。

其次是凝重的美。岭南文化的渊源是汉族中原文化以及基于中原情结和所持文明的优越，所以必然追求继承传统中华文明。从文化艺术传承的角度对兰寨古民居建筑雕饰艺术进行研究，揭示其与中国传统文化艺术之间的渊源以及所具有的民俗意义，具体表现在淳朴民风的精心维护以及防止其文明的失落与断裂等方面。因此，在地处南江流域的云浮地区，兰寨古民居建筑雕饰艺术中积淀了丰厚的中原文明传统，尤其是兰寨古民居建筑木构件中的雕饰艺术，譬如凤纹、如意纹、卷草纹等，多交织着历史的沧桑与无限的凝重，同时又流露着浓郁的传统文化气息，只不过在表现风格上较北方木雕略显变化不同而已。这种质朴的美和兰

寨地域古民居建筑的墙体、屋脊线条和深沉朴素的色彩是相一致的，而且彼此衬托、相互呼应，最终形成了兰寨古民居建筑中那种独特的凝重美感。

最后，兰寨古民居建筑雕饰中还展现一种沉静的美，其实质就是所特有的人文气质上的美。尽管居于乡间，却仍旧保留了书香、忠臣、儒商等门第特有的时代气息。因此，兰寨古民居建筑雕饰艺术追求的是一种中和的沉静之美，整体的建筑艺术风格和雕饰艺术效果往往更显现出一派古朴与庄重。兰寨古民居建筑艺术和雕饰艺术，规整简洁，用色含蓄庄重，透露出一种沉静朴素的风格，于简朴中见庄重与文雅，故产生出一种特殊的平静和沉着的美感功效。它反映出兰寨古民居建筑雕饰艺术中丰富、和谐的艺术内涵，反衬出无论在何时何地国人都应对先祖“追远”以尽忠，对民族文化艺术则应“盘根”以求源这样的一种情怀与心态，显示出对以爱国主义为内核的中华民族精神的活态化承袭。从兰寨古民居建筑雕饰艺术中可以看出，兰寨人仍然以中华民族文化中的“十全大善”等内容来进行劝善、祈福、教化等，并以此来开展活动令后世从中受到感化与教育。兰寨古民居建筑雕饰艺术与中国传统文化艺术之间的渊源及其所具有的民俗意义从中可窥一斑。

兰寨古民居建筑雕饰之艺，无不展示着中华儿女的务善、求真的尚美情怀与其高尚品质，作为民族文化的历史记忆，仍然蕴藏着传统文化的价值观与中华文化根基的承袭，仍然是一种民族文化与民俗价值的资源所在。在中国，民居的一些细部特征，普遍都被赋予着广泛的含义和功能，譬如窗与门楼等，往往反映出整个住宅的兴衰与荣辱，有“门第高低”之分的蕴意。兰寨古民居建筑雕饰艺术中窗的大小、式样与窗棂花纹、工艺同样也反映着当地居民的审美情趣与喜好。影壁、屋脊、柱头和墙顶等都充满地方文化艺术特色。砖雕与灰墙在我国明、清等朝代特别是在南方的建筑雕饰艺术中采用较多，兰寨的山墙与屋脊上都有它们的踪影。砖雕常用质地细密的砖雕刻后，镶贴在砖墙上，与墙成浑然一体状，造工精细、古朴典雅而厚重；灰雕则选用具有特殊质地的、幼细的灰沙泥直接在山墙、屋脊上塑造出各种装饰图形，色彩非常和谐与美观。这种房屋建筑特别是在农村，与周围的生态环境结合，相互衬托，既鲜明又和谐，成为一种对比调和的色彩关系，深得当时当地民众的喜欢。兰寨民居的灰雕结合镬耳山墙的造型，再加屋脊的图案化砌作造型，形成了灵活的巧妙变化，把房屋装饰成了陈列在大自然中具有民族风情的一件艺术作品。

“群体传播具有以下突出特点：生活化、日常化、弥散性以及双向性、私密性，尤其是大量的群体传播还具有仪式性、习俗性、规范性等特征”[①]，而兰寨古民居建筑群的这种“群体传播”与中国传统文化艺术之间的渊源及其所具有

① 周东华. 群体传播与社会主义核心价值观建设［N］. 光明日报，2014－03－26.

的民俗意义的有效传承和传播，很大程度上起到了弘扬正气、崇善尚德、凝聚民心的作用，从而保证了当地的平安与和谐。所以，这是兰寨古民居建筑雕饰艺术中所传递出的积极意义，以及载体的优势与其核心价值所在。

由此亦可见兰寨古民居建筑中映射出的独特人文之感，是以深厚的汉民族传统文化为底蕴而产生的，其中所折射出来的审美精神，也与汉民族传统的审美精神相统一。中国传统的审美精神是以礼乐文化为基本框架的，在这个基本框架中，占统治地位的是儒家的人伦思想。兰寨古民居建筑及装饰艺术的表现，是按照向心性和突出中轴与门面的原则进行雕饰的，正门是其雕饰艺术所在的重点。在这里，人无形中变成了小单位，建筑无形中变成了中单位，而天无形中则变成了大单位，以期达到天人合一的理想境界的一种手段，最深层和最终的目标就是为其民众服务。这里的古民居建筑雕饰艺术题材的选择，明显地体现出为了整个家族更好地生存所做出的种种努力与期盼。但是，兰寨古民居建筑毕竟地处偏远山区，在某种程度上远离了那些正统的伦理纲常的束缚，因此，在兰寨古民居建筑雕饰艺术中又可以看到一些具有道家思想的审美精神与意蕴，所追求的是一种恬淡素朴与纯净自然的生活，也即所谓“天地有大美而不言”之感！兰寨古民居建筑这种传统、独立、与天地浑然一体、与外界无扰的形象，同时也暗合了道家超然出世的精神面貌。建筑中雕饰艺术的选料、用色和工艺手法也都体现了这种质朴之美、古典之雅！

兰寨中的古民居建筑雕饰艺术风格与工艺特点均有极其鲜明的地域特色，亦反映出兰寨人的风水意识观念和雕饰艺术中的审美观念等。因此，无论其选择的自然环境，还是人为培植的花木水草，均与兰寨古民居建筑雕饰艺术及其所具有的民俗意义等方面共同构筑成了一个充满艺术氛围的地域文化空间体！

三、与传统文化艺术关联的民俗意义

在兰寨古民居建筑雕饰艺术中，往往通过表达求吉祈福的雕饰艺术来祈求家族兴旺、富贵长寿、人畜平安和福气长临地。如门饰中出现的凤、鹿及蝙蝠等动物造型，表达了福禄双全和吉祥如意之隐喻。兰寨古民居建筑表达求吉祈福的雕饰艺术可分为具象和抽象两大类。具象类多以具体的动、植物形象出现，通常采用谐音比拟与形象比拟的艺术手法，表现人们对美好生活的祈愿，譬如在以凤、松鹤和植物花卉等表现的雕饰艺术中，往往采用形象的比拟手法；而对蝙蝠等具象动物图案，因其名与“福”等音相通，所以采用谐音比喻手法，在兰寨古民居建筑雕饰艺术中被大量采用。抽象类一是直接利用了汉字变形的形象来表达雕饰意图，主要出现在柱础、檐角和墙头上；二是用了抽象的纹样，如祥云纹、卷草纹和如意吉祥纹等，主要出现在窗饰、家具、梁枋等处。用吉祥汉字作为装饰，是我国传统的装饰手法，最典型的则是“福”字和“寿”字，所以“福禄寿喜”的汉字就成了兰寨古民居建筑中绝好的装饰。而那些抽象的纹样，主要出现在了用镂空精雕手法处理的木雕装饰艺术之上，这些纹饰回环穿插，连绵不绝，极具艺术形式美，同时又有“连绵不断”“好事不断”和“事事如意”等美好的寓意。用于修身养性和伦理教化的雕饰艺术，主要的题材是戏文典故之类，通常选用人们熟悉的戏文典故雕刻于围屏等物上，宣扬的主要是“修身、治国、平天下”“仁义礼智信、忠孝节勇和”的传统伦理道德；“梅、兰、竹、菊”等多出现于民居的壁画和木雕中，象征着居住之人的品格高洁。相传，明朝时期林正已定居于此，就在屋前屋后及山边田野上广泛种植兰花草，因“兰”为“四君子”之首，又象征高洁美好之寓意，于是该村遂取名为“兰寨”，并且一直沿用至今。另外，在古民居雕饰艺术中还有“琴棋书画”寓意为“书香门第”等，这类雕饰艺术和兰寨古民居建筑中出现的匾额和楹联共同体现了兰寨地域的古民居建筑群仍以中华民族文化中的“十全大善”等内容来进行教化、劝善与祈福等，同样亦传递着“诗书继世，忠孝传家”的传统古训与道德的规范。

“村落形态和乡土建筑记录了一个血缘村落向地缘村落转化的过程”①，兰寨古民居建筑雕饰艺术中隐含着传统的民俗意义和人文意义。根据其意义的表达，又可以把兰寨古民居建筑雕饰艺术中的民俗意义分成四个大的方面：第一，表达求吉与祈福之意图方面；第二，修养身性、伦理教化之功用方面；第三，表达避邪之意图方面；第四，“天人合一”、道儒合一思想的融入方面。

四、与中国传统文化之关联

中国传统建筑以木构架为体系，其建筑本身与雕饰部位的构件是合二为一的，其雕饰基本上都集中在建筑线条或构件的各个结点上，再加上与中国传统思想中“门面”的观念和伦理的观念等相结合，传统建筑雕饰艺术的重点是集中在门窗、屋脊、梁架和重要的堂室等处。而兰寨古民居建筑雕饰艺术的主要部位，同样也集中在了门窗、屋顶、梁架和祖堂等位置上。粗略地看传统古建筑模式与兰寨区域古民居建筑模式风格似乎相去甚远，但其雕饰艺术中的内容和手法表明兰寨地区古民居建筑在建筑艺术上仍沿袭了中国传统文化及建筑艺术的形式。兰寨古民居建筑雕饰艺术所选题材也是其承袭了中原文明的一种佐证，最明显的则是在建筑雕饰艺术中出现了大量的蝙蝠和凤等动物的造型。

“凤凰来翔，天下明德”，是《史记》的记载，而在兰寨地区古民居建筑中出现的凤，其实质也是象征了光明远大、美好幸福、消灾灭祸和逢凶化吉等寓

① 楼庆西. 中国古建筑二十讲［M］. 北京：生活·读书·新知三联书店，2000：271.

意。闻一多先生也曾考证，凤象征着祥瑞、和平与安宁。蝙蝠寓意为含“福”的谐音比喻，带有中华民族汉字谐音的传统意蕴，所以在兰寨古建筑雕饰艺术中广泛出现，用于趋吉。以上种种迹象表明，兰寨地域古民居建筑的各类雕饰艺术均带有汉民族传统文化背景，蕴含厚重底蕴，并与中原传统建筑的雕饰艺术一脉相承。譬如位居中原西部天水地区的同时期古建筑艺术中，也有凤的造型和图案，只是在艺术表现的手法和成熟程度上要更胜一筹而已，所有这些都表明了所选取相同寓意内容的吉祥之用意，均为中华文明的承袭之脉。

在兰寨的古民居中，其民俗文化内涵与整个中原汉族民居中的民俗文化是基本一致，也以追求多寿、多子、多福以祈盼平安为其核心内容。具体主要表现在檐下木雕、彩绘和书法，以及院落的门窗木棂格、石雕、砖雕等使用的花饰图案。其内容多为蝙蝠、鹿、鹤、龙、马、凤、鱼、松、莲、桃及石榴等。再加上古民居中随处可见的影壁、柱础和石墩上的趋吉图样等，完全是中国民俗文化中的象征性表现。民俗文化中的蝙蝠寓意为多福；鹿同禄；鹤同和；鱼同余；马为象征平安祥和与奔腾万里之意；松为象征顺、春，长寿之意；莲（连）子、石榴以及金瓜等都多籽（同“子”），暗合了福、禄、寿、禧人生四幸事，属于对中国传统文化艺术的承袭。

古代的建筑有它独特的艺术风格特性，所以在世界建筑史上中国古代建筑占有重要的地位。梁思成先生说过，“历史上，每个民族的文化都产生过自己的建筑”，但“中华民族的文化是最古老、最长寿的体系。”① 说明民居建筑与人类生活的密切关联。在我国，传统的古民居建筑渊源能代表中国传统农业文明的农耕文化，而且是极富人情味的、具有丰富的地方特色文化内涵的一种表达方式。古民居建筑的特色可以归纳为：①适应性好；②灵活多变；③朴素实用。它们均是中国古代建筑遗产中的宝贵财富，其营造之妙，形式之多样且与自然相结合之法则，则是在世界建筑史上数独创之行列。传统民居建筑除具有独特的文化、历史和艺术欣赏价值外，所体现出的民族特色和地域文化以及所蕴含的生态经验等，对于现代民居建筑具有借鉴和启发的意义。

五、结语

“宅者，人为本，人因宅而立，宅因人得存，人宅相扶，感动天地”（引自《黄帝宅经》）。传统民居则是人类灿烂建筑文化的重要组成部分，中国丰富多彩的传统古民居是在其复杂多样的地理环境中，受“天人合一”思想的影响而形成的，包含“负阴抱阳”的风水观和“因势利导”的节能观，以及“道法自然”

① 梁思成. 我国的建筑与遗产［J］. 文物参考资料，1951（2）：6.

的认知观等所形成的道儒合一之思维与演变。它的形成与各地的文化、习俗、居住环境以及风土人情、周边、地理、气候、水土等一系列因素均有着密切的关联。这种富有文化性、生态性及地域性的古民居建筑雕饰艺术形式，在经济蓬勃发展以及人类文明日新月异的当下，对现代新型民居建筑的建造与设计仍然具有重要的参考价值，是对传统的继承与发扬。这些祖辈留下来的建筑、文化与其艺术价值是宝贵的物质财富与精神财富。它保留着当时的社会、文化、经济、制度、科学、宗教、艺术、民情及风俗等一系列的信息。在漫长的岁月中由于战争劫难和朝代更替，加上自然灾害和人为破坏，且建筑本身也会随着岁月而不断地坏损，所以能够流传保存到现今已实属不易。这些遗存不仅具有物质上的价值，而且还具有精神文化承传历史价值。

罗皮乌斯说："建筑是表现人们崇高思想、热情、人性、信仰、宗教的结晶。"这说明建筑作为空间艺术本身是不分国界的，无论是本国的建筑还是世界性的建筑，其运用规律是相通的，同样都蕴含着极深的家国情怀。兰寨古民居建筑雕饰艺术是当时当地人文文化重要的载体，是凝聚着民族审美内涵的标志之物，是乡土文化在空间形态与物质环境下的体现。从文化艺术传承的角度对兰寨古民居建筑雕饰艺术进行研究，揭示兰寨古民居建筑雕饰艺术与中国传统文化艺术之间的渊源及其所具有的民俗意义，同样能够从兰寨古民居建筑雕饰艺术所蕴含的审美情结中发掘中国南粤地域文化艺术与传统文化艺术之关联。

对兰寨古民居建筑雕饰艺术与中国传统文化艺术之间的渊源及其所具有的民俗意蕴进行探究，揭示其所蕴含的审美情结并发掘地域文化艺术与传统文化艺术的内涵，可以显现当时当地人们的伦理道德与信仰习俗和审美价值取向等精神层面上的需求，透过这些遗迹亦可看到其与传统文化艺术之关联，仿佛接触到远去了的历史而又有着一种意蕴深长的回味。另外，从文物学的角度来看，这些艺术遗存的价值永远亦不会消逝！

参考文献：

[1] 季羡林."天人合一"新解 [J]. 传统文化与现代化，1993 (1).

[2] 汪自力，等. 中国传统民居建筑 [M]. 济南：山东科学技术出版社，1994.

[3] 陆元鼎，杨谷生. 中国民居建筑：上、中、下卷 [M]. 广州：华南理工大学出版社，2003.

[4] 梁思成. 我国的建筑与遗产 [J]. 文物参考资料，1951 (2).

[5] 何晓昕. 风水探源 [M]. 南京：东南大学出版社，1990.

[6] 孙大章. 中国民居 [M]. 北京：中国建筑工业出版社，2004.

中共华南报纸“文人办报”风格的形成及其影响管窥

——以抗战时期广东战时省会韶关《晨报》报人活动为例

韶关学院 林 磊

抗日战争和解放战争时期，中共为了向海外侨胞和外国进步友人宣传党的方针政策，以创办大众化报刊的形式在香港建立了文化宣传阵地。《华商报》是其主要代表，其特点是，在党的领导下以通俗化、市场化的形式刊行，将民主主义、爱国主义的政治诉求和建立扩大统一战线的社会功能融入报纸之中。

有学者将香港《华商报》与重庆《新华日报》、桂林《救亡日报》归并为革命报刊中的“南方流派”，与在共产党执政区域发行的机关报不同，这些报纸发行于国统区或海外华人区域，办报成员多为身份公开或秘密的中共党员、左翼或中间派的报人与文化人；报纸风格则吸收了《申报》《大公报》“文人办报”特色，以知识分子议政的方式影响国统区社会。而《华商报》在香港的办报实践则进一步强化了这种寓政治宣传于社会关注、文化传播与商业推广中的办报特点，从而被称为“党领导下的文人办报”。

这种办报风格在中共华南报业发展中影响深远，尤其是参与《华商报》工作的革命报人（其中知名者有杨奇、黄文俞等人）大多参与了新中国成立后《南方日报》及随后《羊城晚报》的创办工作，连创办于改革开放时期的《南方周末》也间接受到这些前辈报人的影响。

从报业发展历史可知，一种办报理念、风格的形成绝非凭一报一时之力可得，而是来自众多报人在特定政治、社会、文化环境中长期的摸索与实践。当前，学界对于《华商报》本身办报经过、报纸内容风格的研究成果丰富，而关于中共华南报纸“文人办报”风格的形成及其影响方面的深入研究较少，本文试图从抗战时期广东战时省会韶关《晨报》主要报人的办报经历入手，从他们以民间进步报纸起步，然后参与中共香港报刊的工作历程来观察党领导下的文人办报风格的发展特点，以及其长久影响力的价值所在。

一、韶关《晨报》的“文人办报”模式

1938 年底日寇攻陷广州，省政府于 1939 年 1 月迁至曲江（今广东韶关），一大批文化人随同文化教育机关、学校、书报刊出版发行机构汇聚于此，曲江由

此成为广东战时的文化中心之一。其报业也兴盛一时，官办、军办、商办、党派办、民办报纸多达二三十种。此时的日报市场为官办报纸垄断（主要有国民党广东省党部《中山日报》、广东省政府《大光报》、第七战区政治部《建国日报》）。民办报纸中只有《晨报》（前身为《时报》《新报》《明星报》）从 1941 年到 1945 年始终坚持在粤北发行，并且在省内外产生了广泛的影响力。

《晨报》前身为革命报人梁若尘与《中央日报》驻广东记者汪铿创办的《时报》（1941 年 3 月），二人对于皖南事变后国民党当局保守、僵化的舆论控制政策不满，商定创办一份“讲公道话”的报纸。应时而生的《时报》受到国民党当局的打压，后经历了三易其名的曲折过程方于 1943 年 6 月以《晨报》之名在韶关正常发行。①

《晨报》主办者为梁若尘、赵元浩、邬维梓、林铃等人，报纸继承了《新青年》《大公报》等知识分子办报的传统，采取了同人办报的组织方式，即编辑部成员共同商定编辑方针、合作经营，共同主持编辑业务，并不依赖于政府及任何政党组织。因而能关注国是，言论不受权贵势力掣肘干涉；他们通常不直接采用各大通讯社的电讯，而是运用综合新闻、时事分析、纵横谈等专栏形式对国内外时事进行分析评述，帮助民众摆脱当局的新闻封锁来了解本地及国内外的真实形势。

同时，《晨报》报人没有停留于文人议政的阶段，而是着力于民生新闻报道，通过经济版为商家及民众的战时经济生活服务，尽力为民谋利。例如，国民党当局曾在国统区实施“火柴专卖”政策，当韶关火柴专卖局企图以此政策来压榨韶关各间火柴厂家从中渔利时，赵元浩以《晨报》名义联络各报社及火柴厂同业公会共约百人召开记者招待会，以同业公会代表发言、记者询问、分析等方式力陈“火柴专卖”的弊端，批评当局这种倒行逆施、与民争利的行为。由此形成的社会舆论压力最终迫使韶关火柴专卖局妥协，与各火柴厂达成协议，只按市场价格收购、销售，不得任意加价出售。②

作为民办报纸，《晨报》以其公正的立场和大众化的理念，在当时战时省会的普通百姓中获得良好信誉。为解决战乱时期报纸的经济困难，赵元浩代表报纸在韶关市工商界征求订户，又到衡阳、湘潭、桂林、柳州推销报纸，以预收订户的方式来稳定收入，解决了困难。由此亦可见《晨报》在当时南方国统区的影响力。

---

① 韶关《晨报》创办经历详见梁若尘．抗日战争时期韶关《晨报》经历掠影［M］//韶关市政协学习和文化资料委员会．韶关文史资料：第四辑．1985.

② 《晨报》的发展情况根据林铃．搏斗在暴风雨中的韶关《晨报》［M］//韶关市政协学习和文化资料委员会．韶关文史资料：第四十七辑；李世亮．韶关的“火柴专卖”［M］//韶关市政协学习和文化资料委员会．韶关文史资料：第七辑等文章整理。

二、韶关《晨报》报人的革命之路

韶关《晨报》主要成员的办报经历具有“南方流派”革命报人的典型特征：将革命理念的宣传隐于“文人议政”的民间报纸之中，同时在香港办报实践中获得商业化办报的经验。

从《晨报》鼎盛期的核心成员社长梁若尘、经理赵元浩、编辑邬维梓、经济编辑林铃等人的身份来看，这家独具特色的民间报纸实际已悄然转型成为由中共主导的具有统一战线性质的左翼进步报纸。

《晨报》创办者梁若尘在大革命时期已加入了中国共产党，他在大革命失败后与党组织失去联系，转而赴东南亚从事教育和新闻工作；国共合作抗战时期，他返国与党组织取得联系。[①] 随后他赴韶关与汪铿等人创办《晨报》，与国民党当局的舆论封锁进行抗争。林铃、赵元浩二人也同为共产党员，在香港沦陷后他们先后由党组织派遣至韶关《晨报》工作。[②] 同时，邬维梓在梁若尘、赵元浩等人影响下也从进步青年转变为具有共产主义信念的革命工作者。

1945 年 1 月韶关被日寇攻陷，报社疏散后四人撤离韶关，后来在党组织的安排下，他们先是赴广州创办中共领导的以灰色面目出现的《广州晨报》。后因报纸被当局查禁，四人先后赴香港从事办报工作（梁若尘在民主党派主办的《愿望》周刊，赵元浩、邬维梓在《华商报》，林铃在中共主办的经济报纸《经济导报》）。而在此四人经历中，报人邬维梓的办报活动尤其体现了党领导下的“文人办报”经验的价值所在。

邬维梓善于将民间办报时期灵活、通俗的报道方式、善于捕捉新闻热点的工作特长运用到革命宣传工作中。[③] 他曾任香港《华商报》港闻部记者的经历亦使得他熟悉了香港商业化报纸的采编技能。

广州解放后，邬维梓先后在新华通讯社广东分社、《南方日报》报社工作。在当时社会主义新闻事业以学习苏联新闻工作经验为重要指导思想的大背景下，他对如何通过新闻业务工作来达到联系实际、联系群众的工作目的有着自己的独特观点：“报纸要有思想性、知识性和趣味性，三者要结合好……镜子不能反映自身，政治不能反映政治，要从生活各个领域汇合来反映社会主义的优越性。”

---

① 梁若尘办报经历见林铃. 老报人梁若尘［M］//中国人民政治协商会议广东省委员会. 广东文史资料：第四十辑. 广州：广东人民出版社，1983.

② 林铃、赵元浩革命经历见林铃. 搏斗在暴风雨中的韶关《晨报》［M］//中国人民政治协商会议广东省委员会. 广东文史资料：第四十七辑；和平，小文. 历经沧桑不老松——记暨南大学赵元浩教授［J］. 南方经济，1996（6）.

③ 邬维梓办报经历详见林磊. 邬维梓：《羊城晚报》创刊时期首提“新闻主攻、副刊主守”的南粤报人［J］. 中国报业，2013（12）.

1957年，广东省委书记陶铸决定创办一张晚报作为党委机关报的辅导和补充，形成一个“百家争鸣”的园地，《羊城晚报》应时而生。作为筹备工作小组成员，邬维梓在确定办报思路时发挥了关键的作用。据黄文俞回忆：“邬维梓同志献计说：解放前办报的主要经验是‘新闻主攻，副刊主守’，搞好新闻报道借以扩大读者，办好副刊借以巩固读者。我采纳了他的建议，以一、四版登新闻，二、三版办多个副刊、专刊一半对一半。”

在创办《羊城晚报》的过程中，邬维梓具有与当时党委机关报不同的新闻采编思路，他认为：“既然晚报不必承担党委机关报的任务，就更加不必顾忌，凡是与市民生活息息相关的事情，衣食住行、文化娱乐、天气预报，都应报道，多方面为读者服务。”他注重报道与群众生活关系紧密的经济新闻和社会新闻，主张多采写群众喜闻乐见的新闻，要用生动的新闻报道内容、活泼的版面来宣传党的政策和社会主义的优越性。由他主编的新闻版的“五层楼下”栏目成为突出体现《羊城晚报》“移风易俗、指导生活”编辑方针的招牌栏目。

尽管邬维梓在办报工作中尽显才华，却因其办报工作实践与当时极“左”思潮相抵触而被划为右派，在长期蒙受不白之冤后于1972年因病辞世。

邬维梓在《羊城晚报》办报过程中努力实践的“新闻主攻，副刊主守”的策略方针对后来广东报纸的革新亦产生了深远影响。《南方周末》创办者左方在回忆报纸创办历程时曾提及，当他请教前辈黄文俞时，后者与其分析了邬维梓当年提出的“新闻主攻，副刊主守”策略，而左方亦将之列为《南方周末》办报方针之一。

三、党领导下的“文人办报”

纵观抗战时期的韶关《晨报》、解放战争时期的香港《华商报》乃至20世纪50年代的《羊城晚报》，党领导下的“文人办报”风格始终贯穿其中。一方面，建立人民民主统一战线是党在抗战和解放战争时期争取民众支持、开展政治斗争的主要策略，而通过党领导下“文人议政”“讲公道话”的方式来针砭时弊、关注民生是团结民众、打击敌人的有效途径；在社会主义建设时期，生动活泼的晚报内容可以满足人民的精神生活需求，是党机关报的有效补充。

另一方面，国民党采取了保守、僵化的文化政策，其报刊虽有强大的行政、财力支持，但依然逐渐失去民心，而应时而生的韶关《晨报》、香港《华商报》等中共主导的报纸则体现了新民主主义文化论倡导的“民族的科学的大众的”进步文化特色。

从韶关《晨报》主要报人的背景、经历来看，他们的职业生涯都经历了民主革命、社会主义建设时期，并且大都具有在民间进步报纸、香港报纸和党报的工作经验，一方面他们都具有坚定的共产主义信念，在工作中秉承“报纸是党的喉舌”的信念。另一方面，他们曾在国统区、香港的办报经历又使得他们具有关注民众、体恤民生的“民间意识”。中共华南报纸“文人办报”风格的形成与发展有赖于这些革命报人将政治信念、职业操守和社会需求结合于办报实践中；其中，既有杨奇、黄文俞、左方等知名报人前辈的努力，亦有如韶关《晨报》报人群体般，沉默于历史中的无数革命报人所做出的贡献。

他们的新闻工作实践亦是对“大时代中报人何为?”这一历史命题所做出的有力回应。因此，中共华南报纸“文人办报”风格的特点和影响，值得报业后来者深入研究，对其中经验教训之总结亦有益于当下处于变革中的报业的创新与发展。

参考文献：

[1] 罗韬．试论现代新闻史上的“南方流派”[J]．岭南新闻探索，2008（03）．

[2] 陈鲁直．《华商报》——党领导的文人办报［M］//《华商报》创刊65周年特刊．广州：南方报业传媒集团，2006.

[3] 林铃．在乌云滚滚中翱翔——回顾韶关《晨报》出版前后［M］//韶关市政协文史委员会韶关文史资料：第六辑．韶关：韶关市政协文史委员会，1985.

[4] 林铃．经济学家赵元浩与韶关市商会［M］//韶关市政协文史委员会．韶关文史资料：第九辑．韶关：韶关市政协文史委员会，1987.

[5] 林铃．为人民报业献身的邬维梓［M］//丁身尊．文史资料：第64辑：成才之路——广东文化名人录之二．广州：广东人民出版社，1990.

[6] 黄文俞．黄文俞选集［M］．广州：广东人民出版社，1997.

[7] 司徒炯昌．羊城晚报诞生记——杨奇同志访谈录［M］//老新闻记者会．与时代同行——纪念《羊城晚报》创刊五十周年，广州：羊城晚报出版社，2007.

[8] 左方．创办《南方周末》［M］//陈婉莹，钱钢．中国传媒风云录．香港：天地图书有限公司，2008.

吴趼人寓言创作考论

——以晚清文学现代化为背景

佛山科学技术学院　田欣欣

吴趼人（1866—1910），广东佛山人。原名宝震，又名沃尧。字小允，又字茧人，后改趼人，笔名称“我佛山人”。吴趼人为晚清小说名家，近百年来，学术界对吴趼人的研究多集中于他的小说理论和创作实践。实际上，吴趼人不仅是晚清杰出的小说家，也是成就最高的寓言家。他的寓言承继了中国寓言的传统，也汲取了西方寓言的影响，标志着传统寓言接受西方文学观念的影响步入文学现代化进程，在中国寓言史上占有举足轻重的位置。寓言是吴趼人的早期作品，1903 年，受到梁启超“小说界革命”的感召，吴趼人投身章回体小说创作，不再撰写寓言。不过，他的小说与寓言一脉相承，在寓言中萌芽、成长起来的创作个性，在他的小说中以一种更系统、更成熟的方式表现出来。因此，对吴趼人的寓言创作进行研究梳理，不仅有助于全面认识吴趼人的文学创作，也有助于理解晚清寓言的发展流变及其与小说创作的内在联系。

一、近代文化转型与吴趼人寓言创作源起

吴趼人生于北京，后随家人返回祖籍佛山。十八岁左右，离家赴沪，任职于江南制造局，十四年后，离开江南制造局，投身报界：1897 年 11 月，任《消闲报》笔政；1898 年 6 月，主持《采风报》；1901 年 3 月，主笔《奇新报》；1901 年 10 月，办《寓言报》。至 1902 年 3 月去《寓言报》之职，吴趼人在上海小报界工作了约五年时间。这是他职业生涯的第一次重要转型，寓言创作主要集中于这个时期。

这个时期是中国政治思想的转型期。甲午战争之后，启蒙思潮兴起，维新知识分子创办报刊、传播西学，晚清报业繁荣。受到维新知识分子的影响，吴趼人弃理从文，投身报界。可以说，启蒙思潮为吴趼人职业转型提供了思想资源，蓬勃发展的报业则为他提供了转型后的生活基础与创作平台。

这个时期也是文学的转型期，传统中国文学的体裁、表现手法、语言、创作理念都发生了重大变化，古代文学向现代中国文学过渡。在诸多文学体裁中，寓言成为文学现代化的先锋。晚清之前，寓言没有统一的称谓，也不是文体专名。

吴趼人出生前后，受到域外寓言的影响，寓言的名称逐渐固定，寓言从其他文体中脱离出来，成为独立的文学体裁。

寓言篇幅短小，适宜在报刊发表；活泼生动，受到读者喜爱；寓意深刻，有利于启蒙。19 世纪末，晚清报人常把寓言作为阐发新知的重要工具。1897 年 7 月 28 日，李宝嘉撰文《论〈游戏报〉之本意》，指出《游戏报》的宗旨是“托诸寓言”“唤醒痴愚”；1897 年 10 月 2 日，又撰文《本报迁居四马路说》：“本馆之特创此举，原非专为游戏，实欲以小观大，借事寓言，为唤醒痴愚起见，或涉诸讽咏，或托以劝惩，俱存深意于其间。”1899 年 7 月 14 日，再次撰文《论本报多寓言》阐明《游戏报》“庄谐齐语，半属寓言”的特色。

李宝嘉为晚清报人先锋，1897 年 6 月，他创办国内第一份小报《游戏报》，后又办《世界繁华报》，均大获成功，后起之报纷纷仿效。1901 年 3 月，沈敬习在上海创办《寓言报》，《寓言报》“版式完全与《繁华》同，内容也大体类似”[①]，最大特色在于“寓言以及辛辣的小讽刺”[②]。1901 年 10 月，他出任《寓言报》主笔。他为《游戏报》撰稿时，结识李宝嘉，成为至交，李宝嘉的办报理念给吴趼人留下深刻印象。到《寓言报》任职后，加上职业的需要，寓言成为吴趼人最关注的一种文学体裁。他不仅亲自撰写寓言，还大力推介域外寓言。《寓言报》刊发了大量中外寓言作品，其中包括晚清报人的原创作品，也包括大量的寓言译作。吴趼人本人的作品，以及翻译家周桂笙的《猫鼠成亲》《狼羊复仇》《乐师》等，都曾在《寓言报》发表。

吴趼人的寓言创作适值中国近代思想文化的转型期。或许是机缘巧合，启蒙思想的兴起、报业的繁荣、寓言的文体独立、职业的需要……所有这些因素都在这个特定时期聚集在他身上。在成为专业小说家之前，吴趼人为晚清寓言史添上了浓墨重彩的一笔。

二、近代书刊与吴趼人寓言的发表

吴趼人寓言最初发表于光绪年间的各种报刊。他说：“余生平喜诡诙之言……语已，辄录之，以付诸各日报。凡报纸之以谐谑为宗旨者，即以付之。报出，粤、港、南洋各报，恒多采录，甚至上海各小报，亦采及之。”[③] 根据现有资料，刊载过吴趼人寓言的近代书刊如下：

---

① 阿英．晚清文艺报刊述略［M］．上海：古典文学出版社，1958：75.

② 阿英．晚清文艺报刊述略［M］．上海：古典文学出版社，1958：76.

③ 吴趼人．俏皮话自序［M］//吴趼人．吴趼人全集：第七卷．哈尔滨：北方文艺出版社，1998：347.

(一)《寓言报》

吴趼人在《寓言报》主持笔政约半年时间。据《晚清文艺报刊述略》,《寓言报》"二十八年(1902年)七月十五日'谈风'栏目发表了一则寓言《金鱼》",旨在讥讽色厉内荏的高官:

金鱼游行水上,鲫鱼见之,急走还,告其同类曰:"前之游行以来者,其贵官也耶?其身上之彩,何其显耀也。其面上之威严,何其尊严也。双目怒视,若有所怒,吾侪其避诸。"于是伏处一旁,寂不敢动。而金鱼游行水藻间,绝无去志。无何,蟛蜞来,伸螯以箝金鱼之尾。金鱼竭力摆脱,悠然而逝,鲫鱼诧曰:"不期这等一个威仪赫赫的官,却怕这种横行不法的小么魔箝制。"

这则寓言为吴趼人作品。《晚清文艺报刊述略》抄录了全文,但未标明作者。另外,《寓言报》同日还发表了寓言《银鱼》:

银鱼,一名面条鱼,离水即死。一日,龙王寿诞,水族均往叩贺。分水犀以时时入海,与龙王办交涉,故是日亦往贺。行至水边,方欲下水,见水中一群银鱼,昂首谓犀曰:"吾等欲往祝龙王寿,而苦游行极慢,恐赶不及。知君行极速,请附于君身以行,俾可速达,不敢忘报。"犀允之,即下水。银鱼遂成群结队,沿附犀身,自顶至踵皆满。犀乃启行,不期犀行水内时,其两角将水分开,身上绝无水到,沿附之银鱼尽行涸死。犀至龙宫前,立定,回顾银鱼,欲呼其自行内进,讵已无一活者。犀叹道:"这一群无知小么魔,只知道巴结躁进,却恰好自己送了性命也。"

这则寓言借银鱼讽刺急功近利之人,也是吴趼人作品。《晚清文艺报刊述略》仅存题目,未录正文。以上两则寓言均见于吴趼人寓言集《俏皮话》。

此外,"1902年6月23日《寓言报》'论说'栏内,还载有吴趼人的寓言《说狗》"[①],通过描述猎狗、袖狗、城市狗、村狗四种狗的表现,讥评人的奴性。《俏皮话》漏收了这则寓言,北方文艺出版社《吴趼人全集》第八卷作了补录。

(二)《时谐新集》

《时谐新集》选录了吴趼人的部分寓言作品。《时谐新集》为近代岭南文学作品集,出版年月不详,由香港中华印务有限公司出版。该书不见于国内外图书

① 任百强. 我佛山人评传[M]. 香港:中国学术评论出版社,2010:115.

馆，赵景深先生曾藏此书。胡从经说：“赵景深先生得知我在搜集与撰述晚清儿文学史料，遂将自己珍藏多年的《时谐新集》借给我看……该书版权页已佚，故而无法确定其具体的出版年月。”[①] 他在另一篇文章中说：“曾查索近代有关书目，以及国内各图书馆馆藏书目，乃至海外的汉籍书目，均未见著录此书：仅在吴趼人主编的《月月小说》创刊号（上海乐群书店，光绪三十二年九月出版）上刊载了吴氏自撰《俏皮话》，其引言云：‘香港近辑之《时谐新集》，虽间亦采及数条，亦仅得一二，非我面目’，由此得悉《时谐新集》问世于光绪三十二年，亦即 1906 年 9 月之前。”[②]

《胡从经书话》介绍，《时谐新集》分为“文界”“小说界”“诗界”“曲界”四门，“小说界”辑录了二十余则寓言，篇目有《人肉楼》《手足奴》《动物谈》《水族世界》《飞禽世界》《鸡鸭相庆》《格致奇谈》《饼芋同悲》等，并转录了吴趼人的《虫族世界》：

昆虫部中，也有一世界，其世界之中，也有朝廷，也有国家，也有郡县，也有官吏，也与别部交涉。昆虫皇帝先是令粪蛆执政，久之国权尽失，国势不振。昆虫皇帝大惧，下诏求贤。争奈蛆既当国，所汲引者，无非是其同类。皇帝不得已，亲拔蠹鱼，置于政府，而逐粪蛆。久之，国家之腐败如故，委靡如故。皇帝叹曰：“吾初见蠹鱼，出没于书堆之中，以为是饱有学问的。不期试以政事，竟与那吃屎的一般。”

这则寓言借昆虫世界讥讽清朝统治集团，也见于《俏皮话》。《胡从经书话》说：“《小说界》中之作者，除吴趼人外，尚有王斧。”可见吴趼人为《小说界》最重要的寓言作家。

（三）《月月小说》

在众多报刊中，《月月小说》刊载的吴趼人寓言最为完备。《月月小说》，1906 年 11 月创刊于上海，主要刊载小说、小说理论、戏剧、弹词、诗词、寓言等作品。1906 年，吴趼人出任《月月小说》主编。任职期间，他辑录、整理了寓言旧作，命名为“俏皮话”，统一在《月月小说》连载。《月月小说》第一号刊登了《俏皮话》序：

余生平喜诡诙之言，广座间宾客杂沓，余至，必欢迎曰：“某至矣！”及纵

---

① 胡从经．晚清儿童文学钩沉［M］．上海：少年儿童出版社，1982：142.

② 胡从经：胡从经书话［M］．北京：北京出版社，1998：55.

谈，余偶发言，众辄为捧腹，亦不自解吾言之何以可笑也。语已，辄录之，以付诸各日报。凡报纸之以谐谑为宗旨者，即以付之。报出，粤、港、南洋各报恒多采录，甚至上海各小报亦采及之。年来倦于此事，然偶读新出各种小报，所录者犹多余旧作。楮墨之神欤？亦文章知己也。然辗转钞录，终在报章，散失不能成帙；香港近辑之《时谐新集》，虽间亦采及数条，亦仅得一二，非我面目，窃自以为憾。会月月小说社主人有《月月小说》之创，乃得请于主人，月以数则附诸册末，庶积久而成帙也。以一不值覆瓿之物，而乃值得如许张致，敝帚自珍之讥，吾之其不免夫。趼人氏识。

除《俏皮话》序言外，《月月小说》创刊号还刊载了寓言八则。此后，《俏皮话》于《月月小说》第二至五、第七、第十二号，第十三至十六号、第十八至二十号陆续刊出，共一百二十六则。《俏皮话》在《月月小说》刊载的具体情况如下：

《月月小说》刊载《俏皮话》情况简表

卷号	寓言名称	数量	出版时间
1906.1	《畜生别号》《虫类嘉名》《指甲》《背心》《苍蝇被逐》《田鸡能言》《海狗》《野鸡》	8	1906.11.1
2	《蝗蝻为害》《乌龟雅名》《猪讲天理》《狗懂官场》《地方》《地棍》《猫辞职》《狼施威》	8	1906.11.30
3	《膝》《面》《蛇》《鸡》《龙》《虎》《论蛆》《腌龙》	8	1906.12.30
4	《借用长生》《捐躯报国》《误字》《送匾奇谈》《乌龟与蟹》《凤凰孔雀》《鹧鸪杜鹃》《蜘蛛被骗》《虾蟆感恩》《大字名片》	10	1907.1.28
5	《红顶花翎》《平升三级》《赏穿黄马褂》《活画乌龟形》《财帛星君》《观音菩萨》《文殊菩萨》	7	1907.2.27
7	《臀宜受罪》《人种二则》《手足错乱》《民权之现象》《思想之自由》《虾蟆操兵》	6	1907.4.27
12	《日疑》《空中楼阁》《猫虎问答》《赤白不分》《肝脾涉讼》《金鱼》《银鱼》《驴辩》《守财虏之子》《外国人不分皂白》《蠹鱼》《蚊》《骨气》《松鼠》《鸭鹰问答》《脚权》《蛇教蚓行》《蛾蝶结果》《铜讼》《木嘲》《轿夫之言》《孔雀篡凤》	22	1908.1.18

（续上表）

卷号	寓言名称	数量	出版时间
1907.13	《误入紫光阁》《辱国》《不开眼》《强出头》《徒负虚名》《民主国举总统之例》《狗》《猫》	8	1908.2.8
14	《手足》《代吃饭代睡觉》《只好让他趁风头》《居然有天眼》《不少分寸》《记壁虎》《獬豸》《记鼠》《记狗》《角先生》《引经据典》《关痛痒不关痛痒》	12	1908.3
15	《聪明互用》《蛇象相争》《吃马》《性命没了钱还可以到手》《空心大老官》《无毒不丈夫》《龙》《虎》《羊》《榆钱》	10	1908.4
16	《纨扇》《变形》《论像》《洋狗》《水虫》《牛的儿子》《蛇着甲》	7	1908.5
18	《孔子叹气》《开门揖盗》《骨气》《蛇想做官》《羽毛讼》《水火争》	6	1908.7
19	《涕泪不怕痛》《蛆》《虫族世界》《走兽世界》《火石》《水晶》《黄白》	7	1908.8
20	《团体》《放生》《送死》《作俑》《山神土地》《雌雄风》《投生》	7	1908.9

（四）《俏皮话》

1909年，根据《月月小说》的连载，上海群学图书社出版了寓言集《俏皮话》，这是吴趼人寓言最早的单行本。不过，《俏皮话》没有囊括吴趼人的全部寓言作品。例如，《寓言报》发表过的《说狗》就没有收到《俏皮话》中。另外，有些寓言被收入吴趼人其他作品集，《俏皮话》也未收录，如《滑稽谈》中的“寓言七则”。

19世纪末，随着晚清报业的兴起，报刊媒介成为作家发表作品的重要平台，吴趼人寓言也发表于当时各种报刊。遗憾的是，由于晚清报刊多有散佚，吴趼人寓言刊载的详情已很难复原。

三、“庄谐杂出”“诸态皆备”：吴趼人寓言的近代特征

由于吴趼人寓言创作正值中国近代大变动、大转折的时期，因而他的寓言融

汇古今中西寓言文化的精华，“开创了新的局面”[①]。可以说，吴趼人寓言代表了传统寓言在晚清的发展与蜕变，是“中国古代寓言向现代寓言过渡的艺术桥梁”[②]，吴趼人是“中国近代寓言史上最重要和成就最高的寓言作家”[③]。

（一）西方寓言观：吴趼人寓言的近代属性

清朝末年，近代“寓言”的概念逐渐固定。它的名称取自两千年前的《庄子》，内涵和外延却来自西方寓言。吴趼人践行了西方寓言的观念，创作了中国寓言史上第一批近代寓言。

第一，自觉的文体意识。传统寓言指的是一种“借外论之”的说理方式，并非严格的文体概念，寓言的外延比较模糊。寓言散见于各类文学体裁之中，不一定独立成篇，也不一定有完整的故事情节。吴趼人寓言每一则都独立成篇，情节完整，经本人辑录、整理后命名为《俏皮话》，统一在《月月小说》连载。可见，吴趼人已经具备自觉的文体意识，寓言的外延比较明确。

第二，动物题材增多。传统寓言题材多样，“以人物故事为主”[④]。域外寓言（主要指以《伊索寓言》为代表的动物寓言）多“描写动物生活，并用以影射社会生活。”[⑤] 吴趼人作品中动物题材明显增多，《俏皮话》126 则寓言中，“动物题材计 65 篇，占总数二分之一强……在 65 篇动物寓言中，纯动物寓言占 45 篇，为三分之二强”[⑥]。他常“以飞禽走兽、龟鳖鱼虫、牛鬼蛇神等形象来担当作品中的重要角色”[⑦]，用拟人、象征手法“把当时的丑恶现实反映出来”[⑧]，寓言的内涵也“已跟世界寓言发展大体一致”[⑨]。

（二）启蒙意识：吴趼人寓言的精神旨趣

吴趼人之前，有无名氏作动物寓言集《可如之》，该书共收“三十四种动物的一百三十多则寓言故事”[⑩]，明显受到西方寓言观的影响。不过，作者寄寓其中的还是传统士大夫的情怀。吴趼人敏锐地捕捉到了晚清时代精神的变化，用寓言“启迪性灵”“唤醒愚痴”，因而他的寓言不仅在形式上，在精神气质上也有别

---

① 陈蒲清．中国古代寓言史［M］．长沙：湖南教育出版社，1983：366.
② 陈蒲清．中国古代寓言史［M］．长沙：湖南教育出版社，1983：366.
③ 任百强．我佛山人评传［M］．香港：中国学术评论出版社，2010：116.
④ 陈蒲清．世界寓言概论［M］．长沙：湖南教育出版社，1990：156.
⑤ 陈蒲清．世界寓言概论［M］．长沙：湖南教育出版社，1990：201.
⑥ 任百强．我佛山人评传［M］．香港：中国学术评论出版社，2010：116.
⑦ 卢叔度．前言［M］//吴趼人著，卢叔度辑著．俏皮话．广州：广东人民出版社，1958：10.
⑧ 卢叔度．前言［M］//吴趼人著，卢叔度辑著．俏皮话．广州：广东人民出版社，1958：10.
⑨ 任百强．我佛山人评传［M］．香港：中国学术评论出版社，2010：116.
⑩ 胡从经．晚清儿童文学钩沉［M］．上海：少年儿童出版社，1982：64.

于传统寓言，属于名副其实的近代寓言。

第一，讥评专制，宣扬宪政。明清以来，国运日衰，寓言家常发不平之鸣。与明清讽刺寓言不同，吴趼人寓言并不止步于讽刺讥评：

脚讼于冥王曰："一人之身，赖吾而自立，顾何以位置我于极卑下之地？吾实不甘，乞王别有以置我！"王曰："倘非汝居极卑下之地，则人不能自立矣。且汝苟别图位置，人或以他体图自立，汝即失自立之功。吾试为汝设一喻：譬如民主各国，皆以民权为重，是无异以民权立国也。俗有君民上下之说，是民固在下者，国犹借在下之民以自立，未闻民嫌其位置之卑。汝居一身之下，亦犹是矣。何必争。"脚曰："吾宜在下。既闻命矣。敢问痛痒无关，一无所用之头发，竟何功而居于至高之位？"冥王曰："这个却要另取一个譬喻。汝看看中国之中，居极高之位的人，哪一个是痛痒有关，稍有所用的？"（《关痛痒不关痛痒》）

广东人称白昼曰日头，沪上人称太阳亦曰日头，吴下各处则称日辰为日脚。或乃从而疑之曰："吾闻日为火球，既称之曰球，自是圆体。即吾人从地面上观之，亦明明见其为圆体，何以有头有脚？既有头有脚，何以吾人又不得见？倘必曰：日无有头脚，为此说者，特谰言耳。则又何以万口同声，都作此语哉？"曰："此无稽之言，不足信也。"以万口同声之言，尚得谓之无稽，无怪夫今之政府群公，不恤舆论矣。（《日疑》）

以上两则寓言，第一则寓言通过脚与阎王的争辩，嘲笑集权国家高高在上的统治者"无关痛痒，百无一用"；第二则寓言通过太阳在不同方言中的称谓，讥讽晚清政府"不恤舆论"，罔顾民意。作品一面抨击晚清政府集权专制，一面指出民主国家重视民权，以民权立国，破中有立，旨在宣扬西方的宪政理念，表现出强烈的启蒙意识。

第二，西学词汇，近代意识。吴趼人寓言仍采用浅显的文言，不过作品中出现了大量西学词汇，涉及西方政治、思想、文化、科学等诸多领域。有关于西方科学技术的，如"地圆之说"（《地方》）、"物竞天演"（《无毒不丈夫》）、"欧美格致之学"（《孔子叹气》）；有关于西方政治思想体制的，如"民权"（《民权之现象》）、"民主"（《关痛痒不关痛痒》）、"思想之自由"（《思想之自由》）、"选举"（《民主国选举总统之例》）、"团体"（《团体》）等；有关于经贸商业的，如"保险"（《性命没了钱还可以到手》）、"轮舶通商"（《活画乌龟形》）、"洋务"（《洋狗》）；有关于文化新闻的，如"报馆"（《手足错乱》）、"报纸""舆论"（《聪明互用》）等。西学词汇已经为吴趼人语汇的重要组成部分。它们的出现标志着吴趼人开始接受西方思想的影响，从传统文人向具有近代意识的知识分子过渡。

（三）嬉笑怒骂：吴趼人寓言的独特风格

吴趼人自称“学为嬉笑怒骂之文”[①]。在寓言中，他常常对晚清帝后、官僚、士子、内政、外交、世态人情及种种不合理的社会现象进行淋漓尽致的嘲笑与讥讽：

龙之为物，有角有爪则类兽，有鳞则类鱼，能飞又类鸟，而乃居然更为鳞虫之长。论者遂感慨系之曰：“不图世人乃指此杂种东西为贵物，且举以喻天子，不亦谬乎？”（《龙》）

皇帝以猫捕鼠有功，欲封一官以酬其劳，猫力辞，不肯就职，皇帝异之，问是何意？猫曰：“臣今尚得为猫，倘一经做官，则并猫都不能做矣。”皇帝不准，一定要猫去到任。猫曰：“臣誓不能改节，若要到任做官，非改节不可。不然，则同僚皆不能安，故臣不敢受命也。”皇帝问何故？猫曰：“老鼠向来畏猫，而如今天下做官的，都是一班鼠辈，倘臣出身做官，一班同寅何以自安？”（《猫辞职》）

他将象征天子的龙拉下神坛，称为“杂种东西”（《龙》），将尸位素餐的官僚呼为“鼠辈”（《猫辞职》）。在其他作品中，他还讥讽晚清朝廷贪官污吏忝居高位，如同“粪蛆”，书生食古不化，仿佛“蠹虫”（《虫族世界》）；他将清廷官吏斥为“野鸡”（《野鸡告状》）、“狗官”（《近代的狗》），对所讽对象近乎赤裸裸的责骂。鲁迅《中国小说史略》批评吴趼人《二十年目睹之怪现状》：“辞气浮露，笔无藏锋，甚且过甚其辞，惜描写失之张皇，时或伤于溢恶。”陈蒲清认为这个评价也适用于吴趼人的寓言，而且“这种艺术缺陷，在《俏皮话》中可能更加突出”[②]。面对几千年未有之困局，晚清知识分子内心充斥着强烈的危机意识，因而吴趼人抛弃了“婉而多讽”的艺术传统，代之以暗呜叱咤的激烈言辞。与其说这是吴趼人作品的缺陷，不如说是它的时代特征。

不过，吴趼人寓言也并非全然“笔无藏锋”。他常常将笑话手法融入寓言，因而作品一直保持着必要的弹性。他的作品溢恶之词虽多，但不乏“丰富的趣味性和幽默性”，读他的寓言，总能“产生一种严肃而又轻松的感觉”[③]。

吴趼人自称“平生喜诡诙之言”，魏绍昌《吴趼人研究资料》收集了吴趼人同辈人的若干回忆录，几乎每个人都会提到吴趼人诙谐幽默的个性。李葭荣《我佛山人传》云：“（吴趼人）君能言善语所至演坛，皆大哄曰：吴君来。君每一

---

① 魏绍昌．吴趼人研究资料［M］．上海：上海古籍出版社，1980：299．

② 陈蒲清．中国古代寓言史［M］．长沙：湖南教育出版社，1983：366．

③ 卢叔度．前言［M］//吴趼人著，卢叔度辑著．俏皮话．广州：广东人民出版社，1958：18．

发言，庄谐杂出，能瞭见人心理，不爽毫发，听者舞蹈歌泣，诸态皆备。”① 胡寄尘说：“君恒喜诙谐，一言既出，四座倾倒。”② 雷瑨称他“诙谐玩世，不可方物”③。徐枕亚称其：“磊落不羁，滑稽玩世。”④ 晚清时期，市民阶层兴起，报刊中兴起了一股谐趣的潮流。在这股潮流的作用下，吴趼人将擅长的诙谐幽默的手法融入寓言创作。讥讽责骂与谐谑调笑合流，形成吴趼人寓言嬉笑怒骂的风格。

（四）哀感顽艳：吴趼人寓言的忧患意识

虽为嬉笑怒骂之文，吴趼人寓言的核心却是彻骨的悲凉。这种情绪有时源于传统文人的忧患意识和使命感：

> 落拓极而牢骚起，抑郁发而叱咤生，穷愁著书，宁自我始？夫呵风云，撼山岳，夺魂魄，泣鬼神，此雄夫之文也，吾病不能。至若志鱼虫，评月露，写幽恨，寄缠绵，此儿女之文也，吾又不屑。然而，愤世嫉俗之念，积而愈深，即砭愚订顽之心，久而弥切，始学为嬉笑怒骂之文，窃自侪于谲谏之列。⑤

有时来自近代先行者的孤独和绝望：

> 鸟飞鸣林木间，或栖止于屋上。鸡见而妒羡之，以为同是羽类，我何独不能高翔。乃竭力振翮，居然飞至屋上，喔喔长啼，自鸣得意。主人见之，以为不祥，捉而杀之。将杀未杀之际，他鸡嘲之曰：“何苦强欲高飞，致罹杀身之祸。”此鸡笑曰：“若真一孔之见哉，我今虽被杀，然已得见屋上之风景；若汝等伏处枥下，眼界不开，而将来仍不免一杀，何若我之得开眼界而死者哉。”（《鸡》）

身为传统士大夫，他的内心充斥着末世文人的“落拓”“抑郁”“穷愁”；作为启蒙知识分子，他不甘“伏处枥下”，渴望“见屋上之风景”，但深知“强欲高飞”，必“罹杀身之祸”，因而心中又不免悲慨彷徨。孙玉声称《俏皮话》“哀感顽艳”⑥，正是基于对吴趼人内心世界的深刻体认。

19 世纪末 20 世纪初，“中国文学的本质特征，是完成了由古典形态向现代

---

① 魏绍昌．吴趼人研究资料［M］．上海：上海古籍出版社，1980：11.

② 魏绍昌．吴趼人研究资料［M］．上海：上海古籍出版社，1980：19.

③ 魏绍昌．吴趼人研究资料［M］．上海：上海古籍出版社，1980：20.

④ 魏绍昌．吴趼人研究资料［M］．上海：上海古籍出版社，1980：24.

⑤ 吴趼人．近十年之怪现状自叙［M］//吴趼人．吴趼人全集：第三卷．哈尔滨：北方文艺出版社，1998：299.

⑥ 魏绍昌．吴趼人研究资料［M］．上海：上海古籍出版社，1980：26.

形态的过渡、转型”①。吴趼人将西方寓言观念本土化，创作了中国寓言史上第一批近代寓言；他以寓言为启蒙工具，对晚清政治文化进行了毫不留情的批判；他继承了士大夫的“谲谏”传统，在寓言中表现出强烈的忧患意识；他融笑话手法入寓言，叙事写人诙谐幽默。吴趼人寓言传统与现代交融，民间叙事与精英叙事杂糅，“庄谐杂出”“诸态皆备”②，呈现出过渡时期文学的典型特征。

四、结语：寓言与吴趼人的文学转型

1902年，梁启超提出“小说界革命”的口号，小说承担了社会启蒙的主要责任。受到“小说界革命”的影响，吴趼人全心投入章回小说创作，不再撰写寓言。在《吴趼人哭》系列短文中，吴趼人对过去几年的生活作了深刻反思：

上海有所谓小报者，如《游戏报》《采风报》《繁华报》《消闲报》《笑林报》《奇新报》《寓言报》等是也。吴趼人初襄《消闲报》，继办《采风报》，又办《奇新报》，辛丑九月又办《寓言报》。至壬寅（1902）二月，辞寓言主人而归，闭门谢客，瞑然僵卧。回思五六年中，主持各小报笔政，实我进步之大阻力，五六年光阴虚掷于此。吴趼人哭。（悔之晚矣，焉能不哭）③

尽管吴趼人对小报生涯持否定态度，但从客观效果来看，他的小报生涯尤其是这一时期的寓言创作为他的小说创作做了良好准备，并对其小说风格产生了决定性影响。

第一，奠定了文学自信。寓言创作不仅为吴趼人积累了社会阅历及创作经验，出版界的认可，读者的喜爱，更为初入文学界的吴趼人奠定了信心，成为吴趼人向专业小说家转变的重要前提。

第二，创作个性觉醒。在寓言创作中，吴趼人的创作个性初步觉醒，形成庄谐杂出、嬉笑怒骂的文学风格。

我是好好的一个人，生平并未遭过大风波、大险阻，又没有人出十万两银子的赏格来捉我，何以将自己好好的姓名来隐了，另外叫个甚么九死一生呢？只因我出来应世的二十年中，回头想来，所遇见的只有三种东西：第一种是蛇虫鼠蚁；第二种是豺狼虎豹；第三种是魑魅魍魉。二十年之久，在此中过来，未曾被第一种所蚀，未曾被第二种所啖，未曾被第三种所攫，居然被我都避了过去，还

① 杨春时，宋剑华．论二十世纪中国文学的近代性［J］．学术月刊，1996（2）：85.

② 魏绍昌．吴趼人研究资料［M］．上海：上海古籍出版社，1980：11.

③ 吴趼人．吴趼人全集：第八卷［M］．哈尔滨：北方文艺出版社，1998：231.

不算是九死一生么！所以我这个名字，也是我自家的纪念。（《二十年目睹之怪现状》第一回“守常经不使疏逾戚 睹怪状几疑贼是官”）

以上是《二十年目睹之怪现状》的一段文字，其比喻、象征的手法，深切的忧思，嬉笑怒骂的风格，与吴趼人寓言如出一辙。吴趼人在寓言创作中萌芽、成长起来的创作个性，在其谴责小说中结出了累累硕果。随着启蒙思潮的发展与深入，吴趼人从晚清报人及寓言家变身为专业小说作家，他的文学转型在晚清文学史也极具典型意义。

沟通雅俗

——何淡如对联的文化意义

佛山科学技术学院　文春梅

何淡如，名又雄，字淡如，清末南海深村堡湾头乡（今佛山市禅城区湾华村）人，嘉庆二十五年（1820）生，同治元年（1862）中举，被选为高要县教谕，任满后于粤港两处设馆授徒，从游甚众。宣统庚戌锓板的《续修南海县志》卷十五有何又雄小传一则，说他“博览能文，尤工骈俪，诙谐善谑，往往以文言道俗情，援笔立就”①。何淡如的骈俪文章，有一部分收录在光绪丁酉年（1897）娄善庆堂所藏钞本《何淡如孝廉文抄》之中。而他最负盛名的联语、谐诗则在民间流传甚广。与何淡如同时代的学者林庆铨在编写《楹联述录》《楹联续录》二书时，就收录了二十多则他写的对联。民国甲寅年（1914），邑人梁纪佩根据记忆编纂成的《何淡如先生妙联》付印出版，此后坊间争相刻印，何淡如的影响遂越出岭南，为世人所知。但是，当时学界对何淡如的对联创作并不重视，何淡如一直被定义为俗文学家，甚至有些学者认为他的对联创作不过是雕虫小技，且过于鄙俗。其实，对联作为韵语之一，同时又是实用文体，本身就具备雅俗与共的特点。而无论是在其主观意图、对联思想上，还是在其客观的影响上，何淡如的对联都为沟通雅俗文化作出了一定贡献。并且，借助对联这种雅俗共赏的艺术形式，成功地将广府本土的民俗风物、平民精神传播开去，从这一效果看来，何淡如的对联还具有传播广府文化的意义。

一、以俗带雅的对联思想

对联往往被人看作游戏文字、雕虫小技，何淡如却不这样认为，他不但在自己的创作中自由出入雅俗之间，还借给朋友之书作序之际，鲜明地阐述了自己的对联思想：

文词诗赋，作者伙，选者亦伙。楹联作者伙，选者弗逮也。然文词诗赋度于架，藏于笥，秘于巾箱行箧中，非其人索弗与也。联则颜于柱，瘠于壁，署于门

① 郑荣，桂坫，等. 续修南海县志廿六卷 · 卷十五［Z］. 宣统庚戌十月锓板.

枋左右之分，人无老少贵贱皆见之，识字者读之、记之、哦之。述焉而若有余芳，问焉而若有余味……林衡甫先生《联述》所以续《楹联丛话》之未备也……抽妍骋秘，益以助文人冰雪之思。寄螺斋主人刊之，索予作序。异日洛阳纸贵，如过屠而辨易牙之味，如观乐而问师挚之音，安在《楹联丛话》后非以此本为洋洋大观也哉。[①]

在何淡如看来，对联与“文词诗赋”等正统典雅文学并无不同，而且，对联更容易为人欣赏与接受，对联还有助于文人在创作中抒发深意，施展美才，获得更佳的构思。也就是说，对联可以以它的大众化与通俗性，给更多的受众传输艺术的学养，给文人墨客更多的锻炼，从而带来艺术鉴赏力与创作力的提升。

何淡如的这种观点得到了现当代许多文史大家的认同。陈寅恪先生曾应邀为清华大学代拟国文试题，出的题目便是对对子，他还专门撰文阐述自己的命题理由，认为对对子可以测出应试者“能否知分别虚实字及其应用”“能否分别平仄声”“读书之多少及语藏之贫富”“思想之条理”[②]。陈子展先生更认为，对联这种形式的出现“是要在社会文化达到某一阶段，美学修辞学等艺术也达到了相当的水准才有的”[③]。20 世纪 30 年代，商务印书馆将梁章钜编写的《楹联丛话》编入“国学基本丛书”刊印发行。2000 年 8 月，江西人民出版社出版了龚连寿先生主编的八册大书《联话丛编》，季羡林、贾植芳等学者纷纷撰文肯定了对联对提升中文造诣、继承传统文化的重要作用。这些观点，正是对何淡如以俗代雅的对联思想绵延不断的回响与呼应。

何淡如对自己提出的对联思想身体力行。首先，他把对联教育运用到教学之中，以对对子锻炼学生的诗词基本功，以妙联趣语启发思维。何淡如在粤港均曾设馆，以擅长教授应制八股时文而声名煊赫。北洋政府要员，有“梁财神”之称的梁士诒曾师从何淡如，晚年时向文史学家简又文回忆起何淡如对联教学的往事，并清晰记得书塾大门上的楹联。其次，何淡如自己也通过创作向世人证明，雅俗可以相通，例如，他曾受邀为日本国中华会馆撰写碑记，他挥笔立就，写出一篇博雅温润的铭文：

三山螺峙，四姓蝉联。国雄东海，襟带长川。历秦汉来，习孔孟字。百五十洲，环海而治。福星引我，于彼东方。霞迎锦缆，旭丽牙墙。南岳蕉红，东瀛草绿。言就尔居，于倭之屋。云斤既斫，月斧斯劳。窗吞岫远，槛枕崖高。柳扑征

---

① 龚连寿. 联话丛编. [M]. 南昌：江西人民出版社. 2000.

② 陈寅恪. 与刘叔雅论国文试题书 [J]. 学衡，1923 (7).

③ 陈子展. 中国近代文学之变迁：最近三十年中国文学史 [M]. 上海：上海古籍出版社. 2000.

衣，花衔荡桨。载实而归，操赢而往。山辉川嫔，日引月长。寿诸珉石，用志不忘。①

与此同时，他还写了一副对联：

上国几停旌，记从画鹢飞来，帆叶饱张青翡翠；
仙瀛都入袖，又向金鳌蹋去，钓竿艳拂紫珊瑚。②

对联虽为俗体，但此则联语不但文词雅丽，而且胸怀壮阔，非一般诗词可以比拟。

二、雅俗相映的艺术手法

林庆铨称何淡如为“文坛钜手”，赞他替酒馆作联“尤宜风雅”，为戏台题对“仍归雅正”。其实，何淡如创作对联从来不避俚俗，俗事俗情、方言土语信手拈来，诙谐趣怪。梁羽生（陈文统）认为，何淡如是“广东方言联语之祖”，他对何淡如创作的“怪联”评价尤其高，认为其“怪”体现为“①趣怪；②别出心裁；③讽刺意义”③。可见何淡如的俗联、怪联并非低级庸俗的游戏之作，而是既有艺术创新性，又有现实思想性，兼具趣味性的好文章。例如：

双拳打出眼火；对面睇见牙烟。④

此联据说为何淡如见到对面茶楼有人打架，即兴吟出的劝解之作。乍一看不过是脱口而出的大白话，深究之下，才发现此联不仅对仗工稳，而且独具匠心，非功力深厚者不能为。

淡如此联中，双/对、拳/面、眼/牙、火/烟，似为正对，实际上却是：双拳/对面、眼火/牙烟，对面、牙烟为整体词汇，“牙烟”是粤语方言，危险的意思，这两组对，应该属于反对。而且此联即景即事、活灵活现，打架者火爆之气，旁观者关切之情如在目前、生动有趣，绝非凭空杜撰的空辞言对。

最能体现何淡如对联之“怪”的，是大量的“无情对”。上比或出唐诗宋词、“四书五经”，文词优雅，下比多为即目所见、触怀有感，俗语戏谑，两比

---

① 何淡如. 何淡如孝廉文抄［Z］. 娄善庆堂藏本，光绪丁酉年.
② 林庆铨. 楹联丛话［M］. 联话丛编：第二册.
③ 梁羽生. 名联趣谈［M］. 上海：上海古籍出版社，1993.
④ 梁纪佩. 何淡如先生妙联［Z］. 广州崇德堂版.

意思毫不搭界，但妙处正在这无理混搭之中，雅俗相映成趣。例如：

四面云山谁做主；一头雾水不知宗。
有酒何妨邀月饮；无钱哪得食云吞。
棫朴菁莪地；芝麻绿豆官。①

无情对，又名羊角对，取“道是无晴却有晴”，“羚羊挂角，无迹可寻”之意，是晚清士大夫中兴起的一种对联手法。它的特征是要求字字相对，意意相离，还规定即兴属对，不能拖时间。这种对联形式，出句和对句各自成章，通过别解才能上下呼应。上引三联，深得“无情对”之要领，为其中佼佼者。“四面云山谁做主”出自唐代诗人朱湾的七律《寻隐者韦九山人于东溪草堂》之颔联“四面云山谁做主，数家烟火自为邻”，描写草堂周围的景色。据说当时何淡如与朋友吕拔湖同游广州白云山，吕方吟出此诗句，何张口便接“一头雾水不知宗”，完全是广府人平常挂在嘴边的口头禅，以至吕拔湖一时未能知晓何淡如在作对，片刻之后方明其妙。从字面上看，一问一答，妙合无垠，然而却是以俚语对诗句，不拘一格；从意义上看，此联暗含着对当时列强瓜分中国这一时局的讽刺，由上联赏景突转至下联喻世，无理而妙、韵味无穷。第二则上比“有酒何妨邀月饮”雅兴正浓，而下比“无钱哪得食云吞”一语道破实情，巧妙运用了“云吞”一词书面与口语的歧义，雅俗相映，出其不意，一庄一谐，而能妙趣横生。第三则是何淡如任高要县教谕时题写在大门上的楹联，上比是集《诗经》句：《大雅·棫朴》“芃芃棫朴，薪之槱之”，灌木茂盛，则为人所乐用；《小雅·菁莪》“菁菁者莪，在彼中阿”，莪蒿茂盛地在山坳里生长。《毛诗序》认为这两首诗的意旨皆为“乐育才”，所以历来学宫书塾最喜将“棫朴菁莪”写在门联之上，雅则雅矣，实则俗套不已。何淡如干脆以俗破雅，“芝麻绿豆官”道出自己教谕一职貌似崇高典雅，实则身份低微的实质，同时，也洗却一本正经的学究气，露出自然率性的真风流，真正体现了“无情对”“道是无情却有情”的真谛。

三、民俗风物的史料价值

何淡如的对联，大多都是来源于现实的社会生活，他为茶楼酒肆、戏棚神庙撰联，为婚丧嫁娶、贺举庆寿题对，他的联作真实而全面地记录了清末广府地区的风土人情，原汁原味地再现了渐已消失的岭南传统文化的音容风貌，具有不可

---

① 罗功武．粤故求野记［M］．高明文史：第九辑．

多得的史料价值。

（一）地名联

地名是历史的活化石，何淡如的行迹主要在广府一带，尤其集中在如今的广州、佛山两地之间，已经消失的广州守云亭、依然存在的三水胥江古庙，都曾出现在何淡如的对联中。何淡如擅长用巧思将地名镶嵌成联，为今人勾勒出旧时广佛的轮廓。如：

玉子卖麻，担杆挑出新桥市；黄婆榨粉，板箱直入后楼房。

玉子巷、卖麻街、担杆巷、新桥市、黄婆巷、榨粉街、板箱巷、后楼房，八处街巷次第呈现，市井气象扑面而来，而且联语对仗工整，自然流畅，没有半点斧凿痕迹。又如：

丛桂有坊含湛露；六榕无寺挹清风。

广州西关，旧有丛桂坊，坊内有湛露巷，广东顺德籍状元梁耀枢曾在此居住；六榕寺为广州名胜之一，寺近清风桥，苏东坡曾为寺庙门额题写“六榕”二字。短短一联，嵌入四个地名、两处掌故，让人在欣赏广州清丽景色的同时，更体验到这座城市浓厚的文化底蕴。

（二）食物联

“食在广州”这一说法形成于清末民初之时，鸦片战争之后，海禁大开，广府成为内外贸易十分发达的地区，达官贵人、巨贾富商云集广州，刺激了广府饮食的发展，各大茶楼饭店为提高竞争力，纷纷研制招牌菜式，点心的制作也精益求精。何淡如有一联便提到了当时月饼的种类：

咸月甜月五仁月，豆沙冰月，鹅油酥月；
生烟熟烟孖姑烟，兰州水烟，鸦片公烟。

何本人为“瘾君子”，抽烟固然不值提倡，但我们也可以从中发现当时广州商品的丰富，不但各色月饼琳琅满目，还有各地的烟草，甚至外国的雪茄（即“孖姑烟”）也可以买到。

广府物产丰富，水果尤为外地所无，何淡如将这些名字巧妙地嵌入对联之中：

雌鳖腹中龙眼蛋；雄鸡头上荔枝冠。

云封石硖迷龙眼；雨洒桂林润马蹄。

马蹄即荸荠，石硖在今南海桂城，此处龙眼品种甚优，而桂林马蹄也十分有名。何淡如虽用水果名，上下语境中唤起的却是字面本义，实在巧妙。

广府人家的家常菜式也经常出现在何淡如的妙联里，如“风肠蒸熟堪餐饭；云耳切开好会斋”。说的是极凡俗的家常便饭，勾勒出质朴淡雅的意境。

（三）民俗联

何淡如的对联还记载下了广府丰富的民俗事象，婚丧嫁娶、贺举庆寿最为常见，佛山每年春秋两季的“出色”、二月土地诞烧花炮、三月三的迎神赛会、划龙舟、唱大戏，何淡如都有撰联，南海官窑十年一届的醮会、香山小榄（今中山）六十年一度的菊花会，何淡如也留下了脍炙人口的佳联。联语因受体例限制，不能太长，何淡如却能巧用妙语，在刻画风俗民情的同时，包含讽喻警诫于其中，如其“禅山赛春色花街之浮桥口联”：

雨后步江桥，月色朦胧，老者尚防差错脚；

灯前观火树，花枝摇曳，少年谁肯认低头。

佛山鹰嘴沙浮桥口一带，旧时为娼寮集中地，何淡如语带双关，含蓄蕴藉，梁羽生称赞“有诗词韵味”。又：

扒、扒、扒，扒到龙门三级浪；唱、唱、唱，唱出仙姬七姐辞。

用通俗易懂的语言，将这边越扒越有劲的龙舟赛和那边越唱越动听的连台戏，绘声绘色地描绘了出来，气氛更为逼真。

有些习俗至今仍在延续，比如“周身花，果然好样；一肚草，格外大声”，说的是农历二月二土地诞烧花炮，今天南海很多村还保留此俗。而有些习俗则已随时代消失，比如，新婚之夜“弄新妇”（类似今日之闹洞房），何淡如有一联即与此相关：“席上有佳肴，何须要烧肉；房中无别物，专门好屈鸡。”烧肉、屈鸡都含双关语义，广府旧俗，若新娘为处子，则夫家抬着烧猪，敲锣打鼓送到娘家，以彰显女孩贞洁，没有烧猪或烧肉，则暗示女孩不贞。这样的封建意识今天已不存在，风俗也就自然消失，何淡如的这则对联成了此种民俗的化石，有助于学者与民众了解旧时代女性生存样态。

何淡如的对联中还保存了许多广府谚语，如“多只香炉多只鬼；一分衣食一分人”“鬼五六马；人七三鸡”“十三人谁执牛耳，七三鬼莫打虎头”等，生动地反映了民间底层人民的意识。

杜甫的诗被看作记写“安史之乱”的“诗史”，何淡如的对联，可以说也担当得起“联史”之称。那些消逝了的街巷、风物、民俗，都在何淡如的对联中得以保存，随着这些联语的传播，也让更多的人了解了广府传统文化。

四、由俗入雅的传播路径

何淡如的联作最早被收集刊刻，应该是林庆铨的《楹联述录》与《楹联续录》，共收 27 则，品格大多趋于典雅，几无方言俗语之作。然而这两本书印行不多，只在文人小圈子里流传。第二个编辑、刊刻何淡如联作的是邑人梁纪佩，他是清初岭南三大家之一的梁佩兰后代，民国初年很活跃的通俗小说作者，有广泛的读者号召力。1914 年，他凭记忆记下何淡如 34 则饶有风趣的对联和 4 首谐诗，一一加以解说评点，编纂成《何淡如先生妙联》（以下简称《妙联》）印行，之后多家私人书坊加以翻刻，现在仍可见崇德堂、五桂堂、醉经书局、华兴书局、启德印书局、（香港）岭南印书局，以及上海广益书局民国十一年（1922）的《新刊何淡如妙联》、上海锦章图书局民国十三年（1924）的《新辑何淡如妙联》等多种版本。由于流布广泛，妙联的读者不仅有市井小民、旧文人，还有许多新派知识分子、文史学者，他们从各自或启蒙民智，或研究文化，或整理国故等多角度来接受《妙联》，当《妙联》再从他们那里传播出去时，联语中的内蕴就更丰富了。在这群读者中，文史专家简又文是特别热心的传播者，他不仅自己手抄何淡如对联，而且积极向外界推荐何淡如的对联。从 1933 年至 1937 年，他先后在《论语》《人间世》《逸经》等刊物上开辟“东南风”“西北风”专栏，多次撰文提到何淡如的轶事及对联，直至 1962 年，他还在台湾出版的杂志《广东文献》上发表文章《何淡如的幽默》，可见其对此的钟爱程度。简又文的这一爱好，又感染了他在岭南大学的学生梁羽生（陈文统），梁羽生曾在香港《新报》副刊增设“一日一联”专栏，征集“何淡如式的妙联”，前后历时两年。梁羽生自己也常作随笔，对何淡如联语评价很高。后梁羽生将自己在《大公报》副刊专栏上评骘对联的随笔结集为《名联趣谈》，其中自 51 则至 59 则都是关于何淡如的，在全书中，何淡如的曝光率可谓最高。在简、梁二人的传播影响下，何淡如其人其作的形象虽未完全脱离通俗趣怪一路，但无疑也带上了风流蕴藉的文人色彩，并且，在整个华人世界里具有了一定的知名度。

何淡如以方言俗语入联入诗，也启迪了当时的一些维新人士以及后来的新文学“白话文”运动。有学者认为，“何淡如是第一位运用粤语写诗的晚清文人”①，他的《赋得椎秦博浪沙》和《垓下吊古》影响极大，廖恩焘《嬉笑集》亦仿效这种借古讽今的粤语格律诗形式，胡汉民的《垓下诗》更是从题材兼形式的全面模仿，此外，摹写粤语诗的还有陈公博、梁寒操等，形成一股粤语入诗的热潮。甚至胡适1935年南游广州时，也在这股热潮的推动下写了一首粤语诗《黄花冈》，诗曰：“黄花冈上自由神，手揸火把照乜人？咪话火把唔够猛，睇佢吓倒大将军。”② 从最初的民间戏谑，发展到后来的启蒙与革命，这恐怕是何淡如写作粤语对联及诗词时始料未及的吧。

综上所述，何淡如的对联传播至今，所产生的实际影响，已超出了俗文学范围，具有了沟通雅俗文学、传播广府文化的广泛价值。

---

① 李婉薇. 清末民初的粤语书写［M］. 香港：三联书店有限公司，2011.

② 胡适. 南游杂忆［M］. 上海：国民出版社，1935.

从《古村词》看饶宗颐形上词的形上境界

韩山师范学院　罗朝蓉

饶宗颐先生，1917年生于广东潮安，字固庵、伯濂、伯子，号选堂，是享誉海内外的学界泰斗。在经史研究、考古、宗教、哲学、艺术、文献学等多个学科领域均有重要贡献，在当代国际汉学界享有崇高声望。可谓一代学际天人，业精六学，才备九能，一生学术成就，令我辈唯望洋兴叹。余者不论，仅古典诗词一项，就足以独步当代。尤其是先生所倡“形上词”一说，以丰富的实际创作实践了形上之论，此功不仅在当代，亦为千古词史上不可磨灭之贡献。

所谓形上词，乃饶先生花甲将近之年所倡概念，在施议对先生的访谈录中，依饶先生所说，即从西洋重视道、重视讲道理的形上诗而来，是用词体原型以再现形而上旨意的新词体。①

先生将其《栟榈词》《古村词》《聊复集》视为其形上词的实践之作。笔者将以《古村词》为例，尝试解读其形上词的形上境界。

《古村词》作于1979年，乃先生4月由瑞士横越阿尔卑斯山入意大利沿途所记。是年先生已退休一年，年逾花甲，对宇宙人生的思考感悟又是另一番境界。

形上之境界，乃先生以平生之认识、修养、境界为底气而思考、感悟到的宇宙人生之至理至境。先生每于窘境忧思之中，别开生面，另创一新境界，直可睥睨宇宙，于无边无际的天地间俯仰自得，这主要归功于先生深具儒道禅三家修养，又获得宗教、神学之助，故可身游人间而摆脱人间一切束缚，眼界遂大，境界遂阔，遂可与天地时空相通。故先生形上境界深具三大特色，即入乎佛道儒之内，超乎佛道儒之外的人生境界；感于流俗之中，超于流俗之上的历史厚重感；行之意象之法，出之抽象之道的人生至理。

一、入乎佛道儒之内，超乎佛道儒之外的人生境界

饶先生深得儒家刚健有为、道家任运自然、佛家圆融通照之义。先生的形上词之创作，也深得三家之趣。

---

① 施议对．为二十一世纪开辟新词境，创造新词体——饶宗颐形上词访谈录［J］．文学遗产，1999（5）：106.

饶先生曾在施议的《饶宗颐形上词访谈录》中评价王国维先生，指出他缺乏释道两藏的修养而不能正确地安顿好自己。

饶宗颐：王国维是一位了不起的学问家，只可惜诸多方面的条件尚不具备，未能真正解脱。其于作学问乃至词学创造上之成就，也受到一定限制。……王氏做人、做学问、乃至论词、填词，都只能局限于人间。即专论人间，困在人间，永远未能打开心中之死结。一个人在世上，如何正确安顿好自己，这是十分要紧的，就这点而言，我觉得，陶渊明比王国维要明白得多……因此，我认为，王国维如果能够在自己做学问中，再加入“两藏”，释藏和道藏，也许能较为正确地安排好自己的位置。例如：朝代更替，在历史长河中，不过是小小波澜，算得了什么，但是，王氏就是想不通，不知道如何于宇宙人生中去寻找自我。①

施议对：先生在耶鲁大学也有三个月时间，此三个月时间，曾较为专注地思考词学问题，遍和清真词，尤其是尝试创作形上词。就思乡渊源及历史渊源看，帮助悟得这个道理，并且达致超越境界的，究竟是佛还是道？饶宗颐：佛与道都有，特别是还有庄子。思维一步一步深入，是有层次的。一个人，不能光是生活。要不然，就失去“灵”。灵是高级的思维，要静得下，才悟得到。②

《圆觉经》曰：“一切如来本起因地，皆依圆照清净觉相，永断无明，方成佛道。”又曰：“生死涅槃，同于起灭。妙觉圆照，离于华翳。”③ 所谓圆照，俗言之，即是通透，对人生事理物理的通透，不执着、不沾滞，圆融超脱。先生一生精研佛理，于此一义，可谓深有所得。

楚水湘云何处是，飘荡吾生如寄。剪雪为诗，揉春作酒，可了平生事。寂寞池馆，高花尽吐香未。(《湘月》)

先生在深感人生飘零，故乡渺渺之时，能得剪雪为诗、揉春做酒之乐，虽难去飘零之感，却不执着于飘零之感，自然获得人生另一新境界。

垂柳舒眉，费池蓄泪，长伴湖云共碧。(《汉黄柳》)

此首词本也是怀乡之作，而先生却能在难以释怀的思乡之念中，移开视线，发现垂柳舒眉，废池蓄泪，终究超脱而出，进入湖云共碧的美好广阔天地里。

---

① 饶宗颐．饶宗颐二十世纪学术文集：卷12［M］．北京：中国人民大学出版社 2009：435－436.

② 饶宗颐．饶宗颐二十世纪学术文集：卷12［M］．北京：中国人民大学出版社 2009：433.

③ 白话圆觉经［M］．文行，注译．西安：三秦出版社 1998：74.

雪岭黄昏，难贯诗人住。波如许，情深意古，处处春花舞。(《点绛唇》)

这是在雨雪之天，先生于 Luzern 湖畔觅旅舍不得而作。于他人而言，这该是一次既糟糕又难堪的经历了，可先生觅不到旅舍，偏偏能于雨雪交加之际，天色昏黑之时，别开生眼，看到处处春花飞舞的温暖与希望。

浪游好在无人识，喜招得，冷月帘栊，赖有征轺，凭高临远，且兴乘长风。(《一丛花》)

先生清晨在 Reuss（罗伊斯）河出发前行，遇雨而受阻，先生却并不沮丧，反而能登高临远，兴起乘长风破巨浪或者遨游太空之意。先生之心，一片通透，无执无住。

先生深得道家“涤除玄鉴”“至虚静，守静笃”之真谛，故能一任自然，在一个无待的世界中悠闲从容地逍遥游。

平湖最是东南美，夕照红千里。趁闲容我看山来。(《虞美人》)

先生在十六月将圆之日，于雨后日出之时来到巨湖环绕的 Luino（勒威诺），然而旅舍却已客满，只好他去，不过先生的心情丝毫没受影响，依然悠闲看山，依然心情舒畅，在他眼里，平湖依然美丽，夕阳依旧灿烂。

何必由斯路，算无端，天意安排，任他分付。回首两崖修竹翠，断壁王尊可驭。更添得，山如卧虎。(《贺新郎》)

这一次先生自 Lugano（卢加诺）入意大利，初无此计划。然而先生一任自然，听凭天意安排，于计划之外，见山山美见水水美。觉两崖修竹青翠可爱，视高山有卧虎之气势。读来真有“行到水穷处，坐看云起时。偶然值林叟，谈笑无还期”之妙，一样的处处充满偶然，处处都是无心的遇合，一样的形迹毫无拘束，如行云自由遨翔，如流水自由流淌。

饶先生在《词与禅》中谈道：“昔唐栖蟾有云：‘诗为儒者禅’。盖有得于禅者，具外向、内向两种：外向者，类放荡而流于狂禅；内向者，则视禅为安心立命之地，以理性情之正。尤近于儒。词亦可为儒者禅，与诗相儗。特欲缱绻蕴藉，不肯道破。难冷难温，此词心所以不同于诗心者欤！”①

---

① 饶宗颐. 饶宗颐二十世纪学术文集：卷 12［M］. 北京：中国人民大学出版社 2009：313.

儒家积极入世，“天行健，君子以自强不息”。讲究以浩然之气修身、齐家、治国、平天下。先生在不自觉之间，流露出了从小种植的儒家的学养种子。虽未明言，可在缱绻蕴藉之中，总是或多或少流露出那么一些意味。

问谁负，髯龙至此，漫引路、高干好栖禽。(《一萼红》)

行遍天涯未老，看跨海倚天，长剑谁把，涧碧花明，霜黄枝缟，烂漫满山姚冶。(《探春慢》)

我谓女娲休胆怯，趁新生，重与造夫妇。轮又转，逐尘去。(《贺新郎》)

车书早共远国，混南北。最爱水边湖外，汗漫云山同历。(《惜红衣》)

所谓髯龙，既指皇帝，又指虬枝盘曲的松树，不知先生在此可有双关之意，然而“高干好栖禽”还是分明具有“良禽择木而栖”的儒家意味。“跨海倚天，长剑谁把”，化自辛弃疾《水龙吟》“举首西北浮云，倚天万里须长剑”，词句由辛而来，精神是否也一脉相承呢？辛氏幼承祖父儒家爱国之教育，一生怀报国之志，气势凌云。先生幼承家学，矢志为学，学术之心直与天地宇宙想通，这何尝不是儒家的精神教化所至。至于劝女娲重造夫妇，不就是儒家补天思想的改装吗？而“车书”，《礼记·中庸》：“今天下车同轨，书同文。”谓车乘的轨辙相同，书牍的文字相同，表示文物制度划一，天下一统。后因以“车书”泛指国家的文物制度。那么儒家治国平天下的意味，于此稍加揣摩，也就不言而喻了。

然而，先生虽深得佛道儒三家之意趣，却并不为三家所缚，儒家积极入世，却有功利之嫌，道家任运自然，却厌恶人世的发展，佛家圆融通照，却又否定一切。饶先生兼有三家之长而无三家之弊，一方面，拥抱俗世一切欲望与情感；另一方面，超脱俗世一切物色之上，不为物色所异化。故先生总能以积极乐观的态度修身养性，超出于三家之外，指出向上一路。

二、感于流俗之中，超于流俗之上的历史厚重感

饶先生具备深厚的的史学修养，对历史的看法往往超出流俗，其词的历史积淀深厚，常给人以深富哲理的厚重感。

天池题字依稀在，叶丹木黄秋死。浓墨长皴，千岩万壑，尽作深山黑地，夜光鬼气。看白日沈晖，杜鹃声里，难觅东君，奈何移与西风置。

兴亡已付弹指，纵范山模水，难表身世。且看人间，崔嵬陵阙，孰如画中萧寺。霸图往矣，只一片嵯峨，树攒云起，物色摇心，赖重山匝水。(《台城路》)

这首词题下有序，序云：题龚半千千岩万壑巨幅，Rietberg（雷特博尔格）博物馆藏，上有罗天池长跋，和定庵秣陵卧钟韵，野遗盖金陵遗民也。

龚半千是何许人也？明末清初著名画家。早年曾参加复社活动，明末战乱时外出漂泊流离，入清隐居不出，与同时活跃于金陵地区的画家樊圻、高岑等并称“金陵八家”。

罗天池，清代画家，书画技艺精湛。道光六年（1826）中进士，钦点刑部主事，道光二十三年（1843）京察一等。是年四月奉旨简放云南迤西兵备道，充甲辰科（1844）乡试监试官，差竣，兼署云南按察使司。道光二十七年（1847），因永昌回务案革职归田，曾历主广东新会县冈州书院、古冈书院讲席。

龚自珍（1792—1841），清代思想家、文学家及改良主义的先驱者。曾任内阁中书、宗人府主事和礼部主事等官职。主张革除弊政，抵制外国侵略，曾全力支持林则徐禁除鸦片。因屡屡揭露时弊，触动时忌，因而不断遭到权贵的排挤和打击。48岁辞官南归，次年暴卒于江苏丹阳云阳书院。

这三人的经历颇值玩味。龚半千身负家国之痛，江山易主，朝代更迭，罗天池稀里糊涂丢了官，龚自珍积极改革时弊却遭打压。一个潦倒不堪诗画自遣，一个心灰意冷不问世事，一个壮志难酬暴亡而去。单独看来，每一个人都是一段沉痛的历史，可是，将之置于翻腾奔流的历史长河中，谁又值得一哂？

首句“天池题字依稀在，叶丹木黄秋死”，天池依稀的题字，告诉我们一段历史已成模糊的过往，“叶丹木黄”指半千老人的《木叶丹黄图》，图绘雨后秋山，霜林涧流，境界沉寂清幽。秋死二字，是不是告诉我们当年龚老的积愤避世之作，如今已成一段死寂的历史？再回想，那段经历，究竟值不值得封锁自己至沉寂之境？也还颇值斟酌。第二句“浓墨长皴，千岩万壑，尽作深山黑地，夜光鬼气”，千岩万壑图用浓墨长皴之法，笔笔不懈地绘出山峦、高丘、林木、丛树、山涧、寒林、渔艇、农舍、清江、苇渚、野渡、空舟……气势磅礴，场面繁复，然而这一切都显出一种沉寂萧疏、清和静谧之感。出于愤世的心情而精心构筑的巨幅气势，如今看来，也不过一片深山黑地、夜光鬼气而已。第三句，“看白日沈晖，杜鹃声里，难觅东君，奈何移与西风置”，夕阳西下乃自然之规律，犹如朝代更迭乃大势之所趋。无论如何悲悲切切地寻觅已成过往的辉煌与温情都是徒劳，就如在杜鹃鸟一声声的悲啼中寻找已西去的太阳。

下阕“兴亡已付弹指，纵范山模水，难表身世”，一段兴亡史置于历史的长河中，也不过一个小小的浪花，弹指一挥间，即匆匆流逝，当时人执着于其中，借范山模水，泼墨绘图以表高洁，终究也是苦了自身，于兴亡无益。“且看人间，崔嵬陵阙，孰如画中萧寺。”看这人世间，那许多高耸、巍峨、壮丽的城台楼阁，比之于画中的萧寺如何？到头来都成一场空，一片虚无。“霸图往矣，只一片嵯峨，树攒云起，物色摇心，赖重山匝水。”王国霸业已成历史，只留给一代人一段颠簸不平的经历，一副坎坷难言的心情。树攒聚、云飘散，世间物色，万千变化，总能摇曳人的内心，无奈这世间又是万水千山、物色富丽！

这样的历史观，远超流俗之上，当许多人在为一段历史唏嘘叹息沉痛哀伤的时候，饶先生却超越于时空之外来纵观历史长河，故能超脱越拔，发现每一段辛酸史都可以当作一个历史小波澜来看。这样空灵洒脱的历史观，无疑得益于其形上理念之积淀，自然也成为其形上境界的一大特色。

三、行之意象之法，出之抽象之道的人生至理

所谓意象，是心中主观之意和外在客观之象结合而成的。意象在诗词里，则以具体的形象或画面来表现人们在理智和感情方面的体验以及对宇宙人生的深刻思考。

所谓意象思维，是指作者在主观意志主宰下，契合主客观材料，运用带有感性、直观的形象符号或模型、故事、画面等意象符号为工具来把握客观世界，并象征性地传达出对世界的体悟与思考，演绎出宇宙人生的深层情感与本质规律。

饶先生《古村词》的形上旨意，揭示出人生中最积极乐观的向上境界，传达出对宇宙时空的本质思考与把握。而其所运用的思维方式，当然以意象思维为主，在对客观外物世界的观察揣摩与感动触发中形成心象，然后运用直观感性的形象、画面演绎出宇宙人生的光风浩荡之境界。

如《湘月》一词：

湖山迎面，只烟笼一角，顿成凄丽。回首诸峰和梦失，梦里苍茫何世。二十四桥边，半堤青草，秀茁春前地。冥冥月冷，消魂别有滋味。

才见鸂鶒一只，绵绵细雨，两两眠沙际。楚水湘云何处是，飘荡吾生如寄。剪雪为诗，揉春作酒，可了平生事。寂寞池馆，高花尽吐香未。

其形上旨意是：尽管思乡之怀缠绵萦绕，漂泊孤独之感挥之不去，人生依然可以悠闲快乐。为充分传达这一旨意，先生调用了楚水湘云的思乡符号，鸂鶒眠沙的形象画面，剪雪为诗、揉春作酒的具体事例，池馆花香的感性现象，生动形象地传达出他独特的人生思考与人生境界。

《探春慢》一词：

危磴青萦，回渊绕绿，天宽顿开平野。雪后风寒，湖边波暖，车上看山走马。云拥奇峰起，打行稿、蓝波能写。峡哀水泻飞澜，凿山浑似神话。

行遍天涯未老，看跨海倚天，长剑谁把。涧碧花明，霜黄枝缟，烂漫满山姚

治。翳翳桑榆日，又照我、征衣车下。喜有吴姬，同来压酒清夜。

先生在陡峭、险峻的雪山中艰难行走，却心情开朗，乐观豁达，每于险境中见温暖，于低落处见希望。于是先生运用两两相反或相对的意象来传达其旨意：最危险处最见希望。这些意象是：石磴虽险峻——却青树萦回；深渊虽曲折——却绿树环绕；天既宽——平野亦阔；雪后虽风寒——湖边却波暖；车上看山走马似平坦——云拥奇峰知路难；峡间水泻飞澜令人胆怯——凿山神话令人气壮；足迹行遍天涯——人心却未老；既有跨海倚天把长剑的豪情——亦有涧碧花明，满山姚冶的烂漫。

《贺新郎》一词：

何必由斯路。算无端、天意安排，任他分付。回首两崖修竹翠，断壁王尊可驭。更添得，山如卧虎。以判两间分表里，漫驱车、谈笑追夸父。齐一变，至于鲁。

众峰罗列如蹲兔。试凭高、齐州几点，谁人知否。喜见村民宵秉烛，信是人间净土。问抟土，何年能做。我谓女娲休胆怯，趁新生、重与造夫妇。轮又转，逐尘去。

先生意外从 Lugano 入意大利，却能随缘任运，并受复活节的启发，生发出艰险可以克服、时空可以超越、人类可以重塑的豪情旨意。为此，先生选用历史典故、神话传说以生动传神地表达自己的观点——“断壁王尊可驭”，化用了西汉王尊叱驭的历史故事：王阳为益州刺史时，途经险峻而陡峭的九折坂。他感叹说：“一个人接收了先人留给自己的身体，怎么能多次登上这种危险的地方呢！”而后王尊为益州刺史，也途经九折坂，随行皆颤栗，王尊大声对他的驾车人喝道：“赶马向前跑！王阳要做孝子，王尊要做忠臣。”此后“王尊叱驭”便被用来喻忠于吏事，不避艰险。先生用此典故，则提升了它的境界，他告诉人们：一切艰难险阻，只要有心，皆可克服。

夸父逐日的神话传说，后用来比喻有宏大的志向、巨大的力量和气魄，也比喻人类战胜自然的决心和雄心壮志。

“齐一变，至于鲁”，出自《论语·雍也》，展示了孔子改革社会的理想。

先生于此结合神话传说与历史故事，可能旨在告诉我们：人类的力量与气魄足以战胜自然，超越时空。

女娲补天的神话，在几千年的封建儒家士子心中，一直都寄寓着治国平天下的最高理想。先生却说：“我谓女娲休胆怯，趁新生，重与造夫妇。”这已大大超越了他们的狭隘，而上升到统观整个宇宙，重塑整个人类的高度。

其他如《暗香》："只结念，霄汉上，双鸳起，水同天碧"；《点绛唇》："雪岭黄昏，难贯诗人住。波如许，情深意古，处处春花舞"；《减兰》："传神手势，当筵还我惺惺地。小立思惟，门外莺花已乱飞"；《一丛花》："赖有征轺，凭高临远，且兴乘长风"；《台城路》："霸图往矣，只一片嵯峨，树攒云起，物色摇心，赖重山匝水"；《惜红衣》："车书早共远国，混南北。最爱水边湖外，汗漫云山同历"；都以形象、生动、可感的意象阐发宇宙人生的至理感悟与至高境界。

如果从全局着眼的话，则先生每一首词，主要都用意象思维加以立意、结构、布局、设色、抒情、说理。意象思维是先生作词的显著特征，也是先生寄寓人生道理、探索宇宙秘密的主要方式。这一点正是由中国传统思维特征所决定的。

反观中国传统文化，意象思维是其最核心的本质特征，先秦《易》说理以象，《论语》说理以事，《庄子》说理以寓言，《老子》说理以比喻，概言之，都是对客观世界的物象仔细观察揣摩体悟之后形成生动形象的主观观照之心象，然后以此探索宇宙人生的秘密。其意象虽然直观、感性，但所阐述的道理却都能鞭辟入里，都能在纷繁的世相中找到天地万物的本质规律。实际上，意象思维与抽象思维并无优劣之分，只要认真探索，都能透过现象直探本质。当古希腊毕达哥拉斯学派用数来追寻万事万物的法则之时，中国早已用五行八卦来探索天地运行的规律了，其意象所蕴含的深奥精密之处丝毫也不输于数的奥妙。所以黑格尔带着傲慢评论《易经》哲学的时候，一方面批评它只停留在最浅薄的思想层面规定诚然也是具体的，但是这种具体没有概念化，没有被思辨地思考，而只是从通常的观念中取来，按照直观的形式和通常感觉的形式表现出来的；另一方面却又不得不赞叹这些图形的意义属极抽象的范畴，是最纯粹的理智规定。只可惜，自从汉武帝罢黜百家、独尊儒术，设立五经博士，就将中国人从生活实际出发穷究天地奥秘以解决实际问题的传统给切断，而代之以不断地阐发几本古书，虽说这也有其历史根源，但确是在武帝一朝而确立了以不断研究几本经典为主要任务的中国两千年学术传统，之后每朝每代出现新问题，都从经典当中寻求方法，鲜少有人从生活实际出发求索新方法解决新问题。中国传统的意象思维主要用于抒情，其探索天地万物本质规律的能力几乎消亡殆尽。

先生之形上词，虽用典较多，可是其意象却有其生活来源，并赋予了新的意义而发现了宇宙运行的新法则，另创了宇宙人生的新境界，开辟了一个积极向上、乐观进取的另样人生。从先生的词中，我们可以看到中国意象思维透过现象探索宇宙人生之运行法则与本质规律的能力有了复活的希望。而其词之超然豁达，非那些在修身齐家治国平天下的理想破灭之后，藏身佛道以求超脱的无奈士子们可比，其格调，更非那些悲悲切切以臣妾自喻的词人们可望其项背；更遑论那些只在花间樽前流连风花雪月的伶工之词了。

从这个意义上说，饶先生的词不是非本色，而是还词之本色，可借用闻一多先生评论《春江花月夜》的话语来评价饶先生的形上词：向前赎清了词体文学一千年最黑暗的罪孽，向后开启了 21 世纪以意象思维探索宇宙人生运行规律的新时代，重新寻回大中华民族灵魂的本质特征，以有效地抗衡西方的话语霸权。

参考文献：

[1] 饶宗颐．饶宗颐二十世纪学术文集［M］．台北：新文丰出版股份有限公司，2003.

[2] 饶宗颐，施议对．四方之人与四方之学——饶宗颐教授说宇宙观问题［J］．广西师范大学学报（哲学社会科学版），2009（2）.

[3] 涂芊，赵松元．饶宗颐《慵石室诗钞序》评鉴——兼论饶宗颐的诗学思想［J］．韩山师范学院学报，2012（4）.

[4] 饶芃子．对饶宗颐先生治学方法的体会［J］．文艺理论研究，2007（3）.

[5] 赵松元．论饶宗颐《瑶山集》的艺术成就［J］．学术研究，2005（8）.

[6] 赵松元，肖细白．论饶宗颐的生命精神［J］．汕头大学学报，2006（4）.

[7] 施议对．文学与神明：饶宗颐教授论文艺观［J］．江海学刊，2008（9）.

[8] 殷学国．饶宗颐“形上词”论分析［J］．暨南学报（哲学社会科学版），2012（8）.

[9] 林伦伦，王振泽．“有家难归”的大学者——饶宗颐［J］．岭南文史，2001（6）.

[10] 施议对．顿悟与渐悟——饶宗颐禅学访谈录［J］．励耘学刊（文学卷），2008（6）.

[11] 赵松元．浮磬铿锵　明珠璀璨——饶宗颐 1949—1978 年诗歌创作略述［J］．韩山师范学院学报，2008（2）.

[12] 钱仲联．近世名家诗词平亭——饶宗颐《选堂诗词集》序［J］．苏州大学学报，1992（3）.

[13] 赵松元，刘梦芙，陈伟．选堂诗词论稿［M］．合肥：黄山书社，2009.

[14] 陈伟．饶宗颐教授六十岁以后诗词创作略述［J］．韩山师范学院学报，2015（2）.

红船时代佛山本地班发展研究

佛山市祖庙博物馆 李婉霞

清代，广府地区戏班乘船演出逐渐兴盛，位于珠三角河网腹地的佛山孕育出红船弟子组成的本地班，并建立梨园界的琼花会馆，推动佛山本地戏班繁荣发展，成为红船班汇聚地。

一、红船班的初始

船艇不但是广府戏班载物工具，也是戏班的载人运输工具，艺人发展了专门用来演戏的船，俗称“红船”。清嘉庆年间，红船已开始出现于佛山水域。以红船赴各地演出的戏班称为“红船班”，红船班大约始于清乾隆嘉庆年间，其赖以为生的是河道和红船。佛山、南海、顺德等地拥有不计其数的河道，佛山又是全省的内河运输中心，佛山工商业的发展带动了内河运输业，为红船戏班的出现提供了良好的客观条件。

（一）河道优越的自然条件

佛山作为广东内河运输中心，水利桥梁等建设十分重要。根据清道光十年（1830）的《佛山忠义乡志》记载，清中叶以来，单在佛山镇内就有桥梁18条，渡口28个，其中包括省城来往渡船停泊的汾水正埠，各县各乡白天渡船停泊的汾水埠、大基尾及栅下海口。佛山可以说是“以水为财”的名镇，由于水道环绕佛山，佛山的手工业原材料及成品货物可通过水路输入输出市镇，清代佛山的工商业繁荣也归功于水利建设。清康熙年间《建茶亭记》载：“禅山（佛山），东南一巨镇也，其西北一带上溯湞水，可抵神京、通陕洛以及荆吴诸省、四方之来游者，日以万计。”① 吴荣光也指出，“水非徒福利之云，也以溉田畴以通舟楫挽运，于民生更为切要也”②。因此，水道不仅是工商业发展的需要，也是佛山农业及民生的重要之源。正如《佛山忠义乡志》所载：“西北上游沙口浅淤日甚，非遇潮汐则舟不可行，而杉簰木簰又塞其半，至汾水一带铺店栏尾占筑者，

---

① 梁威. 粤剧源流及其变革初述［M］//广州政协文史资料研究委员会. 粤剧春秋. 广州：广东人民出版社，1990：5.

② 吴荣光. 乡域志［M］//佛山忠义乡志：卷一. 1830（清道光十年）.

弥望皆然新涌口。太平沙之疍民搭寮水面以居，凡占其半下流入海于五斗口，汛亦颇浅狭，而大基尾天放街为尤窄，汾水势已浩瀚，每遇西潦暴涨，两岸船只层层排泊，束压仅余急溜中泓宽不数丈，横水渡冲浪而过，每覆没日以十数计，计一渡载至二三十人，覆十渡则二三百人之命休矣。现在大吏委员会勘拆所占河道不过去其太甚，而积重难返，事尚因循佛山扼省之吭河道，壅塞平时官船过往亦须守候多时，况西潦可虞民命尤重，我辈何忍自私自利，而技人于险也。”[①] 由此可见，清代佛山的船舶业十分兴旺，河道淤塞狭窄不但关乎经济，也关乎民生，而佛山地处通往省城的重要水道咽喉，这更显河道畅顺的重要性。因此，佛山水利建设是官府重要事务。而清中后期佛山共计拥有河涌 94 条，长 2 814 丈，这又说明佛山四处布满水道，船只是主要的运输工具。

南海的区域范围更大，河道更多。按道光十五年（1815）《南海县志》所记，清中叶时，南海县有渡口 38 个，这些渡口分别有到香港、澳门、佛山、省城等地，桥梁有 71 条，其中有通往珠江的廻栏桥等。由于南海河道多，有些地方的河道交错成网，南海人还依山筑堤，使水从高而下，发展了著名的“桑园围”。《南海县志》记载：“惟地频西北两江，居人农桑园围以江防为命脉，邑内江防之最巨无过于桑园围，而桑园围形势与他围迥不同，他围形如盘，桑园围形如箕，东西两围皆从上游水势建饵之地，依山筑堤从高而下，顺水性送至下流而上，下流之水较上流差四五尺，故围尽处甘竹龙江两地口，其水从围外灌入围中，互相宣泄，盖治水有捍御法、无淹塞法，有疏通法，无壅遏法，余细观图绘，始叹前人深明水利建置得宜。”[②] 这透露了南海水道多，水利建设得宜，还以水导入堤围，既发展农业，又利于水路运输。据统计，南海在清代时建有各类桑园堤围 9 条，其他堤围 19 条。这些堤围有不少是有识之士倡议建置，起到很好的防汛作用，也为水上运输业的发展做出贡献。

顺德原属南海，明景泰年间分出，设置为县。《顺德县志》记载，“按顺德去海尚不过，港内支流环绕，诸村落而已明以前所谓支流者，类皆辽阔，帆樯冲破而过，当时率谓之海”[③]。因此，清代顺德仍有很多地方以“海”命名，如“北潮海”“锦鲤海”“仰船海”等，这也说明顺德境内支流众多、水道纵横交错的地理环境。顺德也有很多桥梁、渡口，根据清咸丰三年（1853）的《顺德县志》记录统计[④]，“典史属之桥三十有五”，“丞属之桥五十有九”，“江村属之桥八十有一，存七十五”，“都宁属之桥六十有七”，“紫泥属之桥八十有一”，通过这些记录不难看出，顺德的桥梁确实很多。又据同一志书记录：“顺德一县史号

---

① 吴荣光．乡域志［M］//佛山忠义乡志：卷一．1830（清道光十年）．

② 郑梦玉，梁绍献．卷七江防略：基围［M］//南海县志．台北：台北成文出版社，1967：148.

③ 郭汝诚．兴地略［M］//顺德县志：卷三．刻本．1853（清咸丰三年）：271.

④ 郭汝诚．兴地略［M］//顺德县志：卷三．刻本．1853（清咸丰三年）：424－435.

水乡，外海波遍灌村落，经商服贾者恒在朝发，夕至之地占额较广，而埠地适均有由来也。”① 这也显示出，顺德水道遍布各村落，农工商都赖之为重要的交通途径，故顺德的渡口有近200个，船运连接省城、番禺及佛山、南海、三水、江门、中山、东莞等地，简直四通八达，清代顺德的船运十分发达。

佛山、南海、顺德均位于珠江三角洲河网腹地，内河运输通往附近县市，重视水利建设带来了农工商业发展，发达的水上运输促进经济繁荣。对于戏曲行业来说，经济繁荣便带动文化繁荣，产生不少演出机会，演出的地点更远更多，遍及水域各村镇。从事演戏的艺人也因珠三角的市场不断扩大，艺人不但在本乡镇演出，也远赴其他乡村演戏，而赴异地演出的途径就是水上交通，即乘船外出演戏。清代，佛山及附近发达的内河运输使船艇不但是居民、村民外出的交通工具，也成为演戏艺人赴异乡演戏的最佳运输工具。

（二）红船及其出现时期

广府人喜欢把演戏专用的戏船称为“红船”，而按多位老粤伶说，清光绪以前所用的戏船，都是普通货船，船身多髹黑色。据麦啸霞解释：“粤剧草创之始，肇自戏船，便于涉江湖也。粤剧戏船初用画舫曰紫洞艇者取其稳定，后改为帆船则欲其迅速也。嘉庆十八年云台师巡抚江西始制红船于滕王阁下，最稳亦最速，为当时艨艟之冠，粤伶仿为之，仍沿用‘红船’之名，后人不知所本，乃误以‘红船’为戏船专有之名。”② 从麦啸霞的解释可看出，红船为最初源自江西滕王阁，粤伶将这名搬过来形容戏船。清嘉庆十八、十九年，阮元（1764—1849，字伯元，号云台）调任江西巡抚，当时创制红船于滕王阁下，此种船在大江航行最稳定且最速，以后各地皆仿造。粤伶其后也即仿这红船名形容戏船，因此以后凡是在珠江流域专门用来载戏班和道具的船艇都称为“红船”。

麦啸霞也提到粤剧戏船即红船最初用画舫或紫洞艇的，对于这解释需查考画舫与紫洞艇的来源。历史上的“紫洞艇”是明末清初南海县紫洞乡人麦耀千在广州做官时，为方便出入特意请人造的。麦耀千原广州衙门一名库舱小吏。顺治三年（1646），碰上改朝换代那一刻，清兵杀入广州，他逃跑不及，怀里揣着几本账册，躲在暗角里等死。清兵把他扯出来，麦某灵机一动，编造谎言说：“账册在我手里，正准备好献给王师，用它来赎我的罪。”麦某献账有功，捡回一条小命，还升了官。此后衣锦还乡，威风得不得了，特地雇工造了一条大篷船，船体高大，造工阔绰，既是交通工具，又是饮酒作乐的场所。他乘坐这船来往于乡下紫洞和省城之间，成为当时当地的一则新闻。因为他是紫洞人，他的船后来就被

---

① 郭汝诚．兴地略［M］//顺德县志：卷三．刻本．1853（清咸丰三年）：424－435．

② 麦啸霞．广东戏剧史略［M］//广东省戏剧研究室．粤剧研究资料选．1983：35．

人专称为“紫洞艇”。其后富贵人家竞相仿效，品类渐多，社会上干脆就把那些模样近似、功能相类的船，都统统叫做“紫洞艇”了。到了晚清，紫洞艇在广州又被归入范围更大的“花船”一类。

无论是最初称紫洞艇还是画舫，粤戏班的人最终把戏船称为“红船”。而且这红船名一直到民国仍使用。至于紫洞艇则是在晚清时停泊在广州珠江岸边，经营饮食的平底木船，其规模不算太大，一般有两层，下面一层可容筵席四桌左右，楼上则只容两桌（需留地方贮物、住宿等），另艇头可容一二桌。经营特点是必须预约，有生意才进鲜活品，有客才开炉灶，真有点“食在广州”的风味。而画舫就比紫洞艇巨型高大，装饰华丽，属于清末女子卖唱专用的花船。称“红船”的戏船在清光绪年间在船身多髹成绚丽的红色，船体比“花尾渡”略小而矮，以便通过桥下。较原始的红船装有桅杆，桅杆位置靠左舷，其后有了小火轮，就用小火轮拖带着行走，故此废弃了风帆，但其桅夹仍保存在前舱内。当然，粤戏班使用的红船到了清末民初就发展为天艇、地艇和画艇了，这也显示了红船的发展情况。

佛山于明代时已有演戏，这些演戏人是通过什么途径到各村演戏呢？根据佛山及周围的地理环境，水道丰富的自然条件使水路成为演戏人向外演出的选择。明嘉靖三十五年（1556）来华的葡萄牙人克路十在他的《中国志》中描述到我国南方戏班演出情况，“老百姓都过大节，主要是新年的头一天……他们表演很多戏……演出期间必定有一张桌上摆着大量的肉和酒……如果一个人扮演两个角色，须换服装，他们就当着观众面前换……有时他们到商船上去演出，葡萄牙人可以给他们钱”[①]。可以说，明代已有艺人在船上演戏了，至于明万历年间意大利耶稣会传教士利玛窦在他的《中国札记》也记载了当时中国有人组成旅行戏班，这也说明明中后期已有民间演戏人组班赴其他地方演出的情况，因而演戏人会使用陆地或水路的途径，佛山及周围地区河道网的自然环境决定了民间演戏人必然选择水路，赴其他地方演出了。

根据历史文献记载，佛山民间使用船只演戏的最早记录在清代康熙、乾隆年间，佛山的《太原霍氏族谱》就指出清康熙年间已有渡船看戏了，“各处近圩之横水渡，每遇圩期以及演戏，俱多赶来，争先下渡，至重沉亡，在在皆然，岁岁俱有”[②]。又清乾隆版《佛山忠义乡志》记载“优船聚于基头，酒肆盈于市畔”[③]的情形，也是描述民间土优乡班乘用的船停泊于佛山大基头的情景。至清嘉庆时南海人梁序镛所作的《汾江竹枝词》：“梨园歌舞赛繁华，一带红船泊晚沙；但

---

① 李日星．琼花会馆的建立不足以成为粤剧形成的标志［J］．南国红豆，2011（3）．

② 谢彬筹．顺德粤剧［M］．北京：人民出版社，2005：7．

③ 陈炎宗．卷六乡俗志［M］//佛山忠义乡志．1752（清乾隆十七年）．

到年年天贶节，万人围住看琼花。”[①] 明确说明了演戏艺人乘用的红船停泊于佛山的琼花会馆附近，这也是佛山最早有关红船的记载。佛山以“红船”为戏船名出现的时间与麦啸霞所说的粤伶沿用“红船”为戏船乃出自清嘉庆十八、十九年江西滕王阁始制的红船，在时间上说是吻合的。

二、本地班乘红船赴四乡传演

经过长期的演出积累，民间戏班终于迎来长足发展的机会，琼花会馆的建立为本地戏班的扩展铺垫坚实的路基。在梨园行会的庇护下，佛山的戏班形成组织规模，采用熟悉的水路和船只奔赴四乡传演，逐步形成了以专用红船游走各乡演戏的红船班演出模式。清中叶以来，佛山本地的红船班进入全盛时期，也是广府戏班进入的红船时代。

（一）琼花会馆的建立与红船班的形成

明清之际，中国戏曲进入一个长足发展的黄金时期，在“康乾盛世”的社会背景下，佛山的戏曲开始步入繁盛阶段，出现了梨园界的会馆“琼花会馆”。麦啸霞的《广东戏剧史略》记载：“雍正继位时甚暂，戏剧潮流无大变易。时北京名伶张五号摊手五，因愤清廷专制，每登台辄发挥革命论调，以舒其抑塞不平之气，清廷嫉之，将置之于法；五逐易服化妆，逃亡来粤，寄居于佛山镇大基尾。时广东戏剧，未形发达，内容外表，具体而微；摊手五乃以京戏昆曲授诸红船弟子，变其组织，张其规模。创立琼花会馆。”[②] 琼花会馆在清乾隆年间的建立为佛山本地民间戏曲带来很大发展，佛山戏班开始有了相对较完善的组织和规模。

关于琼花会馆所在的具体位置，清乾隆十七年（1752）《佛山忠义乡志》的“佛山总图”列明了当时佛山新增的“大基铺”内，标注“琼花会馆”位于大基尾处。该志书写道：“乡之分为二十四铺，明景泰初御黄贼时所画也。……今于沿海增大基一铺，为二十五铺云。”[③] 从“佛山总图”看出，琼花会馆所在的大基铺地处靠近汾江的狭长地带，其北临绕城而过的汾江，南面与岳庙铺、社宁铺、福德铺相邻，西接汾水铺，是佛山面积最大的铺社。该铺的琼花会馆周边靠近汾水铺的小部分地区比较繁荣，东部大部分地区河道纵横，船只多停泊于大基头，离琼花会馆不远，有利于红船停泊，于是才有清嘉庆年间南海人梁序镛在竹枝词里所描述的“一带红船泊晚沙”景况。梁序镛又有形容“万人围住看琼花”

---

① 梁序镛：汾江竹枝词［M］//佛山忠义乡志．1830（清道光十年）．

② 麦啸霞．广东戏剧史略［M］//广东省戏剧研究室．粤剧研究资料选．1983：15．

③ 陈炎宗．乡域志［M］//佛山忠义乡志：卷一．1752（清乾隆十七年）．

的盛况，表明琼花会馆成为佛山及附近居民和村民欣赏戏曲的好地方。

很显然，琼花会馆的建立在佛山有一定的影响力。麦啸霞的《广东戏剧史略》说到张五建立琼花会馆，以京戏昆曲教授红船弟子，变革琼花会馆戏班组织，扩展其规模。张五为湖北人，文武兼备，演唱皆妙，而十行角色，色色皆能，他以熟悉的汉班组织变革琼花会馆的戏班。汉剧分行角色为十行：末、净、生、旦、丑、外、小、贴、夫、杂，故此，粤戏班的最初组织也是分为相同的十项角色，这也是经过张五改造后佛山琼花会馆戏班最早的组织机构。

张五对琼花会馆戏班改造的效果不久就有所体现，清杨懋建在他的《梦华琐薄》描述："广州佛山镇琼花会馆，为伶人报赛之所，香火极盛。每岁祀神时，各班中共推生脚一人，生平演剧未充厮役下贱者，捧神像出龛入彩亭。数十年来，惟武小生阿华一人捧神像，至今无以易之。阿华声容技击并皆佳妙，在都中岁俸盖千余金云。"[①] 此描述透露了两点重要信息，其一，琼花会馆是佛山各戏班聚集处，而且戏班数目不少，"香火鼎盛"反映了从事演戏的伶人较多。其二，琼花会馆辖下的本地班艺人已有具体的角色行当之分，武小生阿华的角色行当就属于粤戏班十大角色的"生"角了，而且"阿华声容技击并皆佳妙，在都中岁俸盖千余金云"也显示他的演出技击十分出色，演出收入丰厚。

清乾隆年间增设的大基铺因有琼花会馆的建立才出现"优船聚于基头"[②] 的景象，也表明了佛山的大基铺成为红船戏班汇聚中心。大基铺的大基头是佛山通往各乡的渡口，另一边的琼花会馆本地戏班常常集中这里，乘红船出发分赴各乡各村演戏，非常方便红船班的演出扩展活动，演戏伶人的收入也随之增加。佛山琼花会馆的建立可以说是本地戏班的成熟发展标志，也是红船班的集散中心，推动本地班繁盛发展。

（二）本地班乘红船赴四乡传演进入全盛时代

红船班自清乾隆建制以来渐趋繁盛，戏班乘红船演戏非常活跃，演出行迹遍及佛山、南海、顺德及四邑等珠江流域各乡。在广府地域里，红船班又以佛山、南海、顺德等地的市镇及乡村演戏为多。清嘉庆二十四年（1819），南海叶荣华以唱戏度日，在红船消夜时被梁广贤落毒药粥中毒死，此事虽出命案，但也揭示本地班已有乘红船赴各地演戏的习惯。清道光初年，佛山"东胜街：卖戏盔，有班馆，若戏船下乡不能承接，故设馆代之"[③]，这道出佛山已有戏船班馆了；佛山民间戏班乘红船赴各地演出方式开始呈现繁盛景象，"琼花会馆，俱泊戏船，

---

① 杨懋建．梦华琐薄［M］//中国戏剧家协会广东分会，广东文化局戏曲研究室．广东戏曲史料汇编：第一辑．1963：27.

② 陈炎宗：乡域志［M］//佛山忠义乡志：卷一．1752（清乾隆十七年）.

③ 佛山街略［M］//佛山怡文堂刻，1830（清道光十年）.

每逢天贶，各班集众酬恩，或三四班会同唱演，或七八班合演不等，极甚兴闹”①。这又证明，此时佛山的红船班数目众多，乘红船赴各地演戏活动频繁。

据前人所说，包括琼花会馆在内的佛山各本地班，在组班后的首场演出必选择在佛山祖庙的万福台举行，然后才乘红船分赴各乡进行演出活动，期间戏班成员的起居饮食都在戏船里，抵达各乡时就在临时搭建好的戏棚或戏台献演。对于在佛山组成的戏班来说，在祖庙万福台首演可达成两个目的：其一是求拜北帝图吉利，其二是检阅戏班演出阵容。这些本地班凭着红船的便利，穿乡过镇，演戏的锣鼓无处不闻，四邻八乡的民众受到演戏的吸引，也靠着渡船的方便，争先恐后前往观看演出。红船班除集中在佛山、南海、顺德演出外，还随着珠江水道分赴新会、广州、清远甚至电白等地演出，这可从以下一些文献摘录阐明：

清乾隆三年，新会知县王植写道：“……余在新会，每公事稍暇，即闻锣鼓喧阗，问知城下河下，日有戏船，即出令严禁，构拿会首拘处。有谓不顺民情者，勿之恤它，久之，有以戏钱修桥道者，余出示奖许，此风逐襄，戏船亦去。”② 此文证实了红船本地班在新会演出风气太盛行，令知县要下禁令。

“清道光三年正月内，有电白县人郭观陇带领戏班戏子逐日到各村演唱。是月二十三日，郭观陇因各村神戏都已演完，就令各戏子雇坐船自把戏箱运回籍。”③ 这是引自清代《成案备录》卷二的文献内容，此记载清晰地描述了广东电白县有红船班雇船到该县逐日逐村演戏的情况。

红船班至民国时仍十分兴盛，在佛山附近的水域，红船穿梭，络绎不绝。顺德《龙山乡志》记载到妇女在三月十二坐船参加苏埠宋帝三妃庙神诞看戏情景，“妇女之往诉祷者，华装炫服，照耀波间”④。这也显示水运兴旺促进红船戏班在佛山周围乡村演戏。民国时，红船班分别在佛山的三界庙，顺德的白藤乡、容奇、勒流、桂洲及南海九江等地献演，民国八、九年至十一、二年期间，单在顺德一地便有一百个戏棚，还不计其他如南海、番禺、四邑等地方。由于红船班演戏日益增多，以至“班之著名者，东迁西陌，应接不暇，伶人终岁居巨舸中，以赴各乡之招，不得休息”⑤ 的繁忙盛况出现。顺德籍的著名演员任剑辉早期是红船班台柱，她也曾乘红船赴佛山、南海及四邑各乡轮回演戏，其中包括佛山的万寿宫，还有南海的狮山及江门、斗门、海防甚至梧州等地。因而，进入光绪年至

---

① 佛山街略［M］//佛山怡文堂刻，1830（清道光十年）.

② 王植. 徐东令辑要：卷六［M］//中国戏剧家协会广东分会，广东文化局戏曲研究室广东戏曲史料汇编：第一辑. 1963：27.

③ 冼玉清. 成案备录：卷二：清代六省戏班在广东［M］// 中国戏剧家协会广东分会，广东文化局戏曲研究室. 广东戏曲史料汇编：第一辑. 1963：16.

④ 谢彬筹. 顺德粤剧［M］. 北京：人民出版社，2005：7.

⑤ 俞洵庆. 荷廊笔记［M］// 中国戏剧家协会广东分会，广东文化局戏曲研究室. 广东戏曲史料汇编：第一辑. 1963：19.

民国初，红船班最兴盛，佛山及周围乃至整个珠江流域都可见这种髹涂红色载着戏班的戏船穿梭游弋各乡镇演出。

三、本地班减少对红船传演的依赖

城市的经济发展为戏曲提供广阔的发展空间，清末至民国，广东工商业发达的市镇省、港、澳、佛等陆续建起数间戏院，成为本地班演出场所的新宠。同时，乡村河道日久失修，淤塞问题积累深，红船难以通往河道较窄的乡村，乡村治安日益严峻，本地班自然减少乘红船赴四乡演戏了。近代剧场总比传统戏台、戏棚优胜，本地班为之吸引，喜爱逗留城市戏院演出，而减少以红船到乡村戏棚、戏台演剧，至民国后期，红船班逐渐消失。

（一）戏院成为本地班新宠

清道光年以后，广州工商业发达，资本主义经济萌芽，城市发展迅速，娱乐场所日趋新颖。这时广州出现了茶馆兼营戏院，根据清末倪鸿《桐阴清语》修订，“广州素无戏园，道光中，有江南史某始创庆春园，署门联云：‘东山丝竹，南海衣冠’。其后怡园、锦园、庆丰、听春诸园相继而起”①。这间庆春园位于广州教育路，由江南人史某开设，初为园林式茶园，道光年间兼营大戏。资料显示，戏园门前有一对联“东山丝竹，南海衣冠”，园内置方桌于台前，布方凳若干，边演戏边卖茶，不收门票，只计茶资。《桐阴清语》也载“一时裙屐笙歌，皆以华靡相尚，盖升平乐事也”的描述，又张维屏《花地集》有咏庆春园诗：“身似在皇州，笙歌助劝酬。岭南为创举，燕北想前游。富庶乃有此，去来皆自由。康衢传击壤，从古重歌讴。”② 这类诗咏叹当时戏班进园演出，兴旺一时。

清末，怡园、锦园、庆丰、听春诸类戏园也在广州相继出现。据《清稗类钞》载有汪芙生在这类戏园观剧诗序：“偶来顾曲，多惨绿之少年；有客吹箫，唤小红为弟子。人生行乐，半在哀丝毫竹之场；我辈多情，无忘对酒当歌之日者。”③ 这诗描述了这些早期戏园一时文酒风流盛行之趋势。清光绪年间，刘学洵在其所建的刘园演戏射利，又在刘园附近建广庆戏园，是为广州西关有戏园之始，这也是近代剧场之始。清末民初，广州的南关、东关、河南亦各建有戏园，即戏院。

---

① 倪鸿．桐阴清语［M］// 中国戏剧家协会广东分会，广东文化局戏曲研究室．广东戏曲史料汇编：第一辑．1963：24.

② 中国戏曲志编辑委员会．中国戏曲志：广东卷［M］．北京：中国 ISBN 中心，1993：429.

③ 徐珂．清稗类钞：37 册：戏剧［M］//中国戏剧家协会广东分会，广东文化局戏曲研究室．广东戏曲史料汇编：第一辑．1963：23.

广州的河南戏院原称大观园，位于广州市河南南华中路，清光绪二十四年（1898）由潘、卢、伍、叶四大豪商集资兴建，为广州第一座永久性的公开营业的戏园，设座售票，售价依座位分白银三分六厘（半毛），七分二厘（一毛），一钱四分四厘（两毛）三种。光绪二十八年（1902）改名为河南戏院。为了方便戏班的红船搬运戏箱，特辟后门通珠江，红船可以直泊戏院后门。光绪二十八年（1902），广州长堤大马路建有五六百个座位的同庆戏院，光绪三十年（1904）改名为海珠大戏院，民国十五年（1926）改建成广州最具规模和影响大的戏院。戏院中央顶部是倒“锅形”状的钢筋混凝土结构，拥有三层楼的观众厅共设1 900多个座位，座位为活动式，座别和票价分五等。起初男女分座，后改为自由选位入座。地处闹市，交通便利，戏院生意十分兴隆，有多间公司资本家争相经营。

香港在开埠二十多年后建有戏院，同治四年（1865）建昇平戏院，位于香港上环，是香港最早兴建的戏院。香港上环还有一间高升戏院，原名高升戏园，同治六年（1867）建成，位于香港荷李活道坑、皇后大道西、和风街、甘雨街与高升街之间。该院初期建筑简陋，后约1890年改建钢筋水泥建筑，可容纳1 000多位观众，1920年再度改建后可容纳近2 000人，由何萼楼经营，专门上演粤剧，并在戏院内附设一间高档次的武昌酒楼。由于地点适宜，该戏院的演出一直十分兴旺。

1876年，位于香港上环普仁街的同庆戏院落成，后易名重庆戏院。这是一座设备简陋的旧式建筑物，楼高仅一层，院外砌红墙，院内墙壁髹成黄色，外表并不壮观，内部设木椅、木板（当时称为椅位、板位），全院可容纳上千名观众。正中有一舞台，舞台前两条柱，挂着一对黑底金字的对联，写着“锦幕千里，此地即常乐院；霓裳一曲，众仙同咏大罗天”。重庆戏院票价算是便宜，只花一两钱，就可以买到一张“板位”戏票，只是座位没有编号，观众凭票入座，先到先入座。后来有人利用机会“定座”，最前那几排预先用绳围着，就是有人订了这些座位。观众若肯多出钱，就可以占得一个较好的座位。根据1874年8月5日《循环日报》记载，同治年间香港已有以上三间戏院，清光绪以后，香港陆续建起更多戏院。

澳门较早建成的戏院为1875年落成的清平戏院，由澳门富商王禄、王棣父子兴建，后经改建，变成钢筋水泥建筑。按澳门戏迷忆述，戏院内有“贵妃床”（一等位）、“横便床”（二等位）和“对号位”（三等位）等，贵妃床票价最贵，每张二元，四等位的“木椅位”票价最便宜，每位三至五角，这第四等位座位占全院座位六成多数，坐的是平民百姓，前三等位不分男女座，木椅位则分右男左女。20世纪20年代，澳门又建起万家乐戏院，以后也陆续建起多间戏院。

佛山在清末时也建成一间丹桂戏院，坐落在佛山莲花路，民国初期被拆毁。清光绪末年，佛山筷子街动工兴建花园戏院，宣统年间改名“清平戏院”。之后在莲花路、昇平路重新兴建清平戏院，民国十七年（1928）改名为清平大舞台，占地面积2 600平方米，设座位2 000多个，民国三十四年（1945）后改名佛山大戏院。辛亥革命后，顺德容奇、南海盐步也建有戏院。20世纪20年代，由于佛山两间戏院已不能满足观众需要，于是由万寿宫改建的万寿茶室也改为戏院，佛山戏班常在自己固定的戏院表演。此外，各中、小城镇的商人先后在南海九江、顺德勒流及东莞石龙等地开设戏院，作为粤剧戏班演出基地，这样也减少了以红船赴四乡演出的出班次数。

清末，珠三角的工商业发达城市广州、香港和澳门率先掀起建戏院热潮。紧接着佛山各地也跟风建戏院，甚至江门、台山、开平、赤坎等地也于二十世纪二三十年代开设戏院，粤剧戏班由红船在乡村传演，也慢慢集中到几个大、中城镇演戏为主，红船戏班渐趋减少。

（二）河道淤塞与乡村治安问题令红船班却步

珠江三角洲虽有广阔的水网交流可供红船的往来活动，但若没有良好且持续的水利建设，河道淤塞是时有发生的。佛山拥有得天独厚的水网环境，然而，水患和河道淤塞自古已有，清代更出现沿河建筑破坏水利设施的情况。民国十二年（1923）《佛山忠义乡志》记述了问题的症结，“按佛地内涌外河相为表里，河道淤塞亦既痛切之言之矣，而受病之源莫甚于沿河占筑，当时亦曾请官勘拆，大率敷衍了事。百年以后益不堪问，同光间绅梁应琨李应材设立清河局，大府檄令规复官河故道，会同委员会量明丈尺，按段坚石次第兴工，遂开复平洲双树夹银河及三山盘口两河。旋因捐款不继，拆铺尾之举亦停，而当日兴工程序碑记，界石尚存爰就，其关系河道者摘录十则，沿河界伐亦按址附载，使后之人有所考焉”①。同卷志书又记录“按清理河道莫善于筑坝，挖沙莫不善于隔水捞沙，诚为确然，自道光丙申至同治季年，相距不过三十载，而淤塞如故，自非开复故道，永禁占筑不能一劳永逸策”②。

越靠近市镇发达地区的河道，就越有“沿河占筑”的问题，造成河道淤塞，以致越来越窄。佛山有这问题由来已久，缺乏足够资源的清涌或复古道工程，使部分河道由宽变窄。这种情况也遍布珠三角其他乡村，故此，清末至民国时，有不少的村落水路不通，而道路更少之又少，红船是无法到达这些乡村的。除了水道问题外，红船班也遇到农村治安环境差等问题，对于演戏艺人来说，治安问题远比河道问题更难应付，这点可以从以下一些文献史料和艺人回忆录得到证实。

红船戏班到达某个地方演出时，首先就会找住馆，若到小市镇就有客栈可住

---

① 冼宝干．水利［M］//佛山忠义乡志：卷二．1923（民国十二年）．
② 冼宝干．水利［M］//佛山忠义乡志：卷二．1923（民国十二年）．

之处，或可找些空闲的旧会场、大屋。若在乡村里，就多用庙宇祠堂，或学校作住宿，大老倌每人一副床板，其余下栏，每人禾秆草一担，作打地铺之用，每人每日米若干两、油若干两，当然还有鱼肉蔬菜若干。例如，民国三年（1914）十月七日的吉庆公所合同写着："立合同增邑张何沙头乡定到颂太平班，……每日中宵白米二石六斗要官斗、鲜鱼一十六斤、猪肉一十三斤、豆腐十斤、青菜三十斤、姜盐糖各二斤、生油七斤、干柴七百斤，以上俱用司码秤足，每日开箱利是、戏桥纸、打面油颜色、溪钱脚、香茶叶共银八毫正。"① 有时祠堂等地方也未必够全班人员居住，一戏班常有六七十至一百六十人之间，那只好四处借住在农民家里，接着要借床板、铺禾草等。可见，红船戏班艺人过的生活还是很清苦的。

总而言之，红船时代本地戏班沿河道传演，促进本地戏剧向着更加亲切而粤俗化发展。佛山红船班的发展情况亦随着社会政治经济的变迁而变动，潮起潮落，由清初萌芽产生，清中后期发展繁盛，至民国后期衰退终结。

---

① 李婉霞. 吉庆公所合同［J］. 戏曲品味，2010（117）：76.

论广府粤剧与小说互文的意义及局限

——以《香港三部曲》为例

佛山科学技术学院 曾令霞

施叔青的《香港三部曲》是一部织锦似的小说，以“倡”“优”明暗两条线贯穿百年香港史。众多关于小说的评论集中在“殖民”“性”“政治”三个关键词上，小说中鲜活的广府文化却少有人提及。广府文化，即汉族广府民系的文化，通常被作为粤文化的代称，如粤语、粤剧、粤曲。它是发源于古代中原，以广州、香港、澳门为核心，以珠江三角洲为通行范围的粤语文化。广府文化从属于岭南文化，在岭南文化中个性最鲜明、影响最大。在现当代小说家当中，自觉书写“广府文化的作家有欧阳山（《三家巷》）、黄谷柳（《虾球传》）等，他们属于广府民系，有自叙的性质。张爱玲、萧红、徐訏、叶灵凤、刘以鬯等作家在香港生活的时间长短不一，从文化的底蕴和书写的背景来看，多依存于内地故乡。施叔青在香港、台湾二地游走，在香港生活十七年，广府文化却深得她心。《香港三部曲》透过文学形态指认了一种文化形态，即看似上流精英的英伦文化不占主流，真正根深蒂固的本土文化才是地基，此本土文化来自于广府。小说中的广佛戏班、戏子、神功戏、南音、木鱼书、佛山纸灯纸蓮、珠三角自梳女、顺德小炒、茶点、双蒸酒以及间或使用的粤地俚语等广府文化意象，皆来自香港岛背靠的珠三角山水风物。其中，广府粤剧作为广府文化的重要组成部分，积极地参与了小说本土文化意境的营造，与小说形成了互文关系。戏曲与小说作为中国传统的文学样式历来有同舟共济、不分彼此的互文性特征。“互文性这个词的好处在于，由于它是一个中性词，所以它囊括了文学作品之间互相交错、彼此依赖的若干表现形式。”① 粤剧入小说，戏曲与小说之间互相交错，彼此依赖，共建了一个文本空间，意义非同寻常。但从实证的角度看，作品对广府粤剧进行了虚实点染处理，粤剧从现实具象走向了文学意象有悖于史实描述。本文着重探讨小说中广府粤剧的虚实，以及这种虚实关系给粤剧与小说互文带来的影响。

《香港三部曲》从东莞乡下女黄得云被拐到香港为妓写起，紧接着就是1894年香港的鼠疫。经历了生死的洁净局帮办亚当·史密斯到南唐妓馆寻找安慰，黄得云与史密斯共沉欲海。施叔青没有让这对从鼠疫中死里逃生的男女玉成婚嫁，

---

① 蒂费纳·萨莫瓦·约. 互文性研究［M］. 邵炜，译. 天津：天津人民出版社，2003：前言.

而是让殖民与种族意识拆散他们。叙事由此分叉，黄得云在落寞中遭遇了广府“优天影”戏班，由此，“优天影”“神功戏”“姜侠魂”三个关键词频频出现，作为显著的粤剧符号契入叙事，与小说形成对话互文关系。细读文本后，在史实与文本之间，我们找到这几个关键词在虚与实叙述之间的裂缝。问题由此生成：粤剧在与小说互文的过程中，小说应遵循史实再现它求其形似，还是随意点染表现它求其神似？还是求实务虚兼而有之，在虚实之间营造意境空间，脱离史实复述，走向文学性的重塑与建构？下面围绕着这三个关键词来探讨如上问题。

一、优天影

七天前，广州粤剧界颇负盛名的优天影粤剧团，沿珠江口而下，驱船来到湾仔皇后大道东的大王庙，搭起茅草戏棚演神功戏。① (《香港三部曲》之一《她名叫蝴蝶》)

五年前，香港开埠以来最严重的一场老鼠疫过后，从瘟神的魔手死里逃生的幸存者，聚资请来戏班酬神演戏消灾，佛山的优天影粤剧团沿珠江顺流而下，在大王庙前的草地搭棚演戏。② (《香港三部曲》之二《遍山洋紫荆》)

以上两段叙述都涉及“优天影”这个粤剧团与武生姜侠魂，只是在第一部《她名叫蝴蝶》中的武生姜侠魂的戏班是广州“优天影”粤剧班，在第二部《遍山洋紫荆》里变成了佛山“优天影”粤剧班。这两个地方出现了前后不兼顾、不稳定的叙述，让人不明其理。首先，新中国成立前的粤戏班由来自珠三角的演职人员构成，并游走珠三角、港澳各地演戏，没有广州、佛山的差别，所以小说中叙述“优天影”时就无所谓来自广州抑或佛山。其次，就“优天影”而言，在粤剧史上确有其事。“在辛亥革命时期，孙中山十分重视社会舆论宣传工作，对戏剧宣传民众、发动民众的作用给予充分肯定和鼓励。在他的具体支持下，同盟会中一些著名的革命家陈少白，程子仪等人，团结一批有志于戏剧改革的人士，组织戏剧社，称为‘志士班’。”“最早志士班的剧社叫采南班，于 1904 年成立。后来陆续成立了‘优天社’‘振天声’等班社团体”，“最先用粤剧演出的‘志士班’是由黄鲁逸、黄轩胄组织的‘优天影’社。郑君可、姜侠魂是当时著名的演员。”③ 著名报人黄鲁逸 1907 年在澳门组织起第一个粤剧“志士班”，取名“优天影剧社”，自编自演“改良粤剧”，长达 6 年之久。④ 据《广东戏剧家与

① 施叔青．香港三部曲：她名叫蝴蝶［M］．南京：江苏文艺出版社，2010：71.
② 施叔青．香港三部曲：遍山洋紫荆［M］．南京：江苏文艺出版社，2010：250.
③ 蔡孝本．粤剧——中国国粹艺术读本［M］．北京：中国文联出版社，2008：17.
④ 马梓能，江佐中．佛山粤剧文化［M］．广州：广东经济出版社，2005：11.

革命运动》一文载，该社“初名优天社，设于澳门，数月后因经济不支解散，未几复活，更名优天影社”。该班共办过两届，第一届社员共22人，第二届社员共15人。主要成员有黄鲁逸、姜魂侠、郑君可、陈铁军等。优天影成员都以爱国志士自任，他们办班的目的不在于图利而在于宣传，所有班务由他们亲自动手，义演不取分文，因此社会上称之为“志士班”。优天影上演的剧目大多是由黄鲁逸、黄轩胄等自编的改良剧本，内容均取材于当代时事。在广州、香港、澳门等地演出过《虐婢报》《贼现宫身》《关云长大战尉迟恭》《梦后钟》《范蠡献西施》《奸宫跎地》《顺德女不落家》《自由女卖茶》《盲公问米》《义刺马申贻》《火烧大沙头》《博浪椎秦》《警晨钟》《周大姑放脚》等宣传反清革命、揭露官场黑暗、抨击封建陋习的剧目。优天影剧社是当时众多志士班中成立较早、水平较高、影响较大的一班，光绪三十四年（1908）在清政府的压力下被迫解散。辛亥革命后一年，黄鲁逸重组优天影，活动又受军阀限制，业务难以开展，剧社成员纷纷离社自寻出路，又一次散班。民国十三年（1924）黄鲁逸三建优天影，是年为甲子年，改称“甲子优天影”。当时政治形势、社会风尚比清末民初已有很大的变化，加以台柱如花旦郑君可已去世，丑生姜魂侠、小武靓雪秋已转到专业剧团当演员，优天影演出《与烟无缘》《自由女炸弹逼婚》等新戏也无复当年盛况，不久即宣告解体。①

再看小说内容：

> 公元一八九四年香港那场鼠疫夺去二千五百五十二人的性命，这只是官方发表的数字，私自埋葬、隐匿不报，或带菌潜回广东死在家乡的不计其数。瘟疫过去了。从瘟神手中逃生的香港华人，在岛上各个角落的庙宇前面搭起茅草顶的露天戏台酬神演戏祈福消灾，沿海巡回演出的粤剧班背上道具戏箱，纷纷搭乘小艇，顺珠江口而下。②

从小说的叙述时间来看，香港的鼠疫发生在1894年，为了迅速控制疫情，港府下令放火除疫，导致诸多华人流离失所，被强迫迁居到环境更恶劣的徙置区，生存空间越来越逼仄。鼠疫过后，香港华人痛苦无告，从自我安慰出发，为消灾祈福请神功戏，此时“优天影”粤剧团应邀赴港演出。事实上，“优天影”1904年才成形，现实与文本叙述时差达十年之久。“志士班”怀揣着革命梦想，以戏反清的斗志被施叔青以历时性的角度虚化隐喻在小说中，目的是反殖民统治，体现了作家提前支取戏班火力扫射殖民主义的急迫性。进入小说的“优天

① 《中国戏曲志：广东卷》编辑委员会. 中国戏曲志：广东卷［M］. 广州：文化艺术出版社，1993：395－396.

② 施叔青. 香港三部曲［M］. 南京：江苏文艺出版社，2010：67.

影”是一个避实就虚的文学意象，其脱离史实驻扎文本，凭借的是面对压迫所暴发的反抗力量，正是这种力量与小说发生了互文关系。黄得云邂逅的“优天影”成了一个无法坐实，但可以借题发挥、任意生发的文学意象。黄得云背离故乡无依无靠，她想投靠“优天影”实际上是在寻找一种可以依靠的力量与归宿，她被劫被卖的遭遇隐喻着香港岛的被切割、被殖民式统治，来自广府的戏班在一定程度上能安抚漂泊无依的人与岛在自我认证与文化归属上的焦虑，虽然小说中的“优天影”戏班被符号化了，与史实呈现的形象相去甚远，但是，其携带的精神意蕴在与小说互文的过程中被借用延续，虚实交错间建构起小说的言说空间。

二、神功戏

所谓“神功”，就是神的功劳，“神功戏”是指为神做的功德戏。神功戏的上演在中国是普遍现象，在北方多称社戏，这些演出一般在庙会或是戏台上进行。在明代，岭南就有演戏和击鼓以逐疫的风俗。“越人尚鬼”，又以“佛山为甚”。以佛山为例，清代，佛山镇所有乡事、岁时乡俗，几乎都与酬神、鼓乐、演剧有关。祖庙灵应祠万福台常年都有酬谢北帝的剧目上演，以戏谢神，期盼施水的北帝的护佑，同时也彰显了人们美好的心灵愿景。作为岭南重镇的佛山，酬神祭祀成为百姓生活中不可或缺的内容。酬神的方式之一便是上演神功戏。据研究发现，受明代昆曲影响，昆曲《鱼》《访臣》《送嫂》《祭江》是早期神功戏目，到了清代，增加《登殿》《贺寿》《送子》《跳加官》《祭白虎》《封相》等剧目。其中《玉皇登殿》《八仙贺寿》《祭白虎》是戏台新建时必演的神功戏，后来这些神功戏也成为粤戏班演出前必演的例戏。在清代，祖庙、关帝庙、观音庙、华光庙、天后庙等为主的佛山庙宇，凡遇神诞便有神功戏上演，渐渐成了常态演出。一场场戏，将神与人自然地勾连到一起，共同谱写人神共娱的篇章。

不论省戏班、外省戏班或八音班，在未有演出过的新建成戏台或戏棚，须先行在台上祭过白虎，才可开锣登台演出，否则不吉利。祭白虎仪式，是用新竹篙一只，内载新秤，新尺各一把，熟肥猪肉一方（长条形），放在篙内，以纸溪钱一叠用物扭成车轮状，用三对元宝卷成人形，以香穿着焚致祭，口中朗念……一线隔天涯语句，随着将熟肥猪肉放于台下，并敲铜锣十三响，遂告祭礼完成。①

1894 年，香港在瘟疫过后，为求神的庇护，大演神功戏。在小说中，施叔青将“破台”“祭白虎”的仪式与扮演伏虎英雄赵公明的武生姜侠魂紧密地联系

① 马梓能，江佐中．佛山粤剧文化［M］．广州：广东经济出版社，2005：31.

起来，用“广府”戏台文化推动了小说故事情节的发展，让失宠于亚当·史密斯的黄得云找到聊解寂寞的出路。“赵公明自云端下降，和白虎展开厮打，一旋身，黑裤管露出一截柳绿的里子，看得黄得云肉紧。”神功戏台上的姜魂侠英武血性，他的形象已嵌入黄得云的生命中。神功戏在小说中除了娱神，也娱了人。“接下来开台戏《六国大封相》正旦、正印文武生满台游走，黄得云眼前只有那个伏虎的英雄。”从某种意义上来说，武生姜侠魂是从神到人的过渡，通过他在神功戏中赵公明的形象，生成了寂寞女性的欲望与想象。在小说后两部曲的叙述中，这个形象草蛇灰线似的时隐时现，为他反抗殖民压迫的意识与行为打下了很好的伏笔。

但是，从历史线索和文献来看，“优天影”属于粤剧改良派，他们主要唱时装新派粤剧，主要剧目有《虐婢报》《盲公问米》《贼现官身》等和《珠江水》《思想起》《陌头柳》等粤讴唱本。小说中的“优天影”唱神功戏是文学创作移花接木的结果，姜侠魂扮演赵公明伏白虎的情节生动鲜活，属实写，虚的是对“优天影”这个剧团名的借用。作家为了迁就香港历史的叙述，借“优天影”这个名进行点染，在讲述香港史的同时为我所用地嫁接了诸多广府文化意象，忽略掉它的实证出处，只取意蕴，努力表达香港对本土文化的价值守卫与情感眷恋。香港岛于1842年被割让英国，距离小说叙事时间的起点有半个世纪之久，经过半个世纪的压迫统治，华人的文化归属还是以广府为主，在小说中，属于文化表征的“教堂”处处皆是，但在天灾人祸降临人间的时候，华人的心灵依靠不是“天主”，而是“神明”，只有神功戏才能熨平华人心灵的皱褶。这足以说明广府本土文化的强大气场与吸附力。

三、姜侠魂

“倡”“优”共演是中国文学典型的叙事模式，《品花宝鉴》（清·陈森）、《风雪夜归人》（吴组缃）、《关汉聊》（田汉）等就是相关作品的代表。由于社会地位低下，青楼女子与梨园戏子有着“同是天涯沦落人”的惺惺相惜之感。更或者在传统中国，青楼女子都有才艺经验，与长于舞台技艺的戏子有相通相知之处，所以“倡”与“优”从某种意义上来讲就是一体二身。“他们有着跨越社会阶层的功能，因而他（她）们的眼睛与身体也就成了朝代最好的见证。”[①] 从草根到精英、从江湖到庙堂，他们都能遭遇触及，以他们的视野来展开叙述容易开拓小说的社会层面与表现空间。施叔青的《香港三部曲》采用的也是“倡优

① 南方朔. 走出“迁移文学”的第一步［M］// 施叔青. 行过洛津. 北京：生活·读书·新知三联书店，2012：序一.

共演”的叙事模式，只不过以黄得云为主的“倡”这条线与以姜侠魂为主的“优”这条线只有蜻蜓点水似的交集，几乎是各自在发展。失宠于殖民者的黄得云在看神功戏的过程中爱上了武生姜侠魂，与以往作家不同，施叔青没有让这两个“天涯沦落人”共沐爱河，而是让两人擦肩而过，在未来的文字中间相逢。“那个眼睑抹上一道古红，伶人吊起的单眼皮插入两鬓的武生姜侠魂，昨天下午还蹲在树下，农夫一样的抽旱烟，从他看她的眼神，他算准了黄得云会再来，她是来了，他却不等她，跟着戏班子走了，说走就走，和来时一样突然。”[①] 当黄得云决心跟姜侠魂的“优天影”戏班走时，对方却先一步离开了。至此，叙述开始分叉。除却姜侠魂，黄得云在其生存境遇中，前后遭遇了殖民统治者亚当·史密斯、华人通译屈亚炳、买办吴福（第三部里称王福）、银行总裁西恩·修洛几个男性。通过与不同层面的男性接触，小说借黄得云的生活轨迹深入到香港殖民时期政治、经济、文化等不同场域中，为香港百年历史的书写提供了波澜壮阔的表现空间。此外，姜侠魂离开戏班，独自留在了香港，跟着戴笠帽的人走了。如果说青楼女黄得云这条线索是实写，写的是香港华人在殖民统治下的生活境遇，那么姜侠魂这条线索就是虚写，写的是中国人如何反抗殖民统治。作家对他采取一种不稳定的叙述方式，他行踪诡秘，可能远渡重洋、可能做了海盗、可能加入孙中山的革命阵营、可能入伙香港黑社会组织“三合会”。叙述到姜侠魂加入孙中山的革命阵营时，小说里的内容才与史实有了粘连。此后，作为“三合会”的成员，黄得云同他见过两面，一次是他出来“做世界”时在巷子里与黄得云相撞；另一次是在当铺里打算下手，黄得云防手，念旧情他将对方打晕，放弃行动，反而成就了黄得云在当铺里的地位。在后来的叙述中，凡是有压迫的地方，都会出现疑似姜侠魂的人，比如“五卅惨案”“沙基惨案”、省港工人罢工运动、抗战时期的游击队，施叔青都隐晦地提及敢于抗争的姜侠魂，将其塑造成了一个颇具传奇色彩的英雄，或者说将他设计成了一个具有反抗意识的符号。

从史料来看，“优天影”戏班确有一台柱，名“姜魂侠”。佛山籍的姜魂侠生于1871年，卒于1931年，少年时曾受业于朱九江弟子的门下，儒简竹居。后来入广州两广高等学堂文科肄业。他有较深的文学修养，平时喜爱粤曲粤剧，不顾家庭的阻挠，毅然参加了当时新兴的广州“优天影”志士粤剧班，演出一些时装新派粤剧，初露头角，稍后又在当时的省港名班演出，他饰丑生一角。[②] 关于“姜魂侠”这个名字，从文献资料来看，还有“姜云侠”[③] 这种称谓，究其缘由，可能性有两种：一是粤伶姓名的误传；一是粤语“云”与“魂”字发音相同，所以姜云侠就是姜魂侠。这恰恰可能为小说家的虚写与不稳定的叙述找到了借口。

---

① 施叔青．香港三部曲［M］．南京：江苏文艺出版社，2010：96.
② 马梓能，江佐中．佛山粤剧文化［M］．广州：广东经济出版社，2005：52.
③ 龚伯洪．粤剧［M］．广州：广东人民出版社，2004：39.

民国时期，也确有一浙江奇人名叫“姜侠魂”，此人是《国术统一月刊》的主编，也是武术专著与武侠小说的写手。从生活年代来看，佛山的“姜魂侠”与浙江的“姜侠魂”应是同时代人。小说中“优天影”戏班的“姜侠魂”是潮州南澳的农民，父兄都被卖到美国为奴，生死未卜，家破人亡。他寄生于“优天影”粤戏团跑龙套，后被栽培为武生。他行踪不定、疾恶如仇、“眠花宿柳”，有着不露真情的秉性。比起史实中的姜侠魂，他更符合“英雄”的特质。20世纪20年代，有一支在广州和香港两地往返演出的戏班被称为“省港班”，姜魂侠是其中一员，这是史实。在小说中，施叔青将20世纪20年代的“省港班”提前到19世纪末，将知识分子身份的丑生“姜侠魂”虚化成了农民出身的武生“姜侠魂”。作者显然是受了“英雄主义”的蛊惑，抓住一个“侠”字做文章，将国术家“姜侠魂”与戏剧艺术家“姜魂侠”两者合二为一，取前者的“侠义”与后者的“技艺”组合成小说中的“姜魂侠”，剔除戏子的文人性，变“丑角”为“武生”，为后期姜侠魂神出鬼没侠客般的出场方式打下基础。小说中的姜魂侠出生社会底层，受的压迫越深，反抗的力度就越大，戏路就越宽，这更符合文学创作的套路。史料中的“姜魂侠”与“姜侠魂”如何被塑造成小说中的“姜魂侠”，由这里可见一斑，也是一个颇有意思的话题。鲁迅先生在《我怎样做起小说来》中提到：“所写的事迹，大抵有一点见过或听到过的缘由，但决不全用这事实，只是采取一端，加以改造，或生发开去，到足以几乎完全发表我的意思为止。人物的模特也一样，没有专用过一个人，往往嘴在浙江，脸在北京，衣服在山西，是一个拼凑起来的脚色。”① 一言蔽之，鲁迅先生使用的创作方法是中国画中的“点染法”与西方建筑与文学中的“蒙太奇”方法，渲染加组合构成作品，作品中的点滴与整体都不可与现实对接榫合。施叔青用的是同一种方法，将“志士班”“优天影”剧社的往事进行生发“点染”，再取浙江姜侠魂的“武”与广府姜侠魂的“戏”，创造出“姜魂侠”这个人物形象，成就《香港三部曲》。

四、粤剧与小说的互文

（一）粤剧于小说

以《香港三部曲》为例，粤剧作为广府文化的一个支脉进入小说以及如何与小说互文是一个值得思量的问题。粤剧进入小说，为小说的文化图景注入强烈的本土色彩，内容紧贴乡土有亲和力。表面上看是小说提携了粤剧，但作家不计虚实地将粤剧带入小说，对粤剧的传承与传播会带来怎样的影响？施叔青1970年入美国修习戏剧，从曼哈顿获纽约市立大学戏剧硕士后回台，在政治大学讲授

① 鲁迅．我怎么做起小说来［M］//南腔北调集：第四卷．北京：人民文学出版社，1981：512.

西方戏剧，并从事传统京剧、地方歌仔戏研究；同时也写小说，且在从事小说创作的同时，她也做理论研究，关于东方和西方戏剧的比较，关于梨园戏、歌仔戏、南音的艺术探原，关于自己家乡鹿港古城的田野调查。她精熟于戏剧理论及舞台实践。她的《台湾三部曲》之一《行过洛津》以泉州七子戏班歌仔戏旦角月小桂——后来称为鼓师的许情三遇台湾建构台湾的历史，可见她对地方戏也是颇有见解的。只是梨园歌仔戏是她故乡台湾的地方戏，粤剧是她在香港邂逅，中间有一个粤剧在广府与香港之间传播间隔的问题。有些史实与文学表达之间确有误差与走形，但如若文学等同于史学，那么文学就没有了存在的理由。文学是一门综合的艺术，它以模糊化、虚拟性、形象性、高度集中的方式对社会、历史、文化进行记录、再现与担当，面向艺术真实的同时还要面向文学市场与接受者——读者。如果一个作品在这几方面都有较好的交待，那么这个作品就具有经典性。就《香港三部曲》而言，施叔青对存活在香港的广府文化进行了细腻而大气的文学扫描，在虚实间建构起一个艺术空间，让人在其中流连忘返。粤剧作为广府文化的核心组成部分，它在小说中积极地参与、支援了香港的文化建设。在香港被殖民与精英文化统辖的情况下，施叔青通过粤剧在香港的繁衍让这个小岛在百年史诗中保持了对广府文化母体的依赖，继承了她的血脉，在小说中有由支脉回归母体怀抱的寻根情结表达。本土文化的维系、坚守与传承是香港作为离开母体的孩子自我血缘认证的一把钥匙。同时，小说也提出了一个如何让地方文化在文学作品中活化传承的问题。中华文化由丰富的地域文化组合而成，作家对地域文化的承载与再现实则是对故土家国的一份爱恋。就当代文学而言，十七年期间乃至“文革”期间，在宏大政治叙事浪潮的裹挟下，文学参与了红色经典的书写与当下文化的建设。那一时期，在迎合意识形态的主流话语中地域文化不受重视，直到 20 世纪 80 年代寻根文学思潮的出现，乡土地域意识才回归文学创作领域。海外华文文学却不同，于飘泊海外的作家而言，故国家园一直是他们思念的对象与创作的源泉，地域文化在其创作中没有间断过。以台湾文学为例，林海音笔下的北京文化、席慕容笔下的蒙古文化、朱西宁笔下的齐鲁文化、於梨华笔下的吴越文化、谢冰莹笔下的湖湘文化、罗兰笔下的燕赵文化……这些地域文化几乎要拼贴出完整版的文化乡愁地图。在这一图景中，施叔青贡献了南方文化模块：闽台文化与广府文化。前者通过梨园歌仔戏呈现，后者通过广府粤剧呈现。梨园歌仔戏贯穿了她的《台湾三部曲》之一《行过洛津》，广府粤剧则串联了她的《香港三部曲》。施叔青说过：“我姐姐说我是很中国的。我因为常和先生在白人圈中应酬，常感觉自己代表中国，不知不觉就把中国扛在自己肩上。”她以风雨故人的视角精读闽台文化，以寄寓过客的方式扫描广府文化，后者难能可贵。广府文化亦是中国乡土文化杰出的一部分，她抓住了。

（二）小说于粤剧

从互文的角度来看，粤剧入小说，小说在粤剧的传承与传播方面又能产生怎样的影响呢？新文学时期，尤其是20世纪90年代以来，传统戏曲式微成为不争的事实。受市场经济与票房价值的影响，传统剧团纷纷解体，传统演剧事业难以为继。在这样的情况下，小说（包括影视剧本）将与戏曲相关的林林总总搬进自己的园地，以文学、文字的方式延续了传统戏曲的精气神，担当了保存传统戏曲于文字中的重任。当代小说史上（主要是20世纪90年代以来）出现了一系列此类作品：白先勇的《游园惊梦》、李碧华的《霸王别姬》、毕飞宇的《青衣》、贾平凹的《秦腔》、莫言的《檀香刑》、叶广芩的《采桑子》、施叔青的《香港三部曲》《行过洛津》、王小鹰的《假面吟》等。这些作品从不同层面、不同角度对传统戏曲进行观照，在对当代生活的运笔行文中契入古老的戏曲元素，小说与戏曲当即形成互文性关系。“互文性的特殊功劳就是，使老作品不断地进入新一轮意义的循环”①，让新老故事在交汇中撞击出不同寻常的火花。问题的关键是：哪一些戏曲元素进入了小说书写的视野？戏曲是一门综合艺术，它不但在艺术形式上集声、乐、歌、舞于一体，在表演体系上是唱、念、做、打，样样俱全；在行当体制上是生、旦、净、丑，尽显人生百态；在场域选择上以戏台、戏场为中心；有套曲板腔与空间分场的程式化限制；而且在表演内容上与小说一样是“戏场小天地，天地大舞台”，大千世界，无所不包。它的丰富性与复杂性几乎可以大于等于小说，在这样的情况下，戏曲向小说转移是整体的还是局部的？小说将戏曲纳入文本的着眼点在何处？在局部或片面契入传统戏曲时小说会不会有力不从心的地方？戏曲向小说转移抑或小说对戏曲的接收意义在何处？这些都是我们要解决的问题。总之，从古代文学时期小说戏曲同源，再到现代文学时期小说戏曲各自精彩，最后到当代文学时期戏曲向小说的转移，我们发现，经过若干世纪的沧桑巨变，戏曲又回到了小说的怀抱。

戏曲于小说而言，它是整盘扣进小说还是小说拣便于操作的部分来把玩，从而达到为我所用的目的？通过细读我们发现，现当代小说对戏曲的处理非常巧妙，它将诸多戏曲元素兑换成文化符号，将能指范畴内的戏曲元素在小说中以所指的形式加以应用，让它们在字里行间焕发出新的神采。“罗兰·巴特认为，文学远不是一种单纯的、不受限制的对‘客观’的反映，它是我们用以加工世界、创造世界的一种‘代码’，是一种符号”，文学符号学学者认为，“文学在本质上显示出自己的二重性：一方面，它提供着某种意义，有能指功能；另一方面，它

---

① 蒂费纳·萨莫瓦·约. 互文性研究［M］. 邵炜，译. 天津：天津人民出版社，2003：114.

又使自身具有所指性，把自己变成所指”①。于当代小说而言，戏曲符号的进入不单是能指性的，而是携带着意义发酵的所指性而来的。总体上来看，这些戏曲文化符号包括如下几个有代表性的关键词：折子戏、声腔、票友、戏子、地方戏等等。就《香港三部曲》这部小说而言，作家携“优天影”这个粤剧组织、姜魂侠这个戏子、粤戏神功戏这三部分有虚实出入的内容入小说，有虚拟的审美特质，但若要从小说的内容去追问粤剧真实的样貌，却是不可取的。

“在中国古代文学史中，小说与戏曲的关系十分密切。人称小说为‘无声戏’，戏曲为有声之小说。”② 小说戏曲在意象与声象之间互补，产生同源性与互文性。中国古典小说是中国传统戏曲创作题材的一个重要来源，这在元明清时期便已相沿成习，如北杂剧《西厢记》之于唐传奇小说《莺莺传》，南戏剧目《白兔记》之于宋话本小说《新编五代史平话》，昆山腔剧目《牡丹亭》之于明话本小说《杜丽娘还魂记》等。入清以后，随着地方戏的勃兴，元明以来的讲史和演义小说更成为许多剧种争相编演的热门题材，陆续演绎出如封神戏、三国戏、西游戏、水浒戏、精忠传、杨家将等一系列连台本戏，广泛搬演于民间，一直流传至今。可见，古典小说在为传统戏曲源源不断地提供众多创作题材的同时，也向传统戏曲输入了古典小说的美学观念、人文精神、结构模式和表现方法，对传统戏曲的形成、发展产生了深远的影响。③ 在传统中国，民众对历史、世界的认知多从戏文戏台上习得。小说大多凭借戏曲传播生存，但由于戏曲伎艺形态的现场性很难保存，小说担当起了戏曲的活性及文学性的留存与叙述，由于年代久远、资料难存及无法考证等原因，我们往往在小说（古代白话小说、话本、拟话本）、笔记、戏曲史话中寻找戏曲存活的样态，比如明清的演剧情况我们会从《金瓶梅》《品花宝鉴》《红楼梦》等小说中得知；另一方面，小说中描述的戏曲样态往往又与真实的史料存在出入，比如“三国戏”、小说《三国演义》演绎的内容与《三国志》之间就存在着很大的差异，但民间认为戏台上小说里的“三国”就等同于史实表述。随着时间的推移，到了近现代乃至当代，在档案史料齐备的情况下，以施叔青的《香港三部曲》为例，我们发现小说中存在着对粤剧的史料不可靠的叙述与走形现象。小说家出于对文化背景的建构与意境营造的需要，对粤剧组织、例戏与戏子进行了为我所用的文学性处理，作为意象的广府粤剧似乎只能停留在文学性的层面，而在粤剧的传承与传播方面则存在着一些问题，在没有粤剧相关知识背景的情况下，读者很有可能将小说中意象化文学化的粤剧当作具象化真实的对象来接受，进而误传。比起古典小说，当代小说在与戏曲互文的过程中应理性担待传统戏曲状态描述的真实性，警惕“随意性”，努力

---

① 邱运华．文学批评方法与案例［M］．北京：北京大学出版社，2005：180.

② 徐大军．元杂剧与小说关系研究［M］．郑州：河南人民出版社，2006．1.

③ 杜建华．《聊斋志异》与川剧聊斋戏［M］．成都：四川文艺出版社，2004：序.

在小说中还原戏曲的真实样态，做到不扭曲史料，又能有文学性的表达，这样才能在作品的接受与消费过程中让传统戏曲得到可靠的描述与流传。

五、结语

戏曲与小说同源互补，古代至当下如此。当代文学时期，戏曲式微，以互文的方式进入小说，一则保存了自已，一则拓宽了小说的表现空间。广府粤剧嵌入小说，与作品一道参与了文本的有效建设，成为共同规划线索、搭建结构、营造氛围、沟通今古的为“有意味的形式”。不但历时性承担了香港史的叙述功能，同时还共时性地契入人物的生活内部，展示其丰富的心灵世界。广府粤剧与《香港三部曲》像两种色彩的调合，彼此进入，互为表里，交相辉映。这种“有意味的”符号移置到小说的土壤中，结出了丰硕的果实：粤剧点染丰富了作品的意义空间，作品则提供、延续了粤剧的生存空间及艺术生命力。除此之外，本文也实证了粤剧在小说中的虚实，以此探讨戏曲与小说互文过程中在文学表现方面呈现出的意义及在戏曲传承传播方面存在的局限。小说《香港三部曲》与粤剧互文关系的讨论只是一个个案，引申开去可触及广义戏曲与小说的关系研究。戏曲入当代小说在创作上来讲已形成小小潮流，在评论界还未引起反响，希望此文投石问路，能引起相关研究领域及学者的注意，起到集思广益、共同切磋的作用。

用语言留住地域文化的根

佛山科学技术学院 马蔚彤

人类创造了文化，文化代表一定的民族特点，反映民族的精神风貌、思维方式和价值取向。语言记录文化，是文化的“活化石”，研究文化现象，都可以从语言的分析研究中获得启示和证明。无论是对物态文化的记录，对制度文化的确立，还是对行为文化的规范，对心态文化的表述，都离不开语言的运用。英国语言学家帕默尔就说过：“语言忠实地反映了一个民族的全部历史、文化，忠实地反映了它的各种游戏和娱乐，各种信仰和偏见。”

一、语言中的岭南文化特色

岭南文化是中华文化的有机组成部分，具有原生性。岭南文化以农业文化和海洋文化为源头，吸取中原文化及海外文化，逐渐形成自身独有的特点——务实、开放、兼容、创新。经过长期的积淀，岭南文化具有开放风气、积极进取、实利重商的文化特质。

下面仅以粤语来分析语言中所蕴含的岭南文化色彩。

1. 童谣中的年俗

年例年例，人客到齐。有钱尽使，准备肥鸡。鹅鸭猪肉，鱿鱼虾米。茨菇莲藕，豆角粉仔（米粉）。蕃茄栏豆（荷兰豆），香芹芫茜（香菜）。炒炸煎煲，精烹巧制。烟酒糖果，饼干瓜米（瓜子）。满台罗列，大方得体。催位让座，彬彬有礼。首先起粉，次第挟鸡。酒过三巡，烧支烟仔（抽烟）。酒足饭饱，开始倾计（聊天），谈天说地，讲东讲西。宾主尽欢，声震屋外。茶后留步，又有物（东西）睇。舞狮烧炮（放鞭炮），搅（玩）到鸡啼。戏散客去，方知眼眯（眼困）。钱银使尽，才知弊翳（担忧）。（吴川童谣）

卖懒，卖懒，卖到年卅晚，人懒我唔懒。（广州/佛山童谣）

我们可以看到，吴川童谣反映了当地的年俗特点与丰富的特产，《卖懒歌》反映了广佛地区新年辞旧迎新的祝愿。

2. 独具粤地特色的熟语

粤语中有大量的熟语，记载了南粤地区的风土人情、历史典故、劳作生息、喜怒哀乐，是粤人对本土文化轻松自然的表达。熟语特别明显地反映了南粤农耕生活、饮食文化的方方面面，喻人喻事都与农耕生活、饮食文化等息息相关，表现出岭南文化的原生态性。

（1）惯用语。

揾米路、食谷种、卖大包、坐食山空、抛生藕、卖猪仔、讲耶稣、失魂鱼、大头虾、软脚蟹、缩头龟、牛王头、软皮蛇、揸葵扇、箩底橙、扭纹柴、炒虾拆蟹、死蛇烂鳝、风生水起

（2）俗语。

马死落地行。
一样米养百种人。
鸡髀打人牙较软。
大石笮死蟹。

（3）歇后语。

年晚煎堆——人有我有太公分猪肉——人人有份
白撞雨——濽（赞）死人
贴错门神——面左左
比（髀：大腿）上不足，比下有余——喇叭裤

（4）谚语。

春争日，夏争时，一年农事莫迟疑。
木棉花开透，筑基兼使牛。
雨水前后，种蔗种豆；清明前后，种瓜点豆。
分甘同味，独食难肥。
一朝得志，语无伦次。

3. 丰富的词汇体系

粤语的词汇系统中，既保留了大量的古语词和底层词，又有不少的方言词与外来词，反映了粤文化与中原文化一脉相承，又与粤地的土著文化紧密相关，同时还吸收了外来文化。在发展的进程中，岭南文化不断地吸取与创新，积极开

放，形成了自己独特的风格。

（1）古语词。

雨遮（伞）、手鈪（镯子）、茶壶荮（荮：莲子，莲子状的事物）、擒上擒落（擒：攀爬）、拎住（手提）、渠（佢，第三人称）、脢肉（脊背肉）、重好/仲好（重：再、还）、睇（看）

（2）底层词。

痕（痒）、杰（稠）、吓（欺负）、揼（触碰）、嘥（浪费）心机、冚（罩住）

（3）方言词。

餸（菜肴）、脷（舌头）、揾（找）、奀（瘦小、瘦弱）、乸（雌性动物）、嘟（动）

（4）外来词。

巴士（公共汽车）、的士（出租车）、多士（面包片）、士多（小商店）、沙拉（凉拌）、仙（铜钱）、泵（抽水机）、呔（轮胎）、咭（卡片）

有趣的现象还要数粤剧（曲）中的唱词，粤剧作为广东的地方戏，流行于粤语区，体现广府地区文化的精髓，有“南国红豆”的美誉。粤剧的南国风味离不开广东方音的特殊音系，以粤语唱词（曲）来看，从北方说唱文学基础上发展过来的粤剧，其唱词雅俗共赏，在继承中原文化的基础上推陈出新。

钗头凤，凤何从？凤只鸾孤各西东！东园桃李西园种！相思红、断肠红，花名虽异本相同！一样相思肠断泪飘红！底事夜夜凭栏岂贪残月冻？谁知我有怀难寐愁听五更钟！春知怡人我自情惨痛，凄酸无过那日步芳丛。（《梦断香销四十年》）

4. 水文化的体现

广东多水，人们自然就把日常生活与水挂上钩了。粤语中喜以水喻财，有钱叫“有水”，没钱叫“冇水”或“干塘”，交钱叫“磅水”，退钱叫“回水”。广东人喜欢说“盆满钵满”，意思是钱如流，银如水，注满了聚宝盆。也喜欢别人说“猪笼入水”，以水的全方位涌进比喻财源广进，实在形象可感。平时生活中的一些行为也跟“水”扯上了关系，如：醒水（警觉）、散水（解散）、放水（泄密）、潜水（不露面）。香港人更是以“水”称钱，一百元叫“一尺水”，一千元叫“一撇水”，一万元叫“一盘水”。

广东地名则更能充分地反映出“水”的特性。清康熙年间的《南海县志》中与“水”有关的地名有230多个，以“河”“海”“江”“冲”“涌”“滘”“溪”“沥”“沙”“塘”“涡”“湖”“汀”“濠”等为通名的地名生动地反映了佛山南海市（原南海县）独特的地形地貌。《叠滘：河涌环绕相拥的岭南水乡》一文这样写到：清代学者屈大均用“广为水国”概括了珠三角地理的典型特征：三江水系，河涌纵横，密如蛛丝，湖泊洼地，星罗棋布，珠江奔流入海，咸淡水交融，孕育着泽润古今的水性文明，水文化有着无与伦比的地位。……珠江三角洲地区水之通名分得非常细，常用河、海、江、水、溪、湖、塘、涌、滘、沥、潭、湾、濠、澳、圳、涡、湾、氹、凼等字，其中，“滘”“涌”最为常见，据统计，广东“滘”字地名269个，“涌”字地名2 585个。

5. 日常用语中折射出务实、自信、进取的社会心态

“着数”“赊底”“有数为”“冇数为”“打理”“收档”“搵吃”“水货”等粤语词汇反映了广府人的实利重商的文化特质。

广府人的一些生活用语，常利用谐音来表达。摆“桔（吉）”，插“花（发）”，吃“糕（高）”，饭桌上有“发财（发菜）就手（猪脚）”“发财（发菜）好市（牡蛎）”，借助这些象征吉祥的物品，希望给人们带来幸福快乐、生意兴隆，行业兴旺。广府人过年总爱在家里摆设“葱”“芹菜”“生菜”“蒜”，寄望家中的晚辈“聪明”“勤力（勤奋）”“发财”，具备“金算（盘）”的能力。电视剧《七十二家房客》主题曲则表达了草根民众乐观进取的心态。

> 嘿呦……一道屋檐人生百态，有人为两餐搏命去捱。嘿哟嘿哟，鬼叫你穷啊，顶硬上啦。有人利毒孤寒日日搵交嗌，碌眼突鼻酸枝当烂柴。最惨系人穷唔够人口大，要分黑白又怕沙煲都打烂埋，点分好坏？
>
> 咪话我地穷人就要任人踩，滴水都会成流水浸街，有情有义手牵手去闯世界，富贵贫贱我唔信命里安排。夜就有天光?，天大地大，鸡毛飞上天咪话奇怪，始终有岸埋。

由此可见，语言是文化的载体。教育部语言文字信息管理司王铁琨司长在联合国2008年国际语言年暨第九届国际母语日庆祝活动开幕式上的致辞说：“语言不仅是信息的载体和交流的工具，语言更是重要的不可再生的文化资源。当今人类语言资源正在快速流失，这与生物物种的流失和大气变暖等同样值得关注。”

二、用语言留住地域文化的根

文化具有地域性，中国文化的多样性正是通过内部的区域文化和民族文化呈现出丰富多彩的差异。

1. 方言与地域文化

语言使用具有差异性，广东省就有汉语的三大方言——粤语、闽语、客语，也形成了风格迥异的三种地方文化。“方言可以说是地方文化的最突出的特征。一个地方的戏剧、曲艺、歌谣、谜语等文艺形式都是以方言作为工具才得以表达的。当然地方文化还包括人情、风俗、习惯、服饰等方面，这些方面的特征有时候也会反映在方言里。方言研究实在是研究地方文化的一把钥匙。”早年沈兼士还说过：“歌谣是一种方言的文学，歌谣里所用词语，多少是带地域性的，倘使研究歌谣而忽略了方言，歌谣中的意思、情趣、音调，至少有一部分的损失，所以研究方言可以说是研究歌谣的第一步基础功夫。”某种方言词语的使用确实有别于普通话和其他方言，广东省作家协会副主席、中山大学教授谢有顺教授认为：“中华文化是平铺在中华大地上的，几乎每一个村落都保存着独特、复杂的文化基因，而方言可能是了解这些文化基因最为基本的单元，这些单元看似渺小，但彼此勾连一起，就能够充分感受到中国文化的丰富性。”如不少的唱词都带上了明显的方言特色，具有很强的表意功能。

（1）电影《三笑姻缘》（唱词）。

衰人（不好的人、坏人）讲嘢（说话）令我憎（讨厌），所作所为认真（确实、的确）下品（低下）。点算（怎样才算是）下品？我有心求凤引咋（语气词），观音你应动慈善嘅心？（语气词），观音实无乱噉帮坏人立错心嘅（语气词），观音都有救苦救难心？（语气词）。

（2）开平买鸡调《懒婆娘》（节选）。

懒婆娘，做人冇想象，日日讲到日头三几长，头唔梳时脸又唔洗，眼屎好似芝麻酱，白衫着成黑衫样，行埋（靠近）臭酸姜，原来该（音【kh□i^{2}1】）久（该久：很久）唔见佢冲过一回凉。

懒婆娘，成日荡，穿屋又穿巷，吃饱三餐到门口望，一味望着买麻糖，听见个锣仔响叮当（挑担货郎摇的小鼓），回家走忙忙，揪大床，揭米缸，门角有张牛屎邦（一种农具，宽而短的锄头），一把铜锁拧（音【khai□^{3}】）去（拧去：拿去）驳（换）麻糖。

懒婆娘，吃嘢又无方，吃完麻糖又煲莳糖（红薯糖水），吃得多来肚又慌，成晚开门走到天光。……

德国著名的学者威廉·冯·洪堡特（1767—1835）就反复强调语言对史学、人类学、民族学研究的重要性，一直坚持把语言学习作为其他研究的前提条件，他研析和比较过的语言多达数十种，既有印欧语系、美洲印第安语，也有马来语、汉藏语。他的经典论著《论人类语言结构的差异及其对人类精神发展的影响》讨论了语言与文化的关系，他认为山地民族巴斯克人始终保持着一种独立语言的纯洁面貌，不受毗邻的欧洲语言的影响，因此文化上是封闭的。而海岛民族马来人则是另外的一种面貌，辽阔的地理环境，擅长航海、乐于迁渡的生活使马来人的民族文化是开放式的，先后受到印度文化、阿拉伯文化、中国文化三大文化的影响，文化的渗透又伴随着语言文字的输入。如爪哇岛的卡维语，是当地僧侣、诗人使用的一种被认为是高雅的语言，却保持了马来语的语法结构，吸收了大量的梵语词汇，并采用梵文字母作为文字。

语言（方言）有差异，这种差异固然能反映出不同的地域文化特征，如北京话婉转流畅，山东话朴实醇厚，上海话悠扬和谐，苏州话娇柔细润，天津话豪爽率直，东北话强悍粗放，广州话跌宕活跃。相反的，相同的文化特征，又可以在语言表达上呈现出不同的特点。下面是几首同题材的粤语歌谣，从不同的角度反映了旧时媳妇持家生活的不易。

鸡公仔，尾弯弯，做人心抱甚艰难！早早起身都话晏（晚），眼泪唔干入下间。（广州童谣）

鸡公仔，尾弯弯，做人媳妇甚艰难！几早起身都骂晏（晚），眼泪未完入田间。田间有个冬瓜仔，问声安人（婆婆）蒸或煮？安人话蒸，老爷话煮，蒸蒸煮煮唔中意，拍起枱头（拍桌子）骂到朝，三朝打断三条棍，四朝跪烂九条裙。（台山儿歌）

筛谷筛米筛花心（花生），簸谷簸米簸烟尘，可惜我娘养我大，伸手出来服侍人。（吴川童谣）

禾燕燕，碰碰飞，做人媳妇真吃亏，滚茶滚饭人吃了，冷水冷饭留我归。（粤北山区月姐歌堂词）

在广东南海，一些日常用语都会有不同的叫法，地域范围不算广，却有着种种的差异。如“闪电”：摄靓 sip^{33}l□ŋ^{22}（桂城）、闪靓 sim^{3}l□ŋ^{22}（西樵）、闪靓 sim^{3}l□ŋ^{12}（九江）、飒靓 sap^{33}l□ŋ^{22}（官窑）、□靓 jip^{22}l□ŋ^{22}（沙头）、□靓 jip^{33}l□ŋ^{22}（丹灶）。又如“蝉”：丫蝉 a□^{3}sim^{3}□（桂城）、丫燕 ŋa□□jin^{33}（官窑）、黄牛展 w□ŋ^{22}□u^{21}tsin^{3}□（官窑、沙头）、□珠 kh□m^{22}tsy^{3}□（九江）、吱吱 tsi□□tsi□□（沙头）、吱□tsi□□ts□□（丹灶）。所以说地域文化的研究、地域文化的传承，首先还是应该关注其地方的语言（方言）特色。

2. 语言选择

2008 年北京奥运会吉祥物福娃原译名叫 Friendlies，2006 年 10 月确定为 Fuwa。看似简单的改动，实际上反映了一个严肃的语言观问题。郭熙在《中国社会语言学》（2003）中指出：语言观直接影响到语言的应用观，决定语言应用观的因素绝不只是语言观，语言的使用者在使用或放弃一种语言的时候，更多考虑的不是语言本身。如中国境内的就有“无所谓型”“纯洁型”“调和型”“求异型”“解释型”“实用主义型”等种种情况。

随着社会的发展，社会人员的流动，语言运用的选择必然成为人们必须面对的问题。语言之间的差异不能说明语言的好坏，19 世纪欧洲的语言学界曾经采用孤立语、屈折语、黏着语、复综语来划分世界语言的类型，属于孤立语的汉语当时被认为是落后的低级的语言，而在 21 世纪的今天，汉语却风靡世界，席卷全球。人们认为，语言的选择是身份、地位的象征，这种语言态度实际上反映了社会和文化价值的评判。最近几年，不断有人提出“孩子先学普通话还是先学家乡话”的困惑，说明大家已经注意到语言选择的问题。“上海话前途”的讨论，广州“推普废粤”的风波，都反映出人们对语言运用问题的关注。在国内，语言态度直接影响了人们对方言的使用，影响到语言的变化。人们对家乡文化的依恋，决定了他们对自己方言的维护，“乡音未改鬓毛衰”就是这种感情的真实写照。与此同时，社会的交融也不可避免地带来语言的冲突与语言的同化。

3. 关注母语

母语（母方言）是我们表达与交际的工具，是社会联系沟通的方式，既体现了一个族群对世界的基本认知方式和成果，也构成一个民族的标志性元素之一，承载着一个族群在长期的历史过程中积累的大量文化信息。不同母语的人构成了不同的文化背景，形成了各种特定的文化性格，构成了一个丰富多彩的社会文化系统。这种丰富多彩的文化系统往往又是由体现民族精神的民族语言构成基石的。

2009 年联合国教科文组织发布了新版世界濒危语言图谱，全球近 7 000 种语言中共有 2 511 种语言处于脆弱、危险或非常危险的境地，面临着消亡的风险，估计 100 年内，将有一半以上的语言从人类的日常生活中灭绝。中国境内，满语、畲语、赫哲语、塔塔尔语已经处于完全失去交际功能的状态，众多的方言已经被普通话或其他强势方言所弱化甚至被代替。

国际上对语言文化遗产特别是濒危语言的保护已经引起重视，有各种的组织、基金、项目和会议。如2012年谷歌推出了旨在保护全球语言多样性的在线协作平台“濒危语言”项目（http：//www. endangeredlanguages. com/），用于记录、访问和共享濒危语言的样本及研究成果，目前已记录了3 054种濒危语言。然而国内，对语言遗产的保护还未能达成共识，甚至有满语、畲语、赫哲语、塔塔尔语满语、畲语、赫哲语、塔塔尔语满语、畲语、赫哲语、塔塔尔语满语、畲语、赫哲语、塔塔尔语反对保护方言的声音。当今全球范围内弱势语言被强势语言冲击甚至取代的快速势头已经打破了语言缓慢演变的自然进程，1999年11月联合国教科文组织（UNESCO）在第30届大会上就提出倡议：“语言是保存和发展人类有形和无形遗产的最有力的工具。各种促进母语传播的运动，不仅有助于语言的多样化和多语种的教育，而且能够提高对全世界各语言和文化传统的认识，以此在理解、容忍和对话的基础上，促成世界人民的团结。”目的在于促进语言和文化的多样性，以及多语种化。“国际母语日”自2000年设立至今已有16个年头了，但国内知道的人甚少。对于方言保护问题，不少人认为它与国家推广普通话的政策相违背。其实，汉语的各种方言是地域文化的重要载体和表现形式，也是普通话健康发展的资源和保障。对方言采取一些适当的保护措施，就是要减少普通话和外来语言对方言的剧烈冲击，努力使方言保持自然演变。因此，我们在保护地方文化的同时，也应对地方语言进行保护，在推广普通话的同时，尽量让方言在社群中口头使用、保持、传承，让它存活下去。对于方言特别是濒危方言的文化资料采用记录式保护，尽可能完善地记录、保存。自2014年开始，广东南方卫视的《谁语争锋》节目、广东佛山电视台的《大师傅》节目，都是通过大众参与、专家评点的形式，帮助台上的选手及荧屏前的观众更好地了解方言、学习方言，这不失是一种存活方言的有效方式。

经过试点工作以后，2015年教育部、国家语委启动中国语言资源保护工程（详见《中国语言资源保护工程管理办法（试行）》），在全国范围开展以语言资源调查、保存、展示和开发利用等为核心的各项工作，利用现代化技术手段，收集记录汉语方言、少数民族语言和口头语言文化的实态语料，通过科学整理和加工，建成大规模、可持续增长的多媒体语言资源库，进而推进深度开发应用，全面提升我国语言资源保护和利用水平，为传承中华优秀传统文化、促进民族团结、维护国家安全服务。由此可见，语言文化的保护是一项重大工程，它需要大家的共同参与，通力协作。

三、结语

语言是一种文化的表征符号，是文化的载体，文化指导着人们的社会活动，而整个社会必定是依靠语言来交流。一方水土养育一方人，一方语言承载一方文化。语言文字承载着一个民族的记忆和图像，包含了一个族群的文化和感情，是一个民族历史、文化、生命之所系，更是民族认同的基础。文化的传承以家庭、宗教、政治、教育、经济活动、日常生活、生产过程以及人们的交流活动为媒介，人类承担着学习、继承和传递文化的使命，同样也有守护语言（母语）的责任。我们保护地方的语言文化，就是留住地方历史的记忆，留住地域文化的根，避免文化趋同的危机。

（本文中的语料来源：①本人的调查搜集；②学生、朋友、发音人提供；③相关的粤语研究书刊上摘录。感谢大家的帮助。）

参考文献：

［1］罗常培．语言与文化［M］．北京：语文出版社，1989.

［2］游汝杰、周振鹤．方言与中国文化［M］．上海：上海人民出版社，1991.

［3］程裕祯．中国文化要略［M］．北京：外语教学与研究出版社，1998.

［4］姚小平．洪堡特——人文研究与语言研究［M］．北京：外语教学与研究出版社，1998.

［5］洪堡特．论人类语言结构的差异及其对人类精神发展的影响［M］．姚小平，译．北京：商务印书馆，1997.

［6］郭熙．中国社会语言学［M］．南京：南京大学出版社，1999.

［7］游汝杰．中国文化语言学引论［M］．上海：上海辞书出版社，2003.

［8］陈原．社会语言学［M］．北京：商务印书馆，2004.

［9］祝畹瑾．社会语言学概论［M］．长沙：湖南教育出版社，1992.

［10］李如龙．汉语方言研究文集［M］．北京：商务印书馆，2009.

［11］李新魁．广东的方言［M］．广州：广东人民出版社，1994.

［12］杨子静．粤语钩沉［M］．广州：广东高等教育出版社，1993.

［13］黄小娅．羊城旧语［M］．广州：广东人民出版社，2012.

［14］詹伯慧．广府方言［M］．广州：暨南大学出版社，2012.

［15］周无忌．广州话点解［M］．广州：广东人民出版社，2006.

［16］陈哲深．台山民间歌曲集［M］．珠海：珠海出版社，1998.

［17］曾子凡．香港粤语惯用语研究［M］．香港：香港城市大学出版社，2008.

［18］叶春生．岭南风俗录［M］．广州：广东旅游出版社，1988.

［19］刘伯奎．中华文化与汉语语用［M］．广州：暨南大学出版社，2004.

［20］聂仁．民谣下的中国［M］．长春：时代文艺出版社，2001.

［21］黄涛．文化遗产的特性、价值与保护策略［J］．中国人民大学学报，2008（4）.

［22］吴川童谣［EB/OL］．http：//blog. sina. com. cn/s/blog_ 6848b5d201010gcr. html. hugo，2011－11－06.

［23］南海话［EB/OL］．http：//tieba. baidu. com/p/4054068204. 2015－09－20.

历史文化

论广东地域文化的“本土化”表达

广东财经大学 江 冰 陈 露

说到广东文化，我们立刻会联想到值得骄傲的20世纪两次“文化北伐”，它们功绩显赫，载入史册。同时，也难免有不愉快记忆：“广东是文化沙漠”——尽管我们辩解、反驳，但此调不绝于耳。北上广深，经济可并称，文化却似乎难与京沪争雄。无论我们如何强调广东文化的殊异、低调，一个不争的事实在于：文化传播力明显偏弱。本文力图从“本土化”表达入手，从可以进入大众传媒的文学创作入手，对如何提升文化传播力进行初步探讨，力求增强信心，力求有所触动。

一、从珠江水系看广东地域文化

翻开广东地图，就能看到一种很有趣的地理现象。她北枕南岭，南临南海，呈现出一个相对独立的地理单元。北高南低的地势上密密地分布着无数河流自北向南奔流，然后汇入南海。海子那句诗“面朝大海，春暖花开”是最好写照，这仿佛是历代广东人生存迁徙的象征，自北而来，向南而去，漂洋过海。这些自北向南走向的河流构成了广东两大水系——珠江水系和韩江水系。珠江水系由西江、北江、东江构成，共有大小河流774条，总长三万六千多公里。屈大均《广东新语》云：“西江之源最长，北江次之，东江又次之。”韩江水独立成系，就如潮汕民系的相对独立性一样，自成系统。“逐水而居”是人类生存规划，广东人与水的依存尤为明显，由水而生发的文化遍布岭南大地。

珠江水系所覆盖的广府文化，可能是天下最富裕的文化之一，拥有巨大的财富，巨大的商机，巨大的人才资源。这一切又与广州这座大城有关，与珠三角密切相连。在她的文化谱系中有赣粤边界大山中的珠玑巷和贯串整个粤北的北江，有发端于云贵高原的西江，有自赣边南流的东江，有源自闽赣的韩江，由此汇涌而来各路文化的“神氏”成就了珠江文化，并进一步成就了这份独特的广府文化。在她的南面，左手澳门右手香港两座城市海洋文明的传递，澳门的大三巴，香港的英国风，还有广州一口通商的十三行，天下闻名“如鸟唱歌”般的粤语，以及四季如春的遍地鲜花，花香鸟语，多么真切，崇尚随性的生活，崇尚务实的作风，懂得和气生财，懂得笑迎四方、包容天下的道理，低调的文化，低调地做人。

西江是珠江流域第一大水系，发源于云南省曲靖市乌蒙山脉的马雄山。如果把廉江和遂溪都算入的话，西江干流与支流覆盖了整个粤西。从古南越部落到秦汉开疆，再到封开形成岭南文化雏形，无不与西江息息相关。尤其是秦始皇开凿灵渠后，西江各流域受来自中原汉文化和大西南少数民族的习俗影响更甚。“岭南区域历史开发有自北向南、从西往东、从山区到沿海的空间推移过程，也形成了与此大致相应的地域文化分布格局。”① 西江对岭南文化的贡献，是由其水系所决定的。

奇怪的是，“西江文化”所涵盖的粤西，处于广东三大民系之外，位置较偏僻，经济欠发达，虽然也有不短的海岸线，但比不过潮汕，比不过厦门，也比不过海南岛。百越的底子，先秦的遗存，雷州的石狗、咸水歌，还有堪称杰出的古代女子地方首领冼夫人，威武一时，威震一方，影响直至海南。粤西一地方言多样，难成一体，文化经济都难与广东三大民系抗衡，但也的确是三大系无法涵盖的，难道真的是被挤压到海边的先民？难道他们才是广东这片土地上最早的居民？

北江是珠江流域的第二大水系，有两处发源地，一是发源于江西省信丰县石溪湾，二是发源于湖南省临武县经乐昌市的武江。两江在韶关市汇合后为北江，经清远，至佛山三水区思贤滘与西江汇合。北江，连同它的支系，纵横贯串整个粤北，在清远、三水一带筑建的北江大堤是护卫广州的屏障。

如果我们用流域来命名一种文化集合，那么“北江文化”包含了广府文化、客家文化、少数民族文化。历史上，北江的最大特点、具有广东其他区域难以替代的功用，即“桥梁”作用。北江，作为岭南与中原的“桥梁”和“文脉之路”是由其地理环境决定的。秦汉开始，大量的移民，包括频繁的军事活动乃至战争，大部分越过南岭山脉自北江而来。唐代张九龄开拓梅关后，入粤移民，商贸往来，基本上走北江一道，而荒废了西江一边。甚至唐以后南下官员的路线也是选择北江而非西江。北江，对岭南文化的形成起到“起承传合”的作用。

在整个东江流域中，今河源市辖的龙川县，因为南越王赵佗曾经经略之地，决定了这块土地的不平凡，决定了这块土地成为岭南史说不尽的话题。据佗城镇人口普查资料，现仅有 4 万人的龙川县佗城镇就有 179 个姓氏，其中佗城村就有 140 姓。这是国内罕见的，亦是赵佗经龙川时秦兵驻防的见证。佗城镇 48 个存留至今的宗氏祠堂说明了这种文化传承和北南大融合的开端。

从整个珠江水系看广东地域文化，除了看到不同民系构成，还看到由水系所构成的不同文化板块。地域形成历史，历史构成政治和民族，形成和产生文化基因。广东地域文化，万年的淘洗，千年的纠缠，让每一条河流都无比复杂，而每

① 司徒尚纪. 西江文化形成发展和演变初探［J］. 岭南文史，1996（4）.

一个流域又产生了各自的文化板块。

二、广东水系流域构成文化差异

从广州往西、往北、往东三个维度出发，由水系流域构成的文化差异鲜明而各具特色。向西几百里，都是粤语的天下。使用白话的一路向西，其文化相似性要比向北、向东走一百里大得多。这恐怕就是历史走向的作用，从前靠河流，文明沿着河流走。粤西与广西、越南，在风物情调上有相同之处：林白小说的笔墨渲染，越南电影的特殊情调，粤西风物的精神意蕴——神韵灵气贯通，似曾他乡。可惜，粤西似乎没有艺术代表作品来做一个特征的标志。除了一些非物质文化遗产，可以对应昨天历史的存留——让我们多少还能寻找些许已然淡去的足迹外。

一路向西，翻翻历史，广东从“越”到“粤”经过漫长历史，“越”是一个很大的概念，十分久远，“粤”则是近代概念，仅为百年。百越族，是居于现今中国南方和古代越人有关之各个不同族群的总称。文献上也称之为“百粤”，粤，越族，其分布甚广，内部各有种姓，杂处于现今中国南方各地。在中国历史上，整个广大的江南之地，即所谓交趾至会稽七八千里，在秦汉朝以前都是百越族的居住地，古越语与中国北方上古汉语相差极大，根本无法通话。而今天的越南人属于中国百越族的一支，公元前214年，秦军征服南越，设立三郡，其中象郡就在越南北部。于秦汉改朝换代天下大乱之际，割据岭南的南越王国建都今天的广州，也同时管辖着越南北部。所以到了唐朝区划岭南，广州包括珠三角的中心地位也自然形成了。

一路向西，通行粤语，又与西江有关。西江水流量仅次于长江，水面开阔，江浪汹涌，两岸青山相对而出，当年秦大军与百越部落大战于波涛之中，可谓惊心动魄。可见，西江不仅与地理形势有关，也与秦始皇时代以来的历史有关。假如按法国批评家丹纳的文化影响三要素——种族、环境、时代来加以衡量，西江与东江，又会有多少异同呢？地域总是以其差异与特色构成永久的文化魅力。

一路往北，清连高速六十公里后便是广东首次发现青铜乐器的清远，再往北一百公里，是韩愈谓“天下之穷处也”的阳山，是刘禹锡生活了四年的粤北连州，是广东最大的瑶壮民族聚居地连南连山。翻过秤架山高处，便可来到马坝人的故乡粤北韶州。向北，有京港澳、广乐高速，然秦汉以来，文化流向皆以北江为载体由北往南一波波推进。就现在遗存的方言，明显可见梯度递进与各地殊异。连州仍保存较为纯粹的中原汉文化传统，连州丰富的小吃样样可见中原影子，包括独特的粉角和大碗面，常常令人产生临连州如临内陆某省之感觉。这跟连州一度与长沙国为邻，数代兵临南越滞留军队有关，与骑田岭，与中原官道有关。阳山则属于中原文化，也是客属文化与广府文化交杂地带。清远（今清城区与清新区）则全部可视作广府文化区域，在整个泛珠三角区域中，清远白话与广州话可能是最接近的一种。因而就水系流域与地域文化的关系而言，清远与广州是属同一文化带，连南连山则是相对独立的少数民族文化区域。粤北之韶关，则更多偏向粤东北的客属文化带。

往东，韩江和东江，带给我们更为殊异的文化体验。潮汕文化自成一格，商有华人首富李嘉诚，文有“北季南饶”的饶宗颐。潮菜据说是天下最贵的菜，潮剧也是顽强生存的传统戏曲之一，潮州对韩愈的崇拜足可引为历史奇迹：一个大文豪的八个月生活，居然使得江山易名，韩山韩水韩江直到千年。

客家是很大的一个汉族部落，五次华夏大迁徙，多次战争或灾害造就了千里跋涉的先民，他们的特点有二：一是来自中原，二是客居大山。“要问客家来何处，客家来自黄河边；要问客家居何处，逢山有客客居山”，传统源远流长，传统坚不可摧，所以重文教、重做官。因为传统观念，也因为新到异地，会被原住民打压，会与原住民争抢自然与文化资源，来得迟，好山好水好天地都是原住民的，只好上山开荒，只好力图后来居上。男人出外挣钱挣功名，留下客家女子坚守持家。客家山歌对唱的那位哥哥，得我心得我身，就远走他乡了，真是吃苦耐劳的客家女子。客家中有作为的大家不少，如何走出围龙屋，是一件值得琢磨的事情。客家菜虽然自成一系，但特色上不如粤菜潮菜，还是有浓重的北方底子，客家山歌与南方各地的山歌采茶歌也相去不远。

法国批评家丹纳说过：“自然界有它的气候，气候的变化决定这种那种植物出现，精神方面也有它的气候，它的变化决定这种那种艺术的出现。”[①] 循着丹纳这个逻辑来理解，人的精神气候与地域气候是一致的，与文化和艺术的出现也是一致的。广东地域文化因水系流域构成殊异的文化差异，与气候、地域息息相关。假如我们再把视野拉向中国大陆版图，我们也不难体会广东一线岭南山脉与一面广阔南海——两大元素所造就的不同与中原文化的殊异个性：“离大海很近，离中原很远。”这，其实也就彰显了广东地域文化的独一份价值。

三、广东需要“本土化”表达

上述本土文化描述，虽然脚步匆匆、蜻蜓点水，却也林林总总、色彩斑斓。我们的目的即是说明两点：广东地域文化的丰富性与复杂性；“本土化”表达的必要性与价值所在。现在回到本文主题：我们如何进行“本土化”表达？何谓“本土化”表达？理论上很难准确界定，本文将其作为一个传播学的概念，放在

① 丹纳．艺术哲学［M］．傅雷，译．南京：江苏文艺出版社，2012：15.

文化传播的范畴来加以讨论。由于传播的方式太多，为了说明理念，为了理清思路，我们暂且将本文讨论限定在比较具有代表性的文学创作领域。

那么，何谓文学创作的“本土化”呢？似乎也难以一语概括。但我们以为，一定与出生地、童年记忆、祖先记忆、故乡记忆密切相关，一定与生于斯长于斯、贯穿生命的某种文化传统有关，一定与所痴迷所钟情所热爱的乡土情感有关。仔细品味一下当代作家的作品，出生地的情感与文化烙印，常常在作品中留下这样一种东西：无论你走得多远，无论你漂泊到何处，你的情感归宿在你的“本土”，也许你会走得很远很远，天涯海角，千里之外，但艺术家内心的故乡在原处，在老地方，这是命定的归宿，游子的归宿。世界各国作家一概如此，中国作家基于传统尤此为甚。广东“新移民作家”的大部分作品皆可引为例证——虽然对于广东本土进入有深有浅，但个人故乡依旧在作品中占有重要位置，所谓乡愁，始终徘徊不去。加之广东改革开放时期，文化冲突激烈，作为情感补偿的乡愁更是有增无减。就“本土化”表达而言，综合考察来看，广东文学艺术创作界的历史使命，将更多地赋予本土作家——他们有人脉，有地气，有方言，有熏陶，较之“新移民作家”更具有出生地等天然优势。但，这也仅仅是理论上肯定的优势，作为本土作家，需要加倍关注本土文化，需要更加深切的生命体验，需要更加充分的文化自信，需要发自内心的文化热爱。倘若，由于熟视无睹进而导至漠然，其优势也可能瞬间消失殆尽，反而不敌外来作家因为差异冲突而唤起的新鲜感。在精神准备的同时，我们还需要大量的艺术描述，需要更精致的，更具有本土底蕴的描述。“任何地域文化的积淀以至主流特征的形成，都与它的不断被描述有关。”① 广东地域文化的“本土化”表达，需要的就是这一种“文化描述”。所谓“文化描述，不仅仅停留在学术探讨的层面——必须生产出文化产品，进入现代传播领域，借助一切媒介，渗透到广大民众的日常生活，唯有如此，一种文化才能源源不断地从每时每刻正发生的生活中汲取营养，文化的生命之树方可常青不衰”②。由此推理，广东地域文化的“本土化”表达，需要通过鲜明的“文化描述”，发现本土文化之艺术，本土文化之历史，本土文化之精神，本土文化之灵魂。这正是我们进行“本土化”的表达目标与大致途径。

目标与途径确立之后，进而讨论表达策略。为了清晰思路，我们依旧把讨论暂且限定在文学领域。首先是粤语融入创作问题。粤语言，从广义来说，除了广州话外，还应包括客家话、潮汕话，以及介乎于广州话与客家话之间的“硬话”

---

① 江冰．论广东文学的本土化创作［M］//广州市文学艺术界联合会，广州市文艺批评家协会．本土关注：广州文化研究与文艺批评论文选．广州：花城出版社，2013：202.

② 王海，江冰．从远古走向现代——黎族文化与黎族文学［M］．广州：华南理工大学出版社，2004：8.

(粤北土话，广西一部分)，瑶族、壮族少数民族语言。粤语的发音、句子结构、言词的多义性等与普通话区别不小。以粤语融入汉语文学书面语言，是广东本土作家碰到的第一大难题，亦是康有为、梁启超曾经研究和探索的问题。我们不无固执地认为，如果缺失了粤语言的进入，岭南区域的文学叙事是不够完整，也无法完全表达广东地域文化之神韵。语言作为一个结构系统，作为一种人类社会最重要的符号系统，它必然有自身严密的规律。英国结构主义学者特伦斯·霍克斯曾言："语言是自我界定的，因此语言是完整无缺的，它是能转换的过程，即自身能产生新的方面（新的句子）以对新的经验作出反应，它又是自我调节的，之所以具有这种能力，是因为它不允许个别的，单方面的，求助自身之外的'现实'，最后它组成自己的现实。"① 在我们的田野调查中，不难发现粤语言中有众多俚语，不但蕴含上千年的历史，保存着古汉语的精华，而且依旧鲜活。许多传统村落，依然是"五里不同音，十里不同俗"，语言结构差别甚大，这与历代中原移民渊源颇深。因为差异，粤语言叙述的丰富性与生动性俯拾皆是。譬如我们在田野调查中记录了一段族长三伯的说话："涯族人摸水迁来，两百年后，孙大炮讲中华民国成立了，村里头的狮子舞了三日。仲系冇得食、冇得穿。涯族的后生又摸水去了南洋，九死一生。迄今在南洋的涯族也有上万人。""涯"字平音，是"我"粤北土话发音，粤西或广西客家话也多用"涯话"。"摸水"一词包含了"迁徙"和"溯水而居"两层意思。

其次，则是如何进入岭南本土独特的"文化系统"这一问题。由于岭南经济、文化、政治的发展并非完全"土生土长"，从秦汉到民国，乃至当代的广东"新移民文化"，两千多年的社会历史发展轨迹，说明了岭南区域文化的形成不是单一性的。美国著名人类学家鲁思·本妮迪克特的《菊与刀》一书谈到广东氏族文化："在广东那种人口稠密的地区，所有宗族成员集中起来修缮宗祠，在祭祖的日子，共同向祖辈流传繁衍下来的上千牌位致祭。每个宗族都有自己的财产、土地、寺院，而且也有用于宗族教育的基金。宗族会把分散的宗族子弟集中起来，每十年刊印一次经过认真修订的族谱，记载有权利分享本宗权利者的姓名……在封建帝制，这种半自治性质的大宗族共同体，只是偶尔在名义上受到国家的管理，那些由不断更迭的政府所指派调任的官员，在当地完全是外人。"② 鲁思·本妮迪克特所描述的宗族状态，至今在广东依然普遍。这种乡村风俗文化在宗族管理基础上代替了行政和宗教，成为民间信仰一种表现方式。乡村社会没有严格的宗教信仰，但有丰富的民间信仰。我们倡导的"文化描述"不但要进入这样相对独立的"地域文化系统"，而且需要开掘地域的独到之处。在北江中上

---

① 特伦斯·霍克斯. 结构主义和符号学［M］. 瞿铁鹏，译. 上海：上海译文出版社，1987：17.

② 鲁思·本妮迪克特. 菊与刀［M］. 田伟华，译. 北京：中国画报出版社，2011：36.

游区域的地方，能找到中原很多历史名人的后裔和族群。例如，孔子七十二门徒之梁鳣（zhān/粤/鳝）的族群，春秋战国末期吴国著名军事家伍子胥的后裔，北宋苏东坡的后裔，北宋著名书法家、画家米芾的直系后裔，南宋抗元名将朱文焕的直系族群等。岭南两千多年的迁徙历史，决定了广东本土每一个氏族部落，传统村落、乡镇、区域就会形成了一个小型的“文化系统”，中原文化之遗存，本土文化之融合，千锤百炼就会形成自身特色鲜明的民风民俗。

还有广东文化中的海洋性格，比如潮汕人一方面是重商业重海外开拓，另一方面又重宗族和传统继承。还有潮汕地区内部也存在文化差异，所谓“大文化”中还有“小文化”，这些现象，在广东都有较之内地更加鲜明的存在，这也是当代中国文学的一个特殊价值所在。总之，“‘描述’，是一种文化意义上的描述，它既需要在轮廓形象上的勾勒，更需要内精神上的摄取。就一个民族一个地域文来说，其文化积淀乃主流特征的形成，与它的不断‘描述’有关”①。因此，对“本土化”表达进行描述，就必须进入本土文化系统，从中了解这些特殊的文化精神，特殊的历史存在。

四、“本土化”表达力求“三个兼顾”

从国内改革开放三十多年的文学来看，受乡土、寻根、回归、新现实、新移民等创作倾向影响，社会对“地域”与“本土”产生一定的歧见。本土，区别于狭隘的乡土，不仅仅是把某一个区域“画地为牢”。乡土是本土的一个基础，但不是全部。“本土”这个概念是流动的，是变化的。从乡村到城市，从城市回到乡村，从中国到外国，又从国外回到本国，其变化是文化认知的变化——出生地到生活地，旅途漂泊中观念改变，空间转换中文化冲突。“如何兼顾‘传统与现代’，如何兼顾‘地域与世界’，如何兼顾‘故乡与全球’，如何体现有地域特色的开掘，如何在融入世界性潮流中保有自己的特色”②，是广东“本土化”表达需要特别注意的问题。“论及本土化文学，本土是一种资源，但不是文学高地。要占领高地，还是需要先进的文学理念、眼光、方式和手法”③。文学是一种描述的工具，世间事物要通过描述才能突显。本土文化，是本土文学赖以生存的根源。一个区域，方言越复杂，说明其历史文化交集越丰富。如何倾听来自祖先的声音，是每个作家价值的选择。

在“传统与现代”之间，差异感成为我们捕捉当下“文化冲突”的途径。

---

① 王海，江冰．从远古走向现代——黎族文化与黎族文学［M］．广州：华南理工大学出版社，2004：6.

② 江冰．清远诗人群：地域创作的特色与问题［N］．羊城晚报，2015－04－12.

③ 江冰．零距离：基层写作者的最大强项［N］．羊城晚报，2015－05－24.

譬如一个有名的台资运动鞋品牌生产商，工厂坐落在粤北仅有二十万人口的小县城。企业拥有员工三万人，来自全国各地的打工者汇集成一个“小型方言区”。有趣的是，这里存在一批水平不低的文学写作者，作品中经常看到现代工厂流水线上，机械人生与故乡之间的对比与差异，发出诸多无奈、苦痛、烦忧，以及血淋淋的资本主义工业时代出现的悲剧，甚至是卓别林批判的工业时代的悲剧。把目光再拉向珠三角城市群，这种现象俯拾皆是。传统乡村社会几乎已被新崛起的城市群所覆盖，大量内陆民众迁往珠三角，致使原来相对稳固的文化圈已经发生显著变化。但珠三角传统的文化认识仍然存在，传统的风俗习惯仍然顽强地在这片土地生息并繁衍，尤其是粤方言，一方面在公共空间使用普通话，另一方面在族群系统里依然纯正地使用中山的石岐话、顺德的大良话、番禺的广州话。更为奇特的是广州这个大都市，不管你来自五湖四海或五大洲四大洋，在广州待上三年五年，你就会“慢慢变成广州人”。它巨大的融合能力仿佛一个大熔炉，令任何在广州生活的人皆无可逃遁，甚至你的文化背景——也可能成为“怀念的过去”，自觉或不自觉以广府文化的日常规则来应对生活。在广州的酒店、茶楼，常常遇见操不同方言的人同样在享受着广州最经典的“叹茶”生活就是例证。一面是现代城市文明，一面是基于传统的地域文化，构成了特有的“传统与现代”空间，为传统社会与工业文明提供了寻找差异感表达的可能。在这样一种语言与文化的“结构与共域”之中，“传统与现代”所构成的文化认知差异，或许是当代中国一个缩影，社会转型中，不同人群、不同文化共处一个小小的文化空间。而方言区恰恰是文化交流交集的典型写照。特伦斯·霍克斯说：“语言是人类首要的指示系统，它的‘语法’是起决定性作用的，它是任何其他系统的‘模型’。由此得出，既然文学是语言直接产生的艺术形象，那么文学研究对人格化的语言来说就享有特权，它能使我们用新的眼光来看待语言这笔财富。”①传统与现代之间的差异感，是转型中国的现实，是我们为生存而努力所触碰的“柴米油盐酱醋茶”的现实。由此也可看出，当代的“本土”概念，并非铁板一块，它也是在历史的河流中不断被冲洗、被组合——从量变到质变，从外围到内核。把“本土化”表达放到这种视野下观照，就有可能找到“中国叙事”的有效途径。

在“地域与世界”之间，可以这样来理解：从本土看世界，从世界看本土。譬如广东开平碉楼与海外华侨的关系。家乡碉楼的建成寄托了他们对故土的怀念，而形制上又融入了西方建筑的元素。在“地域与世界”之间，文化的流动达到某种平衡，从而形成一种跨文化交际的建筑奇观。又如英籍华人作家韩素音，20 世纪 50 年代有长篇小说《青山青》或许可以提供启示。英国姑娘安妮·

---

① 特伦斯·霍克斯. 结构主义和符号学［M］. 瞿铁鹏，译. 上海：上海译文出版社，1987：9.

福特与尼泊尔青年昂里·梅农之间产生了爱情——安妮所代表的是西方现代文明追求个性化的愿望，在进入神祇之国所产生的精神、心理、感情的变化；昂里则是代表了本土讫里什那神的现代化身，也就是性爱之神在身体、精神、信仰的全方面的融合。在尼泊尔这样一个独特的寺庙之国里，异质文化之间产生冲突被文学作品形象地表达出来。法国批评家丹纳对雕塑的论述同样适用艺术产生的理解："雕塑如此发达，花开得如此完美……我们往地下一层一层地挖掘，看到一切社会基础、制度、风俗、观念，都在培养雕塑的时候，就发现了产生这一门艺术的社会原因。"① 韩素音在20世纪80年代中译本前言说过："我希望中国读者读这本书，并不是去发现什么可以和中国文化相比较的地方，而是去发现一些未知的感情，观点，文化和人民；懂得作家必须敞开门户，面对陌生的海洋和大陆；必须知道世界是由完全不同的文化和实体组成的。"这段话很好地概括了作者自己的写作意图，也点出了这本书所带出的艺术信息。广东的海洋文化特征是"地域与世界"之间神秘纽带，她也是中华面向世界、面向海洋的一扇巨大的窗户，研究她、表达她，其本身就具有本土之外的文化意义。譬如广东阳江海域打捞上来的"南海一号"，六万件珍贵南宋瓷器呈现世人眼前时，巨量的文化信息就是"地域与世界"关系的一种形象表达，也是对广东文学艺术"本土化"表达的重要启示。

在"故乡与全球"之间，三个渠道提供可能：旅游、网络、侨乡。社会自由度增加，通过旅游走遍全世界；互联网连接，顷刻之间咨询全球；广东遍地侨乡，海外关系千丝万缕。从小村庄到大都市，"南洋亲戚"成为广东特定"词汇"。其中的人际交集、文化信息、生活故事五彩缤纷。据说，全世界有五千万人讲粤语，中国城遍布世界。如何从故乡的起点抵达全球的视野；如何从全球化的今天更深刻理解本土故乡，其间本土化表达空间十分广阔，蕴含大量"陌生化"因素。结构主义认为，打破艺术的"习以为常"，发现"陌生化"，才能更好地创造诗意与艺术。"诗歌的目的就是要颠倒习惯化的过程，使我们如此熟悉的东西'陌生化'，创造性地损坏习以为常的标准的东西，以便把一种新的，童稚的，生气盎然的前景灌输给我们，因此，诗人意在瓦解常备的反应，创造一种升华了的意识，重新构造我们对现实的普通感觉，以便我们最终看到世界而不是糊里糊涂承认它。"② 可见，在"故乡与全球"之间，不只是思想的高地，在艺术眼光与表现手法方面，也有许多值得研究的问题。如何在庸常生活中发现诗意，在"肉体"与"精神"的双重流浪中超越故乡，以全球的视角重新审视故乡，值得思考和探索的领域极其广阔。

---

① 丹纳. 艺术哲学［M］. 傅雷，译. 南京：江苏文艺出版社，2012：53.

② 特伦斯·霍克斯. 结构主义和符号学［M］. 瞿铁鹏，译. 上海：上海译文出版社，1987：61.

五、结语：我们的“本土化”表达远远没有到位

1995年参与“地域文化”讨论时，我们曾提出“文化描述论”，我们所表述的“描述”是一种文化意义上的描述，它既需要在轮廓形象上的勾勒，更需要在内在精神上的摄取。因为我们坚信：任何地域文化的积淀以至于主流特征的形成，都与它的不断被描述有关。就好比面对一个相貌极其平淡的人，假如他被众人多次认真描述，那么，平淡之人也可能变得不再平淡，平淡无奇之处也可能凸显出来进而无处不奇了。循着这一思路，我们似乎又可以将前文的假设推向一个极端，即使没有岭南文化特征，我们也可以将它“描述”出来。因为，特征可以在描述中凸显，内涵可以在描述中确立，文化可以在描述中显示其特有的风貌。何况，广州所代表的岭南文化一向与北方中原文化迥然不同，她真的是“离中原很远，离大海很近”，不但鸟语花香，而且独立南粤。四面八方，平安共处，看似包容，其实都有执着坚守的一面。方言上的隔膜，地理上的遥远，加之意识形态上自古就有平视正统、对峙中原的传统，与内陆文化自古忠实中原、维护正统、一向亦步亦趋的文化姿态完全两样。而广州这座独具地域特色之城，既有千年传统历练，又有百年洋风熏陶，文化底色复杂，文化内涵丰富。对此，我们的确需要一份文化的自信心。

不过，我们的广东文化“本土化”表达还有不小的心理障碍。一个明显的关于大众传媒的事实在于：广东电视剧里都是北方的故事？其实这二十年南方变化大，故事多，尤其是广东故事多，可是看不到广东的电视剧。广东可以打向全国的文化作品近年愈见稀少，《潜伏》是广东投资，但戏不在广东；《喜羊羊与灰太狼》也不具广东地域特色，但观念接近。广东文艺界一直在努力，但难再现当年辉煌：早年有《三家巷》《香飘四季》，改革开放年代有《雅马哈鱼档》《公共小姐》《外来妹》《情满珠江》，俱是曾经的辉煌。近年有电视剧《下南洋》、电影《秋喜》《英雄喋血》等——都是下了功夫和政府资助的本土影视，可惜对广东本土文化浅尝辄止，尚未抓到精神。

相对中原文化来说，广东文化是支流，处于弱势。但价值独特，比如商业传统，契约意识，三百年澳门，一百年香港，跨文化交流频繁；比如海洋意识，开放、包容、远走海外，都是中原文化缺少的精神；比如，对个人隐私的尊重，和气生财，少嫉妒，少幻想，重实干的务实态度，等等。这些都可以构成对中华文化的有益补充。除了以广州为代表的广府文化，还有以中山、珠海代表的香山文化——孙中山、第一代留学生容闳、澳门影响。潮汕地区，与珠江流域一样，有很强的海洋性，大批海外移民构成了中华文化的一部分，商有李嘉诚，文有饶宗颐。客家俊杰，也是光耀照人。粤西是百越古文化遗存，也有许多有待破解之

谜。东江是南方大河珠江的支流，经过历史的发展演变和地域的影响，东江流域地区逐渐形成了以广东惠州为中心的东江文化。东江文化虽然是以客家文化为主，但它是多种区域文化的融合，呈现多元性、开放性和包容性。地理位置上，东江流域的中心城市——惠州毗邻香港，有利于新思想的形成；同时，惠州又地处广州、潮汕、梅州之间的交通枢纽位置，在周边文化辐合影响下形成。以北江流域为代表的"北江文化"集合了广府、客属、少数民族三种不同的文化形态，它对岭南文化的形成与发展起到起承转合的重要功用。这些其实都是广东本土文化的独特资源，但在表达上都远远没有到位。

广东地域文化的"本土化"表达，重要的是在文化描述的基础上，达致一种文学艺术，达致一种作品的存在形态。丹纳说得好："文学价值的等级每一级都相对于精神价值的等级。别的方面都相等的话，一部书的精彩程度取决于它所表现的特征的重要程度，就是说取决于那个特征的稳固程度与接近本质的程度。"[①] 目前，广东省内对于本土创作的认识还处于初级阶段，台面上众多作家，很重要一部分是来自外省，这也构成了广东独特的"新移民文学"，出生地与生活地所构成的反差成为这些作家创作的一个兴奋点。那么，基于岭南的本土创作是不是随着广东工业化时代的崛起而渐渐消失呢？答案是否定的。在工业化时代，在互联网时代，在全球化时代的背景下，重新理解自己的故乡，重新回望自己的故土，重新审视本土文化，重新寻找广东本土创作的"出口"，重新站到中华文化的前列，重新为21世纪的中华文化崛起贡献力量，正是广东地域文化"本土化"表达的最终旨归、动机所在、愿望所系，亦是本文殷切期待文化建设的境界所在。

任重道远，吾辈努力！

---

① 丹纳．艺术哲学［M］．傅雷，译．南京：江苏文艺出版社，2012：352.

从"方外之地"到"列为诸侯"

——汉初士人的"南越国"认知

广东侨界人文学会　杨新新

成书于西汉建元二年（前139）前后的《淮南子》[①]，论及秦统一六国后征讨南越时，指出秦皇为"利越之犀角、象齿、翡翠、珠玑"，不惜"伏尸流血数十万"，遣五路大军，挥兵南进，"与越人战"。后越人"入丛薄中，与禽兽处，莫肯为秦虏"。历经"三年不解甲弛弩"，统帅之一"尉屠睢"被杀[②]，后终由任嚣、赵佗完成秦帝国定平岭南之功业。且不论《淮南子》作者刘安及其幕下士客这段秦伐越苦的记录是否有抑旧媚新之意，单就内中有"利越之犀角、象齿、翡翠、珠玑"、越人"入丛薄中，与禽兽处"等句，提示了在刘安等"中国"士人的认知中，此时南越一带虽经赵氏政权经营数十年，与西汉王朝多"剖符通使"[③]，但恐怕也不过是多产奇货异宝，偏居涨海之滨的化外蛮荒之地。

与此同时，成书晚于《淮南子》，即完成于武帝平定南越后之征和三年（前90）前后的《太史公书》[④]，无论言及秦伐南越抑或汉与南越交攻时，绝少关于越地多"珠玑利"、越人"与禽兽处"等字句。即便有"居蛮夷中久"等记叙[⑤]，却也是司马迁"紬史记石室金匮之书，网罗天下放失旧文"而对赵佗自述的直接辑录，非著书者本人之意。事实上，检诸相关文献，从叙述结构来看，司马氏就南越以及西汉王朝与南越关系相关问题的记载，基本属"述而不作"式的一般性描写。

尽管如此，太史公对上述问题却并非没有看法。在谈及汉高祖初"定天下"后"释佗弗诛"时，太史公评论到，此系"中国劳苦"，不得已而为之。[⑥] 稍后其又在记录元鼎五年（前112）武帝征伐南越时，引用汉武帝谕诏言道，汉伐南越系因"吕嘉、建德等反，自立晏如"，故"天子微，诸侯力政"，必出兵"讨

---

① 有关《淮南子》一书成书时间之考证，见陈广忠：《淮南子》的成书、传播与影响［J］. 船山学刊，1996（2）：102.

② 人间训［M］// 淮南子：卷18. 北京：北京大学出版社，1997：1907.

③ 南越列传［M］//史记：卷113. 北京：中华书局，1982：2967.

④ 关于《史记》成书时间的讨论，见罗庚岭：《史记》成书年代及司马迁死因考［J］. 人文杂志，1994（1）：81－84.

⑤ 郦生陆贾列传［M］//史记：卷97. 北京：中华书局，1982：2698.

⑥ 南越列传［M］//史记：卷113. 北京：中华书局，1982：2967.

贼"[①]。较之刘安等人的看法，太史公更愿意将南越"比汉诸侯"，从为西汉王朝稽"成败兴坏之理"的角度，论述相关问题，而非将之简单视作化外不毛之地。

对此后来者不禁要问，同在世宗一朝，前后相距时间不长，刘安、司马迁两方对同一问题的表述、立论何以如此大相径庭？这是否代表了西汉初年中原王朝士人对帝国南部边疆的两种不同认知？换言之，西汉初年，中原王朝士人对南越国之体认到底如何？是否能简单地从"后见之明"的角度出发，将之归为西汉王朝"羁縻不绝"的"荒服"之地[②]，或视之为刘汉帝国"诸侯""外臣"名义下割据一方的"独立政权"[③]。值得重新思考[④]。

一、文献缺失与观念预设："南越"与"越"难分

据有关研究可知，自商周时期始，大部分活动于现今南部中国范围内的人群，被居住在黄河流域的先民划归"苗蛮"系统之中。[⑤] 到春秋战国时期，"自勾践强大而越名始著"，作为他称的"越"从与"先楚"关系更为密切的"苗蛮"表述系统中划分出来[⑥]，被华夏社会用来泛指生活在东南沿海及南部山地之"南方民族"。[⑦] 此后中原士人有关"越"之文献记录随之出现。而从这一时期相

---

① 南越列传［M］//史记：卷113．北京：中华书局，1982：2974.

② 张荣芳．汉朝治理南越国模式探源［C］//中国秦汉史研究会，中山大学历史系，西汉南越王博物馆．南越国史迹研讨会论文选集．北京：文物出版社，2005：7.

③ 刘瑞．南越国非汉之诸侯国论［C］//中国秦汉史研究会，中山大学历史系，西汉南越王博物馆．南越国史迹研讨会论文选集．北京：文物出版社，2005：19；黎明钊，林淑娟．汉越和集：汉唐岭南文化与生活［M］．香港：三联书店（香港）有限公司，2013：70.

④ 目前学界已从《史记》、《汉书》等正史中异族传之编排、叙述模式入手，讨论了两汉时期士人关于异族知识谱系之建构，参见胡鸿：《中古前期有关异族的知识建构——正史异族传的基础性研究［M］//北京大学中国古代史研究中心，《中国中古史研究》编委会．中国中古史研究：第4卷，北京：中华书局，2014年。与此同时，研究者亦就赵越政权对中原王朝之政治认知作了初步探索，参见朱圣明．试析南越由"蛮夷"向"半蛮夷"的身份转变及认同变迁——兼论南越灭亡之内因［J］．广西民族研究，2011（2）。而关于西汉初期中原王朝士人对南越国认知的讨论目前尚付阙如，现存之相关研究多着眼于对秦越、汉越关系史的考察，参见余天炽，等．古南越国史［M］．南宁：广西人民出版社，1988：25－27，204－219，224－235；张荣芳，黄森章．南越国史［M］．广州：广东人民出版社2008：182－205；刘敏．"开棺"定论——从"文帝行玺"看汉越关系［M］//中国秦汉史研究会，中山大学历史系，西汉南越王博物馆．南越国史迹研讨会论文选集．北京：文物出版社，2005：23－29.

⑤ 陈国强，等．百越民族史［M］．北京：中国社会科学出版社，1988：1.

⑥ 俞伟超．先楚三苗文化的考古学推测［J］．文物，1980（10）：10.

⑦ 蒙文通．越史从考［M］．北京：人民出版社，1983：24.

关文献对“越”之记叙来看[①]，在此类典籍的作者笔下，“扬汉之南”的“百越”，多被描述为“雕题交趾，有不食火者”[②]的“无君之国”[③]。在中原士人看来，他们所起的作用仅是“西面正北方”贡献方物“海蛤”“文唇”“玄贝”等[④]，以“宾服”于中原诸国[⑤]。

与此同时，无论是成书于西汉武帝建元二年（前139）前后的《淮南子》一书中南越地多“犀角、象齿、翡翠、珠玑”等“异物”之记载，还是早在吕后五年（前183）吕氏家族颁布的“禁南越关市”政令中“别异蛮夷”之态度[⑥]，皆与上引《逸周书》《吕氏春秋》等先秦文书中描写的“扬汉之南，百越之际”的表述结构何其相似。可见，西汉初年尚存先秦典籍对当时一般士人乃至汉帝国高层有关南越问题观念形塑的影响。

那么为何西汉初年一般士人关于南越问题的认知，与产生于周秦易代之际的典籍中所载之“越”之形象如此接近？这很可能与此前相当长一段时期内，居住在黄河流域一带的先民，囿于活动范围的限制[⑦]，以及交通往来不便等问题的影响，对地处千里之外岭南等地人群的了解非常模糊有关。

尽管已出土考古材料显示，或可能早于商周时代，中原地区便与岭南交广等地有了一定程度上的互动。[⑧]而稍后流行的颛顼“南至于交趾”[⑨]、尧“申命羲叔，宅南交”[⑩]、舜葬于“苍梧之野”[⑪]等传说，也提示了那时中原文明对粤江流

---

① 根据目前研究来看，下引《礼记》王制篇、《吕氏春秋》恃君篇、《逸周书》王会篇以及《墨子》节用篇等文献，基本完成于春秋战国前后［参见陈奇猷.《吕氏春秋》成书的年代与书名的确立［J］. 复旦学报（社会科学版），1979（5）103－104；王锷.《礼记》成书考［D］. 兰州：西北师范大学，2004：95－105；唐元发.《逸周书》成书于战国初期［J］. 南昌大学学报（人文社会科学版），2006（6）：179－178；李光辉.《墨子》成书年代及著者考证综述［J］. 殷都学刊，2006（4）：103. 等］。因此或可以认定内中关于所谓“越”之叙述，大体属先秦时代士人对相关问题的看法。

② 王制［M］//礼记：卷3. 北京：中国书店，1994：114.

③ 恃君［M］// 吕氏春秋：卷8. 长春：吉林文史出版社，1986：704.

④ 王会［M］//逸周书：卷7. 济南：齐鲁书社，2000：82.

⑤ 节用中［M］//墨子：卷6. 上海：上海古籍出版社，1989：44.

⑥ 南越列传［M］//史记：卷113. 北京：中华书局，1982：2969.

⑦ 根据王明珂教授的研究，迟至春秋时期，正在形成的“华夏”人群，通过“太伯奔吴”等传说，将其南部边缘范畴推移至今天的两湖、江南等地，即历史上的“越”“楚”等地（当然这个“越”地不包括“南越”）。见王明珂. 华夏边缘：历史记忆与族群认同［M］. 北京：社会科学文献出版社，2006：163－164.

⑧ 有关先秦时期，中原文明与岭南地区的交往，参见杨式挺. 岭南文物考古论集［M］. 广州：广东省地图出版社，1998：90；徐恒彬. 华南考古论集［M］. 北京：科学出版社，2001：124－125.

⑨ 武帝本纪［M］//史记：卷1. 北京：中华书局，1982：11.

⑩ 尧典［M］//尚书. 上海：上海古籍出版社，2012：2.

⑪ 大荒南经［M］//山海经：卷15. 上海：上海古籍出版社，2012：277.

域文化的浸染。[①] 不过，这样互通交往的程度无疑非常低下，双方能够获取的直接、有效的信息实际相当有限。迟至春秋战国时期，“南越有邑”的说法，方才见诸中原士人所撰之相关文献中，便是这一问题的反映。[②]

而从目前所见材料来看，华夏社会能够第一次直接获取岭南地区情况的时机应出现在秦始皇统一六国以后。公元前219至前218年，完成统一未久的秦帝国便发动了对南越等地的征伐战争。[③] 很可能因为这次战争，秦帝国直接获得了有关南越地区的部分情报。这从始皇三十三年（前214）“发诸尝逋亡人、赘婿、贾人略取陆梁地，为桂林、象郡、南海”三郡[④]，并任命任嚣为“南海尉”、赵佗为“龙川令”[⑤]，正式将南越等地纳入帝国治理结构中可知。此后，秦始皇又数次“谪治狱吏不直者”至“南越地”。[⑥] 迟至“陈胜吴广发矣”前“不一年”（前210）前后，任嚣、赵佗等亦还在上书“求女无夫家三万人，以为士卒衣补”，而“秦皇帝”亦“可其万五千人”。[⑦] 足见当日中原地区与南越等地互动往来之密切。

不过纵然如此，有秦一代，中央王朝对南越地区的实际统治力与认知力却相当有限。就在陈胜吴广事发前后，手握专制一方大权的任嚣即为“王越计”着手策划，准备据岭而守。[⑧] 而继任“东南一尉”的赵佗，更是在“豪杰叛秦”“中国扰乱”的局面下[⑨]，迅速称王自立，这无疑从反面说明，秦帝国中央对“道里辽远”、旧有势力强大的南越等地的鞭长莫及。因此，即使通过征伐战争与初步的地方行政架构建设，秦帝国中央或许能够部分获得南越地区的相关讯息，但由于无法对其进行直接、有效经营，这类讯息势必相当有限与散碎。这恐怕是先秦、秦代有关南越问题文书简帛缺乏的重要诱因之一，亦成为西汉初年，

---

① 上引《尚书·尧典》《山海经·大荒南经》等传说所产生之时间，即典籍的成书时间，见李娟.《尚书·尧典》研究［D］. 济南：山东师范大学，2010：28－30；王建军. 从存在句再论《山海经》的成书［J］. 南京师范大学学报（社会科学版），2000（2）：143.

② 山木［M］//庄子. 武汉：湖北人民出版社，1986：91. 有关《庄子》山木篇成书于先秦时代之考证，参见王发国：从《吕氏春秋》、《韩非子》等书推测《庄子》之成书年代［J］. 西南民族学院学报（社会科学版），1986（3）：119.

③ 有关秦平岭南具体开始年代等问题，目前学界尚存争议。然而无论何种说法，基本认定公元前219至前218年前后，秦帝国对南越等地的征伐战争已然发动。相关争论参见张荣芳，黄淼章. 南越国史［M］. 广州：广东人民出版社，1995：18－24；广州市文物博物馆学会“南越史研究小组”. 赵佗与南越国——关于赵佗入越几个问题的思考［M］//广州市文化广电新闻出版局，广州市文物博物馆学会. 广州文博：第四辑. 北京：文物出版社，2011：6.

④ 秦始皇本纪［M］//史记：卷6. 北京：中华书局，1982：253.

⑤ 南越列传［M］//史记：卷113. 北京：中华书局，1982：2967.

⑥ 秦始皇本纪［M］//史记：卷6. 北京：中华书局，1982：253.

⑦ 淮南衡山列传［M］//史记：卷118. 北京：中华书局，1982：3086.

⑧ 梁廷枏. 先主传［M］//南越五主传. 广州：广东人民出版社，1982：13.

⑨ 南越列传［M］//史记：卷113. 北京：中华书局，1982：2967.

始建未久的中原王朝难以摸清岭南相关情况的重要阻碍之一。①

事实上，由于此前有关南越地区文献的缺失，而公元前204年前后，赵佗借口岭北紊乱，“盗兵且至”，遂“绝道聚兵自守”②，建立南越国，隔断与中原地区交通来往。而七年楚汉征战，精力主要集中于关中、山东一带，这导致公元前202年西汉帝国建立时，刘汉集团实际对偏居岭表的赵越政权之认识非常欠缺。此后，尽管从高祖十一年（前196）委派陆贾出使南越，至元鼎五年（前112）四月武帝下令韩千秋、樛乐平吕嘉乱，西汉中央王朝一直与南越国互通有无，并试图收集有关南越地区的各类信息。但从其间吕后盲目颁布“禁南越关市”政令，激怒赵佗，“乘黄屋左纛”“与中国侔”③，以及元鼎四年（前113）武帝在处理南越国内附问题上的失误，可知即便经过高祖以降八十余年的来往，地处关中平原的西汉帝国中央对岭南问题虽已有一定了解，但认识依然极为有限。④

因此，可以认为由于有关赵氏政权资讯的贫乏，至少在元鼎五年（前112）秋武帝以“罪人及江淮以南楼船十万师”平定南越前⑤，中原王朝对帝国南疆的知识储备极为不足。这亦导致此段时期以前，主要生活在关中地区的西汉王朝士人想要对交广等地有所理解，很大程度上只能依靠汉廷与南越国使节为数不多的几次接触，以及在可以参阅的先秦时代存留下来的有关“越”（非单指“南越”）之文献中去追索。⑥

当然，如果说稍前典籍缺乏，对“南越”问题的认知不足，使西汉初年中原士人很容易将先秦文献中关于“越”之叙述转化为对“南越”问题之想象的话。那么先秦以降发轫的“夷夏之别”的观念，经汉初杂糅如“黄老之学”后，到武帝初年董仲舒提出“大一统”学说，把外攘无君“四夷”、使“天下率服”与“以德怀远，说德归谊”作为中原王朝“羁縻”边疆的内在追求⑦，则更是加深了汉初士人的上述看法。而将中原王朝“武功”尚未波及的南越，视为“声教不及”、多产“犀角、象齿、翡翠、珠玑”利之“禽兽”处⑧，正是此类理念

---

① 当然，这类文献的缺失，不能说明历史上相关文献不存在。发生于秦末的楚汉之争，很可能就导致了上述文书的散失不传。但无论如何，先秦、秦代，主要活动范围在关中、山东一带的士人对南越等地的认知非常有限，这是毫无疑问的。

② 南越列传［M］//史记：卷113. 北京：中华书局，1982：2967.

③ 南越列传［M］//史记：卷113. 北京：中华书局，1982：2969.

④ 有关西汉初年中央王朝与南越国关系如何影响到西汉初年士人对南越国的认知，论者将在后文作专门讨论。

⑤ 南越列传［M］//史记：卷113. 北京：中华书局，1982：2974.

⑥ 当然汉惠帝四年（公元前191年）“除挟书令”，此后春秋战国以来民间留存的私人藏书得以公诸于世，这也使刘安、司马迁等人有机会阅读到先秦时期的相关典籍。参见陈静. 西汉“除挟书律”的历史意义［J］. 齐鲁学刊，2005（2）：45.

⑦ 陈友冰. 先秦两汉羁縻考［J］. 安徽史学，2000（1）：3－9.

⑧ 人间训［M］//淮南子：卷18. 北京：北京大学出版社，1997：1907.

支配下的具体体现。[①]

是故，西汉初年尚存的先秦时期华夏社会关于“越”地之记载，以及春秋战国以来中原文明正在形成的“大一统”王朝边疆羁縻论，无疑从学术与思想认知的延续上，影响了元鼎五年（前112）前汉帝国士大夫对南越国的记叙与想象。这亦是何以迟至建元二年（前139）前后，作为藏书大家的刘安尚在其编纂的《淮南子》一书中将岭南交广地视作多产奇货异宝、朝贡络绎不绝的蛮荒之地的重要诱因之一。[②]

二、重“胡”轻“越”：相对忽视“南越”的时代语境

诚如前文所言，文献缺乏与观念的预设，从认知层面致使元鼎五年（前112）前西汉王朝士人将已由河北赵氏建立政权的南越等地，仍然描绘为“非有城郭邑里”，且“蝮蛇蠚生，疾疠多作”与“中国”有别的化外之乡。[③] 与此同时，中原刘氏王朝初建后所面临的内外交困局面，特别是其对包括赵越集团在内的周边政权之策略与关系，则可能从现实情境的层面，限制了那时一般士人扩充对南越问题认知视野的机会，进而影响了他们对此类议题的判断。

受战乱之影响，“汉兴”以来，“接秦之敝”，国力衰微、经济破败，“民失作业，而大饥馑”，以致出现“民相食”“天子不能具醇驷”等困境。[④] 与此同时，从汉高祖五年（前202）“燕王臧荼反”始[⑤]至高祖十二年（前195）卢绾北入匈奴[⑥]，楚汉争战期间，被刘邦册封为王，势力“夸州兼郡”，雄踞一方的异姓将领，先后倒戈相向，发动叛乱。

---

① 尽管有研究者已从儒道互争的角度指出，刘安尚“黄老之学”，与汉武帝接受董仲舒意见，“罢黜百家，独尊儒术”相左（康清莲. 淮南王刘安谋反案之再分析研究［J］. 江西社会科学，2005（6）：117）。但考虑到《淮南子》实为集体编纂，“道儒各家驳杂”，而儒道两方对于了解有限的“蛮夷”之地，虽处理态度不同（一方主张“以德化之”，另一方主张“无为而治”“不足烦中国”），但描述、认知却基本相近（即“无君无父”“王教不及”），可知《淮南子》内中部分认知与持“大一统”理念之汉儒，或有相通之处。

② 诚然就刘安等编纂《淮南子》一书的立论而言，意在通过“观天地之象，通古今之事，权事而立制，度形而施宜”，以达成使“天地之理究矣，人间之事接矣，帝王之道备矣”，故其有相当程度的为主政者作政治宣教的色彩。然而如果注意到，著述者之立论无疑要受其所处社会语境以及知识认知结构的影响，可知在编纂《淮南子》一书时，刘安及其门下士客即便有采颉百家以“务为治”的考虑，但在某种程度上也可认为《淮南子》内中的部分言说，多少也反映了刘安与其门下士客乃至那时多数士人对相关问题的看法。因此，《淮南子》内中对南越等相关问题的认知，某种程度上当然亦可认为其反映了是西汉初年读书人对南越问题的普遍态度。

③ 严朱吾丘主父徐严终王贾传［M］//汉书：卷64. 北京：中华书局1962：2778－2779.

④ 食货志［M］//汉书：卷24. 北京：中华书局1962：1127.

⑤ 高帝纪［M］//汉书：卷1. 北京：中华书局1962：58.

⑥ 韩信卢绾列传［M］//史记：卷93. 北京：中华书局，1982：2638－2639.

因此，西汉初年，刘汉政权的当务之急是休养生息，恢复社会经济，剪除异性诸侯王，强化中央权势。即便汉廷此时有经营处置“北胡南越”的整体考虑，但现实情势的限制，使刘邦在对待对漠北“控弦之士三十余万”的匈奴与岭南“异梦离心”的赵越集团时，不得不采纳陆贾以秦为鉴、“无为而治”的策略，仅是徒封韩王信、衡山王吴芮于太原、临湘（今长沙）分别予以牵制。①

西汉王朝对“北胡南越”态度发生重大转变当在高祖七年（前200）刘邦兵败白登山后。自知彻底无力“武服”天下，刘邦一方面接受刘敬“以适长公主妻之，厚奉遗之”的建议，与匈奴“结和亲约”②，另一方面，稍后不久，又派陆贾出使南越，希图使赵佗“和辑百越，毋为南边患害”。③

尽管既往研究以“王朝一统”的视角肯定了陆贾出使南越的功绩，并认为其对汉帝国安治南部边境做出了“重要贡献”。④ 然而，从陆贾会见赵佗时，对“中国人”出身的赵佗“弃冠带”、从“魋髻”等越俗的反感与不耻⑤；以及汉廷中央发出立赵佗为南越王诏，内中尚强调粤人俗“好相攻击”，赵佗“治之，甚有文理，中县人不耗减”等语⑥，可知通过陆贾访越，西汉帝国虽对南越情势已有了初步认识，但既存周秦文献中“居高临下”、视越人为域外蛮夷“他者”之观念犹然可见。

由于陆贾出使南越的行动，属汉越双方初次接触。如果说这之前，囿于赵越政权“负山阻海”，自立于千里之外，刘汉集团士人对其缺乏了解的话。那么此后，汉初士人在明知南越国不但“颇有中国人辅助”且实为“中国人”掌控的情况下，仍然以自诩“中州”的立场，将之视作“不居之地，不牧之民”⑦，一方面当然是受典籍匮乏与观念先入为主的影响，但另一方面，汉初以来，“北胡南越”中“北胡”一方气焰日盛，无论汉廷中央或是一般士人，将主要精力聚焦于渐成“心腹之患”的匈奴，对偏安岭海、难敢轻开“边衅”的南越，未引起足够重视，可能亦是汉初士人固守成见的重要诱因。⑧ 这也从汉越交往后，汉廷中央对“北胡南越”之不同处理态度中可得以“窥视”。

惠帝三年（前192），就在南越赵氏向汉王朝“称臣奉贡”后不久，日益“浸骄”的冒顿单于致书吕后，不但公然宣称“数至边境，愿游中国”，对汉王朝进行威胁与恫吓。且以“陛下独立，孤偾独居。两主不乐，无以自虞，愿以所

---

① 韩信卢绾列传［M］//史记：卷93. 北京：中华书局，1982：2633.

② 刘敬叔孙通列传［M］//史记：卷99. 北京：中华书局，1982：2719.

③ 南越列传［M］//史记：卷113. 北京：中华书局，1982：2967－2968.

④ 林风. 陆贾与汉初政治［J］. 史学月刊，1988（3）：7.

⑤ 郦生陆贾列传［M］//史记：卷97. 北京：中华书局，1982：2697－2698.

⑥ 高帝纪［M］//汉书：卷1. 北京：中华书局，1962：73.

⑦ 严朱吾丘主父徐严终王贾传［M］//汉书：卷64. 北京：中华书局1962：2777.

⑧ 宋超.“癣疥之疾”与“心腹之患”——南越匈奴与秦汉王朝关系比较研究［M］//丘权政. 佗城开基客家安. 北京：中国华侨出版社，1997：272.

有，易其所无”等侮慢之辞，戏弄与羞辱刘汉皇室。尽管震怒之下，吕后欲“议斩其使者，发兵而击之”，但经季布等从中力谏，考虑到并无必胜的把握，吕后决定忍气吞声，向冒顿献马，继续与之“和亲”。①

与此同时，吕后在处理同属“异邦”的南越问题上，却表现出了截然不同的态度。吕后五年（前183）春，“以有司请禁绝南越关市，金铁、田器，及马、羊、牛、畜毋得市以牝，著令与边”，颁布“别异蛮夷，隔绝器物”令。闻讯后的赵佗先后派遣“内史藩”“中尉高”“御史平”等“入朝谢过”，请求改变政策。② 吕后非但扣留了三位使者，更是公开宣布与南越国断绝“蕃臣”关系。③

有研究指出，吕氏集团掌权后与南越国绝交，或可能关涉其“以吕代刘”后“宣威拢权”等问题。④ 诚然，吕后专政，大封诸吕为王，有违高祖定下的“非刘氏不得王者”之“白马之誓”⑤，因此，与赵越政权禁边、断交，有助于笼络早就觊觎于岭南三郡的异姓长沙王国，扩大吕氏集团的统治基础，同时也是其向内外各方立威的绝好机会。不过，考虑到较之匈奴，南越赵氏政权从实力上说，尚不足对西汉王朝构成威胁，吕后这一“宣威拢权”的行动，多少有“欺软怕硬”的嫌疑，这从侧面也表明了汉王朝内部对南越问题的“轻视”。

公元前179年，吕后去世，陈平、周勃等诛灭“欲发乱关中”的吕禄、吕产，迎立代王刘恒即位。就在文帝初登大宝后不久，赵佗通过遗书驻守长沙国的隆虑侯周灶，希图“与汉和”。⑥ 对此，西汉王朝中央迅速做出反应，不但“为佗亲冢在真定，置守邑，岁时奉祀。召其从昆弟，尊官厚赐宠之”，解除其“风闻老夫父母坟墓已坏削，兄弟宗族已诛论”的疑虑，同时罢免屯驻长沙国的“将军博阳侯”，并派遣年过古稀的陆贾再次出使南越，赐书赵佗表示“服岭以南，王自治之”。此后，赵越政权遂“去帝制黄屋左纛”“复故号”，汉越双方“通使如故”。⑦

西汉王室之所以急于调整对南越方面的态度，固然与刘恒以“代来即位”，希望告谕诸侯四夷，以期宣化“盛德”有关。⑧ 但更为关键的是，文帝即位后，

---

① 匈奴传［M］//汉书：卷94. 北京：中华书局1962：3754－3755.

② 梁廷枏. 先主传［M］//南越五主传. 广州：广东人民出版社，1982：7.

③ 黄庆昌. 论西汉王朝与南越国的关系［J］. 南方文物，2003（3）：74.

④ 广州市文物博物馆学会“南越史研究小组”. 赵佗与南越国——关于赵佗入越几个问题的思考［J］. 广州文博，2010（0）：15；边晶晶. 汉初楚籍功臣对南越国政策浅析［J］. 长江大学学报（社会科学版），2013（4）：2.

⑤ 张荣芳，黄淼章. 南越国史［M］. 广州：广东人民出版社，1982：192.

⑥ 梁廷枏. 先主传［M］//南越五主传. 广州：广东人民出版社，1982：8.

⑦ 当然，需要指出的是，表面上赵佗虽向文帝表示此后不敢“妄窃帝号”，但汉王朝可能非常清楚，其在南越内部依旧“窃如故号名”，不过这却并不妨碍此后汉越双方关系的交好，见西南夷两粤朝鲜传［M］//汉书：卷95. 北京：中华书局1962：3852－3853.

⑧ 南越列传［M］//史记：卷113. 北京：中华书局，1982：2970.

匈奴数次侵扰西汉帝国北境，在无力同时应付北胡南越“两劲”的情况下，及时修好与“非敢有害于天下”的赵氏集团的关系①，可使汉廷集中力量抗击“北胡”，免去“背腹受敌”之忧。这一方面当然显示了刘恒“贤天子继出”的务实②，另一方面却也反提示了较之盛气骄横的“北胡”，“南越”在汉人认知中“绵力薄材”，不甚重要的地位。③

事实上，从孝文帝以“兵，凶器，虽克所愿，动亦耗病，谓百姓远方何”为由，否决将军陈武提出征伐南越的计划，与赵佗“结和通使，且无议军”始，至建元五年（前136）赵眜上书请“天子诏”干预两越纷争，汉武帝派“两将军往讨闽越”，事后又令唐蒙、严助“谕意风指”南越，赵眜遂“遣太子婴齐入宿卫”④，汉越双方关系发生微妙变化止。由于几十年来帝国南部边疆向无战事，天子之兵未尝“入其地也”⑤，汉廷朝野有关对外问题处理之认识，无论是“修文而和亲”，或是“用武而克伐”⑥，仅关乎“北胡”，而少涉及“南越”，这也反证了汉初士人对“南越”问题的相对“忽略”。

当然，汉廷与汉初士人认知上对“南越”问题相对不甚重视的态度，却并非表明汉廷中央对帝国南疆的“赵越政权”全然“坐视不顾”，缺乏整体上的经营策略。至汉高祖时以南海、桂林、象郡“遥虚夺以封芮”⑦，到吕后五年（前183）赵佗“自尊号为南越武帝”，发兵攻打长沙国“败数县”，吕后下令“削佗前封南越王爵”，并遣汉将“隆虑侯周灶、博阳侯陈濞同率兵来讨”。⑧西汉初年相当长一段时期内，汉皇室军事上一直有将“岭海越地”建构入帝国范畴之考虑。⑨ 即便到汉文帝时期，西汉王朝困扰于“北胡”强劲，不得不与南越方面重

---

① 西南夷两粤朝鲜传［M］//汉书：卷95. 北京：中华书局1962：3851.

② 梁廷枏. 先主传［M］//南越五主传. 广州：广东人民出版社，1982：13.

③ 屈大均. 器语［M］//广东新语：卷16. 北京：中华书局，1985：446.

④ 南越列传［M］//史记：卷113. 北京：中华书局，1982：2970－2971.

⑤ 严朱吾丘主父徐严终王贾传［M］//汉书：卷64. 北京：中华书局，1962：2777.

⑥ 匈奴传［M］//汉书：卷94. 北京：中华书局1962：3830.

⑦ 高帝纪［M］//汉书：卷1. 北京：中华书局，1962：63. 另有研究指出，稍后汉高祖虚封“海阳侯徭毋余”“南海王织”于岭南，南海国等地望介于闽越与南越之间，某种程度上亦由牵制南越问题的考虑，参见蒋炳钊. 闽越史几个问题的探讨［J］. 中南民族学院学报，1986（增刊）：19－27；张荣芳，黄淼章. 南越国史［M］. 广州：广东人民出版社，1982：192。但近年来有学者指出，南海国等并未地跨闽越、南越，而是错于淮南国中，且与南越国、南海郡无关。参见全洪. 汉初南海王及其封地考［J］. 历史研究，2010（6）.

⑧ 梁廷枏. 先主传［M］//南越五主传. 广州：广东人民出版社，1982：8.

⑨ 此时汉军无法深入南越腹地，一方面固然有受匈奴牵制的问题，另一方面南越国对汉军的南下行动也早有准备，南越军队在南岭之上“据险筑城”，汉军久攻不下。加之“会暑湿，士卒大疫”，以致汉军“兵不能逾岭”。此后汉军不得不“退长沙备之，相持岁余”，不久“高后崩，即罢兵”（参见梁廷枏. 先主传［M］//南越五主传. 广州：广东人民出版社，1982：8；南越列传［M］//史记：卷113. 北京：中华书局，1982：2967－2968.）。汉廷对“北胡南越”，尤其是关于“南越”一方的策略亦开始发生变化，从断交、征伐，部分转向安抚、防备。

修旧好，汉越双方仍在边境地区各屯以重兵。① 可知汉帝国力图经营南方，将之归为“王土”之整体策略未曾发生重大变化。

因此，可以认为，西汉初年，刘汉王朝面临“北胡南越”夹击的形势，尽管西汉几代帝君总体上制定了一系列经验“南越”问题之策略，而汉越双方军事上长期的紧张对峙的关系，或许也使汉廷朝野获取了更多有关“南越”问题的讯息。② 然而较之北方草原游牧集团的严重威胁，由于实力上之限制，地处南疆的赵越集团在汉帝国对外军政“差序格局”中相对次要的地位，致使汉廷朝野各方，尤其是一般士人将关注焦点集中于大漠以北的匈奴政权，无力亦无太多机会认识与了解五岭以南的“烟瘴之地”。这是何以迟至建元年间，汉廷中央及一般士人已通过陆贾的两次出使南越，获悉南越实为“中州”之人治理、掌控的情况下，对“南越”情势最为熟悉的淮南王刘安，尚有将之视作民多“断发文身”、不服“冠带”、“不受正朔”的“方外之地”的另一重要诱因。③

三、识随势变：从方外之“越”到诸侯“南越”

史载，汉武帝继位后，由于经过“汉兴七十余年间”休养生息，“国家无事，非遇水旱之灾，民则人给家足，都鄙廪庾皆满，而府库余货财。京师之钱累巨万，贯朽而不可校。太仓之粟陈陈相因，充溢露积于外，至腐败不可食。众庶街巷有马，阡陌之间成群，而乘字牝者傧而不得聚会”，西汉王朝国力大增。④ 随着北方匈奴问题的逐步解决，意欲使“天下万国莫敢不悉靖共职受命”的刘彻，开始将注意力转移到“名为外臣，实一州之主”的南越国。

建元六年（前 135），“闽越王邹郢欲广已所封地”，以南越国主赵眛新立，遂“举兵侵南越边邑”。⑤ 赵眛为此上书汉廷中央，以“两越俱为藩臣，毋须擅

① 从长沙马王堆出土的产生于公元前 168 年前后的《驻军图》可以看出，至少从汉文帝乃至更早时期始，为防患“南越”问题，汉军便一直驻扎在南岭山脉越城岭至骑田岭一线。反之亦可推知，南越方面当在汉越交界地区布有重兵。参见马王堆汉墓帛书整理小组．长沙马王堆三号汉墓出土地图的整理［J］．文物，1975（2）．

② 上述长沙马王堆出土之《驻军图》以及《地形图》部分绘有表明关于南越地区情况的图示，亦反说明汉廷对南越问题了解的加深。

③ 严朱吾丘主父徐严终王贾传［M］//汉书：卷 64 北京：中华书局 1962：2777．需要指出的是，刘安等人上述关于越人“为化外之民”的看法，固然与其当日反对汉武帝等出兵经营南方，以免汉廷中央军队到来威胁到淮南等国之生存有关。但如果考虑到“七国之乱”后各诸侯王权势被削弱，基本无力在对抗汉廷中央，刘安等恐无太多觊觎之心，则上述看法或从侧面亦反应了最熟悉南越问题的淮南国乃至当日汉廷一般士人对南越问题的认知与想象。又见陈广忠．试析刘安冤案［J］．安徽大学学报（哲学社会科学版），2007（4）．

④ 平准书［M］//史记：卷 30．北京：中华书局，1982：1420．

⑤ 梁廷枏．二主传［M］//南越五主传．广州：广东人民出版社，1982：14－15．

兴兵相攻击”为由请，汉廷出面调停。[①] 早有经营南方之意的汉武帝，以“南越守天子约，不敢擅发兵击”，不顾刘安等人劝谏，派“大行王恢出豫章”“大农韩安国出会稽”击东越，导致闽越政权内部分化，“闽越王弟余善杀郢以降，于是罢兵”[②]。是役后，汉武帝“命中大夫严助以处分闽越事谕南越”。[③] 为此，南越国主赵昧不得不“遣太子婴齐入宿卫”。而汉廷中央也很可能通过“寄居长安”的赵婴齐，加深了对“南越”问题的了解。[④]

与此同时，“大行王恢”亦以“兵威使番阳令唐蒙风指晓南越”。[⑤] 出使南越的唐蒙因无意间在番禺食到“蜀枸酱”，发现了“浮船牂柯江”至“番禺城”下的水道。他据此上书朝廷，以为“夜郎所有精兵，可得十余万，浮船牂柯江，出其不意，此制越一奇也”，拓展了中原汉人有关帝国南疆的舆地知识，为汉武帝伐越提供了相应的地理信息。[⑥]

而到元狩三年（前 120），了解到“习水战”对征伐南方诸越重要的汉武帝，又下令“发谪吏穿昆明池”以训练楼船。[⑦] 刘汉集团的上述行动表明，较之汉高祖、文景时代，西汉中央政府在汉武帝登基后，不但对南越问题有了更为深入的了解，同时在对南越问题的总体策略上亦从汉文帝以来之安抚、防备为主，向战备、征伐方面转变。

当然，需要注意的是，如果考虑到，汉武帝并未在建元六年（前 135）趁出兵闽粤之际解决南越问题，系因匈奴问题受到牵累[⑧]，以及迟至元狩四年（前 119），经卫青、霍去病率大军深入出击漠北，匈奴最终“远遁，而漠南无王庭”[⑨]，西汉王朝“心腹之患”才基本消除。可知刘彻执政前期，即便汉廷中央较之稍前已从军备的角度留意“南越”问题，并获取了较此前更为丰富的资讯，但其对外关注之重心仍在国境以北的草原游牧集团。汉王朝一般士人对“南越”问题之认知，较之从前恐怕并无太大变化。

西汉士人对南越问题认知发生重大转变应出现在元鼎五年（前 112）秋，汉

---

① 南越列传［M］//史记：卷 113. 北京：中华书局，1982：2975.

② 东越列传［M］//史记：卷 114. 北京：中华书局，1982：2981.

③ 梁廷枏. 二主传［M］//南越五主传. 广州：广东人民出版社，1982：18.

④ 从赵兴继位后，汉廷立即派出与樛太后有“私通”的安国少季赴南越“谕王、王太后以入朝，比内诸侯”推测，汉廷很可能通过赵婴齐获悉了南越国中越人势力较大的问题。而赵婴齐以樛氏为“姬”，很可能也是汉廷一手策划，意在南越国中培养“亲汉”势力，为以后彻底“南越”问题作准备。这从反面也说明，赵婴齐“人质”后，汉廷对“南越”问题的更为了解。见南越列传［M］//史记：卷 113. 北京：中华书局，1982：2971 – 2973.

⑤ 西南夷列传［M］//史记：卷 116. 北京：中华书局，1982：2993 – 2994. 而武帝对西南夷等之征伐行动，其实也在某种程度上可说是为发动对南越等地的征伐战争作准备。

⑥ 西南夷列传［M］//史记：卷 116. 北京：中华书局，1982：2993 – 2994.

⑦ 武帝纪［M］//汉书：卷 6. 北京：中华书局 1962：177.

⑧ 韩长孺传［M］//史记：卷 108. 北京：中华书局，1982：2861.

⑨ 匈奴列［M］//汉书：卷 110. 北京：中华书局 1962：2911.

帝国以“天子微，诸侯力政，讥臣不讨贼。今吕嘉、建德等反，自立晏如”为名，起“罪人及江淮以南楼船十万师”，大规模发动对南越政权的王朝征伐战争以后。由于南越军队“据险以守”，战事进行得非常惨烈。至元鼎六年（前111）秋，番禺城降，吕嘉、赵建德被擒，战争才始告结束。[①] 而这场持续一载的兵燹，也使处身中原的一般士大夫将目光投向了遥远的南方。史学巨擘司马迁依凭当日“石室金匮”中的档案文书，对战事作了详尽的记叙，便从反面提示了那时汉王朝内部各方对“南越”问题的注意。

汉军平定赵越集团后，汉廷中央“遂以其地为儋耳、珠崖、南海、苍梧、郁林、合浦、交趾、九真、日南”九个“初郡”，委以“南方吏卒”直接治理之。[②] 王朝权力进入南越“旧疆”核心区域，并未受到太多抵制，不但使汉人更易获取“南越”问题的有关信息，也很可能使西汉士人意识到，赵氏政权治理下的南越国虽“百越杂处”，赵姓王室也颇以“蛮夷大长老”自居，但至少在赵越政权能够实际掌控的地区，其治理“甚有文理”，与中原情势非常接近，并非想象中的“异域”。[③]

因此，无论较之吕后等“别异蛮夷”的态度，或是刘安等视之为多产珠玑宝货的禽兽蛮荒之处，成书于汉越战争结束后的《太史公书》，将“尉佗之王”的南越国，描述为“遭汉初定，列为诸侯”，与作为“方外之地”的“南方之越”作了有效分离。[④] 一方面，这固然得益汉武帝权力逐渐稳固，“黄老、刑名之言”相继被罢黜，大一统学说进居主流。[⑤] 司马迁将此前名为“外臣”，实则“外国”的南越，撰述为“天子勿诛”“列为诸侯”，满足了胸怀天下，却因先祖式微，“释佗勿诛”，而抱有遗憾的刘彻对帝国南方想象的需要。

但另一方面，南越地方纳入帝国治理结构中，现实情境的变化，就修正了汉初士人的观念而言，无疑起到了更为直接的效用。此后，在汉代士人认知中，作为南越国都番禺等地，虽仍被视作“多犀、象、毒冒、珠玑、银、铜、果、布之

---

① 南越列传［M］//史记：卷113. 北京：中华书局，1982：2975－2976.

② 平准书［M］//史记：卷30. 北京：中华书局，1982：1440.

③ 有关南越国能有效治理之“核心区域”，目前各方尚存争议。但从南越建国后，在苍梧、交趾等处分封异、同姓王，以“诸雒将主民如故”，未直接委派郡县守臣治理，仅是令“使者典主”之，可知至少在南越国西部地区，赵越政权可能并未对其实现直接有效统治。与此同时，如果考虑到赵佗称雄南越，始任于“龙川令”，其主要政军势力集中于这一地区，以及南越建国后，番禺、龙川、博罗、浈阳、含洭、揭阳等多个县（属南海郡），同样设在这一地区，而近年来大量出土的考古材料，也证明南越国这一地区的丧葬风俗最与赵越王室、中州汉地趋近，可知这类地区当属赵越政权能够直接施行政令的主要核心区域。相关讨论参见余天炽. 南越国的地方政制略论［J］. 广州研究，1984（4）：73－77；王子今. 龙川秦城的军事交通地位［M］//佗城开基客安家：客家先民首批南迁与赵佗建龙川2212年纪念学术研讨会论文集. 北京：中国华侨出版社，1997：48－50；谭元亨. 秦大军南下的东线与秦代龙川县域的考证［M］//中共龙川县委宣传部. 秦代龙川县境地域考. 龙川：中共龙川县委宣传部印，2008：40－45.

④ 南越列传［M］//史记：卷113. 北京：中华书局，1982：2977.

⑤ 王宗维. 汉武帝的民族思想和政策［J］. 西北大学学报（哲学社会科学版），1995（1）：10－11.

凑，中国往商贾者多取富焉”之处，但因其“尽灭已为郡”，中州“清淑之气”传入，而不再是“无嫁娶礼法”的蛮荒之所，已然成为“王教所及”的“都会”。[①] 至于那“人如禽兽，长幼无别”的“南方之越”的地理范畴，则被汉代士人转移到了南越国尚存之日也较难直接治理的交趾、海南等地了。[②]

四、结语

清人梁廷楠在《南越五主传》中论及赵佗初见陆贾，以“椎结箕踞”礼待之时，认为赵佗此举并非“夜郎自大”，实则虑汉之“不能容，边关之不足恃”，故“外乎蛮夷，示无远大志，俾汉之君臣荒陋置之”。[③] 梁廷楠的论评，虽主要关涉赵越一方对汉廷的态度，但从另一面却也提示了汉兴以来，汉越双方“外有君臣之名，内则敌国之实”的紧张对峙关系。然而，就那时的汉廷中央及其一般士人而言，尽管已视“南越”为对手方，但由于面临“北胡南越”“中国劳苦”的内外交困局面，尤其是“北胡”一方气焰日盛，他们将主要精力集中于渐成“心腹之患”的匈奴，于是相对忽略了“无远大志”“虑汉不容”的“南越”。

因而，纵容通过陆贾、严助、唐蒙等出使南越的行动，以及汉初以来，汉廷中央与南越、闽越等政权的几次战争，刘汉集团几代帝君已制定了一系列经营帝国南方的策略，一般士人已对帝国南方情势有所了解。但在相关文献缺失的情况下，汉廷朝野受先入为主观念的影响，把前代典籍中关于“南方之越”，“西面正北方”，贡献方物“海蛤”“文蜃”“玄贝”，以“宾服”于中原的认识，转化为对“南越国”的想象。这是何以迟至建元年间，汉越王朝战争爆发前，在明知赵越政权为“中县之人”所治辖的情况下，对南越问题最为了解的淮南王刘安等人尚将南越等地视作多产奇货异宝，偏居涨海之滨的化外蛮荒之处的重要原因。

汉武帝时期，随着帝国北疆匈奴问题的彻底解决，“南越”问题逐步受到汉廷朝野关注。元鼎六年（前 111）秋，通过发动对赵越政权的征伐战争，“岭海越地”正式纳入西汉帝国疆域。此后，汉廷中央与一般士人笔下，赵姓王室治理下的南越政权，作为“天子微，诸侯力政”情势下“反叛”的结果[④]，已然被纳入王朝“大一统”的叙述结构之下，不再将之与作为蛮荒之所、不服声教的“南方之越”混为一谈。这类认知的出现，固然是汉武帝时代，由黄老学说“无为而治”到“以德化之”“天下万国莫敢不悉靖共职受命”思想嬗变的反映，但更与西汉帝国王朝权力全面进入南越国“旧疆”核心区域不无关系。

---

① 地理志［M］//汉书：卷 28. 北京：中华书局，1962：1670.

② 南蛮西南夷列传［M］// 后汉书：卷 86. 北京：中华书局，1965：2834 – 2839.

③ 梁廷枏. 先主传［M］//南越五主传. 广州：广东人民出版社，1982：13.

④ 南越列传［M］//史记：卷 113. 北京：中华书局，1982：2974.

而汉初士人对“南越国”从“方外之地”到“列为诸侯”认知的转变，一方面表明自西汉立国始，到汉武帝元鼎年间，无论汉廷中央或一般士人对南越国之整体认知，随时势之变化而转换，并非铁板一块，固化不变。任何简单、封闭式之结论，不足以说明这一复杂的“新陈代谢”过程。另一方面也提示后来者，历史面向的繁复多歧，历史研究知时论势的重要。

广东疍民离水从耕定居的变迁探究

广州边防指挥学校　茆晓君

一、前言

人类依水而居，聚水为坝，引水为灌，浴水而净，踏水而歌。人类发展史是与水亲容、与水抗争、与水妥协又无法割裂的共同奔流史。聚于东南沿海有独特习性的疍民，其生存命运更是离不开水。散发特殊气息的疍民引发笔者浓郁兴趣，笔者以探检民众生活与民众欲求来认识整个社会为宗旨，寻求疍民独特个性来凸显其日常、底层、具象等融通暗合之多维度社会影像。从不同方面考察疍民是为了追求理论反思和建构之意义，对于疍民历史维度的把握使我们能触及社会文化变迁的脉搏，也是历史实践的更好体现。

二、疍民探究理论回溯

"疍家"原为"蛋家"。"蛋"发音源自古越语，证据是同为古越族后裔的壮族人，至今仍在壮语中把小船叫作 ding。最早来珠三角的中原人士称业已舟居的越族人为 dàn，dàn 是 ding 的音变。越人无文字，中原人士替越人将 dàn 表字为"蜑"——"延"是声旁，"虫"是形旁。此字用时较长，但因冷僻，后换为同音且常用之"蛋"。当下，港、澳、台学术界论及相关课题时仍用该"蛋"字。1965 年出版的《新华字典》中把"蛋民"规范为"疍民"。疍民释义其一是疍民世代为家的舟楫首尾尖高，船身平阔，形似蛋壳浮于水上；其二是水上人常年生活于海上，如浮于水上之鸡蛋，生存飘摇。无论是载体的船，还是主体的人，都描绘"疍民"在轻薄和脆弱中讨生活求生存。学术界对"疍家"的历史溯源、惯习风俗、生产劳作等方面成果不断。

20 世纪 20 年代，中山大学语言历史学研究所的黄云波著有《广州疍俗杂谈》，文中论述广州疍民的营生、性格、饮食、语言、教育、歌谣，并提出疍民可能是范蠡之孙的惊人猜想。中山大学《民俗》七十六期疍户专号集中刊登了罗香林教授的《疍家》、谢云声的《福州疍户的歌调》，亦萝的《汕尾新港疍民的婚俗》和清水的《疍歌》等研究成果。

20 世纪 30 年代，吴高梓在燕京大学《社会学界》第四卷发表的《福州疍民调查》一文，详细描述福州疍民的生活、宗教、信仰、教育状况、风俗习惯等各方面的情况，认为福州疍民与沙南疍民的来由和各方面的状况相似。岭南大学陈序经教授发表的《疍民的起源》《疍民在地理上分布》《疍民的生活》等文章连同许道龄的《沙南疍民专号提要》都叙述了珠江一带疍民的分布、生活、宗教、教育、风俗习惯、居住状况、服饰和劳动工具等情形。对于疍民的来源问题，陈序经在《疍民起源》中提出要从六个方面进行探讨，认为疍民早于汉族，也早于蛮、苗诸族。1934 年罗香林在中山大学《文史学研究所月刊》第二卷第 3、4 期合刊中发表了《唐代疍族考·上篇》，1936 年何格恩在《岭南学报》第五卷第 1 和 2 期中发表《唐代的疍蛮》和《疍族的来源质疑》，这些文章对疍民的来源都做了探讨。岭南大学伍锐麟还写了一系列有关疍民的文章：《沙南疍民调查报告》《三水河口疍民生活状况之调查》《沙南疍民：对生活和经济组织的统计学研究》《沙南疍民的生活与文化》，这四篇文章后来收录在何国强主编的《粤海虞衡（卅）一秋：伍锐麟调查报告集》一书，该书于 2005 年 9 月由香港国际炎黄文化出版社出版。

20 世纪 40 年代，岭南大学陈序经综合历史上对疍民的研究成果，结合对珠江、北江和西江等流域疍民进行实地调查后，撰写了《疍民的研究》一书，由商务印书馆 1948 年出版。陈序经从疍民的起源、地理分布、人口，疍民与政府的关系，疍民的职业、教育、家庭与婚姻、宗教与迷信、生活、歌谣等十个方面，对疍民的状况作了细致而详尽的描述。

50 年代，国家开始了民族识别和民族调查工作，离岸水生的疍民被列入其中。中央民委为弄清疍家的族别问题，派出中央民族学院杨成志教授指导广东省民族学工作小组对粤内的水上居民进行了民族识别，结果是将疍民归于汉族群体，而非少数民族。期间陈碧笙的《关于福州水上居民的名称、来源、特征以及是否少数民族等问题的讨论》和韩振华的《试释福建水上疍民（白水郎）的历史来源》颇具代表性。中山大学出版社 2001 年将广东省民族事务委员会 1952—1953 年进行疍民调查的三个调查报告汇集为《广东疍民社会调查》出版。

60 至 70 年代，弗里德曼的宗族范式与施坚雅市场区系范式备受质疑，桑高仁、杜赞奇、王斯福等学者正寻求新的研究范式，新汉学人类学家对一般的科学范式和中国独特性二者给予同等重视。此期间由于交通不便，水上人研究多集中在香港和东南亚地区。日本学者可儿弘明撰写的《香港艇家的研究》和《香港水上居民：中国社会史的断面》分别由香港中文大学新亚书院研究所和东京岩波书店出版。尤金·安德森（Eugene N. Anderson）的《关于中国南部船民的文集》《山和水——中国南部沿海的文化生态》《快乐的天堂般官僚体制——超自然和香港船民》也于此时发表。芭芭拉·吴瑞德的（Barbara E. Ward）的《从香港社会看意识模式的理解论文集》借鉴列维·施特劳斯的结构人类学的方法论对疍民的文化结构展开相应的研究。

80 年代，学术呈现多面相，“疍民”研究重回学者视野。张寿祺的《疍家人》、黄新美的《珠江口水上居民（疍家）的研究》、叶显恩的《明清广东疍民的生活习俗与地缘关系》、吴建新的《明清时期的广东疍民》和《珠江三角洲疍民开发沙田的历史活动》、傅贵九的《明清蛋民考略》、萧凤霞和刘志伟的《宗族、市场、盗寇与疍民——明以后珠江三角洲的族群与社会》、莫雁诗的《试论疍民不是民族》、蒋炳钊的《疍民的历史来源及其文化遗存》，这些著作对“疍民”从历史回溯，以历史人类学视角重新审视“疍民”问题，使研究焕发新的生机。

90 年代，黄淑娉在《广东族群与区域文化》课题中提出疍民风俗应作为汉族“文化特点”的来源之一。叶显恩的《广东航运史》（古代部分）第二章也涉及疍民，说明在高度商业化的地域经济中，生活在水上的流动人口在江河和海岸运输中所发挥的重要作用。欧阳宗书的《海上人——海洋渔业经济与渔民社会》第四章以“疍民——海洋社会的少数民族”为题把疍民作为海上群体放在海洋渔业经济的角度，从“海上人家”来自何方、冲向海洋社会经济的大潮、海洋经济搭台与民族融合唱戏三个方面分析疍民经济角色的转变，使学界对疍民有全新认识。

现今，华南师范大学的颜广文教授对疍民有新解，他考证“欧邓”是商周时期生活在珠三角的部族，是古代百越族群的一支。自秦朝武力统一岭南，不愿服从中央统治的欧邓人开始由陆居到水泊的历程，并于魏晋南北朝时期形成“疍”的族群。“欧邓”与“疍民”存在密切关系：从社会生活空间来看，“欧邓”与“疍民”的地望基本上重叠；“欧邓”与“疍民”的图腾崇拜完全一致；“邓”与“疍”声母相同，存在着同音相通的可能；文献记载“欧邓”是“水行而山处”，“疍民”是“以舟楫为宅”或“编蓬濒水而居”，历史发展轨迹皆有案可循，颜教授推断“欧邓”是生活在岭南珠江三角洲一带疍民的始祖。广东技术师范学院的刘付靖教授认为疍家祖先是先秦时期的羌族巴人盐商，被称为廪（卤、临），当时中原华夏人称盐为卤、临。廪沿长江上游汉水来到中游川东，向川东鄂西、湘西土著民族今天土家族、苗族、瑶族的先人诞贩卖食盐。后来廪转入川西，而卤字也被盐字取代，古老的巴人盐商廪成为神话传说。唐宋以来南方地区加快开发，部分“诞”即今天瑶族先人迁徙到东南地区，加上唐宋诗词文献中经常提到诞民，诞的族名得到传播，逐渐成为东南地区沿江沿海水上居民的专称。以前疍家人得不到认同，不准穿鞋，不准建屋，不准与岸上人通婚，死后不准在陆地埋葬，只好葬在沙滩形成的沙岗地带，一些沙坟逢大雨后，尸骸抛露，野狗争食，悲惨不堪。故清史编年记载“谋生无策，丐食无门，卖身无所，展转待毙，惨不堪言”。

疍民社会地位不高，被列入贱籍，不入“士农工商”的“四民”之列。正史记载的历史长河中不见疍民踪影，而贱籍身份，同样面对税负渔课。疍民归属乔健所称的“底边社会”中的“底边阶级”，他们的历史地位是被人忽略的，但是他们又是在中国社会变迁中起着重要作用的一员。疍家文化研究的重要性在于证明了水文化的重要性，不同视角深入疍民探究是为了追求理论反思和意义重构，体现历史实践。

三、疍民探究田野实践

笔者为探究疍民离水从耕，进入东莞沙田进行田野调查。疍民，船民分支，与天斗，与海斗，又与地斗，获得新的生存空间和生活方式，充分体现疍民的生存智慧和非凡勇气。通过感知疍民生活的真实与复杂，加深对疍民的知悉与理解。从多渠道了解船民的生活实践，这就是笔者所希冀要达到的目标。弃海从耕凸显疍民在羸弱与羞涩下开辟新天地的无奈抉择与坚强毅力。

珠江下游江河，常因沙泥沉积，形成“沙坦”，沙坦经过人工围垦，即成沙田。故沙田指沿海濒江淤泥积成的田地，土质十分肥美。积沙成坦这是一个自然的过程，古已有之。东莞沙田本是一片汪洋，经过长年累月的冲积，在东江南支流和狮子洋交汇处逐步形成滩涂和沙洲。至清代中叶才由“疍民”和周边的贫苦农民在沙洲上拍围立村，散居在各条围的基堤上，才有沙田人居住生活的历史。1958 年沙田人大搞水利建设，开挖河涌，修建水闸，筑堤联围，一举改变了沙田地区支离破碎的状况，使沙田由 25 个小围逐渐形成一个近 5 万亩的大围。1961 年沙田正式成立人民公社，1983 年改称沙田区，1987 年 4 月改称沙田镇。据沙田老人们回忆，该镇疍民是从四方八方流浪至此且互不认识。他们既无法形成部落，也无法拧成合力，受岸上人欺凌且隐忍。疍民常于东莞厚街、中堂一带流浪，若想建屋安居，就被当地人驱赶。直至漂泊至沙田立沙岛一带，这里土地盐碱化难以种植，人烟稀少无人占据，疍民们放下鱼叉和船桨拿起了锄头和斧子，围海造田，疍民水居是适应沙田农业生产需要，在难得的历史夹缝中垦殖咸潮泛滥的河滩，成为“围口人”。20 世纪初期，疍家人多年围垦使得沙田有了可耕良田，他们便过起半耕半渔的生活。新中国成立是疍民翻身的历史契机，疍民千百年来第一次拥有自己的土地，有些疍民放弃漂泊不定的打鱼生活，沿着河涌用稻草和树枝搭起简易的茅寮岸上安居。广州大学的吴水田教授认为舟居是区别疍民与陆上居民的主要特征，也是疍民最常见的居住形态，疍民上岸居住后的村落，在外观形制上经历了从窝棚、水栏过渡到茅草房屋等的变化。

暨南大学的冼剑民教授在《明清珠江三角洲的围海造田与生态环境的变迁》一文中称，明清时期是历史上的大一统时期，两代政权都注重发展农业，大量开辟耕地。广东地区利用濒临海洋的自然环境，成为那个时代围海造田发展最快的地区。当时，珠江三角洲围海造田的主要形式是沙田，是指沿海濒江淤泥积成的田地。宋代以前，珠江三角洲的发展较为缓慢，沙田的形成主要靠自然的因素，即由江水携带泥沙淤积而成。明清时期，开发进一步加快，各河道不断淤浅，新生沙滩不断浮露。人们将浮露的沙滩加以围筑，以防止被水冲走。明代，人们通过抛石、种草实行人工促淤，加快了沙田的淤涨。清代，人们逐渐将目光转向未成之沙上，开始与海争田，堤围的修筑更加普遍，沙田的开垦进入了前所未有的全盛时期。沙田的扩大，促进了珠江三角洲地区农业的发展，也带动了地区经济的发展。假使我国有发达的海洋文化，则疍民应与西方海洋族群一样，向往和崇敬大海，自豪于水上生活方式。不幸的是我国乃农业文化为先，水上人生活则自然归于异类。清代广东学者屈大均的《广东新语》记载："蛋妇女能嗜生鱼，能泅。昔时称为龙户者。以其入水辄绣面文身，以象蛟龙之子。行水中三四十里，不遭物害。今止名曰獭家，女为獭而男为龙，以其皆非人类也。"

疍民是被污名化的族群，但正是这样的弱势族群，用自己勤劳的双手，用智慧围海造田，造出了滩涂沃野，创造了咸水种植方法，修筑海边基围养虾种植莞草，把沙田从海中一点一点"围"出来。由于靠近大海，沙田一带一年之内要经历好几次台风肆虐，大风大浪让疍民的生存受到威胁。打鱼很难满足生活的基本需求。于是部分疍民向岸上求发展，演变为具有新生活方式的"两栖疍民"。他们在荒地人烟的田地上辛勤开垦，然而潮水经常将基围冲垮，"初三，十八，高低尽刮"，每当农历初三和十八，海水涨潮，围田都被淹没。疍民一遍又一遍围，淹了围，围了淹，如此反复才成"围口"。疍民在岸上建起寮屋即简陋茅屋，以木桩为支撑，茅草为铺盖；有的将茅草与泥混合起到防火作用，这两种类型的房子都称为"疍家茅房"。东莞虎门立沙岛是典型的疍家聚居地，有中围、和安和大流三个村，好似鱼头、鱼肚和鱼尾，该岛四面环水，几乎与世隔绝，但也恰是疍家漂泊留守之地，搭建茅寮，呈现初始的原河居，疍民形成捕鱼下调、种植养殖于一体的生活方式。中围位于立沙岛北端，与洪梅镇相邻，与麻涌镇隔河相望，下辖沙头、中围和下围都是围海造田形成的自然村落；和安行政村下辖和安、新涌、西盛和茂生都是靠附近疍民流落此地，捕鱼无法维持生计，故上岸拍围造田建村；大流行政村下辖大流、泗合、埠城、沙尾是附近疍民围滩造田，搭茅寮在基壆上居住。同样的村落出现在泥洲的南新洲、向阳、泥中、日田、泥尾；阇西的三盛和四盛；赖家庄的南环；福禄沙的桂轩洲、石塘尾和洲仔；民田行政村的民田、官洲、水浸围、聚丰和泗沙；西大坦的东围、西围、上围、下围和新围；穗丰年的裕丰、围仔和裕隆；大泥的大有围、金玉、穗盛、满丰和金和；齐沙的旧围和新围；西太隆行政村的西太隆、泥头、渡船洲和七份；义沙的六和、三排头、茂隆；稔洲的旧围和培厚围。这些地界从前只见海水与裸露海滩，疍民不堪岸边嘲弄与冷眼驱逐，受够海上动荡与船舶飘摇，无奈与倔强之余落地生根，集中智慧创造沃土，与自身命运做着愚公移山般的抗争，疍民不光围海居住，也围海造田。沙田疍民将田围起就开始种植水稻，水稻种植在咸水田，成活率极低，聪明的疍民把谷子放于淡水与咸水的参合地带，培育出适合咸水生长的水稻苗，再放入临海咸水田，成活率大幅提升，开始一亩田仅有 10 斤至 20

斤不等，后疍家人利用潮涨潮落控制出水和进水，控制田地盐度是咸水田产量大增，直至一亩田能有70~80斤，甚至达到100斤产量。沙田镇位于广州之东的东莞，以莞席、莞香而闻名。此地用莞草编制莞席享誉海内外，种植莞草的恰是这些勤劳的沙田疍民。往昔沙田滩涂生长大片莞草，却因过度收割越发矮小，不能编织美丽莞席，疍民想办法用草锹挖地成50厘米土块，后翻转，从缝隙长出的莞草则恢复以往高度，此举需疍民强壮体魄与坚强毅力。劳作的疍家人一年四季无头巾头饰亦不穿鞋着袜，被岸上人称为“无头无脚疍家佬，有头无脚疍家妹”。辛勤的疍家人在打鱼和种植期间为消除疲惫创造了咸水歌，此歌源自生活，贴近民众，可即兴创作且音调婉转通俗易懂。凭借咸水歌，疍家在苍茫大海间找到生命的寄托，在繁茂蕉林间找到生活的依托。《广东新语·诗语》记载：“疍人亦喜唱歌，婚夕两舟相合，男歌胜则牵女衣过舟也。”沙田咸水歌《膊头担伞》有此对唱：（男）膊头担伞山头低，问娘何处探亲为，我新作田基唔用娘来踩，请娘贵步落田行；（女）膊头担伞山头高，明明白白探亲夫，夫罢你乜话新作田基唔用娘来踩，不久两年系哥你亲妻；（男）妹罢你系我真妻是系假妻，你系真妻快快转头来，你系我真妻行多三已转，田基踩坏舍得我哥慢慢上返泥。民俗学家钟敬文教授评论疍民生活之绝大慰安与悦乐便是唱歌。休息时，固然要唱；工作时，尤要唱；独居时，固然要唱；群聚时，更加要唱。所以在他们居处中，无论是在烟雾犹迷的清晨、日中鸡唱的晌午，还是月明星稀的晚上，都可听到他们婉转嘹亮的歌声，有如歌者之国一样。动人的歌谣要清理“人穷无我紧穷，三支丫子两张蓬；天上无篷地无板，手执扶丝揾食难；世间最苦黄连树，人间最苦水上人”的悲苦心绪，获得乐观向上的劳动愉悦心。

四、结语

疍民漂泊不定，以出海打鱼为生，以基围涌边为依，以茅寮草房为栖，上无片瓦下无立锥之地，长年寄人篱下，当地人称为“水流柴”。一家一船，无户籍，无人管，离社群，“出海三分命，上岸低头行，生无立足所，死无葬身地”。广东的疍民一直以来未有明确数字，据民国十五年（1926）广州市人口统计，在广州地区有疍民10.2万人。与当时广州总人口比较，比例很高。将广东潮汕、汕尾、惠州至阳江、湛江所有疍民人口加以统计，约有30万。从珠三角看，最多疍民地不在广州，也不在潮汕等地，而是在西江、北东和绥江三江交汇处的三水市。据1934年的资料记载，三水河口疍民拥有大小船艇约1 500余艘，其职业以捕鱼、运输、渡客为主。广州市渔民现只剩7 000多人，主要分布在海珠区的新洲渔村，番禺区的莲花山渔村，南沙区的新垦红海村，增城新塘镇的渔村社区等地，以船为家的疍民更加稀少。20世纪初，广州市已有疍民上岸居住。疍民将打捞来的废旧木料聚集，在江海岸边盖起窝棚，形成简陋聚居地。伍锐麟对岭南大学（中山大学）对岸沙南（二沙岛附近）的疍民聚居地作过调查，发现多数疍民每家都有一到两艘小艇，晚间有的居住寮棚，有的住在艇里，伍教授称之为“两栖人类”。

这样的上岸居住不能被称为定居。新中国成立后，疍民大规模上岸定居。1954 年 6 月，周恩来总理视察广州市，指示做好水上居民的上岸定居工作；1956 年 9 月，广州市成立了水上居民上岸工作领导小组；1959—1960 年，国家计划委员会专门拨出约 1 700 万元，以及数百吨钢材和 2 000 多吨水泥，用于建设水上居民新村。当时，珠江区成立十几个手工业和农业合作社，解决疍民上岸后的生计问题。猎德、东望、大沙头、二沙头、滨江东、南园、基立村、素社、石冲口、科甲涌、如意坊、荔湾涌等近二十处渔民新村相继落成，疍民开始大规模上岸。据统计，1956—1966 年，4 万多疍民上岸定居，占当时调查的疍民总数的七成。1966—1987 年，广州市政府又陆续投入百万元，帮助剩余三成疍民上岸定居。2015 年广州市住房保障办公室财政预算方案中，再列出 104 万元“以船为家渔民上岸安居工程补助资金”，继续为船民解决居住难题。这些资金准备提供给 52 户疍民，或加固修缮原有房屋，或分配公租屋和公房。

疍民登岸立村，屋头晒网，开门见水，鸡犬相闻，稻谷丰登，鱼蟹鲜美，民风淳朴，构成珠江岸边独特迷人风景画卷。曾经的疍家小艇聚集成水上浮城，疍民先傍水后靠土，与命运生存抗争，大规模上岸定居，终成历史定格，告别冻馁之虞，诗意渔舟晚唱，寻找“渡”不忘“水”，精神隐喻的“渡”后存现开阔博大的“海”。

参考文献：

［1］茆晓君．船民研究之历史回顾与评析［J］．世界海运，2013（10）．

［2］中国人民大学清史研究所．清史编年：第一卷［M］．北京：中国人民大学出版社，1985.

［3］茆晓君．田野下船民之生存经验与困境探析［J］．世界海运，2013（11）．

群星璀璨，儒道同辉

——丹灶名人辑考

佛山科学技术学院　蒋书红

丹灶镇不仅历史悠久，而且人文鼎盛，才俊辈出，大硕济济，在南海地区可谓首屈一指。本土英杰与外来名士络绎不绝，交相辉映，在南粤大地上，织出了一幅璀璨夺目、熠熠生辉的名人画卷，焕发出耀眼夺目的光彩。

据《南海市丹灶镇志》记载，明清两代全镇有进士18人，举人33人，县知府第以上官员19人，与同时期南海辖下其他同级镇相比，所占数量、比例都是名列前茅的。在丹灶本地的名人中，方献夫、何维柏、何维椅、康有为、冯成修、康广仁、康同璧、康同薇、谭宗浚、林彭年、徐台英、刘廷镜、刘国珍、谢保樵、黎秀石、陈澹浦等堪称佼佼者，即使在全国范围内，他们也是颇具实力、知名度与影响力的人物。

方献夫（1485—1544），字叔贤，丹灶良登孔边人。据《南海县志》记载，方献夫是孔边村方氏开村之祖方道隆的第八代宗孙。方献夫于明弘治、正德、嘉靖三代为臣，曾任光禄大夫、柱国少保、太子太保、礼部尚书、吏部尚书、武英殿大学士、内阁首辅（位同宰相）等，被尊称为“方阁老”，是南海著名历史人物，实为南海史上第一高官。方献夫于明弘治十八年（1505）中进士，选翰林院庶吉士。正德中，授礼部主事，调吏部员外郎，与主事王守仁论学，拜为老师。不久，抱病归西樵山，与湛甘泉、霍韬等日夕往还，读书论学10年。嘉靖三年（1524）以议大礼得宠，升翰林院学士，不久，署大理寺事。同年九月，任礼部右侍郎，仍兼学士，当值经筵日讲。后代桂萼任吏部右侍郎、礼部尚书，加太子太保。复代为吏部尚书。其后，因朝内互相攻讦，责令停俸一个月。献夫两次上疏请退，得报允，仍虚位以待。嘉靖十一年（1532）应诏回京，以原任官职兼武英殿大学士被重用，入阁辅政，并按原先赐的“忠诚直谅”银章，有事密封奏闻。继任吏部尚书，居职两年，三次上疏请退。居家10年卒。赠太保，谥文襄。著有《周易传义约说》《西樵子稿》和《大学中庸二原》。献夫幼时勤苦力学。任官后遇事有执持，学者中多称颂其持论平恕。生平以清忠自许，并绝外戚之封，居高官而不忘故交，友人陈激衷家贫，献夫替其置田园以娱晚年。

明弘治十八年（1505），方献夫中进士，任广西某县知县。是时朱厚照被孝宗皇帝封王镇守广西，某夜梦自己头戴白巾，以为不祥，终日闷闷不乐，众人俱不解其意，方献夫便解释道：“大王头带白布，是当皇帝的征兆。王字头上加个白字，不正是皇帝吗?”厚照听后十分高兴，愁云顿消。不久，弘治驾崩，厚照登基作了武宗皇帝，建号正德。武宗皇帝念方献夫在广西解梦之情，认为其忠心有加，便召方献夫进京，辅佐皇朝。

嘉靖继位后，为使其母名正言顺作皇太后，欲将其母灵位移入太庙，但一时苦于无人上本保奏。时有石湾人霍韬任礼部尚书，深知嘉靖的心思，但欲奏又不敢。巧逢方献夫回京上任，霍韬对方献夫说起此事，方献夫劝道：大人为何不上本保奏此事呢？霍韬道：我若上奏时遇皇上大怒，无人保我，怎么办呢？不如你上此本，倘有不测，我可保你。方献夫即日便上朝奏请将嘉靖母亲灵位移入太庙，嘉靖听后十分欢喜地说：论才智没有人比得上你！遂封方献夫为武英殿大学士，入阁辅政。

何维柏（1510—1587），字乔仲，号古林，丹灶上沙滘村人。明正德五年（1510）出生。早年爱慕西樵山泉石幽胜，读书其中，与山中学者湛甘泉、霍韬、方献夫等结交，语多默契。嘉靖十年（1531），21岁的何维柏中辛卯科举人。嘉靖十四年（1535）中乙未科进士，选庶吉士。历任监察御史、福建按察使、大理寺少卿、左副都御史、吏部侍郎和南京礼部尚书等职。为官敢于直谏，曾上疏嘉靖帝劝阻在河北沙河修建行宫和营造金山功德寺以免劳民伤财；继则请求罢征安南，免劳徭役。虽经嘉靖帝答允，但为权臣所阻而未行，因而称病退隐西樵山，与刘模、王渐逵、陈激衷等往来论学。后来复职巡按福建，时值大学士严嵩弄权，横征暴敛，朝臣敢怒不敢言。嘉靖十四年（1535）五月，何维柏上疏力数严嵩的罪恶，比之为李林甫和卢杞，嘉靖皇帝看过何维柏的奏本后，龙颜大怒。派锦衣卫到福州，以诬告罪押何维柏上京。锦衣卫押何维柏上京之日，福州城内外的百姓以凄怨而悲愤的声音唱出：“三水凤，参天柏！穷谷深山被恩泽，官谷重重赈灾，奸弊时时痛革。今日去，民心恻！报答无由怨句天，但愿天心眷忠蓝。”后维柏被革职回乡，在广州河南开设天山书院讲学，从游者甚众。1567年，嘉靖皇帝驾崩，隆庆改元，穆宗即位，维柏奉召还京，任大理寺少卿，礼部左侍郎，同年底升为都察院左副都御史。万历五年（1577）十一月，出任南京礼部尚书，因多次直谏，遭大学士张居正所忌，又被革职回乡，野服布巾，浪迹山水间。万历十五年（1587）四月十八日卒，年七十七，赠太子太保，谥端恪。葬于三水金本芹坑村罗盘岗。著有三水第一部县志《三水县志》以及《天山草堂存稿》《太极图解》《易学义》和《礼经辨》等。

何维椅（1514—1595），丹灶上沙滘村人，何维柏之弟。明嘉靖十八年（1538）举人，后中进士，选庶吉士，历任翰林院士编修、文英殿学士主讲，是明朝著名学者。

康有为（1858—1927），原名祖诒，字广厦，号长素，又号西樵山人，戊戌维新运动后，改号更姓，晚年号天游化人，时人称他为“康南海”。清光绪二十一年（1895）进士，官授工部主事、总理各国事务衙门章京。广东省南海丹灶镇银河苏村人，中国近代史上著名的爱国思想家、政治家、教育家和文学艺术家，戊戌变法运动领袖。康有为出身于世代书香家庭，从小博通经史。1883 年，康有为在家乡苏村创办了中国历史上第一个“不缠足会”，开中国妇女解放运动之先河。1888 年，中法战争后，国势日蹙，康有为以救国为己任，第一次上书光绪皇帝，提出“变成法”“通下情”“慎左右”，主张中国变法自强。此后，又曾六次上书光绪皇帝。1895 年《马关条约》签订前夕，康有为联合各省 3 000 多名应试举人上书光绪皇帝，请求拒签和约。在帝党的支持下，光绪皇帝接受变法的主张，在全国推行变法，从政治、经济、科技、文化教育等方面做出革新改良。9 月 21 日，慈禧太后发动政变，幽禁了光绪皇帝，历时 103 天的维新运动宣告失败，史称“百日维新”。康有为被迫逃亡海外，继续寻找救治中国的良方。

康有为生平著作甚丰，其门人汇刊为《万木草堂丛书》，包括：经部有《孔子改制考》《伪经考》《春秋董氏学》《春秋笔削大义微言考》《礼运注》《大学注》《中庸注》《论语注》和《孟子微》等 19 种；史部有《时务刍言》《戊戌奏稿》《政见书》《官制考》《物质救国论》《金主币救国论》《财政救国论》《共和政体论》《救亡论》《中华救国论》《共和平议》和历次上书等 64 种；子部有《大同书》《诸天讲》《长兴学记》《桂学答问》等 26 种；集部有文集、诗集等 28 种，共 137 种。

冯成修（1702—1796），字达夫，号潜斋，丹灶梅庄人。清乾隆四年（1739）进士，选庶吉士，历任吏部主事，文选司员外郎，福建副考官，升礼部祠祭司郎中，乾隆十八年（1753）典试四川，三十四年（1769）督学贵州，曾制订学规训士，巡试所至，讲求实学，端正文风。不久，被召回京。年 61 假归，掌教广州粤秀、越华书院，受业数百人，世称“潜斋先生”。乾隆六十年（1795）再赴京参加“鹿鸣宴”。翌年卒，年 94。成修性耿介，关心乡梓。乾隆三十四年（1769）夏秋亢旱，富户囤积，粮价骤增。成修密陈其弊，妥为平息，乡人称颂。成修出世时，其父外事未归；7 岁丧母，寄养在伯父处。成长后，成修每提及其父，辄痛哭流涕。任官后，曾两次请假回乡遍寻父踪，终无所遇。年 80，每思其父已 101 岁，想不在人世，于是易服守孝 3 年。时人称成修为“冯孝子”。著有《养正要规》《学庸集要》《人生必读书纂要》和《文基文式》等。

康广仁（1867—1898），名有溥，字广仁，号幼博，丹灶银塘苏村人，康有为的幼弟。少时受其兄的影响，厌恶封建科举制度。后来家里为了使他得到磨炼机会，给他捐了浙江候补巡检之职。广仁上任未及一载，看到官场积弊引以为耻，厌而弃官。他性格刚直，发论精奇，认为变法的首要任务是开发民智，废除八股取士旧制，讲求实用之学。他曾到上海向美国人学了 3 年西学，准备在上海创办医学堂。清光绪二十三年（1897）在澳门办《知新报》。后又在上海经理大同译书局，发起不缠足会，开设女学堂。光绪二十四年（1898）在北京参与戊戌变法，助康有为拟新政奏稿，奔走不遗余力。扼杀维新变法的政变发生，广仁遂遇害，是史称“戊戌六君子”之一。著有《康幼博茂才遗集》。

康同璧（1886—1969），字文佩，号华，康有为次女。早岁供读于美国哈佛大学和加林甫大学。精史籍，通晓英文。康有为维新失败后，出走国外。同璧曾随其父到印度比哈尔邦底赖雅附近的灵鹫山朝拜，成为中国到“西天”去的第一个妇女。1883年，康有为在家乡成立中国第一个不缠足会，康同璧带头不缠足，成为中国妇女界最早倡导女权的先驱之一。她又是中国早期赴美的女留学生之一，先后就读于美国哈佛大学和哥伦比亚大学。1910年，康同璧与梁启超弟子罗昌（宝安人）结婚。归国后历任万国妇女会副会长、山东道德会会长和中国妇女大会会长。1949年在傅作义召开的华北7省参议会上被推为妇女代表，与人民解放军商谈和平解放北平事宜。新中国成立后，任中央文史研究馆馆员，北京市人民代表和第二、三、四届全国政协委员。擅长诗词书画，晚年从事其父遗著的整理。1969年8月17日在北京病逝。编著出版有《南海康先生年谱续编》和《万木草堂遗稿》。

康同薇（1879—1974），字文闲，号薇君，康有为长女。自幼力行其父的主张，不缠足，不穿耳。通晓国学及英、日两国语言。15岁即根据二十四史编纂《风俗制度考》。后协助其父编纂《日本政变考》和《日本书目志》。光绪二十三年（1897）出任澳门《知新报》翻译，并在报刊上发表革新时论，成为我国第一个女报人，1898年7月，与梁启超夫人李惠仙在上海创办《女学报》，并任主笔。“戊戌政变”后，携母逃至澳门。1899年，与其父的大弟子麦孟华二弟麦仲华（顺德人）结婚后一直居留海外，直至1974年病逝。

谭宗浚（1846—1888），原名懋安，字淑裕，谭莹之子（南海丹灶镇塱心村人），少成家学，1861年中举人，1874年举进士，是清代同治十三年榜眼，以一甲第二人及第，授翰林编修，充国史馆协修、纂修、总纂和方略馆协修等职。1876年督学四川，1882年充江南乡试副考官，嗣出任云南粮储道，按察使，后以病归，至广西隆安道卒。长于文学。著有《辽史记事本末诸论》《止庵笔语》《属秀集》《荔菜草堂诗续钞》《希古堂文集》和《于滇集》，是晚清岭南影响较大的学者。著名北京“谭家菜”为谭宗浚与父亲谭莹所创，有“食界状元”之称。谭宗浚一生酷爱珍馐美味，把广东菜与北京菜相结合而自成一派，后成为中国最著名的官府菜，被称为“活化石”，“燕翅席”为北京饭店代表作。据传，对这道名扬天下的官府大菜，连一向以勤俭节约为美德的周恩来总理也非常重视，1958年，周总理专门建议有关部门和有关人士，把这道中国独创的美味菜品引进气派非凡的北京饭店，从此就成了北京饭店的一道金光闪闪的招牌，吸引了不少南来北往的好吃之客。时至今日，谭家菜的品种已经有了三百多味。

林彭年（1815—?），原名殿芳，字朝珊，亦字朝三，丹灶东升上林村人。清咸丰二年（1852）乡试中举人。咸丰十年（1860）为庚申科榜眼，授翰林院编修。历任国史馆、武英殿、实录馆协修及纂修官、提调官、富新仓监督官，山东监察御史官。官至贵州镇远府知府，同治帝登极，曾疏陈镇压太平军及捻军，卒于贵州知府任上。

徐台英（？—1863），字明钊，号佩韦，丹灶荷村村人。1832 年中举人，1841 年中进士，1843 年任湖南，旋补岳州府华容县知县，后以亏空杂项去官。1862 年特旨召用，分发浙江交左宗棠差遣，委署台州知府，未赴任卒。著有《铅刀集》。

刘廷镜（1839—1901），字德盛，号梅荪，丹灶沙水村人，同治十三年（1874）甲戌科会试进士，殿试钦点翰林院庶吉士。选用江苏如皋、甘泉、六合等县知县。光绪十九年（1893）出主三湖书院讲席，光绪二十七年（1901）病逝，享年 62 岁。刘廷镜为官清廉，为民造福，深受当地官民爱戴。在其调职扬州甘泉县知县时，"士民颂刘青天者逾十里，于县署建去思碑以志遗爱"。

刘国珍，字仲昭，丹灶沙水村人，刘廷镜之子。宣统二年（1910）赏给工科进士，宣统三年（1911）保和殿试进士并奉旨授职翰林院编修。

谢保樵，丹灶村人，清华大学毕业，后赴美国留学，入霍金斯大学，获哲学博士学位。历任北平政法大学、交通大学、天津北洋大学及广东大学教授，国民党外交部、交通部及财政部科长，武昌土地局局长，汉口第三特别区主任，浙江卷烟税局副局长，江苏烟酒税局局长，国民党中央党部国际宣传委员会委员，铁道部秘书兼中国航空公司秘书。1931 年任广九铁路管理局局长。1933 年 1 月，任立法院编译处处长。1948 年 4 月，任中国驻泰国大使。

黎秀石（1914—2007），丹灶村海边坊黎家村人。1935 年毕业于北平燕京大学新闻学系。早年，曾先后在《广州英文早报》、《香港士蔑西报》（《南华早报》的晚刊）、美国合众社香港分社、桂林《大公报》、重庆《大公报》工作。第二次世界大战期间，他作为《大公报》战地记者，采访盟军在缅甸、印度洋及太平洋各战区反击日军的情况，以及在东京湾登陆情况。1945 年 9 月 2 日，全世界 200 多名记者云集在"密西里"舰的甲板上，当时在舰上采访的中国记者仅 3 名，黎秀石就是其中的一个，见证采访盟军对日受降仪式，拍下日本投降的一幕，第一时间报道了日本投降的新闻。战后黎秀石被派驻伦敦当特派员，专职采访欧洲新闻。于 1950 年回国，回国之初，曾先后在家乡醒华小学、广州第七中学任教。后在天津《进步日报》（前身为天津《大公报》）、中央人民广播电台对外英语组工作。20 世纪 60 年代后，分别在北京广播学院和中山大学外语学院任职。编著有《英美报刊选读》《英美报刊小品 101 篇》《怎样阅读英语报刊》《英美当代小品 201 篇》。1996 年《日本的前前后后》被香港明报出版社出版。

陈澹浦（1817—1876），丹灶良登村人。清道光十九年（1839），陈澹浦在广州十三行新豆栏上街创办了家庭手工作坊"陈联泰号"。陈联泰号最初以制造缝衣针、修理金属器具为主。鸦片战争后，随着外国轮船来广州的次数增多，陈联泰号逐渐转为以修理轮船为主，成为广州著名的机械修理工场。1872 年越南华侨陈启沅为筹办继昌隆丝厂，特邀陈澹浦帮助制造缫丝机，在陈启沅的指导下，中国人自己设计制造的第一台蒸汽缫丝机在陈联泰号问世。从此，陈联泰号大批量生产缫丝机，以满足珠江三角洲地区迅速发展的机器缫丝的需求。1876 年陈联泰号扩大规模，把工场迁至广州十八铺桂塘新街，正式改名为联泰机器厂，成为广州首家民营机器厂。

自汉武帝设立五经博士，讲授《易》《书》《诗》《礼》《春秋》之后，经学与仕途就密切地联系起来，儒学也逐渐成为我国封建社会占统治地位的学派，社会上层主流人士，也以儒家为主。前文所举丹灶历史名人，也多属儒家人物。他们既为丹灶儒家文化的传承发展发挥了巨大的作用，同时也是丹灶深厚儒家文化的反映与产物。

丹灶镇不仅在儒家文化方面根基深厚，在道家文化方面，也有颇深的渊源和浓厚的氛围。其标志事件，当为东晋葛洪炼丹传说和“丹灶”一词得名由来。据说东晋咸康四年（338），道教理论家、医学家、炼丹术家、开岭南道教一派的祖师葛洪为寻找丹砂炼药，从罗浮山云游到此，看到这里风景秀美，有佳泉可炼丹，登上金锋岗顶（珍丰岗）后，他遥望东南面平畴如镜，西北面群岗重叠，山环水抱，认为这里是炼丹圣地，于是在金锋岗结成炼丹灶，并在附近一带取泉水炼丹，最终炼成丹药，名登仙籍。葛洪炼成丹药后，还悬壶济世，广为四方百姓治病，于是后人为了纪念葛洪大师，将珍丰改名为丹灶，并修建了葛仙祠来供奉他。丹灶由此得名，丹灶也自此成为南粤“仙境”“圣地”之一。而且如今在丹灶镇的仙岗村仍保留着传说是葛洪当年用于炼丹的一只丹钵，这个石钵是仙岗村开村前在村中大庙塘里挖出来的，塘边早年有“葛仙遗迹”的碑石，因此村民称之为“仙钵”，并将该村称为“仙岗”；今丹灶镇境内还带有诸多“丹灶”“仙”字样的地点、器物，如丹灶镇、丹灶圩、丹灶村、仙井、仙岗、仙湖、仙祠、仙井坊、仙岗村、仙钵等。这些传说与史实，不仅为丹灶镇涂上了一层神秘的道家色彩，也在思想言行上深深地影响着丹灶人民。

综观丹灶镇的历史人文，以儒教、道教文化根基最深，影响最广，成果最为光辉璀璨。而且，其实这里不仅仅是儒家与道家的活跃地，也有其他思想流派、文化遗存，它们荟萃一地，碰撞交织，融合促进。

但可惜的是，目前除了康有为、陈澹浦等少数几人得到了学术界、社会各阶层较为充分的关注研究外，尚缺乏一部或一系列完整、系统、典型的集大成的著作，来对丹灶镇的名人、人文、地理作更为深入、更广范围、更大力度的考证和宣传，在挖掘、利用、宣传、影响力等方面，尚不充分。醇醪囿于深巷，美玉藏于璞中，希望这能引起当地政府部门、本土人士以及社会各阶层人士的重视。

参考文献：

[1] 丹灶镇地方志编纂委员会. 南海市丹灶镇志 [M]. 佛山：南海年鉴社，2009.
[2] 丹灶镇地方志编纂委员会. 南海市金沙镇志 [M]. 佛山：南海年鉴社，2009.
[3] 佛山市南海区民政局. 南海市地名志 [M]. 广州：广东经济出版社，2008.
[4] 郑梦玉，等. 南海县志 [M]. 台北：成文出版社，1967.

佛山文明基因概析

佛山市艺术创作院　朱郁文

2014 年初，《华尔街见闻》中一篇名为“佛山经济的四大意外”的文章引起了多方关注，该文章指出，作为一个“在中国之外，很少有人听说过”的城市，佛山在经济发展上的突出表现“令人意外”，其“摆脱贫困的经验”以及在改革领域的作为值得学习和借鉴。

如果稍加考察，不难发现，佛山在近年来受到关注并非偶然之事。仅在 2013 年下半年至 2014 年上半年一年左右的时间里，《人民日报》《新京报》、新华社、中央电视台和美国《华尔街日报》，英国《金融时报》《经济学人》，瑞士《新苏黎世报》等国内外主流媒体纷纷将关注的目光投向佛山，佛山数十次成为国内外重量级媒体关注的对象。“佛山模式”“佛山样本”“佛山经验”等字眼频见于报端，佛山一次次引起世界瞩目，掀起舆论风潮。

对于一个地级市而言，这是很有意味的现象。很多专家学者都关注到这个现象，也从不同角度给予解读，但大多局限于孤立地去看经济发展与社会变革，将城市建设与发展成果看作是一时一地甚至一人的政策倾斜或主观重视所致，鲜有人从更广的视野、更深的角度去探究其背后的真正推动力。

一个地方——无论是经济、政治、社会制度，抑或是科技、文化、道德伦理——以怎样的姿态存在和前行，绝非偶然之事，背后最根本的决定因素是这个地方的文明形态。城市如同一棵树，经济、政治、社会、文化等各个层面的枝繁叶茂，得益于文明之根源源不断输送的养分，而养分的持续给予取决于扎根水土之深远。经验可以借鉴，路径可以模仿，但孕育文明形态的一方水土却无法复制。

从古之名镇到今之名城，佛山一路走来，成此气候，绝非偶然！

一、河海文明

提起佛山，离不开（珠）江和（南）海，离不开一个“水”字。

数万年前，当时的佛山仍是太平洋的一部分。斗转星移，沧海桑田，在内河与外海的对冲下，佛山渐渐形成了今日的模样。

发源于云贵高原乌蒙山系马雄山，包括东、西、北三江及下游三角洲诸河在内的珠江，在流经中国中西部六省区之后，从八个入海口注入南海，整个水系呈扇状分布，作为中国三大水系之一与南海相连。珠江三角洲原是一个多岛屿的浅海湾，西江、北江、东江从不同的方向流入其中。三江所带来的巨量泥沙，不断地在浅海湾中淤积；又由于南部海洋平面升降变化的巨大影响，浅海湾经历着水陆交替的复杂地质变化。经过数千年，古海湾终于被沉积物不断淤浅而形成岭南最大的冲积平原。特殊的地形地貌，使得珠三角平原不同于东北平原、华北平原等中国内陆其他的大平原，它是由西、北、东三江，以及谭江、绥江、流溪河和增江等小河各自冲积而成的众多小三角洲，相互穿插、连接而形成的复合三角洲平原。源远流长的珠江在南粤大地奔腾流淌，日夜灌溉着这一方沃土，为两岸的黎民带来物质的富足和生活的福祉，被广东人民亲切地称为“母亲之河”。

珠江水系的特点是多源头、多支流、流域广，尤其它进入珠江三角洲之后，河汊纵横，密织如网。河道众多、湖沼罗列，与弧山错落相映，浑然成趣，气象万千。亚热带季风性湿润气候又加剧了水在这一地区的循环与更新，使得佛山雨量充沛，水源丰富，山清水秀，气候温润。珠江水系对岭南地区起了长期的统合作用。作为岭南的核心区域，珠江三角洲的地貌、气候、土壤、水文等自然条件，在很大程度上决定了岭南尤其是广府地区的经济、政治、社会、文化等发展态势及其价值。

位于珠三角腹地的佛山，无疑具有天然的优势——佛山三水区即因珠江的两大支流北江、西江与绥江三江汇流而得名。这种优势一方面使其自古就是富饶的鱼米之乡，另一方面又使其能借助内部交织如网的河道与南部濒临的海洋达到内通外联的状态，而这一点又在很大程度上决定了佛山在珠三角乃至亚太版图中的重要地位。

四大文明古国均发轫于大河流经、交汇之处，希腊、罗马古城孕育在地中海沿岸，包括佛山在内的中国古代“四大名镇”皆因水运便利而繁盛。文明发展与水的关系之密切已是有目共睹。

《老子》曰：“上善若水，水善利万物而不争。”《论语》有云：“智者乐水。”朱熹释曰：“知者达于事理而周流无滞，有似于水，故乐水。”古语又云：“流水不腐。”被水环绕穿插的佛山，以水为家的佛山人，在水数千年的恩赐与滋养中，渐渐养成了如水的品性和人格。佛山人爱水乐水，通晓事理且始终保持灵动之气，做自己该做的事，走自己该走的路，积德行善不争名利，为人处世有着极好的心态。《孙子兵法》有云：“水因地而制流，兵因敌而制胜。兵无常势，水无常形，能因敌变化而取胜者，谓之神。”佛山人懂得顺天应时，借势借力，灵活变通，不墨守成规，不固守教条，不做无用功，不出无用力，常常在不经意间于无声处完成别人做不了的事。

佛山境内星罗棋布、纵横交错的河涌港汊，犹如人体的一条条经脉，佛山人深知打通经脉的重要性，懂得利用河涌、水道连接内外，通达八方。而且，亚热带季风性湿润气候使得佛山降水丰富、雨量充足，尤其在夏季，常常有大到暴雨伴随着台风光顾此地，稍有不慎就会发生内涝和洪灾，所以佛山人更懂得顺势、疏通、引导的重要性。

在佛山的大型民俗活动“行通济”中有一句人人皆知的谚语，“行通济，无闭翳”，意思是走走通济桥，就没有忧愁和烦恼。其实这是后来的引申义，代表了人们的美好祈愿。“闭”者，闭合堵塞之义也；“翳”者，障也、晦暗也。明朝户部尚书李待问当年修建此桥并取名“通济”，寓意“桥以通济名，必通而后有济也”，“以正义通，以亨屯济”。通则达，通则济，通则远大，修建通济桥是为了除蔽障而致远。所以，无论是从字的原初意义，还是从行通济的最初寓意来看，佛山人对“通”与“济”的理解不能说不精准深刻。佛山能成为中国古代“四大名镇”和天下“四大聚”，是佛山人“独善其身”与“兼济天下”的最好证明，而做到如此的前提是内通与外联。“江河合水而为大”，“海纳百川、有容乃大”，“泰山不让土壤，故能成其大；河海不择细流，故能就其深”。正因为懂得通联与不拒，佛山才有了自成一格的气度与气质——通达志远、广博深邃。

如果说大河文明的气质是交通（交流通达），是联系，是多样，是持重，是平和，那么海洋文明的气质则是开放、包容、大气、冒险。

以佛山为腹地的珠三角最早接触到来自西方的海洋文明，数千年前，当地中海将海洋文明之光铺满古希腊罗马时，在地球的另一端，南海也悄悄将海洋文明的种子在这里撒下，不同的文化族群在此相遇和互动，一种东方式的海洋文明在这里发育生长。从16世纪初葡萄牙人满载香料的舰队闯入珠江入海口的那一刻起，东西方文明之间开始了真正的碰撞，并延续至今。身处江河与海洋交汇之地的佛山在无形无意间具有了大河文明与海洋文明相融合的特性，姑且称之为“河·海文明”。我们看到这种文明不仅吸纳、拥有了中国传统文化的精髓，还将一些外向型的性格特质——如开放、包容、创新、冒险、敢为等——融入血液之中。

佛山开放包容的气质体现在诸多方面，最明显的要数人口结构，佛山的形成与发展史其实是本土居民（土著）与外来人（侨寓者）相互碰撞、相互融合、相互影响的历史。佛山自古既非政治中心，又不是军事要塞，加上级别不够（历史上佛山是作为南海县的一个镇而存在的），所以从来都是“一座不设防的城市”（无城墙），加上水运的便利和手工业的发达，这些都是物与人在佛山充分流动的重要因素，而物与人的流动又反过来促进了佛山的发展，包括商业兴盛、城区拓展、文化繁荣等，在佛山文明的进程中起到了关键的作用。

与水结缘的佛山人充分懂得“树挪死，人挪活”的道理（这一点与处在典型农业文明中的中原人安土重迁思想是有区别的），所以既积极地变通流转，又尊重进入本土的外来人。当然侨寓与土著也不是没有矛盾和冲突，但二者最终能共存互容，说明佛山文明是有着包容开放之基因的。在民间信仰上，祖先崇拜加上佛、道、儒、基督、伊斯兰等在这里和谐共处，各守其位，各拜其神，相互尊重，互不干预。信仰的多元反映了佛山人在思想观念上的包容性和开放性。

水对佛山的影响、佛山人对水的情感，从佛山最重要的民间信仰“北帝崇拜”中可见端倪。北帝，即北方真武玄天上帝，乃统领北方、统领所有水族之道教民间神祈，故又被称作水神，具有消灾化厄之神力。佛山人对北帝尤其“情有独钟”，佛山祖庙又以其“历岁久远”成为北帝庙之始祖，是佛山民间信仰中心和祭祀圣地。北方之神在南粤佛山有着如此崇高的地位，这当中离不开一个“水”字。水虽然带给佛山诸多恩惠，但作为水泽之乡，难免水灾水患，而水神北帝自然成为佛山人顶礼膜拜的对象，以祈求平安顺遂。此外，佛山自古以陶瓷、冶炼为重，拜水神以祈求防火保安全也在情理之中。康熙二十三年（）广东承宣布政使郎廷枢所撰的《修灵应祠记》有云：“岂以南方火地，以帝为水德，于此固有相济之功耶？抑佛山以鼓铸为业，火之炎烈特甚，而水德之发扬亦特甚耶？”[①]

凭借河、海之优势，佛山得以内通外联，佛山成为一个开放性、流动性的社会，而开放性与流动性正是现代城市形成之基础，也是现代文明形成之动因。

二、商业文明

佛山自古就以手工业著称，是著名的陶艺之乡、民间艺术之乡，“三雕两塑”、缫丝纺织、冶金、木版年画、剪纸、扎作、藤编等构成了手艺佛山之多元多样特色，同时形成了一支“手作仔”大军。佛山的商品贸易以手工业及其他特产为基础逐渐繁荣昌盛，做到了时间向度上的持久性，同时在空间上不断延展。手工业的发展与交通的便捷，是佛山工商业能够持续千年兴旺的一个重要条件。

两晋时期，佛山已是一个对外开放的圩市，有海外商船过往。唐宋以后，随着“海上丝绸之路”的发展，佛山的农业和手工艺贸易已初具规模，丝织品远销到海外。北宋以后，西、北江通往广州的主航道改经佛山涌或佛山南部支流到达广州，佛山在交通位置上的重要性更显突出。其时，佛山已遍布贸易圩市，还设立了隶属于广州市舶司的市舶务，陶瓷、蚕丝及丝织品大批量出口。宋代地理学家朱彧在《萍洲可谈》中这样描绘出海商船景象：“船舶深阔各数十丈，商人分占贮货，人得数尺许，下以贮物，夜卧其上，货多陶器，大小相套，无少隙

---

① 佛山市地志办，吴荣光，等. 祠祀［M］//佛山忠义乡志：卷八. 佛山：佛山博物馆重印，1986.

地。”可见佛山陶瓷当时的受欢迎程度。到了明代，佛山、南海、顺德已有圩市过百，商业利润的刺激使佛山人弃田租铺、积极从商，佛山的对外贸易依托广州有了进一步发展，但也随着朝廷政策（如海禁）的收放时起时落。明正德十二年（1517）葡萄牙商船闯入珠三角，进驻澳门，客观上推动了广佛的外贸业，佛山成为中国出口商品的供应基地，外贸范围和商品种类不断扩大、增多，蚕丝、纺织品、陶器、铁器等都是当时佛山出口的商品大宗。1650 年，广州经历庚寅之劫，十八甫（18 条商业繁盛街圩）惨遭血洗，商业陷于瘫痪，而幸免于难的佛山接替广州成为商贸最繁盛之地，佛山的工商业也进入黄金时期。清初僧人成鹫《咸陟堂集》有载：“佛山为南海巨镇，货贝之所出入，仕宦商旅之所往来，声华文物之胜，拟诸京邑。”康熙年间进士吴震方在《岭南杂记》中记载：“佛山镇，离广州四十里，天下商贾具焉。烟火万家，百货骈集，会城百不及一也。”康熙时，“四方商贾之至粤者，率以佛山为归。河面广逾十寻，而舸舶之停泊者，鳞砌而蚁附，中流行舟之道至不盈数武。桡楫交击，争沸喧腾，声越四五里，有为郡会所不及者。沿岸而上，屋宇森覆，弥望莫极。其中若纵若横，为衢为街，几以千数，阛阓层列，百货山积，凡希觏之物，会城所未备者，无不取给于此”。乾隆时，“佛山全镇，有烟火十余万家。当时四方商贾萃于斯，四方之贫民亦萃于斯，挟资以贾者什一，徒手而求食者则什九也。”“川广云广贵，各省货物，皆先到佛山，然后转输南北各省，故南北互输，以佛山为枢纽。”（道光版《佛山忠义乡志》）清末举人徐珂《清稗类钞》也称：“佛岗（山）之汾水旧槟榔街，为最繁盛之区。商贾丛集，阛阓殷厚，冲天招牌，较京师尤大，万家灯火，百货充盈，省垣不及也。”“广佛”“省佛”并称，“拟诸京邑”“会城百不及一”“会城所未备”“省垣不及”等与京城、省城的比较，足以佐证佛山工商业繁荣之况。“四大名镇”“天下四大聚”之名号可谓实至名归。

此时的佛山不仅将铁器、陶器、丝织品、中成药、年画、染纸、木雕、砖瓦灰炉、竹木藤器、涂染料以及酱油、蔗糖、荔枝、龙眼、海鲜水产等门类繁多的“广货”销往全国各地，还将所需的各类“北货”源源不断地从各地运来。作为出口商品的重要产地和集散地，乾隆至道光年间，佛山每年都有大量货物经广州进出口。外省出产的货物也是先运到佛山，外商在佛山购买后转运到广州报验出口；广州进口的大量海外商品也通过佛山推销到全国各地。外省商人纷纷在此设立商行会馆，英国、葡萄牙、西班牙、日本、美洲、澳洲、南洋、越南、阿拉伯、印度等国家和地区的商人竞相涌入。据记载，道光十八年（1838），佛山有 6 圩 12 市，18 家各省会馆和 23 家洋馆，220 多行手工业，70 多行商业和服务业，3 000 多家工商店铺，市面流通商品三四千种，60 多个渡口每天喧腾不息。商务云集，百货充盈，“商务为天下最”。

在各路商人走进佛山的同时，佛山商人也走出佛山，旅居省内外各地做生意，从大都市到小市井，处处可见佛山商贾的身影，他们以自己的商业活动编织了一张以佛山为中心的巨大商贸网络。

城市是一个动态性、开放性的复杂系统，是文明生长与更新的场所，这些与城市的内外部状态有着密切的内在联系。自古繁荣的工商业，保证了佛山作为一个动态的、开放的区域而存在。物与人的聚集、流转与互动，带动着城市的向上走势，孕育、催生、保育着一个地区的文明形态。

历时久远而又稳定发展的工商业，不仅带给佛山人物质上的充盈富足，更重要的是它将现代商业文明的一些基本要素——如公平竞争、诚信务实、自主自愿、讲规则、守契约等——像“穿石之水”一点一滴渗入到佛山人的骨子里，一代一代积淀下来，最终使佛山的商业文明达到了较为成熟的市场经济水平。佛山工商业的持续繁荣，“佛山制造”的享誉寰宇，根本上靠的是这些基本的商业文明要素。佛山人讲究君子爱财取之有道，不赚昧心钱，所谓“一客失诚信，百客不登门”“货真价实，秤平尺准”“宁可直中取，不向曲中求”等生意经，体现的是佛山人做生意遵守的诚信底线；佛山祖庙里的那块“劏人石”，始终告诫佛山人做人做事一定要诚实守信。种种现象表明，佛山人在自觉与不自觉中坚守着对商业文明规则的尊重与守护。

当然，佛山工商业的繁荣同样与前述之开放、包容、多元的氛围与精神是分不开的。相较于其他地方有“城”才有“市”，甚至有“城”而无“市”，从未设过城墙的佛山，却能无“城”有“市”，以小身份成就大气候，这在以政治和军事功能为核心的古代中国城市发展中，实属难得。佛山的吸引力靠的就是开放、包容、多元的“城市”氛围和精神。这种氛围和精神不是政府自上而下的强力推动，而是民间的长久积淀，在无形中推动着地方的进步与发展。如果说“城”侧重的是政治与军事层面上的城市功能，而“市”（商业）才是真正反映城市精神实质——物与人的流动性——的关键。在这一点上，佛山的确超出了许多档次够高、级别够大的城市。如今的佛山依然能保持地级市的领先地位，追根溯源离不开这种城市精神。

佛山凭借河、海优势，在某种程度上发展出一种外向型的经济模式，并通过这种模式使“佛山制造”与佛山形象走向国际舞台，享有较高声誉。面朝大海的区位优势、星河流布的水文条件、百舸争流的商业情景培育了佛山人的冒险精神和敢为人先的性格特质。在商品生产和贸易中较真、务实、注重声名，同时又不墨守成规，不循规蹈矩，不惮于接受新事物并创造新事物。佛山人务实内敛的背后，包含着敢闯敢干敢为天下先的外向型性格。正是这种性格特征使佛山在历史长河中创造了无数奇迹，也为人类文明不断输入新的内涵和血液。国家和广东省在经济、政治、社会管理等层面的改革或创新举措多在这里先行先试，而且往往能取得可喜效果。仅改革开放以来，佛山这块土地上就产生了无数个“第一”。敢为人先的精神正符合了佛山人的两个精神图腾——龙与狮，擅以无所畏惧之势做出惊天动地之举。这种敢为的精神结合上述所述如水之“活”性，无形中剔除了其中隐藏的蛮干、冲动、盲目之成分，那么佛山作为的高效率高收益也就是自然而然的事情了。

商业文明正向要素的发展，在经济层面的表现比较明显，即经济增长快、物质生活富裕、幸福指数上升等；在社会层面的影响却是隐性的，但并非是次要的——它的表现就是人与人之间、人与社会之间、城区与城区之间、社区与社区之间、镇街与镇街之间、村与村之间、宗族与宗族之间、商行与商行之间等能够达到一种利益的平衡，且人们在默契中自愿地接受并维护这种平衡，人们在产品交换、手工贸易、商业往来中互惠互利，即便无一纸契约，也各守底线。概括来说，工商业的繁荣和商业文明的积淀，使财富与资源相对合理地分配在佛山人身上（从而达到“民富”状态)，利益的平衡带来的是人际关系的和睦以及社会的稳定和谐。

这一点正符合经济社会学关于商业文明中“看不见的手”之理论[①]。人们从事商业行为的根本出发点就是使自身利益最大化，佛山人的务实与敢为，也无非源于此。而这种看似“自私”的理念与行为并没有危害他人和社会利益，反而在“无意”中促进了公共利益的生长，这正是商业文明正向要素所发挥的作用。

孟德斯鸠说，“有商业的地方，就有美德”“哪里有贸易，哪里就有文明，哪里的文明就增长”“商业文明可以使人培养温文尔雅的精神”。这些话揭示出商业发展与社会文明之间的关系，也可以说是商业文明与人类社会的关系。商业的发展给人类带来了多重益处：商业通过扩大人与人之间的关系，促进市民社会成员之间的相互了解以及公共空间的形成；同时，商业社会带来社会的繁荣与利益的制衡，这比政治权力对社会的干预要有益得多。借此两方面，人类关系才可以化干戈为玉帛、化冲突为和谐。说白了，“人的文明程度和人的经济组织的发育程度并列。只有商业活动充分发展的社会，才配称为文明社会”[②]。佛山文明正是在古代商贸繁荣、当代工商立市的大背景下不断累积生长，达到了前所未有的高度。

重农抑商的传统，使得商人、商业历来被视为是“次等的”，即便人因商而富、城市因商而强，也难以赢得国人的尊重。这背后的根源是人们对商业之于现

---

① 孟德斯鸠在《论法的精神》中说：“虽然每个人都认为是在为自身的利益而工作，但结果却是为公共福利作出了贡献。”亚当·斯密认为，在商业活动中，虽然每个人“所盘算的只是他自己的利益”，但又“受着一只看不见的手的指导，去尽力达到一个并非他本意想要达到的目的。……他追求自己的利益，往往使他能比在真正出于本意的情况下更有效地促进社会的利益”。所谓“看不见的手”，指的是使个人的欲求不知不觉地与公共利益合而为一的观念和思想。

② 约瑟夫·克罗普西．国体与经体：对亚当·斯密原理的进一步思考［M］．邓文正，译．上海：上海世纪出版集团，2005：译者序．

代文明意义的无知。众所周知，城市化、国际化、法治化是当前中国发展之大势所趋，佛山同样面临新一轮城市化与全球化的挑战。城市化离不开经济的繁荣和人的互动，这必然要依赖商业；法治化强调契约精神，而商业文明同样强调契约精神；国际化的前提是开放包容多元，而良性的商业生态同样需要开放包容多元。佛山商业文明的核心是什么？它从哪里来？应该到哪里去？当我们在新的时代背景下重新审视着一系列问题时会发现，明确佛山（商业）文明的价值与意义并非可有可无不足道。

城市是人类文明记忆的集结之地。每一座城镇都有其历史、现在和未来，并形成物质和非物质的文化遗产，构成人类文明进程的历史年轮。城镇化应成为人类文明进程中最具文化建树的创造过程，而决不能成为损毁文明记忆的遗忘过程。一座城市有着怎样的文明基因和文明形态不仅影响着城市的综合实力，也影响着城市的辐射力和影响力，也同样影响着城市人的生活方式和生活感受。

不仅如此，佛山文明的独特性和精彩处，也势必对中华文明甚至世界文明的进程产生无形的影响。近年来，中外媒体对“佛山现象”“佛山模式”“佛山经验”的聚焦，看似是对佛山某些“亮点”的关注，实则是对其背后的佛山文明的观察，是解密佛山文明以及寻求可资借鉴的渴望。因为，归根结底，“佛山样本”是佛山文明催生的结果。

文化强国的号角早已吹响，当下的种种努力，意味着今日中国人正在重新寻找文明的坐标。顺天应时、内通外联、开放包容、诚信务实、敢为人先、重商崇文、民主法治、民间自治……佛山文明的基因与密码，构成了佛山文明的种种要素，势必成为今日国人重建文明的重要参照和推动人类文明进程的重要动力。

革新与私利

——民国佛山马路开筑中的政商博弈

佛山市禅城区博物馆　韩　健

1926年4月，一位来自广州的初三学生在参观佛山后的游记中写道："我们既然到了目的地，自然是一面行一面参观，可是号称名镇的佛山，那些街道是顶难行的——石头半含在地上，污秽不堪，然街道之所以如此，大抵皆由于彼镇人士于路政不甚注意罢。"① 两年后，即1928年12月，时任广州中山大学教授、著名历史学家顾颉刚先生在东莞籍学者容肇祖的陪同下来佛山一游，回来在日记中写道"佛山镇极大，几如广州"，但缺憾是"街道狭小而曲折"②。前者是初中生，后者是大学者，二人观察的角度和深度或许不同，但他们对佛山道路的观感却都是一样的，这说明20世纪20年代的佛山，在街道建设方面的确是落后了。面对此颓势，当政者在1925年至1934年间，开启了佛山市内马路的建设工作，如今佛山市中心老城区的升平路、汾宁路、锦华路、福贤路、莲花路、快子路等均在这一时期陆续开筑，可以说，这一时期是佛山市老城区城市建设史上的重要时刻，其奠定了老城区的城市交通网的基础，及至如今，这些道路仍发挥着重要的交通作用。但目前关于这段佛山路政发展史的论述，仍付诸阙如。虽然在《佛山市城市建设志》《佛山新语》等地方文史著作中有所撰述，但大多属概述性的一笔带过，所述不深。因此，有必要对这些道路的开筑情况进行一次历史的梳理，同时，因在开筑过程中牵扯到政、商等多方面利害关系，期间的纠纷和冲突也为我们展现了民国时期佛山的诸多社会情态，更反映了国民党政府与商人关系的演变，这都是我们应该细致探寻的重要议题。为此，笔者不揣浅陋，就上述议题进行简要论述，抛砖引玉，以期更多学者对民国时期佛山的社会发展进行深入研究。

一、多路并举：1925—1934年佛山马路的开筑情况

在中国传统社会，修路造桥多为当地士绅民众捐资兴建，政府一般不予介

---

① 陈荣渠．初二丙班旅行佛山记［J］．国立广东大学周刊，1926（47）．

② 顾颉刚．顾颉刚日记：卷二［M］．北京：中华书局，2011：229．

入，这在佛山也是如此。清代佛山境内的城门头石路（光绪十四年修）、大塘涌石路（道光七年修）、彩阳堂石路（光绪二年修）、广德里石路（光绪三年修）、蚬栏石路（光绪三年修）[①] 都是以由士绅倡议、民众集资的形式修建，这些行为也都作为善举勒石纪念，佛山地方志编写时也将其纳入《慈善志》，而不是列入《建置志》，可见传统社会并不认为修路是政府的职责，而是属于地方民众自治自理的范畴。

中华民国成立后，受西方市政思想影响，全国各地纷纷设市，推进现代城市发展。作为中国市政建设的先锋，广州市经过了市政公所、市政厅时期的发展，最终于 1925 年成立广州市政府，并以此为中枢推进市政建设。受此影响，当时的广东省政府在全省范围内挑选工商基础好、城镇人口多的市镇设立独立市，佛山镇当仁不让。1925 年 9 月，国民政府批准通过了《佛山市市政筹备处暂行条例草案》。根据该条例，佛山市直属广东省管辖，在市政筹备期间，设立专员一人综理全市行政事务，并在市政筹备处下设总务科、财政局、工务局、公安局，推进全市的财政、土木工程、公用事业、公安消防、户口调查、公共卫生、教育慈善等事业的发展。[②] 也正是在这个时候，佛山境内的道路修筑开始逐步纳入政府市政工程，从而开启了从民间自理到政府主导的路政时代。

1925 年，佛山市政筹备专员沈嵩委任全省公路处科长杨景真担任佛山市工务局长，其上任后即筹备兴筑“佛山直通乐从之一路”，同时，为不违民意，不碍商情，佛山市政厅计划挖河泥先在佛山四周开筑马路，待交通利便后再开筑市内马路。[③] 而工务局长杨景真更提出扩大佛山市区面积，开筑通达东西南北的四大总干路[④]，但计划都未予以实施。1926 年 11 月，代市长周演明又启动中山路（即佛澜公路）建设计划，该路全长十九里，起点南堤西头世辅码头口，终点为澜石。途径“新涌口桥、抵龙船湾桥、出烧人墩、经展拓佛山市区所定之中央点（即市厅成立日行奠基礼之处），过新市区、斜圣堂乡粥塘村旁边，绕赤朱岗、瑞龙岗、来翔岗之势，转陶师庙、莲峰书院，侧以抵石湾街；复由来翔岗转角之处直开一枝径路线，中经上沙岗、金瓜岗、下沙岗，过藜涌口，达澜石”。预计费用共 239 910 元。同时，启动了南堤路的修筑计划，路线规划图已拟定[⑤]，但 1927 年初，周演明去职。从后续材料来看，佛澜公路应成为江佛公路的佛澜段，而南堤路的兴筑要迟至 1932 年才开始。

---

① 冼宝干. 建慈善志［M］//中国地方志集成：乡镇志专辑：民国佛山忠义乡志：卷七. 影印本. 上海：上海书店，1992：400 - 401.

② 中国第二历史档案馆. 中华民国史档案资料汇编：第四辑：上［M］. 南京：江苏古籍出版社，1986：129.

③ 广东拆城筑路之猛进［J］. 道路月刊，1925，15（3）：2 - 3.

④ 广东路政近闻［J］. 道路月刊，1926，18（1）：8 - 9.

⑤ 广东路政近闻［J］. 道路月刊，1927，19（3）：2 - 3.

1927 年 11 月，因南海县公署要迁至佛山，加之佛山立市使政府税收压力巨大，省政府同意裁撤佛山市，此后原佛山市的市政措施由南海县政府接续推进。1928 年，马洪焕出任南海县长，其在任期间，在佛山路政方面的业绩不大，仅启动了中山桥的修筑工程。中山桥的修建位置在鹰嘴沙埠头和豆豉巷埠头之间，在无桥时期，此地一向靠横水渡接驳往来，非常不便。鉴于此，马洪焕决定启动中山桥的修筑工程，1929 年 1 月，南海县公署向社会发布该工程招投公告。① 2 月，南海县公署与建筑公司签订了建设合同，该桥设计为钢筋混凝土结构，长 134 英尺（40.08 米），投承价格为 30 750 元，限期于当年 5 月 1 日完成。② 但在实际建设过程中，竣工时间却延长到了 8 月。此时，马洪焕已于该年 5 月卸任，余心一接任南海县长。面对佛山市内路政建设的第一笔成就，余心一并没有低调处理前任的工作业绩，而是策划举行了中山桥落成典礼。8 月 21 日，落成典礼在中山桥旁的鹰沙举行，政、军、商、学各界均派代表参与。典礼上，余心一发表讲话，他肯定了前任县长的业绩，表扬了民众的配合，但也认为“古代建庙宇，如灵应祠之类，那是阻碍进化的……从前义仓之设，乃是防饥荒的……但现在他的效力消失不少了。由此可得一个结论，即是建设内容之时代性，由迷信的、堪舆的进化为科学的、实用的”。“我们现在的建设是消除迷信的，是科学的、实用的、生产的、积极的，如果官民合作，地方人民具有建设的气概，建设事业便可成功！”③ 在国家实现形式上统一、北伐取得胜利的政治形势下，年仅 25 岁的余心一，讲话可谓革命气息十足，而他之所以有如此底气，其实跟他早先拟定的详细而庞大的施政计划有关。

1929 年 8 月 8 日，南海县第一次县务会议通过了《南海县县政计划大纲》④，在这份涉及民政、财政、建设、教育四大方面，长达 34 页的蓝图中，佛山路政建设计划也是其中之一，其具体建设计划如下：

佛山市廛栉比，本为中国四大名镇之一。近年因交通改道，渐形冷落。益以地势低洼，西潦荐至。内街窄陋异常。自费从速开辟市街马路，不足以利交通。拟于本年度计划，先行开筑六线。计第一线：由缸瓦栏经四约街。至鹰嘴沙接驳中山桥北岸。长约二千五百尺。第二线：由中山桥南岸，经豆豉巷、升平街、快子街，至快子正街口，长约三千一百尺。第三线：由新涌口，穿过观澜街，出龙船湾。接驳江佛公路，长约三千六百尺。第四线：由正埠经永安街、汾流街、畸零街，至三角市口，长约三千六百尺。第五线：由快子街口，经快子正街，至三

---

① 佛山市中山桥招投工程广告［N］. 公评报，1929－01－30.

② 佛山中山桥日间兴筑［N］. 公评报，1929－02－15.

③ 佛山中山桥落成典礼［J］. 南海县政季报，1929（1）：360－361.

④ 第一次县务会议录［N］. 南海县政季报，1929（1）：439.

角市口，长约一千三百尺。第六线：由潘涌大街，经公正大街，至公正市。长约二千七百尺，以第一、二线为第一期，于十九年三月竣工，第三线第二期，于十九年六月竣工。第四、五、六各线为第三期，则酌量情形，再定竣工期限。[①]

这六条规划路线相当于后来的中山路、升平路、新涌路、永安路、快子路、公正路。但修筑过程中，南海县政府并未按照计划行事，而是随时调整，不断变化。其建筑顺序大致为第一期：升平路（1930 年 5 月）、中山路（1930 年 8 月）[②]；第二期：汾宁路、锦华路、永安路（1930 年 8 月）；第三期：公正路、福贤路（1930 年 8 月）[③]。比计划多出了汾宁路、锦华路、福贤路，而少了新涌路、快子路，而这两条路迟至 1934 年才开始兴建，这也是余心一当时所始料未及的。1931 年 5 月，经过近一年半时间的施工，余心一施政计划中的道路基本修筑完毕。为了彰显这一功绩，他卸任前特别举行了一场“马路开幕”仪式，与两年前的中山桥落成仪式一样，政商教各界代表齐聚，新修各路两旁的商户被要求捐钱做好街面装饰工作。余心一发表讲话后，与各界名流坐车沿路巡视，每到一地则花炮齐鸣，以示祝贺。[④] 可以说，余心一在到任后与离任前都分别举行了关于道路竣工的典礼，这从一个侧面也说明了他对路政建设的重视，并认为这是他在任期间的最重要业绩。

余心一去职后，李源和（1931 年 5 月—1932 年 3 月在任）、李海云（1932 年 3 月—1936 年在任）两任县长继续兴筑佛山镇内马路，李源和任内修筑福宁路、福禄路，李海云任内修筑了莲花路、南堤路、庆宁路、快子路、新涌路。但总体上说，两位县长的筑路热情明显下降，他们不再有余心一那样的“雄心壮志”，也从未再搞过落成典礼，官方、民间的媒体对此也报道甚少，可见修路工作已不再成为政府的第一要务。

总体上说，民国时期佛山的马路开筑，其工程量不能与现代同日而语。因民力、财力所限，工程技术和材料也大多简陋，基本为路基铺设砖碎，然后加一层花沙，最后上敷沥青，排水渠用瓦筒，并分段设置流沙井，总渠与两旁铺户相连，以利排水。[⑤] 道路规划路线全部为贯串合并旧街而成。如升平路为从中山桥南岸经豆豉巷、升平街，至快子正街为止；公正路是从潘涌大街至公正市为止；福贤路是从福贤里经金线街、水巷大街、黄伞大街，至早市街止；永安路是从畸零街、汾流街、永安街至正埠止。这也导致有的道路较为曲折，行驶期间，颇有

---

① 南海县县政计划大纲［N］. 南海县政季报，1929（1）：23－24.

② 南海县政府建设统计表［N］. 南海县政季报，1931（6－7）：478.

③ 佛山二三期马路近讯［N］. 羽公报，1930－08－25.

④ 佛山马路与全县物展会同时开幕［N］. 南海县政季报，1931（6－7）：362.

⑤ 兴筑佛山汾宁永安锦华等三马路计划［N］. 南海县政季报，1930（4）：33.

九曲回肠之感。虽然这些道路工程不大，但也正是因为其贯穿旧街，路面加宽使得两旁铺户不得不拆除部门房屋，可谓劳民伤财，影响生意，不啻为一次革新的阵痛。

二、歧路风雨：佛山马路开筑过程中的政商博弈

1934 年 12 月，广东省政府下令，各县除已经开筑或非常重要者，公路一律停止兴筑，与之相关的筑路委员会也随之取消。而其原因主要是“农村破败、工业凋敝，商务衰落，经济崩溃”[①]。可以说，全省几年来都在大兴土木，修筑公路，以致怨声载道，而佛山作为道路修建工作的重要区域，民众的不满和反对声一直充斥于开筑马路的整个过程，从而使马路的建设再不单单是政府建设工作，而牵扯到诸多方面，这不得不引发我们的关注和思考。

1. 民意难违

佛山马路开筑工作自 1924 年即有动议，但遭到佛山民众的强烈反对，县长李宝祥的三次计划均被民众驳回，其原因即在商业繁荣的街道兴筑马路有碍商人生计。[②] 1925 年 9 月立市之后，当时的市政厅更将路政列为重要工作。但民众的反对也随之而来。1926 年，周演明任佛山市长期间，本想多路并举，即在兴筑佛澜公路的同时，对南堤路也进行开筑。但佛山四十街的民众都认为不妥，一致认为要先开市郊佛澜公路，再谈市内公路的兴筑。周演明较能听取民意，不仅同意此建议，更邀民众组织筹备佛山公路开筑委员会，共同参与到公路的建设工作中。一闻此言，民众积极响应，每街选出代表，后又从代表选出主席张世衡，参与公路开筑委员会的筹备工作。[③] 后周演明调任他方，但他激发的民众热情一发不可收拾。1927 年 11 月 10 日，面对佛山市政厅再次计划修筑市内马路的动议，佛山市街大会开会商讨对策，该会自成立以来已有三百五十余街加入，此时到会者为各街代表二百余人，会议公推总代表张世衡为会议主席。会议认为，先开筑郊外公路再开筑市内马路已成定案，省政府都已同意，如今在市郊公路未完成时即筹划开筑市内马路，实在有违原案。因此，举代表赴谒市长，请其将现定先开筑马路计划撤销并根据原案办理。[④] 针对此异议，佛山市政厅为说服民众支持市内马路的建设，特刊印《为马路案敬告市民书》[⑤]，在这份劝谕书中，官方列举

---

① 分令各区筑路委员会奉令取消各该筑路委员会仰遵照迅将会务结束完竣由［N］. 南海县政月报，1935（17）：88.

② 广东拆城筑路之猛进［J］. 道路月刊，1925，15（3）：2－3.

③ 广东路政近闻［J］. 道路月刊，1927，19（3）：2－3.

④ 佛山市街大会之要案［N］. 公评报，1927－11－11.

⑤ 佛山开辟马路之解释［N］. 公评报，1927－11－17.

了六条理由，分别从商业、卫生、治安、水患、防火、教育六个角度阐述兴筑马路的好处，其中认为道路修好能便利交通、来往客商、货物能够运送畅通，促进商业发展；马路拓宽后，可利于消防车进入灭火；加装下水道后，可利于排水，防止水患内涝等的确道出了现代马路的好处，但另外的理由则有点牵强，比如道路狭小容易使盗贼躲藏，也方便逃跑；也容易藏污纳垢，易于生病；因交通不便，孩子辍学等，不过这也反映出，官方为了能够让民众同意市内马路的建设而绞尽脑汁，同时他们也认为一旦道路修通，一切市政工作都可迎刃而解。但无论这种观点如何先进、如何现代化，佛山民众仍不同意，因为这牵扯到每家每户的切身利益。最终导致在佛山市政厅时代，市内马路的修建一直都是纸上谈兵，直到 1929 年 6 月，余心一上任后，市内马路兴筑计划才得以实施，因为此时市郊公路已修筑完毕，民众所依据的理由已失去效力。

2. 路费难缴

1929 年 11 月，南海县政府拟定了《兴筑佛山市第一期马路甲乙丙三线计划》，计划按照中山路（甲乙线）、升平路（丙线）的顺序开筑，工程费用由开筑路线“两旁铺户主客出资，如系商店，主客负担各半；如系住户，业主担任四分之三，住客担任四分之一，计门前宽度每英尺征九元，户内面积每英井四十元”。此外因路面拓宽，两旁铺户需要拆除部分房屋，其补偿方案为：

甲、民业全间被割或割除深度不及四英尺者，照规定地价全间补偿，至上盖建筑，由物主自行拆回，不另补偿。但白地未有建筑者，照规定地价三分之二补偿。

乙、民业被割过半，所余深度六英尺以上、八英尺以下者，免缴筑路费。（以上割余深度以左右平均计算）[①]

商铺租客因筑路无法营业，需要搬迁的也有一定的搬迁补偿。但总体上说，佛山筑路费用的征缴和补偿采取收支两条线，无论你是否得到补偿，最先都要先根据章程缴纳筑路费，同时不仅不能营业，还要根据需要自行拆除房屋，这些费用对沿线的商户来说是一笔不小的开支。所以筑路方案一经公布，商户消极抵制情绪非常明显。南海县政府遂做出让步，将筑路费征收金额下调，由“前定门面征费每英尺征收九元减为五元，面积征费每英尺征收四十元减为二十元”[②]。同时，改变开筑马路的顺序，先从商业条件较好的豆豉巷、升平街、快子上街开始修筑。但即便如此，沿线商户一直采取消极抵制的方式，阻碍道路的开筑。原计

① 兴筑佛山市第一期马路甲乙丙三线计划［N］. 南海县政季报，1930（2）：4.

② 呈报广东建设厅拟先筑中山桥南一段马路并减征路费增加补偿请察核备案［N］. 南海县政季报，1930（3）：2.

划 1930 年 3 月开工的升平路，及至开工时间，各商户仍对路费缴纳持观望态度，县府无奈只得向某侨商借款二万元作为启动经费，以解燃眉之急。①

升平路的兴筑使得南海县政府意识到路费难缴，且工程费用往往大于预算，必须扩大路费的征缴范围。为此，在马路二期工程汾宁路、永安路、锦华路的建设过程中，不仅征缴道路两旁商户的筑路费，而且马路两旁一百尺范围内的横街居民也要按照标准折半的原则缴纳筑路费。政策一出，群情激奋，沿线二十一横街居民联合向县政府请愿，要求撤销此政策，但并未获准。随后，马路三期公正路福贤路沿线三十三横街居民也予以支持。② 后五十四街商民选出代表黄若芝等人继续呈文县府，认为广州市工务局征收路费，“以两旁铺屋为限，不及于横街房屋，不及于一百尺内隔断墙壁之横街房屋，基此权利原则，至公至允”。且对于升平路可豁免横街路费，对汾宁路、永安路、锦华路贴近横街却特别征收之，前后不一，如何能取信于民。③ 因事态愈发扩大，为居中调停，1930 年 11 月 3 日，佛山商会特召集五十四街商民大会，商民代表到会二十七人，而商民多达三四百人，会上发言者甚多，各代表认为马路建设为全市人民的事业，如经费不足，也应由全市民共同负担，“不应独收一隅”。应向县府申明“横街人民经济困难，及权益不均之点，力求取消。”最后，五十四街总代表黄若芝向商会建议“如商会亦认横街商民缴费为不公，而因建设无款，不能代请取消，则另有办法救济筹款。惟请商会代请取消，我横街商民当拥护商会发起组织建设筹款会，以筹足不敷之数，完成建设”。面对商民代表如此合理的建议，商会主席也无法予以拒绝，只好应承待佛山路款委员会开会后再行决议，如果县府已有筹款办法，也请各位商民协力负责到底。④ 由此可见，此时商会已彻底沦为县府的传话筒，他们无权决定、无力调停，只好敷衍了事。后路款委员会认为如果另外筹设建设筹款会，恐波及更多市民，引发更多不满，遂不建议这种举措，只好应承代市民向县府请免横街路款。⑤ 但这种敷衍和迁延未决的态度使商民无法放心，他们又呈文县党部，以求党部介入此事。⑥ 因材料所限，此事后来究竟如何，我们无法得知，但这凸显了佛山筑路过程中政府与商民的纠纷，更道出了路费征缴的困难。

至 1933 年 6 月，历年所修道路的筑路费积欠甚巨，佛山建筑委员会只好软硬兼施，规定在 12 月底前所有欠缴路费的商户要按规定缴纳完毕，否则没收其

---

① 借款筑中山升平两路［N］. 羽公报，1930－03－25.
② 佛山马路横街路费问题［N］. 羽公报，1930－10－23.
③ 佛山马路横街费之反响［N］. 羽公报，1930－10－31.
④ 佛山商民大会详情［N］. 羽公报，1930－11－4.
⑤ 佛山横街路费近讯［N］. 羽公报，1930－11－21.
⑥ 佛山横街路费近讯［N］. 羽公报，1930－11. 25.

名下的产业用以抵消。但此政策仍未完全解决问题。1934 年 6 月，为鼓励民众上缴路费，佛山建筑委员会决定在 6 月内限时减成征收，减至原标准的七成。此举措一出，得到了佛山民众的响应，甚至部分民众因未在佛山不知此事，在过期之后仍要求以七成缴纳，也得到了县府的同意。[①] 这一结果其实是政府与民众长期博弈的结果，但也反映出佛山筑路费的缴纳工作迁延至 1934 年还未完成，路费征缴之难也是李源和、李海云两位县长不再热衷此事的重要原因。

3. 计划难定

除路费难缴纳外，商户对马路工程工期和路线的建议也常常扰乱南海县政府的筑路计划。1930 年 8 月，南海县政府计划在二期工程完毕后开筑公正路、福贤路。福贤路沿线商户看到筑路方案后，对规划路线提出异议。他们认为福贤路的路线（由福贤里入良巷，穿过屋尾出楼安里，至金水街求真学校，以迄交光□店铺尾，再穿出水巷，复出水巷永祥爆竹店，及对门，直传过高低下巷转右便，然后直入黄伞巷）弯曲绕道，涉及过多商户，造成很大损失。为此，他们建议县府改善路线，照旧日街道路线规划[②]，但并未得到县府的批准。该处商户只好再接再厉，9 月 11 日，他们召集会议，举出代表李体乾、黎伟基等，继续向政府呈文，要求建设局派员再勘路线，“免横空断破数街铺屋，惨受损失，况连年商业凋敝，俾稍留一分元气，即为市政壮多一点观瞻”[③]。文中情词之恳切，的确让人动容。但即便如此，县府最终没有批准[④]，依然强势推进。与此同时，公正路沿线商户又对冬月开工的时间提出质疑，该路沿线商户认为“冬月正为生意畅旺之期，若斯时迁拆，则损失必大，特请县府先行兴筑”[⑤]。对于工期提前的要求，县府当然同意，特下令建设局将二三期马路同时并进。但 1934 年 1 月，快子路开筑时，沿线居民也因年关将近，生意正好，要求县府缓筑，遭到拒绝[⑥]，正所谓工期可以提前，怎可延后。被商户阻挠多年的县府，对任何“缓筑”建议都难再同意，所幸 1934 年底，全省筑路工作被叫停，波折十年，伴随着不断纠纷的佛山路政最终告一段落。

三、结语

1935 年，又一位广州的中学生来佛山参观，虽然此时佛山的马路已经开筑

---

① 布告 佛山各铺户知照凡在七月二十日兹总渠腊青各费者仍得照额七成缴纳筑路费由［N］. 南海县政月报，1934（11）：72－73.

② 佛山商民请改善路线［N］. 羽公报，1930－08－30.

③ 佛山三期马路近讯［N］. 羽公报，1930－09－12.

④ 佛山福贤里请改路线不准［N］. 羽公报，1930－09－24.

⑤ 佛山二三期马路近讯［N］. 羽公报，1930－08－25.

⑥ 佛山快子马路实行开筑［N］. 公评报，1934－01－5.

完毕，但在他的印象里“马路是狭窄不过的，车辆来往甚少，就是最繁华的一条升平路也是狭窄而不见到什么繁华之处，比之隔不远的广州差远了”①。而当初政府所宣称的马路能防水患的功能，也在佛山的汛期中被证实无用，“因路面加阔，一遇水灾，更成汪洋一片，不独讨厌，而且危险”②。由此可见，佛山的马路开筑工作，至少在部分人眼中是没有取得成功的。来自大城市的人，认为佛山的道路依然狭窄，本地人又因其造成的新变化而不满。可以说，佛山马路开筑工作的不成功正是由于它的不彻底造成的，而这种不彻底又是南海当局和佛山民众博弈所致。从筑路伊始计划开筑四通八达的现代通衢，到后来随行就市、顺势而为的曲折马路，正是当局根据民意不断调整修筑计划的结果。按照激进的观点，这一结果是保守力量对科学进步的阻碍，而从客观的角度讲，这是地方民众对国家政权不断渗入民众生活的抵制，再具体点就是政策与私利的讨价还价。这种讨价还价自古即有，但近代以来，随着现代化在全国逐渐铺开，改革的阵痛使得这种抵制和纠纷愈加增多，这绝不仅仅是进步与保守的问题，也没有孰对孰错、孰是孰非的绝对意义。相反，只有不断的讨价还价才能寻找到改革与私利之间的平衡点。

---

① 清心．佛山石湾旅行记［J］．知用学生，1935，1（3）：85.

② 锦帆．闲话佛山［J］．时代动向，1937，5（8）：15.

宋代广东理学的特点与影响

广东石油化工学院 张纹华

钱穆在《〈清儒学案〉序》中说：“至论清儒，其情势又与宋、明不同：宋、明学术易寻其脉络筋节，而清学之脉络筋节难寻。清学脉络筋节之易寻者在汉学考据，而不在宋学义理。……清儒理学既无主峰可指，如明儒之有姚江；亦无大脉络大条理可寻，如宋儒之有程、朱与朱、陆。”① 故能否形成学术主峰、有无脉络可寻是分析宋明清理学特点的主要方面，而学理性之强弱亦是又一方面。以此来看，由于宋代广东在很长一段时期内都处于学习、传承中原理学的阶段，故无主峰可指、无大脉络可寻与学理性不强等必然成为儒学地域化初始阶段的特征，亦是宋代广东理学的鲜明特点。这种情况一直到南宋名臣崔与之在1224年归隐家乡增城、开馆讲学与创“菊坡学派”而开始扭转。但“菊坡学派”不入由“北宋五子”到朱熹的一脉相连的重“内圣”的理学传统，而呈现与陈亮、叶适重事功的特色，这说明广东在接受、改造和发挥理学过程中，形成了一种与中原主流理学不完全相同的具有鲜明地域特色的思想学术。而有必要注意的是，是崔与之而不是黄节所说的崔杰成为陈献章“平生愿执鞭”的人物，故无论是陈献章其人还是其白沙心学，都可以追溯至崔与之与其“菊坡学派”。由此传承中原理学与不入中原主流理学传统成为宋代广东理学的两条线索，彼此又形成各自的特点，共同推动广东理学向前发展。

一、宋代广东传承中原理学一脉

有学者从师学传承、地域来源的角度指出，两宋广东理学可以分为两支：程朱之学；修习理学而师承不明者。广州、东莞、潮州是两宋广东理学的中心。② 此方法有益于阐述两宋乃至明清广东理学，但无主峰可指、无脉络可寻与少学理性仍然是处于接受、传承中原理学阶段的宋代广东理学的特点。

（一）无主峰可指

学术欠发达的广东，其任何阶段的所谓理学主峰都不能与二程、周敦颐、张

---

① 钱穆．中国学术思想史论丛：八［M］．合肥：安徽教育出版社，2004：361－362．

② 张其凡．宋代岭南主要理学人物缕述［J］．暨南学报（哲学社会科学），1995（3）：56．

栻、朱熹等理学大家相比拟，但具有旗帜性、影响力等能够成为学术主峰的因素仍然不能或缺。若以此来看两宋广东理学家13人：黄执矩、郭叔云、郑南升、周舜元、李用、崔杰、简克己、梁仲钦、梁百揆、邵继贤、陈益新、陈庚①、区仕衡，除区仕衡著《理学简言》外，以上诸人均没有留下理学专著，亦是不见经传的理学家。

两宋广东理学家或北上求学后未见其南返乡土之记载，或于乡土从事讲学、著述活动，但他们都难以达到学术主峰所应有的影响力。如黄执矩慕濂洛之学，北上湖湘师从胡寅、张栻，参与校订《大学》《中庸》，但未见其返广东的记载。郭叔云、郑南升均师从朱熹，郭叔云有礼经疑问20多条载入《朱熹文集》，有《宗礼》《宗义》二文以训族人，但《朱子语类·姓氏》不著其名，其名仅入“杂训诸门人”之列。而郑南升则潜心《论语》《孟子》，学不惮问，《朱子语类》载其问104条，他在朱门中的活跃度远高于郭叔云。郑南升也深得朱熹赏识，朱熹说：“文振（按：郑南升，字文振）资质好。”② 朱熹还以郑南升为榜样，训示门人说：“看文字，须学文振每逐章挨近前去。文振此两三夜说话，大故精细。看《论语》方到一篇，便如此。”③ 郑南升于《朱子语录姓氏》97人中位列第54。朱熹去世后，郑南升、郭叔云与同门每日讨论太极、《易》，至死未返广东。故以上三人对宋代广东理学的影响不大。

周舜元于1170年任韶州知州，期间他建周敦颐祠，以二程配焉。崔杰居家讲性理之学，并往博罗与罗从彦会面，二人往还论学。1180年，崔杰任化州司户，后归隐乡土，建桂华书院，大倡理学。1166—1173年，张栻主讲岳麓书院、城南书院，简克己远游湖湘，师事张栻数年，张栻赞其“精确有守”④。后简克己归隐乡土，以“人之性，仁、义、礼、智四德具焉”⑤ 为座右铭，贤名一时响彻乡土。简克己喜启迪后学，每与子弟讲性理之学，举孔孟要义，人称“简先生”，寿80余。简克己列入《宋元学案·岳麓诸儒学案》，黄宗羲说：“简克己，南海人，不求仕进。”⑥ 自号“竹隐”的李用杜门研治周敦颐、二程之学30年，著《论语解》，开馆讲学，从学者众。《论语解》：“究明伊洛奥旨，以溯洙泗之源，训诂明白，便于讲诵，学者传习之。”⑦ 李昴英闻其贤，将《论语解》荐于理宗，理宗授予李用教师郎之职，李用辞之，后理宗赐书“竹隐精舍”匾。目睹宋室危亡，李用以八十高龄东渡日本乞援，不遂，死于异邦。李用去世后，

---

① 陈庚．宋代岭南主要理学人物缕述［J］．暨南学报（哲学社会科学），1995（3）：56.

② 黎靖德，王星贤．朱子语类：二［M］．北京：中华书局，2007：572.

③ 黎靖德，王星贤．朱子语类：二［M］．北京：中华书局，2007：572.

④ 郭棐，黄国声，邓贵忠．粤大记：上［M］．广州：中山大学出版社，1998：377.

⑤ 郭棐，黄国声，邓贵忠．粤大记：上［M］．广州：中山大学出版社，1998：377.

⑥ 黄宗羲．宋元学案：卷七十一［M］．北京：中华书局，2013：1208.

⑦ 黄佐，陈宪猷．广州人物传［M］．广州：广东高等教育出版社，1991：203.

《论语解》刊行于世。故以上四人对两宋广东理学有一定的影响力，而相对来说，简克己、李用的影响力明显高些。

（二）无脉络可寻

有学者指出，东莞崔杰始师从陆九渊，常端居一室，察喜怒哀乐未发之前，反观内证，恍然见太极之渊涵、天机之浑穆，其学上溯濂洛之源而下开白沙一派，岭学源流肇于此矣。其后高要黄执矩从胡寅、张栻游，南海简克己亦师事张栻，潮阳郑南升、郭叔云师事朱熹，于是言学者有宗派，至宋之季，东莞李用潜心周程，其子李春叟讲学里门，一时为盛，宋代岭南学者之所建白终白于此矣。……有明中叶，新会陈献章崛起，岭南学派至是而其流始畅，讲学之事亦至是而其风始开，是故岭学源流肇始于崔杰而道于白沙。[①] 黄节以此勾勒宋代广东理学的脉络及其转入心学的进程，亦似是一张人物网，而这种南传之学于每个宋代广东理家生命历程中如何发展及影响广东则并未深究，而以笔者所见，陈献章所崇尚的广东理学家似乎不是崔杰，而是不入理学家之列的崔与之，而崔与之所创立的“菊坡学派”，其重要门人即有对李用相当重视的李昴英，而李用之子李春叟更出自李昴英门下，故宋代广东理学若必须找出脉络来，那么，其走向即殊非正统程朱理学一路，而是不讲义理心性而独讲事功一系。

除《宋元学案》《朱子语类》等有部分两宋广东理家的记载以外，两宋广东理学家多出自粤人黄佐、郭棐、屈大均笔下，但他们于《广州人物传》《粤大记》《广东新语》等著述中，对两宋广东理学家的记载均语焉不详或一语略过。如两宋广东13名理学家均没有准确的生卒年，周舜元连出生地也未明。他们的具体行踪、门人著述等都没有详细介绍。而比较重要的两宋广东理家如梁仲揆、陈庚、简克己、李用等均处于南宋末年，他们极其容易湮没于战乱频仍的时代之下。这在源头上使得探寻两宋广东理学脉络本身是没有可能的。以目前资料来看，闽学高徒郑南升、郭叔云虽名声在外，但他们没有南返乡土的记载，故他们于两宋广东理学并无传人。宗濂洛之学的李用、豫章讲友崔杰、南轩门人简克己都有具体的师学传承，也在广东开馆讲学，是传播理学的功臣，但由于他们的门徒情况未明，故其脉络亦是断裂的。修习理学而师承不明者如梁仲揆晚年归隐禺山，讲学番禺山书院；官至四川顺庆知府的邵继贤目睹元兵大势后，杜门江西玉龙山中；陈益新、陈庚父子亦以世乱为由隐居东湖，而陈庚于东莞东湖家塾讲学授徒，虽然梁仲揆、陈庚于两宋广东理学传播之功更为明显，但理学于他们手中的传播亦是脉络难寻的。

---

① 邓实，黄节．国粹学报：九［M］．扬州：广陵书社，2006：4479－4480．

（三）学理性不强

《理学简言》是两宋广东理学独存下来的区仕衡简论理家事迹的著述，从书中所论的对象来看，区仕衡是将宋人以理学的形式表现的孔孟儒学与宋以前的儒学混为一谈，且儒道不分，论理学又未能抓住其发展的主要脉络，显得学理不清，夹杂通用。由此引起区大任、四库馆臣、伍崇曜的关注，如区大任说："编中录曾子、子思、子孔丛子、晏子数章，及董、扬、王、韩氏，必以为六经孔孟之外，所论学论治者散见于诸家，犹理学之浅而未支者也。第府君宋人也，录欧阳修、林逋二氏始，逮濂洛关闽诸大儒，至张陆吕三子而止，中不及邵雍、杨时、尹淳李侗、罗从彦也。肤浅何足以知之？或者是时讲学多牵蔓语，故于曾也思也鲋也婴也之下，纲罗数代止，南渡末取其醇而明，峻而奥，凿凿皆谈理之学，因曰'简言'乎？"① 四库馆臣更斥其有流毒之害："摹拟圣人之事迹乃并其名而僭之，后来聚徙讲学，酿为朋党，以至祸延宗社者。"② 相较而言，四库馆臣之论就显得相当严厉与有失过当。区仕衡《理学简言》伦类不清的理家选取其实形象地反映了两宋广东对理学的接受情况，它代表的就是一个欠缺扎实的理学传承的地域于此的体认。

有必要指出的是，一直到明清两代，广东学者于理学的体认亦略显模糊，如郭棐、屈大均将赵德、梁观国视为理学家。由于韩愈谪居潮州，从其游学的赵德集韩文而成《昌黎文录》（已佚），并为之序，赵德由此成为郭棐《粤大记》、屈大均《广东新语》中所说的广东理学之始。郭棐说："然（赵）德崛起于盛唐，文章气节，卓有植立，为潮学宗，固非待昌黎而兴者。"③ 屈大均也说："吾乡理学，自唐赵德先生始。昌黎称其能知先王之道，论说亟排异端而宗孔氏者也。"④理学是儒道释相兼，或者说是阳儒阴佛，故赵德辟佛宗孔其实不涉于理学。与此相类的还有在1142年师从胡寅，并得胡氏称赏而在4年后为其撰写《进士梁君墓志铭》的梁观国，虽然胡寅将此文收入《斐然集》，黄宗羲也将梁观国置于《宋元学案·衡麓学案》中，并说："绍兴壬戌间，胡致堂退居衡山之阳，先生因其友高登知致堂之有志邹鲁而无趣竺乾也，诒书致杂文一编，致堂称而扬之。"⑤ 但是，据梁观国留下的四种著述：《归正集》《议苏文》《丧礼》《壶教》，皆力辟佛老以归孔孟，故梁观国亦非郭棐《粤大记》、屈大均《广东新语》所载的宋代理学之始。

---

① 区仕衡. 理学简言［M］//广州大典：第四辑. 广州：广州出版社，2008：19.

② 区仕衡. 理学简言［M］//广州大典：第四辑. 广州：广州出版社，2008：30.

③ 郭棐，黄国声，邓贵忠. 粤大记：上［M］. 广州：中山大学出版社，1998：375.

④ 屈大均. 广东新语：上［M］. 北京：中华书局，2010：306.

⑤ 黄宗羲. 宋元学案：卷四十一［M］. 北京：中华书局，2013：609.

二、宋代广东不入中原主流理学一脉

由崔与之创立、李昴英大振的“菊坡学派”是广东本土首个儒家学派，崔、李自然成为“菊坡学派”的核心人物，他们亦分别留下诗文集《崔清献公集》《文溪集》。而出自李昴英门下的何文季、赵东山、陈大震、李春叟等则将“菊坡学派”延至宋末元初，但“菊坡学派”的影响力则延至广东近代。由崔与之启引的“二业合一”、重视讲学、学术创新等成为宋以后广东儒学传统，推动广东儒学向前发展。

（一）“二业合一”

“读书—科举—仕宦”是科举制度下历代中国知识分子的人生范式，如何经营来之不易的仕宦人生则成为审视士人道德操守的关键环节，故仕业、德业即是笔者以为的“二业合一”。而于此别出的不重立言与黄花意象亦成为广东儒家的独特景象。

从1195年踏入仕途到1224年急流勇退，崔与之一生从未任京官，三十年均来去于边境重地、难治之地，但无论是治广西九年，帅淮五年，还是治蜀五年，荐人才、访民情、刺贪官、创万马社，直斥刘琸用兵无方，直指陛下“收揽大权，悉听独断，……任之为专，信之不笃”①，无不彰显崔与之“仕”之政绩彪炳，而“西蜀福星”、《海上澄清录》《海外便民榜》则是海南人民对他的永久怀念，以此体现崔与之“仕”之“德”。从1219年撰写的《第三次辞免秘书少监》至1236年《辞免特授正议大夫右丞相兼枢密使第一诏奏状》，整本《崔清献公集》在很大程度上就是由一系列呈请辞官的奏疏组成的，而最为人津津乐道的就是崔与之四辞礼部尚书、八辞参知政事、十三辞右丞相，向世人表达“狐首邱而为幸”②，而这些旨在辞官的奏疏成了崔与之必须“立言”的内容，故重立功、重立德而不重立言成为崔与之对“三立”的诠释。崔与之酷爱菊花，晚岁以韩琦“老圃秋容淡，寒花晚节香”的诗句营造一种平和、纯朴的心境，故理宗特赐“菊坡书院”四字，而1235年崔与之以78岁高龄平定广东摧锋军叛乱，又使这种远离仕宦的平和心境添上别样的锋芒与体现“隐”之“德”，故文天祥称其“菊坡翁盛德清风，跨映一代”。

李昴英一生官至龙图阁待制、吏部侍郎，平冤狱、建平籴、谏游幸、请立储等体现其政绩，而汀州推官任上，郡守不恤下属，与之强争，不听，弃官；三上

---

① 仇江．岭南历代文选［M］．广州：广东人民出版社，1993：37.

② 崔与之．崔清献公集：卷四［M］．北京：中华书局，1985：30.

斥史崇之书，罢归，如此耿介尚直的个性实是沿承乃师崔与之，故理宗称许李昴英“南人无党”。李昴英一生三度（1239—1244、1247—1251、1255—1257）归隐家乡番禺，筑室授徒，传承“菊坡”之学。除诗文作品外，李昴英亦未留下儒学著述。而于56岁去世的李昴英一生等不及晚岁即止，故亦未具有崔与之人生的完整、完美。但由师徒二人开创的人生范式，影响着陈献章、丘濬、霍韬、方献夫、黄佐、湛若水、杨起元、朱次琦、陈澧、简朝亮等一代又一代广东儒学家。但只有在陈献章、简朝亮等笔下才更多地提及崔与之，直言对崔与之的敬重。而由于白沙心学标志着广东儒学真正进入创新时代，简朝亮学术在很大程度上标志广东传统儒学的终结，故崔与之对陈献章、简朝亮的影响即是对宋以后广东儒学的影响。

明代广东学术繁兴，中科举的士人不断增加，故湛若水将崔与之、李昴英诠释的仕业、德业合一易作以德业为本，以举业为末，而本末浑然一体，故举业不足以害道，人自累道①，将崔、李不重立言称作文章著述乃涵养德业而发挥于文字。而陈献章就是湛若水所说的“二业合一”的明代广东心学家。有学者指出，从《陈献章集》中频繁出现的咏颂崔与之与其门人李昴英的诗文作品来看，白沙学术受崔与之所创立的“菊坡学派”的影响自无疑义②，可惜作者并没有作进一步探究。笔者以为，崔、陈二人尤重德业、不重立言、酷爱菊花即为其中三例。例如陈献章评价崔与之说：“淮蜀委之而有余，凝丞尊之而不屑。故能效力于当年，而全身于晚节。”③ 如孔子梦见周公，陈献章亦于梦中思见崔与之，但历经1448年、1451年、1468年三次会试不第与1466年、1482年仕途受挫，“平生只愿仕”的陈献章未能如崔与之创立“外王”功业，却亦留下《乞终养疏》《谢恩疏》，并自1483年后屡召不起，以开馆讲学与以诗传道，创造他其人、其文、其学合于一体的德业。陈献章生平不事著述，源自他对著述的看法，如他所说：“圣人与天本无作，六经之言天注脚。百氏区区赘疣若，汗水充栋故可削。世人闻见多尚博，恨不堆书等山岳……读书不为章句缚，千卷万卷皆糟粕。”④ 故被刑让以为真儒复出的陈献章说：“莫笑老慵无著述，真儒不是郑康成。”⑤ 陈献章虽没有撰写心学专著，但还是留下了两千多首诗作与五百篇文章，如钱穆说：“理学家为诗，上有康节，下有白沙，皆毕生从事于此。”⑥ 但即使尤重于

① 湛若水．湛甘泉先生文集：一［M］．桂林：广西师范大学出版社，2014：165.

② 张其凡．“平生愿执菊坡鞭”——陈献章与崔与之［J］．暨南学报（哲学社会科学），1996（3）：61.

③ 陈献章，孙通海．陈献章集：上［M］．北京：中华书局，2008：106.

④ 陈献章，孙通海．陈献章集：上［M］．北京：中华书局，2008：323.

⑤ 黄宗羲，沈芝盈．明儒学案：修订本［M］．北京：中华书局，2008：94.

⑥ 钱穆．中国学术思想史论丛：七［M］．北京：生活·读书·新知三联书店，2010：1.

诗，陈献章亦自言："予自成化辛卯秋九月以来，绝不作诗。"[①] 无论如何，诗文即是陈献章涵养德业之已发。陈献章亦酷爱菊花，如《紫菊吟·寄林时嘉》诗云："严霜百卉枯，三径挺秋菊。绿叶明紫英，微风递寒馥……"[②] 而一直到民国中叶的简朝亮笔下，也大写他对崔与之与菊花的偏爱，"愿追洁士古遗直，晚节竟与黄花争。菊坡先生何以赠，初乞无言心欲倾……"[③] "香风吹入白云家，十月山中菊始花。尚比菊坡生更晚，岁寒心事得无知。"[④]

（二）重视讲学

以笔者有限的阅读来看，崔与之是广东第一位晚岁归隐乡土、筑室讲学的政治家、学问家，而在崔与之远去之后，重视讲学即成为广东学风、民风、士风。如宋代李昴英归隐番禺，开馆讲学，使"菊坡学派"延至宋末元初。明代"南园前五子"李德、黄哲晚年授徒，明代广东"三大学者"之一的黄佐讲学广州粤洲山麓，"南园后五子"中的黎民表、梁有誉等出其门下，而黎民表亦讲学越秀山麓，使"南园诗"大放光芒。明代广东又一"三大学者"丘濬居官不忘讲学，王佐、蒋冕等出其门下，使海南学术再创高峰。明代广东另一"三大学者"陈献章则开馆"小庐山书屋"，其讲学活动可以分为1465—1468年、1469—1482年、1483—1500年三个阶段[⑤]，从首期由于刑让之激扬而"门人益进"，到第二期"道价响天下，四方学者日益众"[⑥]，到第三期形成碧玉楼、江门钓台、嘉会楼三个讲学地点，陈献章三十五年的讲学生涯培育来大批自江门、南海、三水、顺德为主的门人，形成广东继"菊坡学派"后又一次学术流派——"白沙学派"。

陈献章去世后，1513—1522年，霍韬、方献夫、湛若水同时在西樵山开馆讲学，西樵山成为明代广东学术中心。霍韬在《游西樵序》中忆及其时三人坐拥的书院胜景。"时惟云谷四峰环立，逸民可盘以居，即湛太史欲卜筑处。时惟石泉中居，衍沃可樵可植，即吏部方书院基。时惟锦岩云草，错蘘嵒，深不可穷极，即陈仲远读书处。时惟紫云峰锥，尖削直不能攀爬，时惟大锅峰，即大科峰。"[⑦] 在霍、湛、方三人之中，成为继陈献章之后又一名明代广东著名教育家的非湛若水莫属。湛若水一生心系各地教育，广建书院，培育大批门徒，别出"甘泉学派"。门人罗洪先说湛若水所建的书院有：增城的甘泉独冈、莲洞馆，

---

① 陈献章，孙通海．陈献章集：上［M］．北京：中华书局，2008：21.

② 陈献章，孙通海．陈献章集：上［M］．北京：中华书局，2008：296.

③ 简朝亮，梁应扬．读书堂集：卷十［M］．刻本．广州：1930：8.

④ 简朝亮，梁应．读书堂集：卷十二［M］．刻本．广州：1930：2.

⑤ 刘志华．明代前中期讲学活动研究（1368—1522）［D］．哈尔滨：黑龙江大学，2012：31.

⑥ 陈献章，孙通海．陈献章集：下［M］．北京：中华书局，2008：870.

⑦ 霍韬．渭厓文集：三［M］．桂林：广西师范大学出版社，2015：1039.

龙门的明诚龙潭馆，广州的天关、蒲涧馆，西樵的大科、云谷、天阶馆，罗浮的朱明、青霞、天华馆，曲江的帽峰，英德的清溪灵泉馆，南都的新泉同人惠化馆，溧阳的甘泉馆，扬州的甘泉山馆，池州的九华山馆，徽州的福山斗山馆，福建武夷的王湛会讲馆，湖南的南岳紫云馆。[①] 由于这些书院都有精舍、赡田以馆谷来学者，故黄宗羲说："从游者殆遍天下。"[②] 罗洪先则说得具体些："相从士三千九百有余。"[③] 而《樵语》《雍语》《二业合训》《新泉问辨录》《新泉问辨续录》《问疑续录》《天关语通录》《非老子问答附》所出现的门人即有94人，其中，钟景星注湛若水《心性图说》，庞嵩、张潮、郭棐更是湛若水著名的门人。由于湛若水讲学足迹遍及南北，而且王、湛同时讲学，故其门人虽然仍以广东士人为主，但其知名者非广东人为多，而且，当时学于湛者，或卒业于王，学于王者，或卒业于湛，亦犹朱、陆之门下，递相出入也。其后源远流长，王氏之外，名湛氏学者，至今不绝，即未必仍其宗旨，而渊源不可没也[④]。甘泉门人虽不及阳明门人盛，但足与阳明分庭抗礼，其陈、湛并称，即时称新会学派，亦与姚江并名[⑤]。

由崔与之启引，陈献章、湛若水大振的广东重视讲学传统，由于万历年间学禁的原因而一度衰落，清初广东书院沦为程朱理学书院而讲学之风不兴，阮元在1819年创学海堂亦有课作无讲学，故广东讲学之式微殊非如黄节所言尽因于阮元[⑥]，而是有其特殊的社会因素的。1858年、1867年、1891年、1891年，朱次琦、陈澧、康有为、简朝亮分别开馆礼山草堂、菊坡精舍、万木草堂与读书草堂、阳山山堂，朱次琦、陈澧更分别创立"九江学派""东塾学派"，广东学术再现高潮。而1905年开始的书院改学堂运动后，广东传统书院相继关闭，由崔与之启引的有八百年历史的广东讲学传统亦宣告结束，但于这一漫长历史长河中，讲学传统对广东学术产生的深远影响是不言而喻的。

（三）学术创新

崔与之舍程朱义理而独取事功思想既与他长达三十年的政治生涯有关，这种自主选择也反映广东学人踏出了学术创新的第一步。毫无疑问，崔与之择取的事功思想是沿承中原陈亮、叶适而殊非日后陈献章使有明之学始入精微[⑦]的自创之学，但崔与之仍然是探寻广东儒学真正进入创新时代的不能绕开的人物。

---

① 湛若水．湛甘泉先生文集：五［M］．南宁：广西师范大学出版社，2014：1884－1885.

② 黄宗羲，沈芝盈．明儒学案：修订本［M］．北京：中华书局，2008：620.

③ 湛若水．湛甘泉先生文集：五）［M］．南宁：广西师范大学出版社，2014：1884.

④ 黄宗羲，沈芝盈．明儒学案：修订本［M］．北京：中华书局，2008：875.

⑤ 梁启超．饮冰室合集：四十一［M］．北京：中华书局，1986：78.

⑥ 邓实，黄节．国粹学报：九［M］．扬州：广陵书社，2006：4491.

⑦ 黄宗羲，沈芝盈．明儒学案：修订本［M］．北京：中华书局，2008：79.

“菊坡学派”的学术思想由哲学、政治、军事组成，共同反映的就是陈亮、叶适的事功思想。其中哲学思想出自李昴英笔下的《春秋》观念，是以董仲舒“天人合一”思想而以图理宗革新朝政，如李昴英说：“今岁以来，天变频仍，正当修人事以应之。”① 政治思想则涵盖了仁治、重君、重人才等传统内容。如崔与之以“无以政事杀民”② 为座右铭，临终仍盼“东南民力竭矣，诸贤宽得一分，民受一分之赐”③。故后世评他“仕四十七年，未尝一玷弹墨，爱君忧国之诚，老而不息，真纯臣也”④。李昴英亦认为，“民吾同胞也，况父母之邦之民几乎!”⑤ 至于论及重君，李昴英是将“宋室中兴”之愿，托于君主一人，故他认为君主应“念三垂之民，转徙无依，必不忍适一已之安逸”⑥。而崔与之尤重人才，他说：“人才之进退，言路之通塞，国势之安危系焉。”⑦ 崔与之又将人才分二等，“忠实而有才者上也，才虽不高而忠实有守者次也”⑧。李昴英则重视个性硬朗、耿介之才，“天下所少者，忠臣义士耳”⑨。崔与之、李昴英身处宋朝国土沦丧、兵微将少、主战主和大混战之时，故由积极防御、注重军事训练、重视边治为内容的军事思想则最能体现“菊坡学派”的时代特色。不同于主战、主和，崔与之提倡“积极防御”思想，他说：“（战事）不过战、守、和三事而已。唯能固守，而后可以战，可以和，权在我也；守且不固，遂易战而为和，权在彼也。”⑩ 故“守”是“战”“和”的前提、关键，求稳是崔与之提出“守”“战”“和”三步策略的特色。崔与之平时以上、中、下三等训练士兵，如他所说：“兵不在多，在素练耳。”⑪ 来自广东偏远地区的崔与之相当重视边境安危，他说：“宽其力，不惟可以实边，缓急可以为官军声援。”⑫ “菊坡学派”的学术思想只字未及天理人欲，反之这是崔与之严厉指斥的内容，而不重立言的他仍在诗作中多次弘扬儒家的“外王”精神，例如：“胸中抱负经绘业，笔下铺张造化功。”⑬ “须知经济学，元不堕秦灰。”⑭ “议论方前夕，功名早上坡，去帆瓜蔓

---

① 崔与之．崔清献公集［M］．北京：中华书局，1985：32.
② 崔与之．宋丞相崔清献公全录卷：三［M］//言行录：下，508.
③ 黄佐．广州人物传：卷8［M］．北京：中华书局1985：487，488.
④ 黄佐．广州人物传：卷8［M］．北京：中华书局1985：487，488.
⑤ 枣庄，刘琳．全宋文：第344册［M］．上海：上海辞书出版社，2006：45.
⑥ 李昴英．文溪集：卷6［M］．上海：上海古籍出版社，1985：151.
⑦ 黄佐．广州人物传：卷8［M］．北京：中华书局，1985：484.
⑧ 黄佐．广州人物传：卷8［M］．北京：中华书局，1985：486.
⑨ 李昴英．文溪集：卷6［M］．上海：上海古籍出版社，1985：159.
⑩ 崔与之．宋丞相崔清献公全录卷：一［M］//言行录：上．500.
⑪ 崔与之．宋丞相崔清献公全录卷：一［M］//言行录：上．500.
⑫ 崔与之．宋丞相崔清献公全录卷：二［M］//言行录：中．502.
⑬ 崔与之．崔清献公集：卷5［M］．北京：中华书局，1985：40.
⑭ 崔与之．崔清献公集：卷5［M］．北京：中华书局，1985：43.

水，遗爱竹枝歌。”①

敢于在朱熹与陈亮、叶适大论战中站在陈、叶一边，既源自于崔与之、李昴英独特的仕宦经历下对朝政、边治、军事的看法，亦与处于理学南传初始阶段下广东理学发展拥有的诸多可能有关，而这种重实用、简易化的事功思想无疑是更加适合欠缺儒学根基的宋代广东的。有学者指出，全谢山谓白沙学出吴康斋而别为一家，不知自宋以来翟氏之学源于濂洛而开白沙之先，斯盖吾岭南学派所自出也。② 笔者以为，除白沙心学以外，广东儒学其实都是在中原儒学南传中发展起来的，而白沙心学的源头似乎不是翟杰，而是浓缩于崔与之“菊坡学派”之中的明以前广东地域文化，说白了就是对中原儒学传统的创新精神。无论是陈献章、吴与弼的学术对比，是同门胡居仁对陈献章学术思想的指斥，还是黄宗羲将陈献章学术思想置于宋、明儒学发展的转捩点，学界突显的就是白沙心学的“创新”二字。相同的，无论是陈献章、湛若水的学术对比以及甘泉门徒对白沙心学的指斥，是王阳明、湛若水的学术往来与思想对比，还是黄宗羲以王门、湛门的论列，黄节以浙宗、广宗之称呼，其突显的仍然是甘泉心学以“创新”而定其宗。就是这种学术创新，或者说只有学术创新，才能使广东儒学焕发生机与活力，而没有过多儒学传统束缚的广东又相当容易成为推动儒学向前发展的地方。日后康有为全面否定中国古代儒学传统，创岭南新学派而引发一场儒学革命、社会革命即是如此，而似乎只有如此，广东儒学才有力量与中原儒学平分秋色，甚至从非主流成为主流。

2005 年 3 月，“岭南历史文化名人广州史迹展”选出广东先贤 109 人，来自宋代广东不入中原主流理学一脉的崔与之、李昴英、陈大震榜上有名，而沿承中原理学传统的宋代理家 13 人则无一上榜。引领广东儒学真正进入创新时代的陈献章、湛若水，在广东引发儒学近代转型的朱次琦、康有为、梁启超、黄节、邓实等亦纷纷上榜，故学术创新于广东儒学的巨大意义是不言而喻的。

---

① 崔与之. 崔清献公集：卷 5 [M]. 北京：中华书局，1985：43.

② 邓实，黄节. 国粹学报：九 [M]. 扬州：广陵书社，2006：4480.

南江流域瑶族研究

罗定职业技术学院　彭祖鸿

一、南江流域瑶族的基本情况

南江流域在明代是两广地区瑶族两个最重要的聚居地之一（另一个是广西浔州大藤峡），但有意思的是现在的南江流域基本上找不到成规模的瑶族了，无论是考查南江流域各县、市、区的地方资料还是考察南江流域，只能找到零星的瑶族人口。据《郁南县志》载，郁南县瑶族在1982年为26人（总人口数38.42万），1990年37人（总人口数40.79万），2000年51人（总人口数47.59万）；《云城区志》载，云浮县瑶族在1982年为2人，1990年9人，云城区2000年瑶族为55人；《云安县志》载，2000年云安县瑶族人口为21人；《罗定市志》载，罗定市（县）瑶族在1964年为6人（总人口数52.6万），1982年为56人（总人口数77.31万），1990年为200人（总人口数89.7万），2000年为151人（总人口数107.39万）。

1994年版《罗定县志》称“建国后历次人口普查的结果表明，本县人口中，99%以上为汉族，1%以下为少数民族，皆因婚姻或工作关系而迁入，未发现世居本县的少数民族”①，近年所修市志所言与本志几同，虽然郁南、云浮（云安、云城）县志并未说明这些数量的瑶族的来源，但是作为一个族群不大可能只以几十个人的规模生存发展，故罗定县志的说法是有道理的，也基本符合南江流域瑶族的现状，另外据2000年版的广东省志所言：“明末清初，瑶山迅速减少……至清朝末年，只有粤北的连县、连山、阳山、乐昌、乳源和曲江等县仍有瑶族。”②所以基本可以肯定：世居于南江流域的瑶族至迟到清末就消失了，南江流域现有的瑶族是由于婚姻或工作关系迁入的。

这样就产生了一系列疑问，为什么岭南从明清时期为两个主要的瑶族聚居地之一，而到现在瑶族基本消亡，这种变化是如何发生的，瑶族在南江流域的存在是否只存在于史籍之中，南江流域现在是否还有瑶族文化的遗存？本文试图探讨上述问题，以期理清南江流域瑶族发展的过程，并为他域的瑶族研究提供参考。

---

① 罗定县地方志编纂委员会. 罗定县志［M］. 广州：广东人民出版社，1994：110.

② 广东省地方志编纂委员会. 广东省志：少数民族志［M］. 广州：广东人民出版社，2000：61－62.

二、南江流域瑶族的来源

瑶族《过山榜》(或《评皇券碟》《盘王券碟》等多种名称)“是记载瑶族民族起源、姓氏由来、迁徙生活的重要历史文献”①，其中记录的瑶人十二姓分别是盘、沈、郑、包、李、邓、周、冯(后因故更姓为凤)、赵、胡、雷、蒲，或有盘、沈、包、黄、李、邓、周、赵、胡、唐、蒋、雷和盘、沈、包、黄、李、邓、周、赵、胡、唐、雷、冯②等不同的说法，虽然略有差异，不过可以肯定的是这些姓氏是较为原始的瑶人姓氏，是判断真瑶假瑶的重要依据(这些姓氏中的多数不具备区别特征，除盘、雷、凤少数几个姓氏之外，其他姓氏别的民族特别是汉族也多采用)，南江流域出现的瑶族有许多别的姓氏，如钟、篮等，此外南江流域的瑶族(屈大均称为“罗旁瑶”③)分为高山、花肚、平地三种，“性皆剽悍轻生……惟平地之瑶居浅山，听约束，与齐民略近，三种言语各不相通，其姓为盘、蓝、钟、雷”④，之所以会出现主要的姓氏之中有两个并非上述十二姓的现象和言语各不相通的现象，应与南江流域瑶族族源的多样性有关，结合前人的论述、相关的史料，再依据南江流域历史发展的实际情况，本文认为南江流域瑶族主要有三大来源：

(一) 从他域迁入的瑶族

人们通常认为，瑶族起源于两汉时期生活在两湖地区(湖南、湖北)的盘瓠蛮，“瑶族先民属‘盘瓠蛮’系统”⑤，根据族群生活区域主要分为武陵蛮、长沙蛮、零陵蛮和桂阳蛮；魏晋南北朝时期仍以两湖为中心，以长江为纽带，延伸至四川等地，两广地区开始有瑶族先民活动的痕迹：“大明中，……临贺(注：宋时湘州属郡，治今广西贺州东南)蛮反，杀开建(临贺属县，治今广东怀集、封开一带)令邢伯儿。”⑥ 除上述贺州、怀集等之外，梁陈时广东英德(时为衡州治)亦有盘瓠蛮的活动；隋唐时期粤北地区已成为时称莫瑶(徭)的瑶族先民重要居住地⑦，文人著述、官方史料及地方志都有记录，不过尚无证据表明莫瑶进入了南江流域；两宋时期瑶族仍主要活动于湖南地区，不过广东肇庆、德庆开始有了瑶人活动的痕迹了，广西罗城《盘王券牒》：“元祐五年(注：北宋哲

① 《过山榜》编辑组. 瑶族《过山榜》选编 [M]. 北京：民族出版社，2009：113.
② 《过山榜》编辑组. 瑶族《过山榜》选编 [M]. 北京：民族出版社，2009：10，36，64.
③ 屈大均. 广东新语 [M]. 北京：中华书局，1985：236.
④ 周学仕. 罗定志 [M] //中国地方志集成：广东府县志辑50. 上海：上海书店，2003：441.
⑤ 吴永章. 瑶族史 [M]. 成都：四川民族出版社，1993：11.
⑥ 许嘉璐. 二十四史全译：宋书 [M]. 上海：汉语大词典出版社，2004：2039.
⑦ 吴永章. 瑶族史 [M]. 成都：四川民族出版社，1993.

宗赵熙年号，即1091年）上祖大公沈右十正，又有叔文（父）兄弟，拖带子孙家口，移往广南东路肇庆执连德庆州四会青（清）远大朝（庙），通于怀集，往来居住。昨日营生，各有肆置，东至四会黄牛头为界，南至右（石）榴（榴）山大罗为界（引者注：此处大罗山在今云浮新兴境内），西至牛白头为界，北至探洞白沙坯（怀）集为界，往来居住。”① （广西大瑶山《平王券牒》亦有相似记载，湖南省内的过山榜未见），南江流域其时属肇庆府（南江流域旧时主要属泷州，另有部分属德庆州，宋时曾撤泷州为泷水县，属德庆州）管辖，至少有部分区域在“四至”的范围，这是已知最早明确记录瑶族活动于南江流域的文字。可见南江流域至迟在北宋时期就有瑶族活动和居住了，元代以后关于南江流域瑶族活动的记载逐渐增多，瑶族在南江流域的活动日趋频繁，其族群的力量逐渐壮大，渐渐在南江流域处于强势地位，且不断融合和吸纳了其他民族的成员，瑶族人口数量增长迅速，活动范围亦遍及南江流域，在南江流域的经济、政治舞台上扮演着越来越重要的角色，与统治者的矛盾也日渐显现，据民国《罗定志》载，南江流域元代瑶人与统治者的冲突有3次（分别在世祖、英宗、顺帝朝），明代瑶人成规模的反抗就有14次之多。

可以看出，他域的瑶族最晚在北宋时期就已迁入南江流域，上引过山榜亦云盘瑶子孙“系广西贺监（临贺）州贺县东山住人”，可见南江流域最期的瑶族由广西贺州迁入，至于有无其他迁徙路线，就缺少文献支持了，不过根据瑶族的生产生活方式推断，应该还有其他地方的瑶族人迁入。

（二）汉族融入

汉族人融入少数民族在南江流域乃至整个岭南地区早有先例。南越王赵佗原为秦龙川令，为汉人，后割据岭南，为岭南越人首领；隋唐时间高州冯盎原为汉人，后娶高凉冼氏为妻，冯氏一族遂为高凉俚僚首领；汉人陈法念南朝梁时为新泷二州刺史，其后代遂居泷州，为南江流域俚僚首领。如果说上述赵佗等人自愿放弃汉人的身份融入当地少数民族是为了更好的治理和统治当地少数民族的话，那么普通汉族百姓之所以会融入瑶族，则主要是不堪统治者的横征暴敛，学着瑶族一样躲入统治力量薄弱的山区，以躲避繁重的赋税和徭役（据瑶族《过山榜》所载，许多朝代的统治者给瑶人发过券碟，写明瑶人免征税收和徭役）。这些汉人模仿瑶族的生产和生活方式，对外亦自称为瑶人，开始时尚能与真正的瑶族区分，被称为“假瑶”（对应的是真正的瑶族“真瑶”），但随着融合程度的加深，这些汉人的后代已经被完全瑶化了，变成了瑶族的一部分。这种汉人融入瑶族的情况多发生在元明清三代，元代汉人相较于少数民族而言地位低下，而且很多汉

---

① 《过山榜》编辑组. 瑶族《过山榜》选编［M］. 北京：民族出版社，2009：20.

人原有的土地为统治者所圈，被迫迁徙到生存条件更为恶劣的山区，大量汉人迁入像南江流域一样的山区地带，与已居住于此的瑶族杂处，明清时期特别是明代后期以来，统治者的横征暴敛、社会的动荡不安，汉人（史籍上称为民、齐民等）不仅要承担繁重的赋税和徭役，而且还随时被征兵役。相对而言，统治者鉴于当地瑶族的多次反抗，为确保其统治政权的稳定，多采取安抚的政策（虽征抚政策有时亦有变化，如明代后期的大规模征伐，但征伐之后仍用安抚之策），减轻瑶族人民的赋税和徭役。这就是相当一部分汉人特别是与瑶人杂处的汉人融入瑶族的最为现实，也是最为根本的原因。

明清二代，不少汉族人徙居瑶区，后来融入瑶族，道光《东安县志》载，东安县（今云浮市云城区、云安区）"然往往有奸民窜入瑶籍，紊乱旧章，故厘正宜亟也"①，清初屈大均之谓罗旁（在今郁南县东南）瑶"以盘古为始祖，盘瓠为大宗。其非盘姓者，初本汉人，以避赋役潜窜其中，习与性成，遂为真瑶"②，民国《旧西宁县志·卷三十三·前闻三》亦有类似说法，盖引屈氏所言。虽然屈氏"非盘姓者，初本汉人"的说法未必十分准确，如多次出现的瑶族凤姓（如凤广山、凤第吉、凤二等）首领本就是瑶人（过山榜中对冯姓如何变为凤姓有较详细的叙述），但就南江流域地方史料出现的瑶族姓氏与过山榜中的瑶族姓氏对比而言，大量的十二姓之外的姓氏：如蓝、钟、蒙、金、骆等，其中蓝、钟为南江流域瑶族的大宗，这些姓氏多为迁入南江流域的汉族，另外如前述十二姓中的大多数姓氏不具有民族区别特征，是不是有这些姓氏的汉人融入瑶族？很难说没有。可以肯定，在南江流域的瑶族中少不了汉族的融入。

（三）本地原有的少数民族俚僚（旧时曾称为"狸獠"）的融入

在唐代及以前，俚僚在南江流域一直占据着重要甚至是主流的地位，虽然经历了南朝时期的汉人的大量迁入和行政区域的设置，但这似乎并未从根本上动摇俚僚族的地位，汉人派驻的官员如陈法念自称为僚首，至唐时陈法念后代陈行范造反时官史称其为"泷州首领"："十六年，泷州首领陈行范、何游鲁、冯璘等聚众作乱，陷四十余城。……斩其党六万级"③，而不是称其官职，地方志则直接称之为"泷州獠"："玄宗开元十六年泷州獠陈行范等作乱，遣宦者杨思勖讨平之。"④ 可见其时南江流域仍是俚僚的天下。陈行范称帝事件（728）之后直至元世祖十六年（1279）的550年间，史籍上关于南江流域的记载仅有宋太祖开宝

---

① 汪兆柯．东安县志［M］//中国地方志集成广东府县志辑：48．上海：上海书店，2003：614．

② 屈大均．广东新语［M］．北京：中华书局，1985：236．

③ 许嘉璐．二十四史全译：旧唐书［M］．上海：汉语大词典出版社，2004：4087．

④ 周学仕．罗定志［M］//中国地方志集成：广东府县志辑50．上海：上海书店，2003：430．

六年（973 年，“废泷州，省镇南、开阳、建水三县入泷水县，隶康州”[①] 的行政区划调整的记录，曾活跃在南江流域的俚僚民族似乎销声匿迹了，这些俚僚族群哪里去了？史无明确记载，当地学者陈大远先生综合了明代顾炎武、民国徐松石、今人陈国强等人的观点，认为：“僚、俚解体后，其族演变为壮（僮）、侗族、水族、黎族、布依族等。”[②] 应该说陈先生的观点是有所依据的，而且南江流域的史料亦无明确记载，似乎这样推断是可行的，但是我们可以借鉴南江周边地区关于俚僚族演变的历史，另一方面结合南江流域的实际情况应该能得到更为合理的推论。

张雄引《岭南代答》《粤述》中关于广西北部关于“徭僚”关系的论述之后，得出“这些徭人的先民，在活动地域上，与唐代的桂州‘山僚’一致。从这个意义上说，徭人亦系所谓的‘僚’人发展而来”[③] 的结论，另李默在详细地梳理了文人著述及史料关于僚与瑶的关系的论述之后，将广东各府、州县志中的有关记载也详尽地引述，并列举了岭南瑶人的风俗与俚僚的相同之处，较为充分地证明了“这部分瑶人从俚僚演化而来”[④]。再结合南江流域相关的史料亦有“獠瑶”互指的现象：民国《罗定志》“明年（注：明景泰四年，1453）六月，巡按御史盛昶谕降泷水獠，而赵音旺复作乱”[⑤]。同样一件事道光《肇庆府志》的记载是“四年六月巡按御史盛昶谕泷水瑶降之”[⑥]。前者言据明史王翰传、郡国利病书及德庆志，后者据黄通志，似俱有所本，又《罗定州志》王泮序言：“夫瑶鸱张夺攘非一世矣，隋唐为甚，唐分怀德为信义，立南扶州寄泷，亦惟瑶故，瑶平乃还之，改扶为窦，今高州信宜是也。”[⑦] 可见南江流域的“俚僚”部分转化为瑶族是可能的，也是符合南江流域的实际情况的，另外似乎还可从瑶族中有骆姓（骆第二）首领看出南江流域的部分瑶族是从俚僚演化过来（“骆”“僚”的密切关系学者论述颇多，此处不赘引）。

南江流域的瑶族形成除上述三大来源之外，应该还有当时居住于此地的其他少数民族，如俍族与僮族的融入，虽然还没有足够的证据，但这些少数民族与瑶族的生活环境相类，居住地交错在一起，相互之间的影响和渗透极易发生，在瑶族势力强大的时候这些少数民族在生产、生活方式等方面向其靠拢直至成为瑶族的一部分是合乎情理的。由此可见，南江流域瑶族的形成是以迁出瑶族为基础，

---

① 周学仕．罗定志［M］//中国地方志集成：广东府县志辑 50．上海：上海书店，2003：430．

② 陈大远．岭南僚、瑶民族考［J］．罗定史志，2006（1）43－48．

③ 张雄．唐代岭南“僚”为壮、瑶先民略考［J］．广西民族学院学报（哲学社会科学版），1988（1）：75－79．

④ 李默．广东瑶族与百越族（俚僚）的关系［J］．中南民族学院学院（增刊）1986：115－125．

⑤ 周学仕．罗定志［M］//中国地方志集成：广东府县志辑 50．上海：上海书店，2003：431．

⑥ 屠英．肇庆府志［M］//中国地方志集成：广东府县志辑 46．上海：上海书店 2003：825．

⑦ 刘元禄．罗定州志［M］//中国地方志集成：广东府县志辑 50，上海：上海书店 2003：9．

各民族融合的结果，这种族源的多样性既符合民族产生发展的一般规律，也是符合南江流域民族发展的实际情况的。

三、南江流域瑶族的兴衰

如前文所述，南江流域在历史上一直是少数民族的重要聚居地，瑶族进入南江流域现知最晚在北宋，也经历了从出现到发展壮大的过程，这种从出现到壮大的过程大致经历宋、元、明三代，至明嘉靖、万历年间达到极盛，但在万历四年（1576）开始的大征罗旁事件之后迅速衰败，至清中期基本消失。

（一）瑶族的逐步兴盛

瑶族的兴盛首先表现在瑶族人口数量的增多、居住区域的扩大。人口数量的具体变化在官史中并没有明确的记录，南江流域各时期的地方志亦无可查考，仅在赋役志中记录有免赋役的人丁数量，不过均为万历征罗旁之后的人丁，仅以数十百计，不过可以从统治者历史的征剿和招抚的成果可以看出瑶族数百年间人口规模的扩大，明洪武二十二年（1389）“斩首数百，余党悉平”，有可能是统治者采取了较为恰当的民族政策，使得愿意抗争的人不多，不过更为可信的是当时南江流域瑶族人口规模还不大；永乐五年（1407）“招抚瑶首盘永用等……复令回山再招，计七百有奇”，六年“以原泰为泷水丞，专事抚瑶”，可见本区域瑶族的规模已扩大到统治者得专设职官管理瑶族事务了；正统十一年（1446）“瑶贼赵音旺、凤广山作乱，攻泷水县”，能攻打县城，可见力量不小了；景泰四年（1453）“调两广官军狼兵，分为二道，直抵巢穴，斩首二千余级，数岁稍宁”，一次能斩杀两千多人，瑶族军队的人数肯定不少，可以折射出瑶族的力量已发展到需要统治者在两广的力量才能应对的地步了。嘉靖十二年（1533）“调兵六万三千奇，三道并进，破寨百二十五，俘斩三千八百，获贼孥三千七百”①，需调六万多军队，光攻破的村寨就有一百二十多个，杀死、俘虏的人数达七千多人，更为重要的是这依然未能解决南江流域的瑶族与统治者之间的矛盾。万历四年至五年（1576—1577）的罗旁之役前，南江流域瑶族势力达到巅峰，光攻破的村寨就有五百六十多个，被俘虏和被斩杀的瑶兵就有一万六千余人，另有数万瑶民被俘，可以估测当时南江流域瑶族数量应在十万左右，明嘉靖《广东通志》载泷水县有瑶山118座，清康熙《广东通志》载泷水县有瑶山119座，另晋康乡（今属郁南）75座，都城乡（今属郁南）28座，共计222座。从上述数以百计的村寨、瑶山、瑶峒中可以看出瑶族居住区域分布广泛。南江流域瑶族的兴盛还表现

① 周学仕．罗定志［M］//中国地方志集成：广东府县志辑50．上海：上海书店，2003：433．

在统治者对于处理与当地瑶族关系的重视上，上述永乐六年开始专设抚瑶官职，说明瑶族力量已经强大到统治者无法忽略的地步了，后弘治十年（1497）“复置泷水县主簿”① 专理抚瑶。另外，从上引瑶族与统治者的冲突规模的不断扩大，人数的不断增多亦能说明南江流域的瑶族逐渐兴盛。

南江流域瑶族之所以能够在数百年的时间里逐步兴盛，主要有以下几方面的原因：一是与统治者采取的政策有关。蒙古人在完成全国统一之后，不断遭到来自主要汉族人民的反抗，统治者根本无法顾及地处岭南腹地的南江流域，因此元朝时期瑶族获得较大发展空间；明初到明中期，统治者对南江流域的瑶族采取了以招抚为主的政策，对归附的瑶人采取厚赐、授官、免赋役等措施，安抚和拉拢瑶族上层，从瑶首盘永用、周十八等瑶族首领所获封赏可看出这些措施确实取得了安定一方的效果，也客观上为瑶族的发展壮大提供了相应的空间。二是与南江流域特殊的地理条件有关。南江流域地处广西、广东之间，自古以来即是两粤交通要道，故有“两粤咽喉”之称，且为大山环绕，“东南边为大云雾山山地，西南侧为云开大山山地，南为大田顶山地”②，这些大山相连在一起，西面的云开大山由广西十万大山延伸而至，东可通向德庆、肇庆、清远直到粤北山区，西可通达现在瑶族最重要的聚居地广西大瑶山，这样和平时可以方便地与其他区域的瑶族往来交流，一旦与统治者的发生冲突时又可与周边特别是广西的瑶族互相配合，当战争失利时还可往西退入广西。如此优越的地理条件使得南江流域在瑶族的发展中有着重大的战略地位，也为瑶族在本区域的发展壮大提供适合的自然环境。三是与瑶族融合本区域的其他民族有关。如前面所述，瑶族在进入南江流域之后，与先进入南江流域的汉族以及本区域的原住民俚、僚族之间交往频繁，随着瑶族力量的不断壮大，许多原本不属瑶族的族群亦逐渐融入进来，形成瑶族的诸多分支（如前引述的高山、花肚、平地等），并且分支之间有语言不通的现象，正是源于这些分支由不同的族群融合而成。

（二）瑶族与统治者的冲突

随着瑶族势力的增强，所控制的区域范围也逐渐扩大，其“吃尽一山，则移一山”的刀耕火种的生活方式极易与“齐民”的农耕方式产生矛盾，有少数的瑶人觊觎汉人的富庶，不时劫掠，这就加深了瑶汉之间的民族矛盾；瑶族力量的强大已经威胁到统治者的财税、交通等安全，瑶区的财税收入仅靠居于其间的“齐民”负担，所入甚微（至明嘉靖三十八年“始征瑶税”），且南江流域为两广咽喉，西南二江为两广物资、人员交流的最为重要的通道，元代以后渐为瑶人所

---

① 周学仕. 罗定志［M］//中国地方志集成：广东府县志辑50. 上海：上海书店，2003：432.

② 曾昭璇，等. 西江流域南江水系的人文地理概述［J］. 罗定史志，2004（2）：37－47.

据，就使两广不畅，“罗旁上下江道为两省咽喉，瑶人沿江劫掠，而下江为甚，行旅阻塞”[①]，严重威胁统治者对两广的控制；另外统治者的贪婪、残暴也是激起瑶族与统治者冲突的重要原因，许多驻守瑶区的官员贪得无厌，凶狠残暴直接导致民变。

关于南江流域瑶族与统治者冲突的最早记录是元至正十六年（1279）“冬十一月己巳，晋康及泷水瑶乱”[②]［康熙《罗定州志·卷之一·舆地十七》言为南宋末帝昺祥兴元年（1278）“冬十一月，德庆泷水各山瑶作乱”[③]，民国《旧西宁县志》引《德庆州志》言，《德庆州志》所据更足，似更为可信］，此后“红豆山瑶刘第三等自元末攘乱，至明洪武二十二年”[④]。进入明代后，在统治者采取较为宽松的政策的时候冲突并不明显，但随着统治的日益黑暗，长期积累的矛盾在明代中后期密集地暴发，明世宗嘉靖朝至神宗万历五年的四十多年间，较大规模的冲突就有 7 次，上引嘉靖十二年的征剿，是大征罗旁之前规模最大的一次了，但瑶族与统治者的矛盾并未得到解决，最后是统治者于万历四年（1576）调集十万多（亦有云二十万）两广军队大征罗旁，以统治者完全控制南江流域的方式得以较为彻底地解决，明史及当地的历史文献都有较为详细的记载。

《明史》载“云翼乃大集兵，令两广总兵张元勋、李锡将之。四阅月，克巢五百六十，俘斩、招降四万二千八百余人”[⑤]，另《明史》的张元勋传、李锡传均录有此事，然未详尽如是；地方文献亦记此事，“冬十一月，总都御史凌云翼、都督佥事张元勋、李锡等大征罗旁”[⑥]，调集两广兵十万多（民国《旧西宁县志·卷三十三·前闻三》写为勤兵二十万，征罗旁的干将陈璘在《罗旁善后功绩碑》云有土兵、浙兵、狼兵计二十万）分十路围剿，“摧破诸峒五百六十有四，俘斩招降四万二千八百有奇”（同上），光绪德庆州志亦云如是，肇庆府志记录更为详尽“十道并进，破巢五百六十四，擒斩一万六千一百余级，降四百九十三人，获男、妇二万三千一百五十一，罗旁平”[⑦]，民国旧西宁志云“俘斩四万三千有奇，拓地数百里而罗旁平焉”[⑧]，虽然数字上略有差异，这组数字从一个侧面上说明了南江流域瑶族分布的范围之广，人数众多。但不争的事实是经过这次沉重的打击，南江流域的瑶族基本上没有了大规模反抗的能力，虽然偶有小的动

---

① 周学仕．罗定志［M］//中国地方志集成：广东府县志辑 50．上海：上海书店，2003：433.
② 杨文骏．德庆州志［M］//中国地方志集成：广东府县志辑 51．上海：上海书店，2003：658.
③ 刘元禄．罗定州志［M］//中国地方志集成：广东府县志辑 50．上海：上海书店，2003：24.
④ 刘元禄．罗定州志［M］//中国地方志集成：广东府县志辑 50．上海：上海书店，2003：24.
⑤ 许嘉璐．二十四史全译：明史［M］//上海：汉语大词典出版社，2004：4514.
⑥ 周学仕．罗定志［M］//中国地方志集成：广东府县志辑 50．上海：上海书店，2003：434.
⑦ 屠英．肇庆府志［M］//中国地方志集成：广东府县志辑 46．上海：上海书店，2003：825.
⑧ 何天瑞．旧西宁县志［M］//中国地方志集成：广东府县志辑 51．上海：上海书店，2003：303.

作如万历“八年，瑶贼白眉哥作乱，寻捕斩之”①，“十二年甲申秋，东安瑶贼庞贵十行劫，旋杀之”②，其中以陆毛为首的“贼人”前后坚持了十多年，但已无法对统治者构成威胁了。

（三）瑶族衰亡及原因探究

经历了诸次与统治者的激烈冲突与抗争之后，明末至清代再到民国，各级有关南江流域的文献中再无关于瑶族的记载，至清初，南江流域仅东安和新兴的部分地区仍有瑶族，“至清道光初年，瑶人已基本汉化”③，瑶族作为一个曾经非常强大的族群逐渐退出了南江流域的历史舞台，只留下一些蛛丝马迹供后人探寻。

一个曾经庞大到足以影响南江流域历史进程的族群之所以会较为快速、彻底地从这一区域消亡，原因是多方面的，我们认为主要表现为以下几点：

第一，在统治阶级的武力打压下，南江流域的瑶族势力遭受重创，且统治者新建罗定直隶州与西宁、东安两县加强了对瑶族地区的控制，另外建官道、设各级军事使统治者的力量能够深入瑶族腹地，分割瑶族的居住区域，因此，南江流域剩余的瑶族势力被分割而相互之间无法呼应，再加上统治者采取的禁止通瑶的政策迫使瑶族人民逃离家园，为了避免更大的杀戮，部分瑶族选择西迁到统治力量更为薄弱的广西山区（相对而言，统治者似乎对广东地区更为重视，这可以从数次裁撤广西总督中看出），使得本已遭受重创的瑶族在南江流域的人口骤减，从万历四年（1576）的“瑶乱”需调集两广重兵进剿，到此役后瑶人数次反抗只需地方中下级武官领兵平定的变化可以看到本区域瑶族人口的确急剧减少；清雍正《广东通志》载当时罗定州东安县有瑶峒22个，西宁县有瑶峒28个，其数据沿袭前人，实际上几已不存了，道光《东安志》亦载万历五年后“在东者，设瑶官四名、瑶总一名、瑶甲二十三名，瑶众四百六十四名，居二十二峒”④，整个东安县仅余数百人，与上引文中的动辄数千人上万人相比是相距甚远了。

第二，统治者在平定“瑶乱”之后对瑶人居住区域加强了控制，加强政治上的管理，对控制范围内的的瑶民编制保甲，上引东安志设瑶甲二十三名其实早有成例，据《明孝宗实录·卷一三九·弘治十一年七月壬戌》所载早在嘉靖二十年（1541）就让当地官员对剩余听招抚的瑶人实施保甲制度；加强经济上的管理，采取“劝农桑”的政策，在瑶区开垦农田，提倡农业，鼓励瑶族人改变旧有的“吃尽一山，则移一山”的生产方式，从事相对稳定的农业耕作，罗旁之

---

① 周学仕. 罗定志［M］//中国地方志集成：广东府县志辑50. 上海：上海书店，2003：433.
② 刘元禄. 罗定州志［M］//中国地方志集成：广东府县志辑50. 上海：上海书店，2003：26.
③ 云安县志编纂委员会. 云安县志［M］. 广州：广东人民出版社，2011：47.
④ 汪兆柯. 东安县志［M］//中国地方志集成：广东府县志辑48. 上海：上海书店2003：614.

役后候应爵“募民占籍，清田里，辟封疆，兴学校，规模宏远，州人赖之”①，应该说取得了显著的效果；加强思想上的引导和控制，“兴学校”，在瑶区开设各级学校，且申请增加对瑶民进行中国传统“四书五经”的教育，“教化”瑶民，逐步让当地的瑶民对汉族传统儒家文化产生认同，最终融入汉族。

第三，残存的瑶族与入籍当地汉族之间的交往更为频繁，受汉族的影响日益加深。其实在罗旁之役前，瑶族中的平地瑶就已经深受汉族的影响，“与齐民略近”，与汉族居民就很接近了，平定罗旁之后，明政府采取了“募民占籍”的措施：“建邑之初，听民迁徙、筑城、助工，授田与世业”②，即招募其他地方的汉人或者本区域内无地的汉人，使他们获得耕地和合法居住的身份，于是大量的汉族百姓进入南江流域，罗旁之役后“入籍本县的汉人随之大增，姓氏增加较多”③，现今南江流域的许多大姓的始祖是明代中后期以后逐渐迁入，如罗定附城西门的陈姓万历年间从南海紫洞迁入，泗纶青桐黄姓万历年间从英德迁入，罗镜镜西兴隆村李姓万历年间从祖籍地福建汀州上杭经湖南迁入，罗镜椽子村张姓万历间从乳源县秀水乡迁入等④，还有很多为清初迁入。瑶族较为集中的村寨在万历之役中普遍毁于战火，余者则散居于各峒，如上引东安县的数十峒，从规模、生产生活方式以及文化形态对比，瑶族已明显处于弱势地位。由于相同的生活区域，瑶汉之间的民间交往也日益频繁，汉族先进的生产方式和文化都对瑶族产生了深刻的影响，瑶族便不可避免地逐步融入汉族之中了。

第四，瑶族相对滞后的生产、生活方式已经无法适应南江流域社会经济的发展和变化。南江流域其实早在先秦时期就有较为发达的农业和高超的农业耕作技术，是岭南地区较早得到开发的地区之一。不过，随着岭南其他地区特别是以广州为中心的珠三角得到进一步开发之后，统治重心也东移至广州府，南江流域在广东地区的交通、经济地位有所下降，于是瑶族在南江流域获得了足够的发展空间。但随着“募民占籍”和鼓励垦荒政策的实施，大量中原、江南及珠三角地区的移民进入，带来先进的农耕技术，南江流域的人口密度的增大，瑶族的生存空间受到很大挤压，不可能再维持旧的生产生活方式，再加上“劝农桑”等鼓励农业的政策，瑶族人民便更多地向汉族学习农桑技术，进而加速了他们的融合，世居于此的瑶族同胞渐渐成为汉族的一部分。

南江流域的瑶族的衰亡，虽然有其自身的因素，但更主要的是统治者将自己的价值观念、文化观念以及生产、生活方式强行施加于他们的结果，在统治者较为弱势的时候瑶族还能保持自己民族的一些特点，而当统治者强势时，南江流域

---

① 周学仕. 罗定志［M］//中国地方志集成：广东府县志辑 50. 上海：上海书店 2003：354.
② 周学仕. 罗定志［M］//中国地方志集成：广东府县志辑 50. 上海：上海书店 2003：433.
③ 罗定县地方志编纂委员会. 罗定县志［M］. 广州：广东人民出版社，1994：634.
④ 罗定县地方志编纂委员会. 罗定县志［M］. 广州：广东人民出版社，1994：636－637.

的瑶族便难免消亡的命运了。

四、瑶族对南江流域的影响

瑶族作为一个族群虽然早已消失在南江流域的历史狂潮之中，但是其对于南江流域文化的影响则是广泛和深远的，现在人们还能透过一些文化现象窥见瑶族文化的风采，领略瑶族文化的神韵。归纳起来，瑶族对南江文化的影响主要表现为以下几个方面：

（一）政治文化

对于瑶族来说，虽然被征服和驱逐始终是一种痛苦的记忆，但不争的事实是明代万历四年至五年罗旁之役后，南江流域的政治格局发生了重大变化，从明史到此后各期的广东省志，从《肇庆府志》《德庆州志》再到南江流域各区县市的历代地方志均备述此事，权引民国《罗定志》所述："五月癸巳，升泷水县罗定州，十一月，析置东安、西宁二县以隶之。"① 南江流域被划分到一个行政区域，行政区划的格局也已基本成型，南江流域被划分为罗定、东安（后改为云浮）、西宁（后改为郁南），被称为"三罗"地区，此后虽有区划调整，但一般变化不大（民国时期原属西宁的南江上游地区被划归信宜管辖），南江流域的行政建制相对稳定，南江流域人民的认同感也不断增强，许多走出南江流域的"三罗"人依然有着强烈的认同感，现在世界各地有大量南江流域的同乡会，如台北三罗同乡会（1953 年成立）、香港泷江同乡会（1971 年成立）、马来西亚森美兰州泷江会馆（1923 年成立）、马来西亚马口泷江同乡会（1958 年成立）等均由云浮、罗定、郁南人共同组成，其认同感可见一斑。由政治格局的稳定到文化心理的认同可以说是瑶族人民用自己的苦难留给后人的一笔财富。

（二）地理文化

瑶址遗存：在罗定龙湾和分界均发现有明清时期瑶族制蓝工场的遗址，其中龙湾南充村有沤蓝制靛工场遗址 6 处，留有沤靛池、灰砂土砌筑；分界金河村遗址共有完整的靛池 10 个和蓄水池 1 个，另在金河村发现瑶人生活区、瑶人堆石墓和开采铁矿石的"梗洞"。在加益镇旺水村大芒山山顶，发现有十二火灶瑶族村落遗址，存火灶十二处，为瑶人在罗定最后的定居点，这批瑶人后迁往广西。

地名：瑶山，据陈大远考证，还能"从大致方位寻觅泷水 118 座瑶山"②，

---

① 周学仕．罗定志［M］//中国地方志集成：广东府县志辑 50．上海：上海书店 2003：434．

② 陈大远．泷水古瑶山觅踪［J］．罗定史志，2004（4）：49－57．

有云罗、参峒山、葵峒、都门等。据曾昭璇等人考证，罗定黎少镇的丽枝原为瑶人居住地，加益瑶语，译成汉语为“砂砾”，即河岸滩地之意，木寨，本名是瑶语的“开原”[①]；罗定盘步镇蓝村，明代曾为瑶族蓝姓人聚居地，后被赶走，现在刘姓定居；八排山，旧时为瑶人聚居地，“排”原本为瑶族依山而居的建筑排排相连而形成的村寨，这部分瑶人被称为“排瑶”或“八排瑶”，故名“八排山”。郁南建城梅花营，相传为梅映雪在天马山的前哨营寨，故名；罗旁、古篷等旧时亦为瑶族聚居之地。

另外，在南江流域还有一些姓氏似与瑶族有关联，蓝、钟、雷等姓氏人口规模虽不大，但笔者身边不乏这些姓氏的同事、朋友，按前引诸文献所录，蓝、钟、雷为瑶族大姓，现有的这些族姓当为瑶人后代，可惜这些族姓宗谱均避谈瑶族祖先，多追溯汉人为远祖。虽有瑶族姓氏的线索，但其他证据尚待发现。

（三）民间习俗

1. 信仰习俗

盘古信仰，在早期的瑶族文化中，盘古其实是被瑶人视为祖先的犬首人身的盘瓠，各地的瑶族或通过《过山榜》的方式记录或者以口头的方式讲述着祖先的故事，并形成祖先崇拜。后随着文化的发展，“盘瓠”与开天的“盘古”合二为一了，瑶族人民建造庙宇供奉以示对既是犬首人身又是开天辟地的盘古（瓠）的崇拜，这种信仰在南江流域至今仍有遗存，郁南发现存有盘古庙一座，其中天马山盘古庙前殿已毁，连滩逍遥合水村盘古庙保存完好，另连滩上桥村天池庵亦奉盘古；罗定分界、新榕等地有盘古庙，罗镜、太平今存开天庙，均供奉盘古，泷喉马埒附近的神滩庙的偏殿供有盘古大王神座。

2. 跳禾楼的习俗

虽然证据表明跳禾楼的习俗不起源于瑶族，而是起源于先秦时期生活于南江流域的乌浒人祭祀禾神的仪式，但是在跳禾楼习俗的传承和发展过程中，瑶族扮演了极为关键的作用，关于瑶族与跳禾楼习俗之间的关系，邓辉在其《广东郁南禾楼舞与瑶族关系考》中有较详细的考证，认为“禾楼舞与瑶族关系密切，尤其是受瑶族道教影响很深”[②]，另从南江流域收集的跳禾楼的唱本来看，瑶族的确在其中产生了重要的影响。

（四）民间文艺

如前所述，南江流域与瑶壮地区一样有刘三姐信仰，亦有好歌之风，相比其

---

① 曾昭璇，等. 西江流域南江水系的人文地理概述［J］. 罗定史志，2004（2）：37－47.

② 邓辉. 广东郁南禾楼舞与瑶族关系考［J］. 鸡西大学学报，2013（2）：148－149.

他汉族地区，南江流域好歌之风至今犹盛，罗定、郁南等地还经常举行多种形式的山歌比赛，每次山歌比赛均能吸引本地及周边地区的很多爱好者参与其中，不过由于瑶族及瑶歌如何影响南江流域的材料和证据尚待进一步的挖掘和发现。尽管如此，瑶族对南江流域的民间文艺的影响仍然有迹可循，较为显著的是民间故事。

在南江流域，至今还流传着一些直接讲述瑶族历史的民间故事，比如瑶族首领梅映雪的故事，另一有些如张元勋、陈璘的故事亦与瑶族密切相关，不过更多是以这些征伐者为主角，瑶族成了反角和配角。还有一些民间故事表面上看不出民族属性，但是同时流传于南江流域和现在的瑶族地区，并表现出极大的相关性。

应该说南江流域的瑶族文化遗迹既有物质形态的文化产品，更有精神层面的文化印迹，上引几个层面的文化现象只是众多打上瑶族印迹的文化现象中较具代表性，且已被发现、发掘的一小部分，还有更多与瑶族相关的文化现象和文化产品有待各级文化工作者进一步发掘和研究。

五、小结

南江流域的瑶族经历了一个从无到有，再发展壮大，最后匿迹的过程，经历了从北宋哲宗到清代道光，历时七百多年，其中对南江流域甚至对岭南发挥重要影响的时间也有两三百年，可以说，在本地区甚至是广东的历史上，南江流域的瑶族历史是一个无法跨越的命题，研究其从产生发展消亡过程及原因对于研究南江历史文化乃至广东的历史文化有着十分重大的意义，对于如何处理民族关系及保护民族文化亦有相当的参考价值。

参考文献：

[1] 郁南县地方志编纂委员会．郁南县志［M］．广州：广东人民出版社，2011.

[2] 云城区地方志编纂委员会．云城区志［M］．广州：广东人民出版社，2012.

[3] 黎碧霞．云安县志［M］．广州：广东人民出版社，2011.

[4] 罗定市地方志编纂委员会．罗定市志：1979—2003［M］．广州：广东人民出版社，2012.

[5]《过山榜》编辑组．瑶族《过山榜》选编［M］．北京：民族出版社，2009.

[6] 吴永章．瑶族史［M］．成都：四川民族出版社，1993.

[7] 戴璟．（嘉靖）广东通志初稿［M］．影印本．广州：广东省人民政府地方志办公室，2007.

[8] 金光祖．（康熙）广东通志［M］．影印本．广州：广东省人民政府地方志办公室，2007.

[9] 周学仕. 罗定志 [M] //中国地方志集成：广东府县志辑 50. 上海：上海书店，2003.

[10] 汪兆柯. 东安县志 [M] //中国地方志集成：广东府县志辑 48. 上海：上海书店，2003.

[11] 杨文骏. 德庆州志 [M] //中国地方志集成：广东府县志辑 51. 上海：上海书店，2003.

[12] 清实录广东史料编委会. 清实录广东史料：六 [M]. 广州：广东省地图出版社，1995.

[13] 郝玉麟. （雍正）广东通志 [M]. 影印本. 广州：广东省人民政府地方志办公室，2007.

[14]《云浮市外事侨务志》编纂委员会. 云浮市外事侨务志 [M]. 内部资料，2008.

[15] 徐东. 罗定民间故事 [M]. 广州：广东人民出版社，1989.

[16] 全国人民代表大会民族委员会办公室. 广西大瑶山瑶族歌谣故事集：第五、六部分 [M]. 内部资料，1958.

[17] 百度百科. 罗定 [EB/OL]. 2015 - 6 - 11http：//baike. baidu. com/view/279667. htm.

东莞地名演变探源

广东科技学院　梁燕红

东莞作为岭南古邑，有 5 000 多年的文明史，1 600 多年的建置沿革史，历史源远流长。历史上的东莞行政建置经过多次变迁，区域位置变化较大，造成了对东莞历史分期研究的困境。然而不管区域范围扩大还是缩小，东莞是独立的行政建置还是隶属于广州或者惠州等地，从古至今其地名的演变确是有史可考的。通过对东莞地名沿革、演变的梳理，理清新旧地名出现的顺序，对于了解东莞本地自然与社会的变迁有重要意义。

一、东莞建置沿革

岭南自古被认为是化外之地，远离中央王朝，被纳入到中央王朝的时间较晚，直至秦汉才正式进入中央王朝的版图。岭南在没有行政建置之前，地名已经产生。然而回看东莞的地名演变历程，更多的与其行政建置相关。

秦以前，东莞属于百越地，秦始皇三十三年（前 214）发兵岭南后平定岭南，置桂林郡、象郡、南海郡三郡，时东莞属于南海郡管辖；汉承秦制，在南海郡的基础上增设六县，东莞属于番禺县（一云东莞时属于博罗县地，据考，东莞西北当时为汉博罗地，而其东南则为番禺县地）。在此之前，在今东莞的土地上均未出现“东莞”的地名。三国吴黄武（222—228）时，分增城另立东郡。[①] 吴甘露元年（265），在莞地置司盐都尉于东官场（东方盐官之意）。入晋，废东官郡，其地分属番禺、增城。现在普遍接受东晋时期设置东官郡，建立宝安县的说法，即《读史方舆纪要》之说。东晋咸和六年（331），分南海郡地立东官郡，置宝安县，此为东莞立县之始。当时东官郡辖宝安、安怀、兴宁、海丰、海安、欣乐六县，郡治在芜城（今宝安县南头）。南朝梁天监六年（507），改东官郡为东莞郡。南朝陈祯明二年（588），复改东莞郡为东官郡。

隋统一中国后，废东官郡，其地隶属南海郡。隋开皇十年（590），废郡置州，宝安县隶广州。

唐至德二年（757）九月，宝安改名为东莞，县治移至到涌（今莞城），以

① 吴黄武中于此设置东郡，另疑为东官郡，因此也有学者认为此为东莞立县之始，详见下文解析。

东莞作县名由此始。唐乾元元年（758），南海郡复归广州，东莞属之。唐成通三年（862），分岭南为东、西道，赐岭南东道为清海军节度。唐末，东莞县隶清海军节度。五代越乾亨元年（917），以广州为兴王府，东莞属之。

宋代在岭南设广南路，宋太宗末年，分广南路为广南东路和广南西路，此为广东广西名称之由来。广南东路治所在广州，下属14州，东莞属之。宋开宝五年（972），改兴王府为广州中都督府，废东莞县入增城县，隶广州中都督府。开会六年（973），复置东莞县。

南宋绍兴二十二年（1152），分东莞的香山镇立香山县（今中山市、珠海市、澳门以及广州市番禺区、佛山市顺德区的部分地区）。《宋史·地理志》记载，绍兴二十二年，以东莞香山镇为县。

元代岭南整个地区行政建置与以往都不同，有较大改变，没有设置独立的行政区划，而是将原来广南东路的辖区归江西行省管辖，广南西路归湖广行省管辖。设广州路总管府，领县七，东莞以中县属之。

明代将岭南两广地区与湖广、江西分开。洪武元年（1368），置广州府，后为广东布政使司，东莞隶之。

清代东莞沿袭明制，为广州十四县之一。

民国至1985年，一直为东莞县，只是不同时期隶属于不同区管辖。

1985年9月，国务院批准撤销东莞县，设立东莞市（县级），仍属惠阳地区管辖，并列入珠江三角洲沿海经济开放区。1986年3月东莞市委与市政府正式挂牌，直至2004年办公所在地都在莞城。

1988年1月7日，国务院批复，东莞升格为地级市，直隶广东省辖。东莞市陆地面积2 465平方千米，海域面积150平方千米。

2004年东莞的行政中心搬迁到南城。2005年，东莞市行政区划分为4个街道办、28个镇、596个村（居）委会。

二、东莞地名演变

地名是一种文化现象，它的出现是由多种因素共同缔造的，如自然现象，山川河岳等，还与历史时空的变化息息相关，如各个时期的行政建置。从东莞的建置沿革上看，东莞地名的演变是与建置沿革息息相关的，现在学者普遍认同，东晋咸和六年（331）于此设置宝安县属东官郡，此为东莞立县之始①。但是，对于东莞这一地名最早出现时间却一直没有明确。根据《广东省东莞市地名志》所载，三国时（224）置东莞郡，郡治在芜城（今深圳南头），被认为是东莞在

① 广东省东莞市地名委员会．广东省东莞市地名志［M］．广州：广东高等教育出版社，1987：3.

行政区域上立名之始。三国吴时，东莞属增城。陈伯陶等纂修民国《东莞县志》云：增城县，汉番禺地，吴黄武中于此置东莞郡而立增城县，因增江为名。阮文达《广东通志》记载，吴立东郡，此处之“东郡”在王象之看来即为东莞郡，陈伯陶考乐史《太平寰宇记》一文，实出于《通典》，认为东郡应该是东莞郡，“钞写者误脱莞字也”，因此有人认为此为东莞立县之始。晋时废东莞郡，直至东晋成帝咸和六年置东官郡，其后历朝历代东莞基本延续着郡治。至唐至德二年（757）九月改为东莞县，县治到涌（今莞城），“取旧郡名也”，“按东莞之名，县自此始也”。此后，东莞这一地名几乎就定下来了，一直沿用至今。

从整个东莞地名的沿革来看，东莞在历史上曾出现如下地名：东（郡）、东官、东莞、东筦。先有“东官场”，再有“东官郡”，继而改为“东莞郡”，又复“东官郡”，后废“东官郡”，最后改宝安为“东莞县”，其中东官、东莞出现的次数最多，东莞毫无疑问沿用时间最长，直至今日。关于这几个地名，东郡上文已述，此不再赘述。主要探讨东官、东筦和东莞之关系。

1. 东官与东莞

查阅各时期东莞县志或者涉及有关东莞历史的史志发现，历朝修撰东莞县志的文人学者或者提及东莞历史的学者，对东莞、东官并不做区分，特别是在元代以前，二者几乎是混用的。如陈伯陶所历时六年修撰《东莞县志》，被认为是“历史上东莞志书之最”。在本书同样出现了类似的情况。“东晋成帝分南海立东官郡”，后又有“东莞县晋成帝咸和六年于此置宝安县属东莞郡”之语。然而作者本身也注意到了这个问题，在参阅了众多志书，博行采访的基础上，他对此做了考证：《宋书·州郡志》云，东官郡晋成帝立，而《阮长之传》云，补平越长史东莞太守。《羊玄保传》云，羊希出为广州刺史，请萧惠徽为东莞太守。《明帝纪》云，妖贼攻广州，陈伯绍讨平之，迁东莞太守，字皆作“莞”，不作“官”。《南齐书·州郡志》云，东官郡，而《郁林王纪》云，以东莞太守臧灵智为刺史。《梁书·陶季直传》云……齐初季直出为东莞太守。又《陈书·孙瑒传》云，除东莞太守行广州刺史，字皆作“莞”，不作“官”。史文不应牴牾至此。考《晋书·葛洪传》云，邓岳表为东官太守，是晋时称东官不云东莞，疑宋初改东官郡为东莞郡，故纪传皆称东莞，志特沿著时旧称，仍作东官耳。陈志通过对历代史书的梳理，辨明了由东官而东莞的次序。认为可能是宋初将东官郡改为东莞郡。但据郭文炳所修《东莞县志》：“梁改东官郡为东莞郡。”① 因此，由东官而东莞的时间还有待考证。而后又注意到，晋武帝泰始元年分琅邪②立东莞，三国吴时分南海立东官，则东官是为了避免地名的重复，以示区别。南朝宋

① 郭文炳. 康熙东莞县志［M］. 东莞：东莞市人民政府印，1994.

② 琅邪，又作琅玡、琅邪等，山东古地名，曾为琅玡国、琅玡郡，范围在青岛东南、临沂一带，青岛市黄岛区今有琅琊镇。滁州因琅琊山设琅琊区。

时分琅邪之东莞废，东官随之改回东莞。然而这一说法仍值得商榷，因为自南朝宋以后，唐以前，志书上都沿用的是东官，而非东莞。陈伯陶《东莞县志》可谓沿著时旧称，然明崇祯张二果所修东莞县志也一直用东官郡，清郭文炳在修县志时所写的序言中仍用“东官”，似乎不能用陈之说解释了。

2. 东筦与东莞

陈伯陶《东莞县志》中，最早用“东筦”一名见于南宋，（宋）南渡后无信安，增县一香山。随后加注释：绍兴三十二年（应为二十二年）以东筦香山镇为县（《宋史·地理志》）而后至元代，在广州设立总管府，领县七：南海、番禺、东筦、增城、香山、新会、清远。元代以后，再也没有出现“东筦”一名。实际上，根据陈伯陶的考证，竹字头的筦只在《宋史》《元史》中出现，指筦盐、筦铁。唐宋以前各类史书如《太平寰宇记》《元丰九域志》《舆地纪胜》等都写作“莞”，《宋史》为元朝脱脱所著，可能从元代开始改用“筦”字。但是，元代也有用“莞”字的，如资福寺元至正七年（1347）钟款及元至正二十一年（1361）黄常撰王府君墓志铭中都写作“莞”，或许在至正年间又改从草头。

三、东莞地名的若干疑问

1. 关于东莞地名最早出现时间

关于东莞地名最早出现的时间，在史志中大致有三种看法：一是三国吴时分增城置东莞郡，这被认为是东莞在行政区域上立名的开始①。二是东晋咸和六年，从南海郡分立东官郡，以宝安县属之，此为东莞立县之始。三是唐至德二年宝安县移治于倒涌，即今莞城，更名为东莞县，故一般史志，多以东莞县始建于唐，属广州。② 通过查阅东莞相关史志，若是单就东莞这一地名出现的时间来说，可信度更高的是第一种说法。史料记载，开封元年（前110）汉武帝采纳桑弘羊官办盐、铁的建议，在全国28个郡设立“均输盐铁官”，宝安是南海郡最大的盐场之一。西汉期间，朝廷在广东设立东、西两处盐官之一，宝安盐业发达，南头一带被称“东官盐场”。东莞地名与地方建置息息相关，而东莞的建置与古代盐业生产也密切相关。三国时期，东吴甘露元年（265年孙皓在位），特在东官场设置带有军管性质的盐官——司盐都尉。作为盐业生产的重要基地，东官盐场的设置应该是后来东莞地名的直接来源。

2. 东莞地名由来

关于东莞地名的由来，现在社会上普遍接受的看法是：东莞盛产莞草，本地

---

① 广东省东莞市地名委员会. 广东省东莞市地名志［M］. 广州：广东高等教育出版社，1987：3.

② 叶地. 广东地名探源［M］. 广州：广东省地图出版社，1986：99.

人多以莞草编织为业，又因东莞地处广州东面，因此称为东莞。最早提到这种看法的是清初屈大均，其在《广东新语》中写道："盖其为用最古，东莞人多以作莞席为业，县因以名。县在广州之东，故曰东莞，亦曰东官。"清嘉庆《东莞县志·产物卷》中记载："莞草出厚街、桥头近海诸乡潮田所种，土人以织席，或染作五色如罽，县之得名以此。"这也是县名得之"莞草"的明确记载。自此，此观点多为后人沿用。东莞著名文史专家杨宝霖先生也曾多次在多种场合阐明此观点。从地名学的视角来看，综观广东整个行政区划命名方式，大致可分为地理和人事两大类，地理类分为山水、方位、物产、古国、驻所、民族、自然现象等，而东莞属于物产类。① 也就是说，在一定程度上②，司徒尚纪先生也认可了东莞地名是源于莞草。

虽然上述说法被普遍接受，但是仔细考究，其中未免有些疑问。若莞草真的是东莞这一地名由来的原因，则有必要对莞草在东莞的种植历史做一了解。关于莞草，《诗经》中就有记载："下莞上簟，乃安斯寝"。但并非历史上记载的莞草都出自东莞。在历代所修东莞地方志中，记载莞草的并不多见。据现有研究，东莞种植莞草历史可追溯至南北朝。据《宋起居注》载："广州刺史韦朗，作白莞席三百二十领。"这说明在我国南北朝的刘宋时期，东莞人已大量生产草席。嘉庆《东莞县志·产物卷》记载："莞草出厚街、桥头近海诸乡潮田所种。"在清朝时"莞草"只"出厚街、桥头近海诸乡"，种植面积似乎已然缩小。纵使莞草对东莞地名由来有重要影响，回过头来看，东莞地名的出现应在西汉三国吴时，最晚也在东晋时期，与所载之南北朝时间不一致。另外，东莞水草编织业在历史上曾一度非常兴盛，这毋庸质疑。莞人大量生产草席，野生的水草应该不能满足大规模的编织业需求，因此必须开始人工种植。东莞最早栽植人工水草的土地，是属于现在厚街区的上下石角围和三屯乡附近，但都不过一百年左右。而且据研究，明清时期是莞草编织业较为发达的时期，清末国门被迫打开后，在洋商的迫使下，东莞在厚街涌口、双岗等村扩大莞草的人工种植面积，并形成较多的草织作坊。然而事实是，元代以后东莞这一地名已经基本定型了。更奇怪的是，刘炳奎等在研究东莞草织业发展史的文章中一字不提莞草，提及的东莞人工水草的草种，大穗红芽、白芽仔、黑仔、石竹等，其中都没有莞草。由此不得不对莞草对时人的影响力产生怀疑了。

与此同时，从东莞地名的演变顺序来看，最早出现的"东官"应是作为盐场名称出现的，东莞历史上也盛产海盐，历朝历代几乎都有盐场，而且在西汉至三国期间设置了司盐都尉，有东官盐场，或为东方盐官之意。

---

① 司徒尚纪. 广东地名的历史地理研究［J］. 中国历史地理论丛，1992（1）.

② 司徒尚纪教授在文中没有言明此中的物产是莞草还是莞盐，但在很大程度上可以归于莞草。

从总体上看，广东历代建立的县，平均有43%的名称被继承下来，但在历史早期建立的县名很不稳定，宋以后才改变这种状况，明清基本不变，并发展为今日县名。① 事实上，东莞这一地名的变化也体现了这种演变规律。先有东官盐场，再有东官郡、东莞郡、宝安县，后废郡改县名东莞，这就是各志书所说的“取旧郡名”。嘉庆《东莞县志》记载：“东莞之名，见于《陈书》、《唐书》者，字皆作莞；宋元明三史则以莞为筦，其为何时所改，抑传写之讹，俱无可考。”再查阅《康熙字典》可知：“官，又与管通；筦，与管同。”可见“官、筦”二字是相通的，也就是说宋元明三史一直沿用着“东官”之名。因此，东莞地名之由来，就像各志书所说是“取旧郡名”，即沿袭着古代东莞的地名一直至今。因此，东莞地名的出现最早应该是与莞盐相关，源于中央王朝在地方设置的盐官。随后出现的“官”“筦”皆与莞音近，或可互相通用。

四、结语

东莞行政建置随着历史发生变化，其历史时期的地名也随着建置沿革演变，先后出现“东官”“东筦”“东莞”等地名，不同地名之间只有一字之差，在各志书上也互相使用，也很难辨明具体的使用时代。虽然对于东莞地名出现有多种看法，对东莞这一地名源于莞草和在广州东面的来源已经被普遍接受，但查阅相关史书可以发现，东莞地名最早应该出现在西汉至三国吴期间，今天之地名是古代郡县名称的延续，与莞草相关，但更与莞盐相关。

---

① 司徒尚纪. 广东地名的历史地理研究［J］. 中国历史地理论丛，1992（1）.

浅论晚清科学家邹伯奇的方志舆图测绘成就

佛山市南海区博物馆 李 薇

邹伯奇（1819—1869），字一鹗，又字特夫。广东南海人，晚清科学家、发明家。他在天文学、测绘学、力学、光学、数学和仪器设计制造等方面均有卓越贡献，被誉为中国照相机之父、百科全书式的学者。《清史稿》之《畴人·邹伯奇传》记载其“聪敏绝世……尤精天文历算，能荟萃中西之说而贯通之”①。梁启超亦赞扬邹伯奇“崛起岭峤，而精锐无前”②，自制的摄影器，无所承而独创，“夫岂可不谓豪杰之士耶!”③ 此外，他几乎与西方同时将摄影术运用于测绘，所测地图严谨而精密，广受赞誉。我国物理史学家戴念祖评价其测绘技术：“为现代空中测地图、勘探地表地质打开了技术之门。”④

然而，以往学者对邹伯奇在光学、算学、天文学领域的成就研究甚多，却较少对其在舆图测绘方面的成就进行专门探讨。因此，本文以邹伯奇主持测绘的同治《南海县志》舆图⑤ 280 为中心，结合史书、方志和其论述、往来书信、诗文等材料，探讨他在地方志城图测绘领域的卓著成就与深远影响，以期对邹伯奇的科学精神和贡献有更深入、全面的了解。

一、邹伯奇主持方志舆图测绘之历史背景

明清时期，随着方志编纂的兴起，与方志紧密相关的舆图数量也相应增加。舆图的绘制，不仅可以弥补文字的不足，加强地方志内容的表达，且可直观地表现出地理形势、农田水利、军政民情等，便于读志用志，按图施政。虽然从明万历年间意大利人利玛窦绘制《坤舆万国全图》开始，西方制图方法已经传入中国，清康熙五十六年（1717）完成的《皇舆全览图》，也采用了西方制图术中的地图投影法及经纬度方法，然而，诸种西方科学、先进的绘图方法却未能得到自上而下的普及推广。直到 20 世纪初，“在从 16 世纪末叶到 20 世纪初的大部分时

---

① 赵尔巽，等．畴人传：邹伯奇［M］// 清史稿：卷五零七．北京：中华书局，1977：14007.
② 梁启超．中国近三百年学术史［M］．太原：山西古籍出版社，2001：328.
③ 梁启超．中国近三百年学术史［M］．太原：山西古籍出版社，2001：338.
④ 戴念祖．邹伯奇的摄影地图和玻板摄影术［J］．中国科技史料，2000，21（2）：169.
⑤ 郑梦玉，等．南海县志［M］．刊本．1872（清同治十一年）.

间里，中国地图学几乎没有受到欧洲影响的痕迹"①。上至国家下至省、县、乡，传统制图法依然流行，广大舆图绘制者并未接受西方的制图方法。特别是对于地域跨度比较小的城市地图而言，采用投影法、经纬度法绘制的城图在国内极为罕见。②

直到鸦片战争后，国势衰弱和军事失利让更多国人开始意识到认识西方、学习西方技术的必要性。与此同时，中国知识分子也了解到需要改善地图的测绘，于是个别方志出现有关对志书舆图绘制不满的记录③，同治《南海县志》即是其一，并且是运用西方先进制图法积极在地方开展创新尝试的最早的方志之一。其开篇《叙》中直指以往方志在舆图绘制方面，"图绘多讹，广轮莫辨，未识开方之法，罕明测算之经……几迷向背于东西，逊刘焯之精能，孰审测量于左右。此旧志之宜更者也"④。分纂李征霨在碑刻《桑园围图说》⑤中认为："吾桑园围，向有旧图，全失古法。"可见，方志舆图之测绘水平亟待改善和提升，已成为当时南海修志人士的普遍共识。

同治五年（1866），恰逢《南海县志》重修，众士绅希望利用重修新志的机遇，对方志舆图之测绘水平进行改善和提升。此时，县志编修"局内者梁墨畦、康述之、梁香林诸公，亦以绘图事属先生"⑥，邹伯奇被推举为舆图分纂。为何由邹伯奇负责《南海县志》地图测绘任务，以及他为何决意担当起此重任，通过考察史料，大致有以下几个方面原因：

第一，邹伯奇不仅擅长天文算学，精通文史，而且从青年时代就醉心于天文地图绘制，钻研西方制图术。邹伯奇扎实的经史算学功底，来自于良好的家庭教育。他曾自叙："余自童年，九数之学即秉承庭训。"⑦其父亲邹迪元即十分擅长算数，是他童年的数学老师⑧。同时，他并不盲目崇古，而是从古代典籍学说中寻找科学灵感，"遇名物制度必穷昼夜探索，务得其确。或按其度数绘为图，造其器而验之，涣然冰释而后已"⑨，养成了科学严谨的学习态度。由于"历算必

---

① 余定国．中国地图学史［M］．姜道章，译．北京：北京大学出版社，2006：200.

② 曾新．明清广州城及方志城图研究［M］．广州：广东人民出版社，2013：110.

③ 余定国．中国地图学史［M］．姜道章，译．北京：北京大学出版社，2006：237.

④ 陈善圻．叙［M］//南海县志．刊本．1872（清同治十一年）.

⑤ 碑刻现藏于广东省佛山市南海区博物馆。

⑥ 邹琎．南海县图志说后跋［M］//南海县志：卷二．刊本．1872（清同治十一年）.

⑦ 邹伯奇．学计一得自序［M］//周满奇，等．邹伯奇遗稿．广东南海大沥镇政府与泌冲村委会印发，2009：186.

⑧ 邹景良．邹伯奇世系名人简介［M］// 广东省南海市政协文史和学习委员会，中共广东省南海市黄岐区委宣传办．南海文史资料：第三十五辑：近代科技先驱邹伯奇．2002：217.

⑨ 陈璞．邹征君遗书序［M］//周满奇，等．邹伯奇遗稿：卷六．广东南海大沥镇政府与泌冲村委会印发，2009：237.

善测量，测量必资仪器”[①]，青年时期，他开始一面学习算学、研究天象，研读传入中国的西人科学著作，同时自制仪器、测量绘图，“考求地理沿革，为历代地图，以补史书地志之缺”[②]。1844 年，25 岁的邹伯奇摹绘完《皇舆全图》[③]。由于其摹绘的地图能符合“地圆之理”和“地球弧面”[④]，因此相较同时期或早些时候的地理学家绘制的地图，在科学性、精确度上更胜一筹[⑤]，广受友人、学者赞誉，纷纷传阅和临摹。同时，他也是国内使用摄影器测绘地图的第一人，几乎与西方人同时运用了摄影测绘术。在《摄影之器记》一文中，邹伯奇记录了自己青年时期从《梦溪笔谈》中得到透镜成像原理的启发，自制摄影器用作绘制地图和平面测量，便利了测量工作[⑥]。因此，邹伯奇深厚的理论积淀与创新实践，为其日后全面主持南海县舆图测绘打下了坚实基础。

同时，其舆图测绘技术受到当时政、学界的一致认可与推崇，享有极高声誉。邹伯奇虽仅为一介生员，但凭借对天文、算学、舆地测绘学的深厚造诣，在与陈澧、张维屏、谭莹、金锡龄、刘熙载、夏鸾翔等学人交往、切磋学问的过程中，赢得了他们的一致敬佩，其中不少学人担任过学海堂的学长。因此，咸丰七年（1857）正月，在众多学海堂学长的公举下，邹伯奇“补学海堂学长”[⑦]，教授数学。虽然“学长中如吴兰修、侯度、陈澧、邹伯奇皆精数学，而邹伯奇尤天才特绝，贯通中西，极深研几”[⑧]，连陈澧也自叹“聪明不逮特夫远甚”[⑨]。同治三年（1864），时任广东巡抚的郭嵩焘曾邀请邹伯奇绘制广东图，可见邹伯奇的舆图测绘水平在当时的广东可谓首屈一指。因此，综合其学识、学界和社会之影响，身为南海人的邹伯奇自然成为当时南海县志续修的最佳人选。

第二，邹伯奇希望通过此次契机，实践自身的舆图测绘技术，同时总结以往的绘制经验，用严谨的方法绘制一套精准详备、泽被后世的舆图范本。

在邹伯奇主持南海县舆图测绘之前的 1864 年，他曾欣然接受时任广东巡抚郭嵩焘的邀请，绘制广东图。虽然进行了精心准备，如“教人行测”“颇购诸器”，又“搜求番字沿海之图”，但由于“其时程日甚迫，徒属又希以绘图法布

---

① 郑梦玉．邹伯奇传［M］//南海县志：卷十八．刊本．1872（清同治十一年）．

② 赵尔巽，等．畴人传：邹伯奇［M］// 清史稿：卷五零七．北京：中华书局，1977：14008．

③ 阮元，等．畴人传汇编［M］．扬州：广陵书社，2009：746．

④ 邹伯奇．皇舆全图序［M］//周满奇，等．邹伯奇遗稿：卷二：绘地图说．广东南海大沥镇政府与泌冲村委会印发，2009：31．

⑤ 陈澧．邹特夫地图序［M］//陈澧集：卷三．上海：上海古籍出版社，2008：122．

⑥ 邹伯奇．摄影之器记［M］//周满奇，等．邹伯奇遗稿：卷五：征君存稿．广东南海大沥镇政府与泌冲村委会印发，2009：175．

⑦ 容肇祖．学海堂考［J］．岭南学报，1934，3（4）：44．

⑧ 古公愚．学海堂述略［J］．新民月刊，1935，1（7－8）：5．

⑨ 陈澧．邹特夫地图序［M］//陈澧集：卷三．上海：上海古籍出版社，2008：122－123．

之各府州县，而各府州县未尽明晓，故所为未尽善”[①]，自己又因手足疲惫，不堪远行，无法亲自参与，结果各地所呈送的地图难以接合，影响了绘图质量，邹伯奇甚感遗憾。时隔两年，南海县志重修，作为生于斯长于斯的南海人，邹伯奇毅然接受了此项重任，并对新的舆图寄予了深切的期望。邹伯奇弟子邹琎在《南海县图志说后跋》中说到，“辛未其间，人事牵率，稍濡时日，先生手书敦迫告诫，亟望其成，而深惧其不成。尝曰，吾成此图以为天下法也”[②]。不难看出，通过严谨的方法、科学的测量，为家乡绘制一套精准详备的舆图，同时为后世构筑科学的舆图测绘准则并作出示范，正是邹伯奇当时的一大宏愿。极强的责任感和迫切感，促使邹伯奇承担下了此次舆图测绘任务，并为之倾注了大量心血，唯恐有所延怠。

二、邹伯奇对方志舆图测绘的贡献

自同治六年（1867）开始承担县志舆图测绘任务，邹伯奇或带领弟子“同行邑境”[③]，开展测绘工作；或由弟子亲自前往测绘，通过书信予以指导和说明。邹伯奇的弟子中，孔继藩为邹伯奇高足，学海堂专课肄业生，参与了同治《南海县志》的绘图工作；邹琎、罗照沧皆为监生，分绘阖邑舆地，协助邹伯奇的测绘工作[④]。

同治八年（1869）邹伯奇逝世，他的弟子邹琎、罗照沧受命继续完成测绘重任。最终，这项“始于丁卯（1867）蒇于辛未（1871）”的测绘任务于同治十年（1871）完成，共绘制出南海县境舆图数量达150余幅之多，包括《县治附省全图》1幅，《县境全图》1幅，下辖各司、厅、堡图共102幅，《南海总图》共48幅，另有《西樵山图》1幅。这些流传至今的珍贵地图，为研究清代广东地方地理演变提供了十分有价值的资料，同时也充分体现出邹伯奇卓越的舆图测绘思想、超前的测绘水平、完备的测绘理论。仔细爬梳这些地图以及邹伯奇的相关材料，他对方志舆图测绘的贡献主要有如下几个方面：

（一）巧妙融合，兼采中西

在西方绘图术传来之前，中国学者的地理观念“大多数是以地为平面，所以绘画地图亦只知画方之法，却并不知道地是球形，平面的地图不能正确地表示弧

---

① 邹琎．南海县图志说后跋［M］//南海县志：卷二．刊本．1872（清同治十一年）．
② 邹琎．南海县图志说后跋［M］//南海县志：卷二．刊本．1872（清同治十一年）．
③ 邹琎．南海县图志说后跋［M］//南海县志：卷二．刊本．1872（清同治十一年）．
④ 容肇祖．学海堂考［J］．岭南学报，1934，3（4）：63．

形的地面”[①]。对西方绘图术深有研究的邹伯奇，在《南海县志》卷一《图说》的开篇便阐述了传统方志舆图绘制存在的问题：一是不能规范地实测经纬度，没有将经纬线的测量作为绘制地图的前提和基础。二是忽略了地球的“方圆之势”，即地球的球体特征和曲率，平面舆图绘制简单套用古代“计里画方”方法，只用纵横等距、直线交叉地画满正方形小格，故除中心部分较准确外，愈往四周变形愈大，从而极大影响了舆图绘制的整体精确度。三是各个分图所依照的比例尺不一，从而导致分图难以汇合成总图。对此，邹伯奇决心以续修《南海县志》地图试法，“遵其法，推而广之，实测境内经纬”，严格按照西法进行测绘。

然而，邹伯奇并没有全然放弃传统舆图绘制方法。在实测经纬的同时，他选择从中国传统地图绘制方法中寻求灵感，“于栏外画小格，每格为一里，以取计里之便”[②]，如此一来巧妙糅合了传统“计里画方”法和西方实测经纬法的优点，使同治《南海县志》地图在提高方位精确度的同时，便于凭据栏外小方格来计算实地距离远近，兼顾了方志舆图的准确性与实用便捷性。因此，邹伯奇对古代绘图法进行创新运用的同时，能汲取中西测绘技术之长，将西方地图测绘的关键技术为我所用，无疑推动了中国舆图绘制的科学化进程。

（二）规范地名，严格考证

地名是舆图的内容之一，也是舆图的补充和延伸。地名注记是否考证严谨，直接关系到舆图的精准度。前人修志时在地名考究上往往避重就轻，敷衍了事，且因地名的雅俗、异称、古今殊号等内容的考证工程繁复而巨大，致使“今传后世之为图，多未亲履，其地徒依方志之㸚言，杂搜词人之皮传，悬想臆测，心摹手追”[③]，后人开卷查阅时常疑窦丛生。

对此问题，邹伯奇在《南海县志》续修过程中，痛绝流弊，十分重视对方志舆图地名的考证，完善地名注记规范，力争做到“只据见在，不尚风闻”“足有未到，宁缺而不诬”“不得其处者，必不妄注”，最大限度地保证注记的准确度。为了更好地要求自己和指导弟子，邹伯奇在其《画地图功程》《画地图浅说》中，对考证地名的工作环节做了诸多具体的要求，避免泛泛空谈，更具实操性。例如在绘制新图、勘定地界、注记地名或古迹时，邹伯奇要求弟子做到“细询”“目验”“著明”[④]，各个环节缺一不可，这在同治《南海县志》的地图中均有体现。就以县志卷一之《九江厅主簿图》《九江东方图》《九江西方图》为例，

---

① 王庸．中国地图史纲［M］．北京：生活·读书·新知三联书店，1958：84．

② 南海县志：卷一：图说［M］．刊本．1872（清同治十一年）．

③ 南海县志：卷一：图说［M］．刊本．1872（清同治十一年）．

④ 邹伯奇．画地图功程［M］//周满奇，等．邹伯奇遗稿：卷一：测量备要．广东南海大沥镇政府与泌冲村委会印发，2009：8．

九江各个地界、下辖各堡、山体、主干流、支流、沙岛、滩涂、桥梁、寺庙、书院、祠堂、社学、墟市等均有标记；一些特殊地势也进行了特别标记，如“人字水”“九曲十三湾”等；此外还注明了不少基窦，如“桑园围基”“惠民窦”等。通过舆地图中规范的注释，我们得以了解南海当时的农田水利状况，以及百年间地理环境的沧桑变化痕迹。同时，对于像“疍户、客家、耕户”这样的固定聚居群体，也“须注明某墩某基、某坑等名。系那种人居住，属某某乡所，以著其实也，不必削而不书，以为贬也”①。从这些不起眼的要求，不仅体现出邹伯奇十分注重细节、规范的科学精神，也可看出他尊尚平等、唯科学是举的严谨态度。

（三）摈弃虚美，注重实用

清代中前期，运用投影法和经纬度法绘制的方志舆图极为少见，多数舆图基本上沿用传统绘制法，即便是传统的计里画方法也不普及，舆图平面采用制图者俯视角度绘制出地域全貌，城图中景物虽如山水画般精美，但大小、面积比例常常失衡，地图的美学功能要远远重于实用功能。②

邹伯奇对这种过于追求美观的绘图方式尤其不满，如在其《画地图浅说》中讽刺道：“登高远望，则形势可了然心目，此乃摹绘景色之法。中则必大而详，松柏亦参天矣。外则必小而略，远山一抹而已，不足以施之地图也。”③

用描绘景色的方法绘制地图，必然导致舆图几乎无实用之功效。因此，邹伯奇在对弟子严格要求，经纬度数与注记标识必须按照比例与实际大小进行记录，不以物小而忽略不计，亦不得任意篡改、美化。村庄有广狭，水路有宽窄，都应“依分率大小画之，不得任意写大”④。邹伯奇讲求实事求是的这一理念，得到了《南海县志》分纂者之一李征霨的认可：“绘图之法，失传久矣……间有晓者，不过用画师写山水法，能翻空以取神，不能征实以求是。以至东南互移，位置颠倒，常不免矣。”⑤ 从中不难看出，李征霨在讽刺以往舆图绘制重“美观”不重“实测”弊端的同时，对邹伯奇在此方面的突破给予了极大的肯定。

---

① 邹伯奇．画地图功程［M］//周满奇，等．邹伯奇遗稿：卷一：测量备要．广东南海大沥镇政府与泌冲村委会印发，2009：8.

② 王庸．中国地图史纲［M］．北京：生活·读书·新知三联书店，1958：25.

③ 邹伯奇．画地图浅说［M］//周满奇，等．邹伯奇遗稿：卷二：绘地图说．广东南海大沥镇政府与泌冲村委会印发，2009：32.

④ 邹伯奇．画地图功程［M］//周满奇，等．邹伯奇遗稿：卷一：测量备要．广东南海大沥镇政府与泌冲村委会印发，2009：8.

⑤ 李征霨．桑园围图说．碑刻现存于广东省佛山市南海区博物馆。

（四）完备章程，培养人才

舆图测绘工作涉及方方面面，尤其在古代测量设备、交通条件较为落后的状况下，实际测量尤其艰难。弟子邹琎在《南海县志》卷二《跋》中写道："先生谓，绘地之法较算天尤难，算天可安坐而推，绘地必举足亲历"，可见测绘工作之繁复程度。但正因如此，测绘工作章程之完备、步骤之先后就尤为重要，这些因素直接影响到绘制精确度和成图效率。因此，邹伯奇特别编制了《测量备要》《绘地图说》等章程，对于测量之仪器、辅助器械、仪器使用方法、测量方法、程序步骤、注意事项等一一列举说明，以备自己和弟子不时检阅。

除了约定章程，他还十分注重培养人才，在与弟子的书信往来中反复教导，如与弟子罗照沧的书信提及："如前所绘大富、大江竟不能与张槎、土炉搭合，不过因悭越几步，令彼此无勾搭笔墨，将来又要费一翻还魂工夫，是谁之咎？所应写、应考究之事，前已付有画图章程一纸，时常要观玩，用精神照管，毋使得此失彼，则用日少而成功速；如视之闲文，则虽足日已经过，亦必诸多遗漏错误，余于此事最知甘苦。凡有所作龃龉不安，即当亲携来请教，然后能得其弊病何在。愈学愈精，不可以为尽晓，妄作妄为、苟且迁就，以减其迹。"①

邹伯奇以自身感悟，反复提及偷省工夫、苟且偷安之弊病，对弟子的劝诫和教诲可谓不厌其烦、细致周全。今日读之，仍可感其脚踏实地、精益求精的学人作风与为人师者之风范。这些点滴、琐碎的细节规范与嘱咐，或许正是邹伯奇"成此图以为天下法"的"大法"的最好诠释。同时，因为十分注重对弟子的培养和测量技艺的传授，晚年身体抱恙、疾痛缠身的邹伯奇通过书信指导弟子完成浩大的测绘工程，即使在其去世后，其弟子亦可独立开展测绘，保证了县志舆图测绘任务能如期完成。

三、结论

清同治十一年（1872），《南海县志》编纂完成，百余幅南海县图列入县志第一、二卷。这套地图严谨而精密，受到当时诸多士绅的一致称赞。如晚晴学人陈澧盛赞绘制的地图"精密极矣"②。学人陈璞在《邹征君南海地图赞》中难掩对此地图之珍视："南海为邑，幅员辽阔……谁能图之，布测运法，维邹征君，遣二弟子。记里准方，亥步八垠。裴氏六法，旷古不传，征君实创，甫图一邑。

---

① 邹伯奇．与罗照沧书［M］//周满奇，等．邹伯奇遗稿：卷二：绘地图说．广东南海大沥镇政府与泌冲村委会印发，2009：42.

② 陈澧．浔冈州图题记．碑刻现藏于广州市博物馆。

图成君逝，是可宝藏。”[①] 藏于南海博物馆的碑刻《西樵山图记》对邹伯奇弟子绘制的西樵山地图亦是赞美有加：“峰峦位置、途径屈曲，不失分毫，神乎技亦!”

考察同时期广州府周边的方志，可以看出邹伯奇的测绘方法和技术明显影响了周边地区的舆图测绘。如同治十年（1871）刊印的《番禺县志》[②] 舆图，由于其分纂既有陈澧、金锡龄、陈璞等邹伯奇之故交，负责测绘的又是邹伯奇弟子罗照沧，因此基本应用了邹伯奇的舆图测绘技术，较之前的方志舆图有了较大提高。稍后的光绪五年（1879）《广州府志》[③]，舆图分纂陈澧按照同治《南海县志》的绘图模式统一各县舆图，标注比例尺、经纬网，使府志舆图更加科学规范化。可以说，他的科学章程与测绘实践推动了以县志为区域，运用西方先进制图法在地方开展创新尝试，从而带动了广府地区舆地测绘向近代化迈进的步伐。

邹伯奇的测绘技术也受到后世修志者的充分肯定。宣统二年（1910）续修的《南海县志》舆图，虽隔三十余年之久，却基本沿用了同治《南海县志》的全部地图，“只将旧本摹印间有村落、地名讹误遗漏者，按照采访册订正之、添补之”，增入京师新旧会馆图、学宫图、中学堂图及粤汉铁路干线图、三省铁路直线图等，除此之外，几无改动。编纂者在《图序》中特别说明了重新摹印旧图的原因，高度评价了邹伯奇的测绘水平：“本邑所属各图，前为邹征君伯奇所绘，界限明晰，校雠精美。此次重修，未便再行更易，只将旧本摹印。”[④] 此外，由于同治《南海县志》中还包括广州城图，绘出经纬网并详细标注出城内的道路网络及主要建置，亦被后世研究者视为广州城图绘制走向科学与成熟的标志。[⑤]

总之，邹伯奇及弟子的测绘成果即便经历三十余年的时间检验，却依然被后世反复引用，成为晚清城图测绘不断成熟的代表，可谓成就斐然。然而遗憾的是，由于时代与地域等的诸多限制，邹伯奇在舆图测绘方面的成就和经验大多只影响了周边区域，并未在全国范围内形成太大影响。中国真正自己开始用西方法则办理测绘事业，是从二十世纪初才开始的，直到民国十多年后，才有规模较大的成绩。[⑥] 但无论如何，作为一个善于从东西方科学中寻求灵感并融合贯通的科学家，他的成就印证了鸦片战争前后国人尚能贯通中西之学，寻求科学真理的不争事实，不愧为那个时代的科学先行者。

---

① 陈璞. 邹征君南海地图赞［M］//周满奇，等. 邹伯奇遗稿：卷六. 广东南海大沥镇政府与泌冲村委会印发，2009：234.

② 李福泰，等. 番禺县志［M］. 刊本. 1871（清同治十年）.

③ 戴肇辰，等. 广州府志［M］. 刊本. 1879（清光绪五年）.

④ 南海县志：卷一：图序［M］. 刊本. 1902（清宣统二年）.

⑤ 曾新. 明清广州城及方志城图研究［M］. 广州：广东人民出版社，2013：119.

⑥ 王庸. 中国地图史纲［M］. 北京：生活·读书·新知三联书店，1958：102.

何维柏的籍贯之争实质是文化资源之争

中山大学 吴劲雄

何维柏（1511—1587），字乔仲，号古林，明代中期的广东著名理学家，官至南京礼部尚书，曾以弹劾严嵩奸贪枉法和忤逆张居正徇私而被削职，因而与海瑞齐名，被称为明代清官。

然而，关于这位著名人物的籍贯问题却一直存在争议，即使历代史志都称何维柏是南海人，近现代论著尤其是冼玉清的《何维柏与天山草堂》也有详细的辨析，却始终未能消除大家心中的疑惑，而每每以为何维柏是三水人。其实，关于何维柏的籍贯争论已经超出了纯粹的学术讨论范围，只有找出当中隐含的争论本质，才能让这场持久的纷争得到平息。

一、历代史志对何维柏籍贯之记载

目前所见最早记载何维柏籍贯资料的，应该是成书于明代万历年间的郭棐所著《粤大记》。在卷十四《何维柏传》中，郭棐对何维柏的生平有较为详尽的记载："何维柏，字乔仲，其先祖平，自南雄珠玑巷卜居南海沙滘。……长，为三水诸生。"① 这个记载后来在郭棐等人纂修的万历《广东通志》中则简化为："何维柏，字乔仲，南海人，少为三水诸生。"② 也就是说，何维柏是南海人，居住在南海县沙滘村，而曾经在三水县学读书。从现存明代最早的万历《南海县志》开始，历代《南海县志》都收有《何维柏传》，记载与万历《广东通志》基本相同。之后，广东省所修的历代《广州府志》和《广东通志》，基本上都沿用了这种说法。

在全国的史志、典籍方面，清张廷玉等修的《明史》卷二百十《何维柏传》、乾隆《福建通志》卷二十九《何维柏传》，都说他是南海人；黄虞稷《千顷堂书目》卷二十三、纪昀等《四库总目提要》卷一百七十七在著录何维柏《天山草堂存稿》时，也称他是南海人；王世贞《弇山堂别集》卷五十四、朱彝尊《明诗综》卷四十七在论及何维柏籍贯时，同样称他为南海人。唯独《三水

① 郭棐. 粤大记：卷十四［M］. 黄国声，邓贵忠点校. 广州：广东人民出版社，2014：394.

② 郭棐，等.［万历］广东通志：卷二十五［M］//四库全书存目丛书：史部：第一九七册. 济南：齐鲁书社，1996：622.

县志》有不同说法，称他是“邑人”，从而产生了何维柏究竟是南海人还是三水人的籍贯之争。

二、《三水县志》对何维柏籍贯之解释

1.《旧序》称何维柏是“邑人”

历代《三水县志》的序言部分都收有何维柏为三水第一部县志撰写的《旧序》，注明的时间是“嘉靖四十二年”，撰写人是“邑人宗伯何维柏”①。“邑人”即三水人，“宗伯”即礼部尚书，意为：曾经担任南京礼部尚书的三水人何维柏撰写。不过，何维柏被任命为南京礼部尚书是在万历五年（1577），嘉靖四十二年（1563）何维柏还罢职在家，不可能称为“宗伯”。也就是说，《旧序》所注明的“邑人宗伯”这些情况，是后来修志者所补充的，“邑人”的说法只能代表《三水县志》对何维柏三水籍的认同，而不能说明何维柏对三水人的自我归认。

2.《何维柏传》对福建歌谣“三水凤，参天柏”之引述

在现存最早的康熙十二年《三水县志》卷十二《何维柏传》中，还载有一首福建百姓称何维柏为“三水凤”的歌谣：“三水凤，参天柏，穷谷深山被恩泽；官谷重重赈饥，奸弊时时痛革。今日去，民心恻；报答无由控诉天，但愿天心眷忠益。”② 这首歌谣出自《诚征录》“其二”，是福建百姓感叹于何维柏因弹劾严嵩而获罪的悲愤之作，“三水凤”的称呼，则表达了福建百姓对何维柏籍贯的看法。与此同时，清初屈大均的《广东新语》卷二十四也有类似的记载：“嘉靖间，三水何维柏以御史按闽，疏论严嵩被逮，闽人哀号攀送。”③

不过，《三水县志》与《广东新语》的记载只能表明，在福建民间确实流行着一种何维柏来自三水的说法，却不能证明何维柏真的就是三水人，因为除在《三水县志》所引“三水凤”的歌谣之外，《诚征录》还有一首称赞何维柏为“南海鸣阳”的作品：“南海鸣阳，只为生灵身敢当；密奏上天堂，愿早去严霜。人人烦恼，真个是栖惶，胆战心惊没主张。”而且，《福建通志》卷二十九《何维柏传》的官方记载也明确指出何维柏是“南海人”④。实际上，历代《三水县志》也没有隐藏何维柏的真实籍贯，一直都在《选举表》中有明确的交代。

---

① 广东省地方史志办公室. 广东历代方志集成：广州府部（40）：［康熙十二年］三水县志［M］. 广州：岭南美术出版社，2007：11.

② 广东省地方史志办公室. 广东历代方志集成：广州府部（40）：［康熙十二年］三水县志［M］. 广州：岭南美术出版社，2007：106.

③ 屈大均. 广东新语：卷二十四［M］. 北京：中华书局，2006：607.

④ 郝玉麟，谢道承，等. 福建通志：卷二十九［M］//景印文渊阁四库全书：第五二八册. 台北：台湾商务印书馆，1983：457.

3.《选举表》对何维柏籍贯之说明

康熙四十九年版《三水县志》卷三《选举表》“嘉靖辛卯科举人”：“何维柏，原籍南海登云人，寄籍南岸堡，嘉靖乙未进士。”①《选举表》对何维柏的籍贯情况已经交代得十分清楚，“登云”即登云堡，是南海县的管辖范围，沙滘村则是登云堡的村落之一，是何维柏的家乡。而他又曾经寄籍三水县南岸堡，以三水籍的身份参加了科举考试，如《粤大记》所记载的那样“为三水诸生”。

综上，历来《三水县志》虽然在《旧序》里称何维柏是“邑人”，但是始终没有埋没何维柏是南海人的真正身份，还在《选举表》中对他的籍贯情况作了详细说明。只不过，《三水县志》对何维柏所称的“邑人”跟我们平常所理解的土生土长有些不同，他只是曾经寄籍在此，而不是原籍所在；如果我们只看到《旧序》的叫法而没有查阅《选举表》的相关说明，就难以弄清《三水县志》称何维柏为“邑人”的真正用意，容易让读者产生误解。而且，《何维柏传》的撰写有一个明显的思想倾向，就是努力搜集何维柏与三水有关的材料，如引用《诚征录》称何维柏为“三水凤”的歌谣，却避而不谈“南海鸣阳”的说法，用意就在于希望“三水何维柏”的观念能够得到更多人认同。

三、冼玉清对何维柏里籍之重新考定

鉴于《三水县志》对何维柏的籍贯记载有不少歧义，因此，近代广东著名文献学家冼玉清在1950年撰写了《何维柏与天山草堂》一文，综合《三水县志》的全面记载，重新对有关何维柏籍贯的两个关键问题进行考证，一是通过嘉靖二十七年（1548）蒋信的《诗序》考订何维柏是沙滘人：“古林子沙滘里”；二是通过何维柏《贺三水陈侯膺奖序》对三水父老所说的话：“若邑吾旧游”（意为：你们三水我曾经来过），以及对三水县与沙滘村地理位置的说明：“析自高要者，与予乡接壤”，以此考订何维柏没有自称三水人，他的家乡沙滘也不在三水县范围。从而澄清了大家对《三水县志》相关记载的疑惑，重新确立了何维柏“南海沙滘人，寄籍三水南岸堡”的说法。②

其实，冼玉清对何维柏里籍的考订结果与《三水县志》《粤大记》的记载基本相同，可以说是对《三水县志》相关记载的辨正认识，也是对《粤大记》相关记载的综合回归。从此之后，学界基本上都接受了冼玉清关于何维柏里籍的论定。

---

① 广东省地方史志办公室．广东历代方志集成：广州府部（40）：［康熙十二年］三水县志［M］．广州：岭南美术出版社，2007：230.

② 冼玉清．何维柏与天山草堂［J］．岭南学报，1950，11（1）：188－193．文中所引何维柏《贺三水陈侯膺奖序》，见何维柏《天山草堂存稿》卷四。

四、当代三水文献对“何维柏自称三水人”之苦心营造

本来，经过冼玉清的考证之后，何维柏的籍贯已没什么值得争论的地方。然而，实际情况并非如此，20 世纪 90 年代的一些三水县文献又对何维柏的籍贯提出新说法，而且自始至终都想证明一个观点，就是“何维柏自称三水人”。

1.《何维柏墓》称沙滘在建县之初划入三水

1992 年由佛山市文物管理委员会编著的《佛山文物》（上篇），收有一篇介绍三水县何维柏墓的文章《何维柏墓》，称：“沙滘村在明嘉靖五年前属南海县。嘉靖五年三水建县，该村划入三水管辖。是年何维柏十六岁，故其本人历来自称三水人。三水第一部县志的序言便是何撰写，后沙滘又划归南海治辖，故后人称他为南海人。”① 这篇文章应该是三水县有关文博部门所写，因为墓在三水县芹坑村，属于市级文物保护单位，相关保护和管理工作是他们的职责。

该文意思很明白，何维柏之所以“自称三水人”，是因为在三水建县之初何维柏的故里沙滘村被划入了三水；而“后人称他为南海人”，是因为何维柏的故里沙滘村后来又被划归南海。该文对于三水人的说法，说是“何维柏自称”，对于南海人的说法，则只说是“后人称”，用词和措意都区分得十分清楚。然而这些说法基本上都是没有根据的牵强之说，原因有三：

第一，历代《三水县志》都收有《三水立县条议》，明确记载了嘉靖五年建立三水县时从南海县、高要县分割出去的具体区域：“其割南海县附近三江、西南、胥江三都，杨梅、南岸、南滘、清塘、郭塘、禄步、丰湖、乐塘、高丰、土塘拾堡共叁拾肆图。割高要县附近小洲、镇南、平田、五顶、清塘、龙池、长岐、利琼、白上、白下拾都共拾柒图。”② 据此，无论是从南海县还是高要县所分割出的区域，都没有沙滘村所在的登云堡；而何维柏在三水县的寄籍地南岸堡，则确实是从南海划出去的。换言之，三水始设县时，从南海所划出的区域并不包括何维柏的家乡沙滘村。

第二，从南海县划出的“南岸”是三水与南海的东南分界点之一，其地与何维柏的家乡沙滘村南北直线距离约 8 公里，中间还有南海县的磻溪堡隔开。从高要县划出的“清塘”则是三水与南海的东分界点之一，其地与沙滘村的东西直线距离约 7 公里，亦即何维柏《贺三水陈侯膺奖序》所讲的“析自高要者与予乡接壤”之处，中间还有南海县的伏隆堡和丹桂堡隔开。换言之，从实际地理距离来考察，何维柏的家乡沙滘村只是与三水毗邻相近，但并不在三水县范

---

① 佛山市文物管理委员会. 佛山文物：上编 [M]. 内部交流本，1992：30.

② 广东省地方史志办公室. 广东历代方志集成：广州府部（40）：[康熙十二年] 三水县志 [M]. 广州：岭南美术出版社，2007：19.

围内。

第三，包括嘉靖五年三水设县后不久修成的万历《南海县志》，沙滘村一直都在南海县的《舆地图》之内，没有发生过区域变动。也就是说，沙滘村并没有重新划归南海管辖，因为一直都在南海的区域范围之内。

由此可见，《何维柏墓》称沙滘村在建县之初划入三水县的说法纯属无稽之谈，以沙滘村曾属三水县来证明何维柏自称三水人的说法更加不能成立。

2.《礼部尚书何公墓》称何维柏以长期寄籍之故自称三水人

1995 年版新《三水县志》第二十六编第三节《古墓》也有一篇介绍三水何维柏墓的文章《礼部尚书何公墓》，称："墓主何维柏，生于南海县登云堡沙滘村，以长期寄籍三水县南岸堡生活，故自称三水县人。"① 以长期寄籍生活而自称三水人，这种说法本身已经表明何维柏不是三水人，他在三水生活只是"寄籍"而已。而且，如果长期寄籍就叫本地人，以何维柏革职后在番禺河南小港（今广州市云桂村）辟天山草堂讲学近二十年，这是否也可以说何维柏自称番禺人？这显然是很难成立的。

3.《何维柏传》称何维柏《旧序》自称三水人

1995 年版新《三水县志·何维柏传》说："他为第一部《三水县志》作序，自称是三水人。"② 上文我们已对何维柏为第一部《三水县志》所作的《旧序》进行过初步考察，"邑人"的说法是《三水县志》对他的称呼，不能说是他本人自称；而且，通观何维柏的这篇《旧序》，也没有出现过自称三水人的字眼。由此可知，何维柏虽然曾为第一部《三水县志》作序，却没有自称过自己是三水人，以曾为《三水县志》作序来证明何维柏自称三水的说法同样不能成立。

也就是说，从当代三水文献所提供的所谓证据来看，均得不出何维柏曾经自称三水人的结论。那么，何维柏的遗著《天山草堂存稿》是否出现过有关自己籍贯的记载呢？

五、何维柏《天山草堂存稿》称三水为"若邑"、南海为"吾邑"

1.《贺三水陈侯膺奖序》称三水为"若邑"

上文所引的冼玉清《何维柏与天山草堂》，已经指出何维柏《天山草堂存稿》卷四有一篇序文叫"贺三水陈侯膺奖序"，说："万历六年，莆阳陈侯以名进士来令斯邑。"③ 侯是对知县的尊称，据《三水县志》卷二《秩官表》"知

---

① 三水县地方志编纂委员会. 三水县志［M］. 广州：广东人民出版社，1995：1188.

② 三水县地方志编纂委员会. 三水县志［M］. 广州：广东人民出版社，1995：1320.

③ 何维柏. 天山草堂存稿：卷四［M］. 桂林：广西师范大学出版社，2014：412.

县”，陈侯即陈扬善：“福建莆田人，进士，万历六年任。”[①] 而且，文中何维柏对三水父老说：“若邑吾旧游。”“若邑”意为你们县，即三水；“游”是指出外游学。意思是：我曾在你们三水县游过学。也就是说，何维柏在三水父老面前并没有承认自己是三水人。

2.《贺翼庵陈侯膺奖序》称南海为“吾邑”

《天山草堂存稿》卷四还有一篇文章《贺翼庵陈侯膺奖序》，何维柏明确地使用了“吾邑”这个词语：“吾邑固冲剧、民物、赋税诸务甲岭南，加以饥馑荐至，师旅频兴，烦难视昔何啻百倍？豫章翼庵陈侯来践斯任，期月政行，督府殷公、按院赵公奖而异之。”[②] 文中所称“陈侯”并非《贺三水陈侯膺奖序》的“陈侯”，彼“陈侯”是福建莆田人，此“陈侯”则是豫章人（豫章即江西南昌的别称）。但是，何维柏这篇文章只讲到“吾邑”，却没有明确说出具体地名；而且号为“翼庵”的“陈侯”也不知所指何人，所以，很难确定究竟是哪个地方。不过，我们可以根据此文所提供的信息进行判断。

第一，关于“吾邑”，何维柏自己描述说：“民物、赋税诸务甲岭南。”而据他《贺三水陈侯膺奖序》称：“（三水）城中鲜居人，生事落寞，百尔供需，鬻自远市。”[③] 其《三水县志·旧序》又称：“今城中鲜人居、寡贸易，生齿落寞，四郊墟旷。”[④] 鲜人居、寡贸易岂能甲岭南？这显然不是对三水县的描写。

第二，何维柏称“豫章翼庵陈侯”的工作得到“督府殷公、按院赵公奖而异之”，督府即总督，据万历《广东通志》卷十《秩官》，何维柏所处的嘉靖、隆庆、万历年间，广东殷姓的、总督只有一个，就是安徽歙县人殷正茂，他从隆庆五年到万历三年在任。[⑤] 而据《三水县志》卷二《秩官表》，此期间三水并没有陈姓的来自江西南昌的县令；据《南海县志》卷四《职官表》则有：“陈赞，南昌人，进士，隆庆六年任。”[⑥] 任期一直到万历四年（1576），刚好与何维柏《贺翼庵陈侯膺奖序》所称“陈侯”的姓氏、籍贯、时间都相吻合。也就是说，何维柏此文所称的“吾邑”是指南海。

---

① 广东省地方史志办公室．广东历代方志集成：广州府部（40）：［康熙十二年］三水县志［M］．广州：岭南美术出版社，2007：40.

② 何维柏．天山草堂存稿：卷四［M］．桂林：广西师范大学出版社，2014：407.

③ 何维柏．天山草堂存稿：卷四［M］．桂林：广西师范大学出版社，2014：413．原文在“城中”后衍“人”字，今删。

④ 广东省地方史志办公室．广东历代方志集成：广州府部（40）：［康熙十二年］三水县志［M］．广州：岭南美术出版社，2007：11．此文亦收入《天山草堂存稿》卷五，而文字稍异。

⑤ 郭棐，等．［万历］广东通志：卷十［M］//四库全书存目丛书：史部第一九七册．济南：齐鲁书社，1996：246

⑥ 广东省地方史志办公室．广东历代方志集成：广州府部（10）：［万历］南海县志：卷四［M］．广州：岭南美术出版社，2007：57.

3.《贺督府文峰陈公寿序》也称南海为“吾邑”

何维柏《天山草堂存稿》卷五《贺督府文峰陈公寿序》也同样明确地提到了“吾邑”：“七月既望，吾邑侯周君过予，请曰：‘越月念日，维督府陈公岳诞之辰。某以年家谊，公昔抚楚眷顾特隆；兹备属员，日承教益，礼宜申祝，敢藉名言介币往祝。’”① 此文所讲的“吾邑侯”即“我县县令”，这里是“周君”，不过也没有具体名籍，无法判断是哪县哪令。不过，此文督府的名字就比较清楚，叫作陈文峰，也就是陈瑞，明代与何维柏几乎同时的南海人霍与瑕《陈文峰公生祠碑》指出：“公名瑞，福建长乐人。”② 而据万历《广东通志》卷十《秩官》，他在万历九年（1581）和十一年（1584）之间任广东总督③，之前则在湖北“巡抚湖广赞理军务”④，又与“邑侯周君”所讲的“公昔抚楚”情况相符。

而据《三水县志》卷二《秩官表》，万历九年至十一年之间，并没有周姓县令。据《南海县志》卷四《职官表》则有：“周文卿，江夏人，进士，万历七年任。”⑤ 任期一直到万历十一年（1584）。也就是说，周文卿的任期与广东总督陈文峰基本重合。而且，周文卿是湖北江夏人，恰如他对何维柏所讲的那样：“某以年家谊，公昔抚楚眷顾特隆。”能够受到时任湖广巡抚的陈瑞关照。换言之，周文卿为南海县令的时间及受到陈瑞关照的情况，都与《贺督府文峰陈公寿序》的记载相符，亦即何维柏所讲的“吾邑”是指南海。

据此，何维柏《天山草堂存稿》不仅没有自称三水人，他对三水父老只称“若邑”而已，而且还两次称南海为“吾邑”。也就是说，何维柏自称的是南海人。

六、结论：何维柏籍贯之争的实质是历史名人资源之争

通过以上的论述可知，《粤大记》对何维柏的籍贯记载已经十分明确，古代《三水县志》也没有隐瞒何维柏的真正籍贯，歧义的产生主要是由于《三水县志》的记载不够全面，而又想尽量找证据拉近何维柏与三水县的亲密距离。而且，在冼玉清对何维柏里籍进行考证之后再生事端的，都是与三水有关的两种当代文献，它们先后提出了三种似是而非的说法，说“何维柏自称三水人”，致使

① 何维柏．天山草堂存稿：卷五［M］．桂林：广西师范大学出版社，2014：469.

② 霍与瑕．霍勉斋集：卷二十二［M］．桂林：广西师范大学出版社，2014：1676.

③ 郭棐，等．［万历］广东通志：卷十［M］//四库全书存目丛书：史部：第一九七册．济南：齐鲁书社，1996：246.

④ 迈柱，夏力恕，等．湖广通志：卷二十八［M］//景印文渊阁四库全书：第五三二册．台北：台湾商务印书馆，1983：139.

⑤ 广东省地方史志办公室．广东历代方志集成：广州府部（10）：［万历］南海县志：卷四［M］．广州：岭南美术出版社，2007：57.

这场争论一直得不到平息，让大家对何维柏的籍贯认识再次陷入混乱之中。事实证明，何维柏不仅没有自称三水人，还屡次称南海为“吾邑”，表明自己是南海人的身份。而历代《三水县志》之所以这样做，其实是希望“三水何维柏”的说法能够得到大家的认可，以提高三水在外界的知名度。因此，不惜制造各种“证据”，来影响甚至修改大家对何维柏籍贯的看法。也就是说，这场有关何维柏籍贯的争论已不是纯粹的学术之争，而是对历史名人资源的一种文化争夺。

其实，这种现象在当前社会屡见不鲜，远者如安徽、江西两省对朱熹故里婺源的争夺，近者如顺德、温州两地对《三字经》创作者是谁的争辩，其论证过程或多或少都带有学术讨论之外的意气成分，不是为了寻求真相，而是为了捍卫既有文化权益不受侵害，这对文化事业的发展未必是好事。中国的所有文化资源都是我们的共同文化遗产，是则是，非则非，多做学习、继承的有用之功，少钻争夺、占有的取巧之利，才是对历史名人资源的最好开发和利用。

文化创意

文学馆：广州城市形象建构的羊城品牌

广东技术师范学院 贺根民

广州作为南中国的一座历史文化名城，其两千二百多年的城市变迁镌刻了璀璨秀丽的人文镜像。历代文人或土生土长，或流寓羊城，大多在广州这座包容万物的城市里寻觅到文学伊甸园，他们讴歌咏叹、著书立说，标举了独具岭南特质的南方书写模式。留存记忆、表达想象，倡议建立广州文学馆，陈平原先生至少在2011年已经提出，而后周云、曾大兴二先生接力，就建馆的意义或功能展示各具其致的阐述，而迟至2015年1月郭小东文学馆正式开馆，广州文学馆才部分实现其文化目标，落地生根成为鲜活的文坛盛事。感应社会和时代的选择，建立广州文学馆，将鲜活如新的城市记忆提升为城市文化资本，凸显广州的城市人文意象和城市性格，将进一步发挥“海上丝绸之路”战略支点城市的城市文化引擎功能，续写广州城市传奇。

一、承载城市的文化记忆

城市是文学的容器，刀光剑影、闲适自在的历史生活画面一旦接触到文人的生花妙笔，便被赋予灵韵生动的城市文明史构件的色彩。广州是多元文化的荟萃之所，稍稍驻足，就能寻觅中西文化交流的痕迹。浓厚的生活气息、关注当下成就了广州敢为人先、求真务实的实践品格，广州文学馆作为最能体现城市文化底蕴的构件，推动和完善着城市的发展，广州文学馆是其一张活色生香的文化名片，展示广州的城市性格。感知城市的自然资源和人文景观，创设优美的城市形象是城市角逐的的目标，当下是形象制胜的时代。城市之争，已脱离昔日单一的规模和经济之争的笼盖，而趋向城市文化、城市生态和城市生活质量的比拼，其实质就是城市形象的竞争。“城市形象是城市给予人们的综合感受与整体文化感知，是城市的历史和文化凝聚等要素整合后的一种文化特质。”① 形象的触角涉及社会文化生活的方方面面，城市形象不单是存在之“物”的表现，亦为城市之“魂”的展示。主宰我们的并非日已飙升的房价，更有精神皈依的形而上讲究。城市形象再现了一个城市的文化变迁，也预示着它的当下追求和未来指向。

① 成朝晖. 人间·空间·时间：城市形象系统设计研究［M］. 杭州：中国美术学院出版社，2011：3.

广州的每一条街道、每一栋楼房，都有属于它们自己的语言和符号，事关广州形象的塑造和城市品位的定格。广州城市形象是一个复杂的文化存在，而广州文学馆的建立则是彰显城市美学品位、展示其人文底蕴的重要凭借。

一部广州城建史，就是一部五色斑斓的广州作家精神生态的动态呈现。据曾大兴先生的统计，“从西汉到近代，即从公元前206年到公元1949年，这2 155年间，广东籍的文学家共有2 047人，其中广州籍的文学家有1 401人，占总数的68%”①。广州人才辈出，特别是近现代的广州，无数广州人感知先进文化的魅力，积极地拥抱世界，以其不朽的文学创造实绩引领时代潮流。梁启超、陈寅恪、鲁迅、黄节、巴金、郭沫若，他们或在广州课徒讲学，或从广州走向全国，无论其立足传统文化本位，还是追逐世界文学前进的脚步，广州都给予他们不可磨灭的文化记忆。作家是一群非常独特的知识共同体，他们往往以其不俗的文学业绩和巨大的符号效应影响城市形象的塑造进程。感性的文学书写、城市经验的个体传达，他们书写的也许不全是高大上的城市生活，却绘制了独具文化特质的心理镜像，展示他们体味广州的深度，以及参与塑造广州城市形象的角色和定位。

追思过去，打捞的不只是记忆的碎片，而是为我们提供系统的广州记忆，为未来的生活提供可资借鉴的文学标识。广州文学馆的建立，就能为穿梭于茫茫人海之中的市民留存一份温馨的文学记忆，也能为驻足广州的城市过客输出广州的城市形象，传播广州的现代都市理念。奉行“独立之精神、自由之思想”的陈寅恪，晚年执教于中山大学，在寂寞中书写传奇，擎起一代学人的自由品格。在现代文学巨匠鲁迅那里，广州就是其生命历程中一个具有转折意义的人生驿站。相较于“北京鲁迅”和“上海鲁迅”，“广州鲁迅”是一个立体多元的文化存在，“既是按照良好惯性和激情指引努力耕耘的闻名遐迩的写作人，却同时又是被广大青年和读者拥戴着发声的演说家、斗士和批判者。他既是身居一线孜孜不倦授课的名师，同时又是执掌中山大学教务，不断创设规矩的首任教务主任”②。广州是鲁迅文学道路和人生选择发生重大转换的处所，写作人、革命者、大学教授三位一体，鲁迅设身处地，感应20世纪20年代的社会政治风云变幻，文化认同悄然位移，鲁迅修正了早期的进化论思想，奠定“上海鲁迅”以杂文为武器的观念基础。从立新到沉潜，广州之于鲁迅，染带文学地理的多向意味。

文学馆搜罗和整理这些文坛掌故，奠定了文化传承的基础，具有文学编年和文学地理的双重色彩。文学记忆促使文化传承的持续进行，文化传承刺激文学记忆的有效搜集。建立广州文学馆，有计划系统地留存作家的广州记忆和广州书写

---

① 曾大兴．建立广州文学馆的意义和构想［J］．探求，2011（1）：33－38．

② 朱崇科．广州鲁迅［M］．北京：中国社会科学出版社，2014：214．

资料，再现历史在场，存活文化印痕，文学馆利用现代科技手段实现文学记忆和文化传承的交光互影，将会进一步夯实广州的人文底蕴，增添生活之都和南中国经济之都的文化魅力。文学馆促使高雅的文学飞入寻常百姓家，对此，郭小东先生有着丰富的在场经验，其观点很有价值："岭南尚无以作家命名的文学馆，而广东的文化建设正在大踏步前进，以文学馆的形式，钩沉的是文学记忆，铺排的是文学传承，集中呈现作家的创作特质、独特的创作风采和独到的美学理想，扩大文学影响，建树南方书写的文学范式，在创新的意义上传承地域文化，在深刻的含义中寻找文化自信和文化自觉。"① 文学表达的私人体验逐渐走入公众领域，缩短了作家与公众的心理距离，高雅的文学转化为公众赖以取资的财富，文学阅读等精神消费逐渐成为市民的新的生活方式。根基于地域文学上的文化自信，标举了广府文学书写的文化生态。

二、强化城市人文意象

如前所论，一座城市的区域特色和人文魅力，不在于气势恢宏的建筑物，而植根于其城市的整体文化品格。城市作为人类生存和生活的物理时空，带给世人的不仅仅是一个个冷漠的景观、一缕缕愁情万种的离思，零碎散乱的记忆单元往往因为人类的书写而获得公众的认同，给人以无限遐想。"羊城世界本花花，更买鲜花度年华"，广州享有花城的美誉；"一江春水绿，两岸木棉红"，以木棉为市花的广州被赞为英雄之城。繁花似锦、魅力花城，海上丝路、千年商都，千古流芳的广州故事、目不暇接的羊城美景，储存着可圈可点的城市意象，需要我们去挖掘、去感受。注重提升城市文化生态，彰显城市文化内涵，建立文学馆则符合这一重要需求。记忆缺失或阙如会导致城市性格的平庸，广州文学馆的建立，实体展现了广州文学发展的整体脉络，它盘活了城市的文化记忆，也因为其固有的文学记载功能，成为展示广州文化软实力的形象载体，必将引领广州的城市塑造潮流。

城市人文意象是城市情结的形象折射，城市历史文化和现实书写感受渗透心灵之中就表现为人文意象，文学馆是广州城市人文意象的重要构成。根据闵学勤先生的观点，城市人文意象主要表现为三端：城市规划的人文主义精神、城市的集体记忆、名人符号。② 造型优美的广州城徽五羊石雕、威严壮丽的千年古刹光孝寺、典雅雄伟的广府建筑陈家祠、惊人耳目的岭南奇葩西关骑楼、婀娜多姿的广州塔……这些都能勾起广府人的文化记忆。广州的北京路对千年古道的发掘和

---

① 赫子仪. 文学馆：对文学核心进行多重引爆［N］. 羊城晚报，2015－01－25（B1）.

② 闵学勤. 感知与意象：城市理念与形象研究［M］. 南京：东南大学出版社，2007：79－81.

保护，透视着历史的沧桑；上下九路的城市雕塑，诉说着广州的变迁，展示城市的节奏。一首诗、一篇散文、一部小说，它们从不同的角度来反映广州、书写广州，均有可能构成点击率高的人文意象。文人言谈举止，以及与广州息息相关的掌故逸事，成为广府人的集体记忆，所有这些也会因为广州文学馆的建立而变得清晰可观。

鲁迅之于绍兴、郭沫若之于乐山、巴金之于上海、沈从文之于凤凰，名人符号能够提升城市的品位。鲁迅、郭沫若、郁达夫、巴金、柳亚子、秦牧，均以自己独特体验来感受广州，名人符号成为解读广州的又一文化视角。广州文学馆系统地整理文坛资料，自会成为文坛之外的城市创新引擎。20 世纪 30 年代巴金执着地书写广州，1933 年他在广州撰写《旅途随笔》，恢复出版《烽火》和《文丛》，编辑出版《梦与醉》，并开始长篇小说《火》的创作。巴金还创作一批反映战时生活的散文，如《广州在轰炸中》《别广州》《广州的最后一晚》。这些不可磨灭的城市因为作家的辐射效应，成为广州形象的品牌。文学，记录了城市演进的现场，也铸成城市与人的意象群，它唤起想象，令人留恋。文学馆的建立，适可在历史和现实的交汇处建构广府人的精神家园。这正如周云先生的论述："我们需要文学馆，需要在文学馆这一非常感性的形式的指引下，对我们的城市记忆进行更为广泛的阅读，进而更加深入地了解这座城市，在精神上、情感上将自己融入这座城市中去。文学馆的意义，与其说是城市外在形象的展示，不如说是城市内在情感的认同。"① 外在形象和内在情感叠合，赋予广州文学馆以城市文化资本的色彩。

广州文学馆是广府人对自我文化的认同，从感知城市节奏到形象重塑，形成广州城市形象建构的历程。文学馆是城市文化重塑的加速器，从某种程度上说，一切城市存在多关乎城市与人的价值外化，文学馆的建立则避免了城市的泛文化生产，有利于城市文脉的延续。文学馆一旦成为公众认识广州的城市要素，其所包蕴的城市人文意象，特别是文学维度的文学记忆和在场书写，可以以组合拳的方式来彰显广州的城市品格。建立文学馆刺激文学的发展，引领市民去感受文学、关注文学，也客观上强化作家的创作自信，书写更多反映时代主旋律的文学华章，促进各种文学样态转化为城市文化资本。城市文化资本是竞争新一轮城市形象的标志，它展示包括经济、政治、文化等因素在内的城市综合实力。"互联网+"时代，保存城市记忆，彰显城市文化资本的力量，自然成为广州城市形象塑造的重要维度。在繁荣经济的覆盖之下，喧嚣的城市需要一处静谧的精神领地，建立广州文学馆，激活了广府人的文学梦想，为繁忙的广州提供一片守候心灵的净土，更是完善广州城市形象、适应现代文明建设的需要。

---

① 周云. 广州建文学馆不关实力形象 [N]. 羊城晚报，2011-11-28 (A2).

三、弘扬城市文化精神

城市精神是现代城市的思想内核，它体现着城市的综合竞争力，是城市历史底蕴和现代风貌的总括。城市需要精神思想的牵引，没有良好的精神文化生态，城市就会变得毫无活力。高楼大厦可以短时间建成，而城市精神需要长时间的积淀。正如“罗马不是一天建成的”，塑造城市精神不能一蹴而就，它有一个与时俱进的动态过程，它展现了城市形象过去、当下、未来三维度的有机统一。缺乏文化精神的城市，其表面的繁华总掩盖不了内质的脆弱，缺乏发展的后劲。城市精神是一个城市从外到内所显示的地域性的群体指向，它刻勒着岁月的印痕，展示市民群体的共同审美追求。徜徉于广州街头，映入公众眼帘的如果只是鳞次栉比的高楼、四通八达的路网，钢筋“森林”会窒息公众的归属体验，无法形成亲地感。城市精神的枯萎最终会导致城市精神生态的杂乱和无序，严重影响市民的幸福指数和生活质量。

从传承到创新，弘扬城市精神是一项长期的任务。建立广州文学馆，打造文化之都的羊城品牌，进一步提升城市软实力，需要更新文学理念。被誉为“城市客厅”的广州图书馆，虽已实现藏、借、阅、咨的一体化服务，却未能充分施展广州本土的文学呈现和文学传播功能，但是其658万册的馆藏，特别是那些广州乡邦文献，还有广州高校图书馆的本土文献，都有待于我们去整合。广州文学馆利用广州本土的馆藏资源，聚合广府文学创作及批评的信息资源，保证创造性精神劳动得以有序进行。李凤亮先生认为文学馆是一项文化创意，有必要改变昔日的静态运作方式，感应时代的选择而作相应的调整：“文学馆建设，也是产业链上的一环。传统文学生产和消费方式比较简单化，没有形成真正的产业链，而网络文学的产业链已经基本成型，……传统文学必须要通过更多的途径争取受众的支持，传统出版一本图书的方式，影响也不过几万人，但若能通过数字出版，或者改编成电影电视，影响力必然快速增长，之后还可以进行文学衍生产品的开发，把产业链条做齐全。”① 做好文学衍生产品的开发和利用，文学馆既吸引市民的广泛参与，也拓宽了文学的生存空间。

文学馆应是陈列厅、报告厅、阅读厅、活动室、培训厅等多展厅的组合，它集收藏、创作、研究、传播等功能于一体。作家的创作手稿、名人信札、相应的创作谈可借助“互联网+”技术，突破物理时空的限制，造就新的文学空间，不断开辟新的生产领域，为产业发展提供持续的动力。广州文学馆应是广府人的文学自由地，并非过世作家的纪念堂、文物故纸堆的集散地。文学馆不只是静态的

---

① 赫子仪．文学馆：对文学核心进行多重引爆［N］．羊城晚报，2015-01-25（B1）．

文学作品陈列室，也是动态的文学传播圣地，不定期地邀请文学界名家举办创作讲座、评论、座谈会，形成作家与市民的零距离交流，如此一则提高大众的文学鉴赏力和文学批评水平，一则凭借培训、文学讲座所得，自我造血，打造知识型、创新型的城市形象。广州文学馆是广州智库建设的重要力量，它助推广州人文社科的发展，利用本土文学资源，打造特色鲜明的岭南学派，并由此形成文学与城市的科研团队，为建设世界文化名城提供人力和智力支持。广州文学馆并非自生自灭、昙花一现的存在，它原则上是一项公益行为，需要社会各界的关注和扶植。它的选址应是广州比较繁华的地段，尽可能毗邻广东省博物馆、广州图书馆，利用该地段已有的地理和人文资源，开辟广州新的人文地标。也可与广州的高校联合，譬如依托中山大学的古代戏曲与非物质遗产研究中心、暨南大学的现代文学研究中心、华南师范大学的岭南文化研究中心、广州大学的广州人文历史研究基地等资源，充分利用高校现有的研究基地和学科辐射优势，立足高远、借船出海，谋求共赢互利。在此，依托广东技术师范学院而成立的郭小东文学馆就是一个成功的范例，它既树立了南中国在世作家的文学书写模式，也客观上提升了广东技术师范学院的知名度。

四、结语

保存记忆、传播理念，广州文学馆实现传统与现代的对接，续写“互联网+”时代的文学传奇；立象尽意、更新资本，广州文学馆激活广府人的文学梦想，加速城市形象重塑的进程；弘扬城市精神、打造羊城品牌，广州文学馆助推文化产业创意，引领文化大省建设的龙头。高速奔跑的广州，一份份温暖的城市文化记忆，呼唤立根安魂的文化圣地。羊城沉淀的城市人文意象，借助文学馆的爬梳和整合，转化为城市文化资本，进一步完善广州的城市形象。广州文学馆立足羊城，展现岭南文化特质，又积极拥抱世界，为打造世界文化名城提供智力支持。从静态的作品陈列到动态的文化创意，广州文学馆需求社会各界的关注，立意高远，不失公益本色，又开源节流，开拓自我造血渠道。广州文学馆的建立标举南中国的书写模式，将拓深城市与人、城市与文学的前沿话题，它对于积极拥抱国家的“一带一路”战略、塑造和传播广州城市形象、促进“广州学”研究的开展、提升城市品位都具有积极的在场意义。

参考文献：

[1] 成朝晖. 人间·空间·时间：城市形象系统设计研究 [M]. 杭州：中国美术学院出版社，2011.

[2] 曾大兴. 建立广州文学馆的意义和构想 [J]. 探求，2011 (1).

［3］朱崇科．广州鲁迅［M］．北京：中国社会科学出版社，2014.
［4］赫子仪．文学馆：对文学核心进行多重引爆［N］．羊城晚报，2015－01－25（B1）．
［5］闵学勤．感知与意象：城市理念与形象研究［M］．南京：东南大学出版社，2007.
［6］周云．广州建文学馆不关实力形象［N］．羊城晚报，2011－11－28（A2）．
［7］赫子仪．文学馆：对文学核心进行多重引爆［N］．羊城晚报，2015－01－25（B1）．

东莞莞香文化产业化发展研究

东莞市社科院 胡青善 龙家玘

我国香文化传统源远流长。民间所谓“沉檀龙麝”，即沉香、檀香、龙涎香和麝香四种珍贵香料。其中，沉香居首，可谓万香之王。能形成沉香的树木包括樟树科、橄榄科、大戟科、瑞香科四类树种，瑞香科沉香树又分为莞香树、蜜香树和鹰木树三种，多分布于中国东南部和东南亚热带雨林。莞香树沉香，香味淡雅，为沉香树中之最优质品种，具有特殊的保健、治病、祛疾等功效，其味不仅芬芳，且可怡养性情、净化心灵，有清心、安神、开窍之妙用；同时，因“薰通三界”而成为宗教文化的重要载体。可用于制香、入药、泡饮、精油、制品、供藏、绿化、日用等，具有广泛的商业价值。

随着国内经济的繁荣和传统文化的复兴，尤其随着人们对生活品质的追求，越来越多的社会精英人士为追求养生怡情和精神享受而喜欢品闻用香，香市需求趋旺，沉香文化热起。目前，国内沉香产业发展已具备了一定的消费、技术、文化和种植基础，产业化发展势头渐趋明朗。东莞作为莞香树之命名地，寮步作为古之香市，发展沉香产业具备诸多“人文、地理与经济”等方面的优势条件，并且经寮步镇积极推动，“古代香市、现代香都”声名鹊起，在国内乃至东南亚地区都已具有较高知名度。当前，抓住机遇、顺势而为，加快推动莞香文化复兴，发展东莞特色香文化产业，打造“中国香都”，对于重塑城市形象和营造文化氛围、促进产业升级，意义重大。

一、国内沉香产业发展态势分析

（一）沉香供不应求，价格不断上涨，产业前景较好

就需求来看，有关资料显示，目前全世界沉香及其直接加工产品的贸易额达到200亿元以上，中东、日本、东南亚及中国大陆和中国台湾等国家和地区的需求量非常大，是沉香的传统消费国和地区。近年来，中国沉香需求量也比较大，对印度尼西亚沉香的进口比重已接近中东，甚至很快将取而代之成为印度尼西亚沉香最大出口国。就供给来看，目前世界沉香产品主要为熏香、精油和佛教制品等传统产品，主要产自东南亚诸国，目前印度尼西亚是世界上沉香市场的主要货供应地源之一。目前，随着野生沉香资源日渐稀缺，东南亚国家对野生沉香资源

进行保护，沉香价格不断上涨；其人工种植沉香树较多、种植时间较长，但人工快速结香技术仍不成熟，所结沉香品质不稳定，从而制约了沉香深加工质量。目前国际市场特级沉香每公斤价5万美元以上，一级价3万美元以上，二级价1万美元以上，并且随着沉香药用及保健品用量的大幅增加，野生沉香资源日趋枯竭，价格日趋昂贵。

近年来，国内沉香需求量大幅增加，每年增长达15%，沉香木需求量达到1 000吨，目前80%依赖进口。由于国内沉香长期中断，野生沉香树已成为濒危保护植物，人工种植的沉香树时间短，普遍尚未结香或者处于结香阶段，部分通过人工结香技术可实现快速结香，但品质尚未得到科学鉴定，故沉香供需处于严重失衡状态，未来较长一段时间供需矛盾仍将比较突出。未来5~10年，国内药用沉香每年需求量约为2 000吨，国际每年需求量为3 000~4 000吨，沉香药用市场极为广阔；沉香作为上等的香料，可用作高级精油、香水、香精和化妆品，沉香种子亦可榨油，用于制造肥皂、润发油和鞣皮革用油，需求量大，每年需求量约为800吨，并呈现逐步上升趋势；目前每年宗教用沉香产品约为500吨，未来随着沉香产业化发展，沉香有望逐渐替代化学香，将蕴含巨大市场需求；国内对沉香工艺品的需求也在攀升，每年约500吨；此外，沉香茶烟酒、品香用具（如香炉）等，市场需求日益增加。

纵观国内外沉香市场，无论种植、加工、商贸和收藏等各个环节都有着较高的利润。仅是种植沉香树，中山国林沉香研究所分析，一棵沉香树（以树径10cm计算）单纯卖树收益为250元，火钻结香收益为1 500元，通过国林快速结香收益可达5 000元。在沉香商贸方面，以寮步牙香街、广州华林国际珍宝馆的相关人士的经验判断，沉香的收藏和商贸利润较高。正因为沉香的暴利，市场上出现了大量的伪劣沉香、假沉香，相关沉香药材鱼龙混杂、良莠不齐，沉香种植、结香和深加工各个环节都缺乏严格的规范和标准，产业发展处于较混乱状态，严重影响了沉香行业的健康发展。

（二）“沉香热”兴起，竞争激烈，产业处于复兴初期

国内各省市都在积极推动沉香产业发展，掀起了沉香（莞香）产业发展的新热潮。2010年，东莞市寮步镇率先举办首届“香博会”，来自北京、上海、江苏、深圳、中山、茂名和海南等地的客商都积极参加博览会，有力地推动了沉香文化复兴和产业发展。广东的东莞、茂名、中山、江门、广州等地都在积极发展沉香产业，广州、东莞、中山等地已成立了沉香协会，海南一直在探索沉香快速结香技术，并开发了沉香油、沉香酒，福建莆田已成为沉香木集散地，在沉香雕刻方面优势明显，是全国最大的内销木雕工艺品的主产地和集散地。

虽然沉香热已兴起，但主要还是文化热、消费热和香博会热（促销热）。沉

香产业发展由于各种原因一度中断，文化复兴与产业发展任重道远，无论在展销交易、文化宣传、种植推广、研发生产、检测服务及相关衍生品的制造等各个环节，总体上仍处于产业化的酝酿积蓄阶段，尤其沉香产业链涉及技术与产品研发、检测及标准制定普遍还不完善，部分企业，如莞香生物、中山国林沉香等虽然制定了部分种植、结香等环节的标准，但多是企业自身的标准，尚未成为行业标准。

（三）市场经营模式渐成雏形，但尚不成熟

沉香文化与产业复兴刚刚起步，没有形成批量生产和规模经营，市场化的经营模式还未形成，大多是传统的小作坊生产，更谈不上现代化的商业模式，简要概括起来，主要有以下几种雏形：

（1）“种植户＋合作社”的小规模商业运作模式。种植与结香是沉香产业发展的基础。广东、广西、海南、云南等是种植沉香（沉香）的主要地区，主要靠结香获利。但有些种植基地担心产品销售问题，种植户通过组建合作社，与相关公司进行合作，较好地解决了种植与销售问题，大大提高了种植的积极性。如化州、合浦、高州、南宁、景洪等地区种植基地与中山国林沉香精油公司组建合作社，对沉香产业的发展有一定的促进作用。但是由于中山国林沉香精油生产未成规模，与农户的合作总体上也还处于起步阶段。

（2）零售、批发、采购初具专业市场雏形的商业运作模式。该模式主要以商铺经营为主，同时经营者依托自身的市场交易优势，向野生沉香采购、野生沉香收藏和部分沉香制品制作延伸，部分企业也种植沉香，但种植规模一般不大。

（3）深加工生产增值商业运作模式。目前主要有莞香生物科技、中山国林沉香和深圳波顿股份有限公司等企业，分别代表了沉香深加工的发展形势。其中，广东莞香生物科技（广东省沉香协会会长单位）和中山国林沉香研究所（广东省沉香研究会会长单位）目前已成为广东省内两家行业龙头企业。两家企业联合专业研究机构进行产品开发和技术开发，获得了一系列的发明专利和商标专利权，在各自领域已获得了一定的核心竞争力。现代企业深加工模式为“香博园＋种植＋研发＋旅游＋科普”的综合商业运作模式。该模式主要是以莞香为主题，以香博园为载体，以种植为基础，以研发为支撑，以旅游为带动力，以科普为宣传推广手段，将莞香种植与研发、文化、展销等相关服务业紧密结合起来，打造集种植、研发、科普、文化、旅游、体验和展销等于一体的综合商业运作模式。寮步、大岭山、清溪的几家企业就是该经营模式的主要代表。

此外，还有新加坡异地投资在老挝建种植园，在泰国办精油厂，在本国办现代化的专业市场。新加坡是目前东南亚最大的专业市场，已形成比较成熟的商业运作模式。

二、莞香文化产业发展现状与问题分析

（一）比较优势

东莞香文化历史悠久，明清时期东莞香市是广东四大名市之一，是中国唯一的沉香专业市场，这些优势是其他地方无可比拟的。东莞莞香产业化发展具备“人文、地理与经济”等诸多优势条件。其中，“人文”方面，寮步为古之香市，有东莞地名、牙香街、香港及诸多关于香的故事为证，莞人开放务实，莞香文化深厚，代表了中国香文化传统；“地理”方面，东莞属亚热带气候、各种土壤适宜大面积推广种植莞香树，种植成本较低；经济方面，东莞位处珠三角中心区域、广深港之间，经济繁荣富庶之地，消费能力强。

近年来，寮步镇在市政府支持下，依托香市等历史文化基础，启动“古代香市、现代香都”建设工程，由镇财政专门设立了专项资金，重点建设了包括香市公园、香慧寺、香博馆等一批主题设施，举办了四届香博会和香市旅游文化节，复原了以沉香交易为主的牙香街，引进集聚了一批经营沉香的商铺，种植了近万亩莞香林，同时为推动莞香文化复兴，支持出版了一批莞香主题的书籍并拍摄了香市文化题材的电视剧《莞香》。这些措施对于推动莞香文化复兴和莞香产业化发展发挥了重要的造势、引导和推动作用。尤其，自2010年首届“香博会”举办以来，展会规模、参会人员、商品交易、引资金额都在不断提升，总体呈现良性发展态势。

在政府的强力引导下，社会资本热衷于莞香产业投资，已建设了30多家莞香种植园、种植基地、沉香研究所或以沉香经营为主的公司企业和商铺。仅寮步镇就聚集了生产经营沉香的企业5家、经营商铺50多家，覆盖种植、研发、生产加工、批发零售等各个环节；社会各界普遍认为，东莞应大力发展沉香（莞香）产业，要把它作为东莞城市形象品牌来打造，大力弘扬莞香文化精神，推动莞香文化产业复兴和崛起，打造成具有东莞地方特色的产业，改变东莞没有独立特色产业的局面。

（二）问题不足

莞香已在国内乃至东南亚都具有一定知名度。但由于沉香树种植和结香周期长等特性，决定了当前整个产业发展尚处于复兴起步阶段，未来东莞发展沉香产业还将面临包括技术、市场等诸多不确定因素和激烈竞争。

过去东莞主要以一镇之力促进莞香文化复兴与产业发展，无论是思想认识、战略高度，还是推广范围和政策力度都明显不足。突出表现为：一是前期研究规

划仍然不足，对莞香价值认识不深，且缺乏统筹整合。目前对莞香文化与产业的研究还很浅，主要是一些文化资料的搜集罗列，且不乏错误之处，缺乏比较权威的研究资料，对莞香文化与旅游、产业如何融合发展更是缺乏深入的研究。在发展过程中，一些镇街、部门领导对莞香的重视程度明显不够，甚至把莞香发展当作寮步一镇之事，各镇街部门对沉香的推广种植和产业化发展支持力度明显不足，甚至互相竞争扯皮，无法形成发展合力。二是文化、旅游与产业发展未能有效融合。政府投入方面，文化旅游有余、种植推广与加工制造投入不足，如引进社会资本拍《莞香》电视剧，对宣传莞香文化起到一定作用，但影响力有限；同时建香市影视城、香市动物园与香慧寺、香博馆等硬件设施，试图以旅游带动莞香文化复兴和产业崛起，但效果并不理想。三是加工制造、研发检测和标准制定等关键环节仍然缺乏，缺乏龙头企业，产业盈利模式不明晰，推广种植范围有限，并受环境因素制约大。

未来在香博会、种植、交易和加工制造等许多方面将面临国内许多城市的激烈竞争。突出表现为：一是相比北京、上海等城市，东莞莞香历史文化的根基在于种植和贸易，不在于消费。古时莞香真正的消费主体是京城的皇宫贵戚，在江南的达官贵人、富庶的商人和文人雅士，当然也包括与这些人关系比较紧密的佛道僧人。与之相比，东莞寮步香市主要为采购交易市场，古之焚香不过是百姓用于祭祀活动，所焚主要为香木。二是目前全国举办香市与香博会竞争激烈，东莞市场优势并不突出。传统以野生沉香为原材料加工制作的沉香（莞香）产品总体上属于奢侈品，主要是高收入、高消费且具有一定文化修养（或宗教信仰、或讲究风雅）的精英人群养生、收藏、把玩、体味之物（作为礼品赠送之物，其终端消费也主要是精英人群），相对而言仍是小众市场。如广州莞香批发交易主要集中在华林珠宝馆，面向全国批发零售。如果以传统沉香产品作为在香市和香博会展销内容，东莞虽有一定历史文化和消费基础，但消费后劲明显不足，比不上北上深广甚至海南有优势。如寮步虽然首开香博会，抢先在全国竖立起了旗帜，但北上深广、海南跟随举办的香博会规模和影响力却不容小觑，其主要原因在于在这些城市举办展会能够吸引更多真正有实力、追求品位的精英人群（高端消费群体）和文化人士参展并购买。其中，海南虽然不是经济发达地区，但其拥有产地优势，更作为旅游城市能够吸引高端消费人群，举办展会自然更能吸引商家参展。

三、莞香文化产业发展的战略目标与重点任务

沉香产业具有很强的文化、科技与新兴产业特性，既是传统文化产业的复兴，又融合了现代科技、现代文化元素；沉香产品及衍生产品涉及香料香精、香

水、化妆品、中医药、工艺品、宗教用品及茶烟酒等诸多行业；产业链涉及种植、研发、加工制造、标准制定、产品检测、展销交易、旅游、文宣等许多环节。沉香产业化发展，目前形势还比较复杂，受原材料供给不足等因素比较突出，从长远来看，具有广阔前景，但短期要实现产业化发展还比较困难。为此，应着眼长远，并从实际出发，探索务实的特色文化产业的发展模式。

（一）发展思路与原则

沉香产业发展，一方面应着眼长远，抓住机遇、顺势而为，支持寮步镇继续实施“古代香市、现代香都”工程，同时需将沉香产业发展提升为全市战略任务进行谋篇布局；另一方面，沉香目前仍是奢侈品，要成为大众消费品，尚有一个过程且面临诸多不确定因素。具体实施，可分初期、中期和远期三个阶段分步骤、有序推进。初期阶段，主要以文宣造势、做市场和推广种植等任务为主，目前该阶段目标已初步达到；中期阶段，发展重心应转移到产业化环节上，力争在产业化关键环节和领域，如标准制定、研发检测、加工制造和展销一体等方面获得综合竞争优势，集中力量打造“一个香都和两大园区”，即把寮步打造成为现代香都，重点建设莞香产业园和香博园，带动全市初步形成集莞香种植、加工制造、商贸会展、文化科普、研发检测、养生休闲和旅游度假等各类环节齐全的产业链和产业集群。远期阶段，在产业具备一定规模后，进一步完善产业链，做大做强产业规模，努力把东莞打造成“东方香都”。

（二）发展路径与策略

整合科技资源，推动筹建沉香技术研发中心和检测中心，开展莞香技术攻关与产品研发、文化与产业标准制定和产品质量检测服务。针对沉香技术研发、产品开发和检测服务，鼓励企业和科研机构两种途径加以推进。一方面可以企业科技项目的方式，鼓励企业开展产学研合作，进行技术和产品开发；另一方面可借鉴市现有科研平台运作方式，由市政府、寮步镇政府共同出资联合专业研究机构，共同筹建中国（东莞）沉香研究院和沉香检测中心，进行核心技术攻关，开发系列莞香产品，并制定莞香种植、加工制作和产品等产业标准，提供沉香产品检测服务。

鼓励以龙头企业和协会组织为主体，重点打造集研发、展销、制造、体验和综合服务等功能于一体的莞香产业园和中国香文化产业基地。推动莞香产业的发展，应跳出莞香狭隘范围，扩大到整个香产业的发展，积极引进与沉香具有关联性的衍生产业，如香料香精、香水、化妆品、中医药、工艺品、宗教用品及沉香茶烟酒等相关行业企业，努力打造香产业集群。发展莞香产业园，是当前推动莞香产业化发展的一项重要任务。市政府应着力通过提供场地和政策引导方式，扶持广东省沉香协会和莞香生物科技这家龙头企业，依托其自身种植基础和产品开发优势，着力打造以莞香系列产品（包括茶烟酒、保健、化妆等）加工为主的产业园；重点引进深圳波顿香料香精有限公司，整合寮步与生态园土地资源，建设亚洲规模最大香料香精交易综合体和香料香精生产基地。

依托种植基地和协会力量，着力打造香博园，引导莞香文化、莞香产业与休闲旅游融合发展。目前，东莞已有不少沉香种植基地，可以引导这类种植基地向休闲旅游业发展。重点支持东莞市沉香协会及其相关会员单位，依托沉香种植基地，着力筹备打造以沉香为主题，集种植、研发、检测、科普、文化、旅游、度假和展销等一体的香博园或沉香休闲基地。

推动市场营销模式创新，引导发展一批沉香体验基地，推动沉香与传统服务业融合发展。以市场带动产业发展，是制造业发展的一条重要经验。发展莞香产业，虽有历史基础和地理优势，但如果不重视发展终端市场交易，产业发展将受到制约，甚至被其他城市抢占先机。为此，接下来应着力创新营销策略，在继续扶持牙香街和香博会做大做强同时，引导社会发展以莞香文化为主题的养生休闲服务业。重点应着力推动香博会走市场化路子，完善牙香街交易服务功能，引导社会发展香文化养生休闲服务业。

统筹整合多方力量，建设运营好香博馆、香慧寺和香市影视城，充分发挥文化旅游带动产业发展的效果。加强香文化资源整合，统筹运营好香市公园、香博馆、香慧寺和香市影视城等一系列莞香（沉香）文化项目。其中，香博馆建成后主要用于香文化的展示、展览以及香文化的传播介绍，作为香文化传播基地；香慧寺，属仿唐代建筑，主要将莞香文化与宗教文化有机融合起来，主要作为专门焚烧莞香的寺庙；香市影视城，长期处于闲置状态，建议作为香市交易、香文化体验基地和香博会场所，并适当引进一些咖啡、酒吧、茶馆、瑜伽等休闲服务业，打造一条以香为主题的休闲旅游街。

四、政策措施建议

莞香是东莞发展文化产业、打造文化名城的重要名片，政府应重视莞香文化产业的发展，重点从统筹协调、政策扶持和文化宣传与资源保护等方面推动其迅速崛起。

第一，把沉香产业发展提升到市级高度，制定莞香文化产业发展规划与工作方案。抓紧制定产业发展规划和专项工作方案，明确产业发展方向、主要目标、产业路线和发展策略，确定各相关部门和镇街的工作任务，调动多方力量协同把莞香文化产业做大做强。

第二，加大对莞香产业发展的政策支持力度。针对莞香产业发展的重点环节如种植推广、文化旅游、技术攻关、产品研发等方面制定产业政策。重点在东莞文化名城专项资金中，设立莞香产业专项发展资金，出台专项资金管理政策；把香博会纳入全市重点展会目录，支持市场举办，政府给予相应政策补贴，吸引更多的优质企业参展，提升展会影响力；加大对莞香文化产业项目的用地指标支持，对于优质莞香文化产业项目参照重大项目管理办法，解决项目用地指标，并享受“绿色通道”待遇；针对莞香产业尚处于起步阶段，投入与产出尚难以达到较好平衡，企业经营压力较大的问题，可建立莞香经营企业税收奖励制度，根据企业与项目投资额、税收额等指标，把每年税收市留成部分的50%奖励给企业加强科技与产品研发。

第三，在全市范围内鼓励推广种植莞香。沉香树为深根系树种，是最好的水土保护者。香树全年常青，会散发出独特优雅的香味，沉香林香气四溢，适合游憩；同时，沉香树驱虫而不杀虫，不会排斥其他植物物种，可与周边植物共生共荣，从而真正有益生态维护、净化空气、美化环境，具有很好的生态环境、城市绿化和城市宣传价值效益。目前，全市种植莞香主要局限在几个镇街种植基地，尚未在全市范围推广。接下来，应要求林业局、城管局、植物园等相关部门及各镇街把莞香种植当作一项重要任务来抓，重点推动在公园、植物园、公共绿地、旅游景区、荔枝园等重点地区广泛种植。

第四，加强莞香文宣与资源保护等方面工作。加强莞香文化研究工作，支持市沉香协会联合其他地区协会成立沉香文化研究联合会，并依托联合会成立广东省沉香文化研究院，重点针对香道标准、香道与茶道、瑜伽等传统服务业的融合等主题开展系列研究；抓紧申报国家级非物质文化遗产工作，着力通过申遗工作，发掘香市文化，开展城市营销，抢占文化高地；将“莞香树”确定为市树，并通过植树节、“莞香花建设”等方式广泛宣传莞香，让市民认识了解莞香。此外，还应加强对野生莞香资源的保护工作，严厉打击非法采伐、盗卖和毁坏莞香的犯罪行为。

非物质文化遗产与核心价值观传播

佛山科学技术学院　谢中元

优秀传统文化与核心价值观的关系问题是当前学界关注的重大理论课题和实践话题，关于二者的并题研究已然趋热。然而作为中华传统优秀文化组成部分的活态的、民间的非物质文化遗产，却在这场政学两界积极参与的话题盛宴中较少被涉及，本文拟对此作深入探讨。

一、从中华优秀传统文化与核心价值观的关系话题谈起

首次阐述“建设社会主义核心价值体系”的《中共中央关于构建社会主义和谐社会若干重大问题的决定》（2006 年）强调，社会主义核心价值体系的内核是社会主义核心价值观，其中提及的“弘扬民族优秀文化传统”“弘扬我国传统文化中有利于社会和谐的内容”等表述为后续的“优秀传统文化”与“核心价值体系”关系表述奠定了基调。学界的跟进研究很快将这一论题明朗化，随着论题的持续发酵和掘进，学者们倾向于切入核心价值体系肌理，寻索二者更为扎实的对应细节，纷纷建言重释仁、义、礼、智、信“五常之道”等传统表述并将其纳入探讨，并普遍认同，中国传统文化和社会主义核心价值体系之间相互交融、共生、联系，二者是无法割裂的有机体、统一体和辩证体。

社会主义核心价值观在十八大报告的“三个倡导”中得到了明确表述，并经《关于培育和践行社会主义核心价值观的意见》系统概括。“中华优秀传统文化”与“核心价值观”的关系话题在经过习近平总书记系列讲话论述之后得到进一步升温，特别是在中共中央政治局第十三次集体学习中习近平强调，“培育和弘扬社会主义核心价值观必须立足中华优秀传统文化”[①]。由此开启了二者关系研究的新热潮。目前学界的共识在于，社会主义核心价值观是在萃取优秀传统文化精华的基础上滋育生成的，是对传统文化的创新性升华；而优秀传统文化是涵养核心价值观的的源泉与基础。为此，学者们还纷纷立足于核心价值观所涉及的概念范畴，按照考据法从圣贤语录、经典文献、古籍史料中搜索出语义相似的传统表述，以论证二者在理念内涵方面的契合度。如郭齐勇所述，中华文化的根

---

① 习近平谈治国理政［M］. 北京：外文出版社，2014：163－164.

源在六经，中国古代思想家总结出了传统道德仁、义、礼、智、信“五常”和礼、义、廉、耻“四维”等基本的中华民族道德准则、观念和规范，这些思想资源具有稳定国家、安定社会的重要功用，是培育社会主义核心价值观的来源与基础①。更多的研究者则从周公、孟子、荀子、岳飞、文天祥、林则徐、秋瑾等先贤语录和《周易》《尚书》《礼记》《大同书》等经典文籍中寻索出了传统文化对核心价值观的诸多支撑证据。

应该说，在关于“中华优秀传统文化”与“核心价值观”（含“核心价值体系”）关系的研究热中，学者们着眼于浩瀚的圣贤思想和古籍经典，无不追源索隐、披沙沥金，将一度被遮蔽、被忽视的蕴含着主流价值的传统文化资源发掘出来，在价值层面达成了传统表述与当下观念的对接。但如有识之士所论，“今天的中国学术界甚至连什么是‘中华优秀传统文化’似乎也没有‘讲清楚’……我们并不知道‘中华优秀传统文化’是什么”②。对于“中华优秀传统文化”范畴内含认知的混乱，导致学者们只是将中华优秀传统文化理解为圣贤语录、经典文献和精英表述，忽视了中华优秀传统文化的另一个组成部分——主要来源于民间、乡土的非物质文化遗产。其实，中华优秀传统文化既隐身于浩瀚的古籍文本，也存活于中华儿女代代口传心授的身体实践、生产方式、生活风俗等非遗资源当中。如高丙中所言“传统文化可以区分为精英的、典籍的思想性的传统和民间的生活方式的传统，前者以儒释道为主，后者以民俗为代表”③。中华传统文化既包括代表着国家权力、由城镇知识阶级掌控的书写的大传统，也包括由乡民通过口传等方式传承的小传统。主要发育于农耕文明的小传统，或者说与大众生活紧密相连的乡土民俗，作为“乡土中国”的文化主体，正是如今所要传承保护的以人为载体的各类非物质文化遗产。

习近平在北京大学师生座谈会（2014 年 5 月 4 日）上指出，“对一个民族、一个国家来说，最持久、最深层的力量是全社会共同认可的核心价值观。核心价值观，承载着一个民族、一个国家的精神追求，体现着一个社会评判是非曲直的价值标准”④。“最持久”“最深层”“精神追求”等字眼道出了核心价值观的历史厚度与文化向度。已被列入各级非遗名录的民间文学、民间音乐、民间舞蹈、民间美术、民俗、传统戏剧、曲艺等大都起源于乡土民间，具有浓厚的土生民俗特征，它们作为活态的传统不同程度地蕴含着大传统思想元素，是培育践行核心价值观不可或缺的资源和载体。

---

① 郭齐勇．中华优秀传统文化是社会主义核心价值观的土壤与基础［N］．光明日报，2014－04－02.

② 崔宜明．社会主义核心价值观与中华优秀传统文化的再认识［J］．道德与文明，2014（5）：25.

③ 高丙中．中国的非物质文化遗产保护与文化革命的终结［J］．开放时代，2013（5）：149.

④ 习近平谈治国理政［M］．北京：外文出版社，2014：168.

二、作为优秀传统文化的非遗是核心价值观传播的源泉与载体

（一）非遗具有“代表性文化”的价值内含

《人类口头和非物质遗产代表作条例》（联合国教科文组织1998年宣布）提出了“人类口头和非物质遗产代表作”概念，对“代表作”概念最直接的践行成果是，联合国教科文组织于2001年、2003年相继宣布了第一批19项“人类口头和非物质遗产代表作”代表作、第二批28项代表作，由此形成了非遗代表作申报制度。联合国教科文组织第32届大会（2003年）顺利通过了《保护非物质文化遗产公约》，由此促成了“人类非物质文化遗产代表作名录”和“急需保护的非物质文化遗产名录”的产生，意味着非遗申报评审的淘汰、选择、命名机制正式运行。2004年中国加入《保护非物质文化遗产公约》后，承袭了教科文组织启用的非遗代表作名录申报认定制度，围绕“代表性文化”（representative culture）的核心观念设计了各级非遗名录认定标准和程序。由此，申请代表作的非遗项目必定是国家、地区或一定人群中最有特点、最具影响力、最能代表自己的代表性文化。

“代表性”是各级非遗申报与评选的优先价值。比如，“人类口头与非物质文化遗产代表作名录”的英文是“Masterpieces of Oral and In－tangible Heritage of Humanity”，中文的“代表作”对应的是“masterpieces”，意味着杰作或杰出的代表作。“人类非物质文化遗产代表作名录”的设计思想淡化了“杰出性”，保证“代表性”的优先地位是明确无疑的。在中国的申报操作中，“代表作”概念被进一步细化，《国家级非物质文化遗产代表作申报评定暂行办法》第六条规定非遗代表作项目必须“具有展现中华民族文化创造力的杰出价值”“具有鲜明的地方特色”“体现出高超的水平”“具有见证中华民族活的文化传统的独特价值”等，表述中所涉及的“杰出价值”“典型意义”等概念凸显了“代表作”所应具备的优秀质素和价值导向。可以说，被列入“代表作”的非遗已被限定在剔除了糟粕且保持健康的正面框架中，不仅“有法可依”而且与当下文明语境下的主流价值和社会准则相契合。

（二）非遗是核心价值观的内容源泉

社会主义核心价值观由文本话语表达，具有话语的庄重性、语境的严肃性、语词的固定性、表述的宏大性等特点，虽兼具政治、科学语言的属性，但也是在社会群体的利益诉求中滋育而成的。刘云山指出：“社会主义核心价值观是追求真善美的价值观，中华民族是自强不息、厚德载物的民族，每个人心底蕴藏的善

良道德意愿、道德情感，就是我们培育社会主义核心价值观最深厚的土壤。”① 这种“追求真善美的价值观”实际上是“三个倡导”形象化、人格化、具体化的具象形式，外化为民间社会和民众群体的朴素表达。中华民族的思维模式、价值观念、审美情趣、行为规范、伦理道德就集中体现在与百姓日常生活融为一体的非遗当中。

传统节日类非遗典型地蕴含着丰富的社会主义核心价值观元素。比如，以纪念屈原为核心内容的“端午节”，折射出华夏子孙忧国忧民的爱国主义情结和忠、仁、义、信的民族气节。而百年老字号类非遗之所以生意长久不衰，与它诚信为本的经营理念密不可分，其中恪守诚信的商业精神意味着不仅对顾客、合作者、员工等诚信至诚，还体现在信守承诺、严格遵守合作协议、保持产品和服务品质。民间文学类非遗之所以绵延不绝，正是因为其衔接着民间诉求与主流价值。比如，汉民族史诗《黑暗传》以孝歌为形式，训谕对父母应“慎终”以尽孝，对先祖应“追远”以尽忠，对民族应“盘根”以求源，显示出对以爱国主义为内核的中华民族精神的活态化传承；而被列入首批国家级非遗的“汉川善书”作为融入楚剧并形成大宣腔、欢乐腔、小宣腔、怒斥腔等表现形式的表演曲种，是在田间地头、街边巷尾、茶楼酒肆以及在做生祝寿、婚丧嫁娶期间由台上一张桌、一把扇、一醒目、两话筒以及四人轮番讲唱的乡民艺术，因其宣讲孝敬父母、和睦家庭、友善邻里、救难救急等“十全大善”的教化、劝善、祈福内容，常令听众在洗耳静听、鼓掌落泪中受到感化教育。

如今四级非遗代表作名录体系已臻于成熟，这些代表作项目无不散播着讲仁爱、重民本、守诚信、崇正义、尚和合、求大同等主流价值观念。从愚公移山、精卫填海、大禹治水等口承叙说所弘扬的自强不息、勤劳勇敢、英勇无畏的民族精神，到济公传说、刘三姐歌谣、阿凡提故事等口头传统所展现的扶危济困、抑恶扬善、乐善好施的人文情怀；从人龙舞、赛乃姆、赛龙舟等民间舞蹈游艺所彰显的团结、友爱、奋进精神，到传统名中医、中华老字号等绝技传人宣示的童叟无欺、诚实守信等高尚为人、为医、为商之道；从昆曲、京剧、皮影等传统艺术所展示的曲词、音乐、美术、表演之美，到年画、剪纸、彩灯、陶塑等民间美术所闪射的巧夺天工、精妙绝伦之艺，无不展示着中华儿女的求真、务善、尚美情怀和品质。作为中华民族的生命基因和历史记忆，蕴藏着优秀传统文化精髓的非遗必定是培育和践行核心价值观的文化根基和资源。

（三）非遗是传播核心价值观的活性载体

《保护非物质文化遗产公约》关于非遗的定义已显示出非遗具备突出的“群

① 刘云山. 着力培育和践行社会主义核心价值观［J］. 求是，2014（2）.

体性”传播特征，其中关键词“世代相传”界定了非遗是扎根乡土、口手相传的文化形式，“认同感”是带有乡土自觉性并根基于社区和群体的认同感，可见非遗是由群体创造、传承和保存并在民间群体中传播的优秀传统文化。钟敬文指出，“民间文化大都具有与上层文化不同的特点。她紧贴着广大人民的各种社会生活并密切地为它服务……民间文化的创造者、改作者和传播者，大都是直接从事生产活动的人民。”① 在民间区域的文化生态环境中，非遗依存于民众群体生活，以群体性的传承传播为延续方式。

依靠群体传承传播的非遗本质上属于群体，并源于同一个文化圈，拥有共通的群体文化内涵和精神共性。“群体传播具有以下突出特点：生活化、日常化、弥散性以及双向性、私密性，尤其是大量的群体传播还具有仪式性、习俗性、规范性等特征。”② 与群体日常生活融合的非遗蕴藏着国家、区域或行业基本的思想积淀、价值规范、道德标准和实践指南，作为核心价值观的隐形载体自下而上地传播核心价值观念，更能发挥以文化人的价值规约效果。比如，布依族聚居地黔南州贵定县音寨自新中国成立至今尚未发生刑事犯罪案件，这与音寨一带特有延续至今的“三月三”“六月六”歌会等民间节日文化活动息息相关，正是这些非遗的有效传承和传播，很大程度上起到了弘扬正气、崇善尚德、凝聚民心的作用，从而保证了当地的平安和谐。所以，非遗具有自下而上群体传播核心价值的载体优势。

三、何以促进非遗传播社会主义核心价值观

培育传播社会主义核心价值观已成为国家重视、民众关心的重大课题。但我们曾惯于借助单纯的标语和简单的口号，以道德训诫和表彰的方式自上而下地向民众传播主流价值原则，结果容易导致价值输出与价值接受的脱节。非遗资源的引入可将核心价值观传播变成带温度、接地气、贴民众、见效果的价值软传播，让民众在日常生活中达到核心价值观的入眼、入耳、入脑和入心，进而促发群体对核心价值观的自觉践行。

（一）挖掘阐发非遗的核心价值观蕴藉

以人为载体的非遗是最古老也是最鲜活的价值传统，在向云驹看来，非遗作为自在的文化“是以传统、习俗、经验、常识、天然感情等自在的因素构成的人们自在的存在方式或活动图式”，与社会主义核心价值体系之间是“自在文化与

① 钟敬文．钟敬文文集：民俗学卷［M］．合肥：安徽教育出版社，2002.

② 周东华．群体传播与社会主义核心价值观建设［N］．光明日报，2014-03-26.

自觉文化之间的关系”①。虽然非遗积淀着中华民族最深沉的精神追求，包含着中华民族最根本的精神基因，是民族精神、情感、历史、个性、气质、凝聚力与向心力的有机组成和重要表征，但作为“自在的文化”体系繁杂、数量庞大，若缺少科学的价值阐发将难以充分发挥价值引导作用。在 2005 年至 2009 年开展的第一次全国非遗调查中，我国共普查非遗 87 万项，截至 2014 年底已有 38 项非遗被列入联合国人类非遗代表作名录。此外构建了国家、省、市、县四级金字塔形结构的非遗名录体系，先后认定公布的四批国家级非遗代表项目达 1 372项。

各级非遗名录中有不少反映中华传统美德并与传统农耕文明和民众日常生活联系密切的非遗项目，所蕴含的文化精神不仅对于完善个体人格、维系族群认同具有引领与指导作用，还有助于建构崇善重德的国家形象。但对于这些极富核心价值观蕴藉的非遗项目，学界却缺少足够的价值挖掘、阐释和解读。以入围第四批国家级非遗名录的“孝子祭”为例。“孝子祭”是盛行于浙江富阳的民间信俗活动，每年三月三、九月九在大孝子周雄故里——渌渚镇举行，十乡八里的村民前往渌渚周显灵王殿祭拜，演戏酬神、商贸集市、走亲访友，保持着传统庙会的原始风貌，传播的是一种传统的孝文化。然而没有论著对这种蕴含着核心价值的非遗项目进行专门系统的研究，其实这是非遗研究中的一种普遍现象。如论者所言“作为非物质文化遗产的一种重要价值——道德价值，学术界却鲜有论述”②。这从根本上源于精英知识分子对乡土民间文化的漠视和忽略。

顾颉刚在二十世纪初就曾呼吁，“以前对于民众文化，只取‘自笑有之’的态度，我们现在偏要向它平视，把它和圣贤文化平等研究”③。在非遗保护热的当下语境中，不应只把非遗当作被认定、观赏、保存、修复的客观对象物，而是要挖掘、阐发、解读非遗所蕴含的感人故事、灵动智慧、优秀基因与和谐生态等创生性的价值内涵，在此基础上激活它的能动角色和转化作用，发挥它在引智、化人、开风以及救弊中的功效。对此就是要按照习近平提出的“讲清楚”的基本方法，“讲清楚”非遗所蕴含的以和为贵的价值理念、和而不同的思维方式、平和包容的处世态度、通融和解的行为规范、和衷共济的社会心理、天人合一的自然观念等诸多价值蕴藉，使非遗成为涵养社会主义核心价值观的重要资源。

（二）以非遗为活性载体有效传播核心价值观

一是通过传承保护非遗传播核心价值观。既然“非物质文化遗产的经典能够穿透人类地域的个性而具有跨国界、跨民族的‘人类性’的张扬与肯定，闪烁

---

① 向云驹. 非物质文化遗产博士课程录［M］. 北京：中华书局，2013：136.

② 李占伟. 非物质文化遗产的当代道德价值探究［J］. 民俗研究，2013（5）：22.

③ 顾颉刚. 圣贤文化与民众文化［J］. 民俗周刊，1928（5）.

着人类所向往的正面价值和普世精神的光彩，比如自由、尊严、良知、爱心、同情、善良、真诚、宽容、执着和勇敢等”[①]。那么通过抢救性保护、生产性保护、整体性保护等方式重构非遗传承梯队，让这些携带核心价值观基因的非遗经典跨越个体生命界限，进而实现师传与徒受之间身体互动的代际传承，本身就是让自在的主流价值、审美风尚和道德观念以自觉的方式传播于民间社会。不过，由于一些非遗的传承以师徒面对面的相授形式为主，传受双方的价值传播发生于“熟人”语境，是非遗传承人（传播者）与受传者之间发生的价值元素编码和解码的信息互动过程。其价值传播半径仅限于师徒个体之间，虽然信息互动迅速、直接、集中，传受双方可以即时把握价值观念的流量流向和清晰度，并可在短时间内改变接受者态度，但传播范围小导致辐射面有限。因此扬长避短，加大对传统节日、民俗、游艺等受众范围广、传播效果好的群体性非遗项目的保护力度，可实现文化传承与价值传播的一举双赢。

二是创新以非遗为载体的核心价值观传播方式。毛泽东在《文化工作中的统一战线》中指出：“在艺术工作方面，不但要有话剧，而且要有秦腔和秧歌，不但要有新秦腔，新秧歌，而且还要利用旧戏班，利用在秧歌队总数中占百分之九十的旧秧歌队，逐步加以改造。”[②] 因此可以在不违背传承生态的情况下，将核心价值观等内容植入非遗，以非遗的物质载体为媒介开展价值观传播。比如，既可利用年画、彩灯、陶塑、剪纸、皮影等非遗传播核心价值观关键词，也可将核心价值观植入普通民众所喜闻乐见的地方说唱、故事、相声、谜语、歌谣、二人转、顺口溜等民间口头艺术，以实现核心价值观在民间的有效传播。笔者在田野调查中发现，佛山国家级非遗“龙舟说唱”的传承艺人陈振球、刘仕泉等就善于将和谐诚信、爱国敬业、孝老爱幼等内容以巧妙的方式编入各类龙舟歌，并在当地龙母诞、土地诞以及国庆节、元旦等节假日期间广泛开展龙舟说唱展演，以说本地话、唱国家事的方式传播核心价值观，达到了民众乐于接受的效果[③]。这些以间接、婉转、隐蔽的方式对“硬道理”的“软传播”，使核心价值传播犹如曼妙的乐曲拨动受众心弦。当然，创新需有“度”，即不能以篡改非遗的核心内涵和本体生态为前提，否则会出现“民俗”变“官俗”的机会主义现象。

三是借助非遗展演整合性传播核心价值观。“文化展演”是人类学理论中的重要概念，其要义是在日常生活和传统仪式之外有意识、集中感性地表达呈现文化，以凸显文化的示范性。文化展演越来越成为整合型传播非遗的主流方式，各地常常会集中资源在“文化遗产日”或国庆节、春节等特殊时间节点举办各种

① 林继富．非物质文化遗产“经典化”的可能性［J］．云南师范大学学报，2014（5）：65.

② 毛泽东选集：第3卷［M］．北京：人民文学出版社，1999：1012.

③ 谢中元．佛山“龙舟说唱”的活态传承与保护研究［J］．文化遗产，2014（2）．

非遗文化展、文化节以及非遗进校园、进社区等活动，有的甚至举区域之力建设民俗村、非遗村，集合非遗资源打造历史文化名镇、最美古村落，并将所关涉的非遗整体展演周期化和常态化。这种整体展演式的传播可产生凝聚性、联动性、示范性的文化影响力，适度适时采用能达到传播效果的最大化与最优化。比如，山西吕梁的孝义市所举办的“孝·义文化行暨非物质文化遗产展演”即是典范案例，该展演以书画以及剪纸、皮影、木偶戏、碗碗腔非遗为载体，将孝义文化贯穿其中，且活动遍布孝义市下辖十八个乡镇街道，每次展演所辐射的受众多达数千人。如此而言，在集中的非遗展演中有计划、有目的地嵌入核心价值观元素，或者因地制宜设计相应的主题活动可达到事半功倍的价值传播效果。

综上，以非遗传播核心价值观不仅可行而且有效。当然也有必要借助各类大众传播媒介实现核心价值观的跨时间、跨区域传播。如梅尔文·德弗勒所言“任何价值理念唯有借助于一定的传播方式，通过合理的传播过程，并配合适当的传播环境，才能为大众所接受和认同。”① 无论是杂志、报纸、灯箱、路牌、广播、电视、电影、广告位等传统媒介，还是移动电视、数字电视、手机、博客、微博、微信等新媒体，都可用以传播非遗进而实现中华传统美德等核心价值观的再传播，在受众中产生持久的价值坚持。不过需要警惕的是，大众传媒作为传播工具，在非遗传播方面仍存在捆绑宣传、商业集结的“硬传播”现象，这就有待另文论述了。

---

① MELVIN L，DE FLEUR. Milestones in mass communication research［M］. Bosten：Allyn and bacon，1994：225.

佛山武术文化的发展现状与对策研究

佛山科学技术学院 冯 娟 刘永峰 黄 丹 高燕华 欧光强 吕 海

佛山武术历史悠久，传承严谨，保持着传统风格特色，尤以咏春拳、龙形拳、蔡李佛拳、白眉拳等扬名海内外。作为中国南粤武术的重要发源地，佛山武术文化源远流长而又灿烂辉煌。习武成风、武馆林立、武术界人才辈出，黄飞鸿、叶问、李小龙、梁挺等著名武术家的出现，使佛山武术在中国出尽风头。《李小龙传奇》的热播使佛山武术的历史更加扬名天下；电影《叶问》上演后吸引众多咏春拳爱好者来佛山寻根，在佛山再度引发咏春热潮。佛山市在2004年被国家体育总局武术发展中心授予首个地级市“武术之城”的称号，以武术文化为抓手，充分发挥这一优势，将可使佛山在文化大发展大繁荣的新时代中脱颖而出，再创辉煌①。

当前，佛山在构建“幸福佛山”的新常态下，在成功取得“全国文明城市”的背景下，如何促进佛山武术的文化传播与发展？使佛山武术文化真正走向世界，成为世界文化的一个亮点？本文试图通过对佛山武术文化的现状进行分析研究，寻找存在的问题及面临的挑战，从而提出发展对策。这不仅可以为佛山传承、弘扬和发展武术文化提供参考依据，更能促进佛山文化事业和社会经济持续健康发展，为佛山市有关部门加强文化建设和品牌建设提供参考意见。

本文以佛山市武术协会和部分武术场馆主要负责人、佛山科学技术学院体育学院的学生和普通市民为研究对象。随机抽取佛山市五区的社区公园、居民小区、健身广场和部分武馆等48个体育活动场所的部分健身人员共600人。采用文献资料法、访谈法、问卷调查法和数据统计法等方法进行研究。

一、佛山武术文化发展的现状分析

（一）佛山武术文化发展魅力依旧

1. 品牌建设成果显著，国内外影响力不断提升

2004年，国家体育总局授予佛山市“中国武术之城”的荣誉称号，这一称号在全国独一无二，奠定了佛山武术全国领先的品牌地位，为高起点开展佛山武

① 冯娟，刘永峰，黄丹，等. 佛山武术文化的发展现状与对策研究［J］. 佛山科学技术学院学报（自然科学版），2014，32（3）：89.

术文化建设工作创造了良好的基础条件，这是佛山市政府重视武术文化建设的结果，也是佛山市十多万武术运动爱好者继承、弘扬佛山传统武术文化的结晶。

得益于深厚的武术历史文化底蕴和广泛的群众基础，佛山武术文化依然保持着旺盛的生命力。10余年来，在佛山市委市政府和广大市民的共同努力下，佛山市成功举办了一系列高规格的大型活动，品牌建设成果显著。例如：2004年举办的“魅力佛山·2004佛山武术文化节”；2006年举办了“中国首届国际咏春拳黐手赛”；2008年在世纪莲体育中心举办了声势浩大的万人太极拳活动；2010年9月在西樵黄飞鸿狮艺武术馆，市政府主办了“传奇佛山、天下武林”岭南武术文化高峰论坛；2010年9月在南海罗村，佛山五大拳种首次集体亮相，3 167名咏春拳爱好者同场表演，成为史上规模最大的咏春拳展示活动，并成功申报新的吉尼斯世界纪录。这些活动和赛事，不但有力地推动了佛山市群众性武术运动的开展，同时也云集了国内外的武林人士，更吸引了来自世界各地数十个国家的武术爱好者前来参与，显著地提升了佛山武术文化的国内外影响力，进一步确立了佛山“功夫文化发祥地”的地位。

2. 佛山武术文化拥有深厚的群众基础

作为“中国武术之城”，佛山武术文化拥有深厚的群众基础，群众性武术活动开展非常踊跃，内容丰富多彩，而且民间有一批对佛山传统武术有着非常执着信念和追求的武术传人，武术文化在民间得到很好的普及和推广。

根据调查结果显示：目前佛山市武术协会会员有六千多人，武术运动爱好者有10多万人。佛山市民武术健身的项目集中在太极拳类占38.70%、咏春拳类占18.30%、蔡李佛拳类占17.50%、木兰拳类占13.50%、传统类占6.40%、散打类占5.60%，其中太极拳练习效果比较好，受到调查者最广泛的认可①。由此可见，虽然中国武术博大精深，内容丰富，体系庞杂，期间形成许多门派与流派，但佛山的传统武术魅力依旧②。

据调查：佛山市民进行武术健身活动时喜欢选择环境条件较好且相对固定、就近、方便的场所。在佛山传统武术文化的熏陶下，这种群众性的武术运动，具有自发、执着、养成习惯的特点。在活动时间选择上，52.90%选择在早上，24.80%选择在晚上。在活动场所选择上，31.02%选择在健身广场，26.20%选择在社区公园，19.25%选择在居民小区空地，18.18%选择在武术场馆，还有5.35%选择在住宅活动。③

---

① 徐杏玲. 论当代武术武德之缺失［J］. 军事体育进修学院学报，2012（3）：13.

② 谢荣华. 武术发展的文化选择［J］. 体育学刊，2009（11）：82.

③ 冯娟，刘永峰，黄丹，等. 佛山武术文化的发展现状与对策研究［J］. 佛山科学技术学院学报（自然科学版），2014，32（3）：90.

3. “现代咏春”已经扎根于佛山高校

由于咏春派别繁多，一定程度上阻碍了咏春向规范体育方向的发展，阻碍其向校园推广。从2009年开始，佛山科学技术学院体育学院就对佛山著名武术拳种“咏春拳”进行了引进与研究，在社会体育专业与大学公共体育课开设“咏春拳”课程。学院已将拳种繁多，实用性强的咏春拳、蔡李佛拳等吸纳到武术保安专业方向的专项训练中。目前学院正和佛山武术协会合作研讨，准备整合出一整套规范性的咏春拳。武术已成为该学院的一个特色品牌，成为佛山武术创新的一个亮点。

在2010年11月，“佛山武术文化研究中心”在佛山科学技术学院挂牌成立，该中心主要任务是挖掘佛山武术的传统文化资源，弘扬佛山优秀的武术文化，展现佛山武术文化的时代特色，促进佛山科学技术学院的学科建设和办学特色。这是高等教育与佛山武术联手创新的又一次尝试。

4. 佛山特色武术拳种进入佛山中小学

佛山蔡李佛鸿胜馆从1998年复馆至今，为了推广佛山武术文化，已先后在佛山第五小学、深村小学、华英中学和南海实验中学等学校开设蔡李佛拳培训班，推广武术进校园；同时成立蔡李佛功夫训练基地，主动进校园寻找继承人。

佛山市第五小学从1996年开始就把开展武术运动作为学校的特色教育。充分利用“佛山武术”这个得天独厚的地方优秀教育资源，以寻找“佛山武术文化”为切入点，推行武术教育，发展学校特色。要求每一个学生都要学会学校特有的一套武术操，以竞技武术带起整个学校的武术特色，是五小在武术特色教育方面的一大亮点。

佛山元甲学校是为纪念爱国武术家霍元甲而创办的。“乃文乃武，惟国惟民”的办学宗旨使元甲学校开展武术运动成为传统，学校在武术特色的建设方面做了多方面的工作。在一年一度的体艺节中，武术特色表演更是长期的保留节目，使武术运动在推广的过程中，增加了创新的元素，并在创新中得到发展。

南海罗村从2009年就开始大力推广咏春拳，通过全街道中小学的体育课和以课间广播操形式进行推广普及，把咏春拳引进了全街道中小学校。

佛山首家武术学校“黄飞鸿文武学校”于2012年在南海西樵山下建成，并被佛山市体育局命名为“佛山市武术后备人才培训基地”、被南海区体育总会命名为“南海区龙狮后备人才培训基地”。学校正努力打造成为一所集文化教育、武术训练、体育竞技和观光旅游为一体的现代化综合文武学校。

（二）武馆收入微薄，经营困难

据了解，佛山市民武术健身消费的支出比例较高，愿意进行武术健身消费投资的占86%，健身服装、器械、会费等是武术消费的主要内容，有18.18%的人有到经营性武术场馆进行消费的意向[①]。可见，武术健身消费在市民的体育消费支出中占有一定比例。

目前，禅城区有90多家武馆，南海区有60多家武馆，但效益好的极少。佛山众武馆多隐藏在城市的大街小巷，各自为政，呈现单打独斗的发展局面，而且许多武馆还面临着许多困难：一是在经营上举步维艰，武馆收入低且不稳定，生存空间越来越小；二是各派别潜存争斗，武术交流不足，阻碍了武术健康发展；三是武术做“秀”现象频繁，学员急功近利；四是政府投入不足，佛山武术产业发展模式落后。

在佛山，很多武术师傅都是业余教学，他们并不把武术当作单纯职业，只是在兼职教拳。武馆的生存发展和武术的传承，只能靠信念和兴趣爱好支撑下去，能稳定经营且获得盈利的拳馆就寥寥无几。例如：精武会现有100多个教练，有些在外开了武馆。精武会的经费主要来源于3 000多个会员会费和旗下十多个教练开馆设班的提成，这些经费仅仅勉强可以维持精武会的运作。精武会学一套拳的收费为30~50元，有名气的师傅还能多收几个徒弟，但仅靠教拳这点微薄的收入，连生活都难以为继。

（三）佛山武术产业化道路困难重重

佛山的武术文化，以其博大精深、源远流长而闻名于世，然而，目前佛山武林门派众多，武馆林立，但几乎都是各扫门前雪，缺少资源的整合和市场经济的支撑，导致佛山武术在虚名之下并无产业实体，武术文化产业的发展几乎是空白。

据了解，目前佛山武术产业主要集中在武术服务领域，局限于武术培训和表演，武术旅游刚刚起步，武术器械、服装、设备生产还没有得到很好的开发。佛山共有狮头、木人桩、木棍等200多个品种的武术器械畅销全国，但目前从事生产经营的厂家却不到10家。佛山武术面对“经营”“产业”等字眼，显得困窘无力和不适应。所以，生产经营武术器械生意也是武术产业发展的一条经营之路。

二、佛山武术文化建设存在的问题及面临的挑战

通过调查统计，佛山市民认为武术健身首先需要加强武术设施建设，所占比例达到39.22%，其余依次为加大经费投入占31.55%、加大宣传力度占

---

① 招惠芬，张永明. 广东佛山社区武术现状与发展对策研究［J］. 军事体育进修学院学报，2007（1）：104.

19.25%、加强信息服务占4.99%、培养健身指导员占3.92%和其他占1.07%。

在看到近年来佛山武术文化建设取得长足发展的同时，毋庸讳言，我们在很多方面还存在着明显的不足，主要表现在以下几方面：

1. 对武术文化的价值认识不到位

根据调查数据显示：强身健体（占86.81%），疾病康复（占51.52%），休闲娱乐（占38.86%）、增加社会交往（占26.38%）是佛山市民参与武术健身的主要原因。

改革开放以来，佛山在制造业领域取得的巨大成就，并以发达的制造业享誉全球，这使有关部门的领导不同程度地产生了"重经轻文"的思维模式，对武术文化在佛山社会经济建设方面的价值认识不到位，重视程度不够，说得多做得少，缺乏实际行动。

目前政府为佛山武术发展搭的台还不够完善，同时政府对武术产业的发展缺乏优惠扶持政策，还没有将它确确实实当作一项文化产业工程去关心。同时，未能充分利用这些年来佛山武术文化影视题材作品的强大效应，不失时机地大抓武术文化建设，多次错失了发展的黄金机遇。

2. 武术文化建设投入不足，宣传力度不够

相较于制造业领域，佛山市政府在武术文化建设上投入不足，这不但严重制约了武术文化建设的发展，也使目前佛山武术文化遗产的抢救、挖掘、保护和传承面临严峻挑战，拳种和门派随着老迈传承人的离世及后继乏人而失传。武馆因财力不济而倒闭，武术社团组织因资源匮乏而缺乏凝聚力，更因经费不足而无力开展武术文化的挖掘和推广。同时影响到民间投资的热情和信心，由此造成了佛山武术文化事业培育和发展严重的资金瓶颈，十分不利于其可持续发展。

同时，佛山媒体对佛山武术文化的宣传力度在形式、时间、范围和规模上的不足，也远远不能满足其发展的需要，使广大市民普遍对佛山武术的理解不够，甚至产生误解，不利于普及推广。

3. 组织管理不够完善，佛山武术协会难有作为

目前，佛山市五区武馆共有560间，在佛山市武术协会正式注册的有297间，其中禅城区97间，南海区60间，顺德区64间，三水区35间，高明区41间，这说明佛山有50%左右的武馆属于民间自发组织①，佛山武术团体的组织管理还不够完善。

佛山市武术协会成立多年以来，由于在政策上未能得更多的支持，加上办公经费的紧缺（每年经费不足5万元）和办公条件的不足（办公面积只有6平方

① 冯娟，刘永峰，黄丹，等. 佛山武术文化的发展现状与对策研究［J］. 佛山科学技术学院学报（自然科学版），2014，32（3）：91.

米，每月租金3 000元），所以，一些基础性的管理工作没有建立起来，如档案资料、活动纪事资料以及一些必要的规章制度至今仍是空白。有关继承发扬佛山武术文化的工作，需要经费，涉及人力物力，如果相关部门不够审视和扶持，缺乏有领导、有组织的政府行为，目前的佛山市武术协会根本担当不起此重任。

4. 佛山武术文化产业发展相对滞后

近年来，佛山武术界一直在教育培训、影视、竞赛、保健养生和中医药等领域积极开展产业化尝试，初步形成了一些经营性项目。但由于缺乏政府的主导和政策、资金等的支持，武术文化产业发展相对滞后。存在着发展思路模糊，战略规划欠缺，产业链条缺失、经营水平低下、竞争能力薄弱，盈利能力不足的特点。普遍处于生存困境和不景气状态，远未形成与佛山武术文化地位相匹配的产业规模和产业体系，更不能在经济发展中发挥其应有的价值和贡献。

在佛山旅游局的精心组织和宣传下，“佛山武术一日游”成了目前佛山旅游的一大品牌。自从推出这个品牌活动后，佛山已经吸引了来自世界各地的武术爱好者前来旅游，每年入祖庙参观的国内外游客有近百万人。同时，佛山市禅城区也推出了“撼动禅城佛山功夫之旅”旅游路线。所以，以黄飞鸿纪念馆、李小龙故居、叶问纪念馆、佛山鸿胜武馆为代表的佛山武术文化，是吸引游客的重要原因之一。每年都会有武术爱好者来佛山寻根或者切磋，通过参观纪念馆等，切身感受中国武术的精髓，也为佛山旅游带来了极大的经济效益，但是还没有形成品牌效应，产业链发展相对滞后。

三、佛山武术文化的发展对策

（一）加大扶持力度，加强宣传交流，打造“武术之城”品牌

仅靠佛山功夫传承人去竭力维持佛山“武术之城”品牌，未免势单力薄。政府应将武术文化发展纳入到佛山市文化产业发展的总体规划中，加大政策扶持力度，设立佛山市武术文化建设财政扶持专项资金，资金主要用于武术文化遗产的抢救保护，重大武术文化产业规划编制修订和民间武馆的补贴扶持等方面。同时，由政府引导，各相关部门负责，通过开展各种武术文化的宣传推广、学术研讨、品牌建设和武术比赛等方面工作，积极打造佛山“武术之城”的品牌。

加强与港澳台以及国内外的佛山武术传人的宣传交流，组织各类国际性比赛，并将高水平的比赛项目作为吸引游客到佛山观光旅游的重要内容。同时，组建具有佛山武术特色的志愿者队伍和武术表演队，广泛地开展有关活动，积极推广和宣传中国武术文化。

（二）逐步做强做大佛山武术文化产业

体育产业化在当今经济社会中是一只劲旅，举足轻重，体现着经济与体育的契合，推动着整个社会物质与精神的进步①。因此，建议佛山的武术产业应该结合岭南文化发展，走一条适合佛山武术文化发展的逐步实现武术产业化道路的发展模式。

1. 重视资源的挖掘利用，加快武术文化产业人才队伍建设

由政府相关部门组织落实，组成专门机构，将已经征集的武术文物分类整理，并编辑成册，以丰富佛山的武术文化内涵；进一步挖掘和拓展征集渠道，充分挖掘佛山武术产业资源，如武术技术培训、武术用品的开发和生产、武术旅游、武术竞赛等。同时，利用佛山丰富的武术文化资源，加快佛山武术文化产业人才队伍建设，组织拍摄一批以佛山武术为题材的纪录片、电影、电视剧等，并打造舞台剧、动漫等文化产品。佛山文广新局和本地电视台应多策划与武术有关的综艺节目。

2. 整合资源，筹建“佛山市武术园区”和“中国功夫文化发展研究中心”

目前，咏春拳在佛山有很好的群众基础，佛山市政府把咏春拳作为非文化遗产加以保护，建立了咏春拳博物馆和研究中心②。佛山的武术应与粤剧、陶艺、龙舟、中医药、宗教及其他非遗文化契合，整合资源发展，以旅游产业为平台，生成多元文化产品产业链。建议在南海区“西樵山”或者在禅城区“中山公园”筹建“佛山市武术园区”，打造禅武基地，使之成为集教育、展览、表演、擂台竞赛及相关武术文化交流平台。武术园区建成以后，与现有的“黄飞鸿纪念馆”“鸿胜纪念馆”“李小龙故居”“叶问纪念馆”“黄飞鸿狮艺武术馆”以及众多武术文物古迹连成游览参观路线，以达到“旅游文化”与“武术文化”双升级的良好效果。

建议市政府利用佛山武术文化研究中心现有的资源优势，组建“中国功夫文化发展研究中心”，在遗产保护与传承、文化创新与发展等方面开展相关的理论研究和学术交流；以功夫文化为纽带，整合源自佛山、散落于全球的武馆社团，构建起世界性的文化认同体系，强化佛山“世界功夫文化发源地与中心地”的地位，提升佛山武术文化的国际影响力。

3. 鼓励佛山武馆演变成“俱乐部”

佛山南北武术云集，500 多间武馆分布于佛山五区城乡，形成深厚的武术文

---

① 徐杏玲. 论当代武术武德之缺失［J］. 军事体育进修学院学报，2012（3）：13.

② 黄丹，刘永峰，欧光强. 佛山地区高校开展咏春拳教学的实证研究［J］. 广州体育学院学报，2012（2）：118.

化氛围，但是，佛山武术却处于一种分散的发展状态。现在的武馆应该突出武术的健身作用，迎合现代人的口味，与时俱进，降低门槛。建议条件成熟的武馆，鼓励他们演变成“俱乐部”，走“俱乐部”的发展路子；进行市场化操作，实行会员制，会员可以根据自己的时间安排随时到武馆来学武。

4. 加大扶持力度，促武术教育、培训和康复治疗业健康发展

由佛山鸿胜馆传人开设的医药馆“鸿胜堂”作为挖掘、传承、发展佛山蔡李佛鸿胜文化的一个专门机构，现在已经形成以“鸿胜堂”为中心，集功夫推拿馆、培训学校、服装、医药、杂志和庆典公司为一体的大型武术文化产业，鸿胜堂已探索出一条武术与医药结合的发展之道。但是武术其他老字号如何适应市场，如何对武术文化进行深入挖掘弘扬，开发好老祖宗留下的这座金矿，更需要相关部门的重视和扶持。

建议政府尽快出台扶持文化产业发展的政策，重点扶持一批有代表性和影响力的民间武术社团。加大扶持力度，促武术教育、培训和康复治疗业健康发展，利用佛山丰富的武术医学资源和影响，加强在骨伤、运动损失、康复治疗等方面的研究，形成优势，打造具有国际影响的医疗机构和中成药产品。

（三）普及推广，积极传承：让特色传统武术进校园

在咏春拳发祥地之一的佛山，在大学中开展和普及咏春拳教学是地方高校利用地方特色文化资源，培养现代社会需要的应用型、创新性综合人才的典型成功案例，具有很好的现实意义。[①]

政府应充分把握佛山武术文化群众基础深厚的有利条件，加大力度开展传承、普及和推广工作，在佛山五区大、中、小学大力普及、推广佛山特色传统武术，而中小学校的课间操便是传统武术一个很好的切入点。由市教育局和中国功夫文化发展研究中心组织武术专家，创新性地开发相关的课程和适合青少年学生练习的功夫套路，将有佛山特色的太极拳、咏春拳、洪拳、蔡李佛拳等拳种的武术功夫套路，在全市大、中、小学内进行推广在大力普及推广，形成特色[②]。同时，借鉴佛山科学技术学院有关让特色传统武术进校园的成功经验，普及推广到佛山的其他高校。

---

① 黄丹，刘永峰，欧光强．佛山地区高校开展咏春拳教学的实证研究［J］．广州体育学院学报，2012（2）：118．

② 冯娟，刘永峰，黄丹，等．佛山武术文化的发展现状与对策研究［J］．佛山科学技术学院学报（自然科学版），2014，32（3）：92．

民俗与体育的交响：寻绎佛山龙舟文化的生命支点

佛山科学技术学院　高建磊

佛山龙舟文化映照了岭南民俗体育的时代命运，不仅是因为佛山龙舟文化是典型的佛山民俗体育活动，更是由于这一历史悠久、影响较大的民俗体育活动在新的历史条件下实现了当代转型。在对佛山龙舟文化的历史进行梳理的基础上，更主要的是面向其现在的发展状况进行深入探究。从表面上看，佛山龙舟文化通过实现时代转型，不仅成为国内龙舟发展的领头羊，而且走向世界，成为佛山的新名片，这也许表明佛山龙舟文化没有像某些民俗体育活动一样日渐式微，逐渐消亡，但是这并不能掩盖其发展的隐忧。龙舟文化的生命深植于民众之中，佛山龙舟文化如何适应现实存在的社会心理基础和组织管理条件？佛山龙舟文化如何实现当代转型？龙舟是彻底成为现代比赛项目还是有其他选择？本文以民俗学的整体研究为学术取向，考量佛山龙舟文化主体、佛山龙舟文化模式和活动环境，选择佛山的龙舟文化进行分析和调查，了解佛山龙舟的开展条件、存在状况及相应影响。同时，在阐释佛山龙舟文化在当代表现方式及特征的基础上，明晰佛山龙舟文化的现实发展路径，对佛山龙舟文化的现代发展走向进行分析展望。

一、佛山龙舟文化的研究综述

近年来佛山本土学者对佛山龙舟文化给予了应有的研究与关注。凌远清（2009）在《顺德龙舟活动现状及发展策略》中认为顺德的现代龙舟队在多年的国内外赛事中取得了辉煌的成绩，乡村龙舟活动每年也正常开展。但盛誉之下的现代龙舟队已面临后继乏人的困境，而乡村龙舟活动也出现后无来者的盛况。要解决龙舟活动的传承问题，必须依靠政府的积极倡导以及民间的广泛推动，在当地大中小学校以及企业当中广泛开展龙舟活动，顺德的竞技龙舟与传统龙舟才会出现较好的传承局面。申小红（2014）在《顺德龙舟文化探析》一文中认为造龙舟仪式通过荆楚传入岭南，虽然形式上有所简化，但依然能生动地反映楚文化的巫祭文化特征，龙舟要经过起龙、晒龙、上油、点睛、装饰等各种程序及仪式方能正式下水参赛；而龙舟赛事之外的祈求身体健康与增进族群团结的龙舟宴（龙船饭）、民间记录龙舟传统的龙舟歌标等仪式与活动表明，龙舟活动早已在佛山民间演绎出完整的“民俗文化生态链”。

舒翔（2007）的《蕉身作艇敢为先———顺德龙舟历史文化研究》认为顺德龙舟有着悠久的历史，其发展过程中继承了岭南传统文化的特色与个性，兼容了中原文化的内容，逐渐形成了顺德广大群众喜闻乐见的民俗和体育运动，并取得丰硕成果。“团结合作，奋勇拼搏，一往无前”的龙舟精神更升华为顺德精神。顺德龙舟已经成为顺德一项具有国际影响力的文化品牌。

申小红（2013）的《顺德“龙舟竞渡”礼仪探析》提到“扒龙舟”不仅是顺德端午节的主要内容，而且也是水乡最隆重的民俗活动，它传承了从明代景泰年间便已形成的几百年的龙舟串门、联络乡情的龙船节习俗。龙舟在珠三角地区被尊为神圣的龙的化身，以族群为单位的顺德“扒龙舟”习俗还形成了一套传统而神秘的礼仪与完整的程式，有利于水乡族群传统文化的重构，而且龙舟文化也成为佛山特别是顺德对外宣传的文化品牌和城市名片。在现代城市化进程中，乡土文化与城市商业文化进行着艰难的博弈。

在龙舟文艺方面，谢中元（2014）的《佛山龙舟说唱的活态传承与保护研究》认为佛山的龙舟说唱因其地方性、底层性、流动性特点历来缺少学术观照，龙舟说唱有以口传身授为传承方式，以表演情境为依存场域，以声腔锣鼓为生成技术的活态传承特点。认为在表面热闹的传承传播景象背后隐藏着致其濒危的诸多因素，调动保护主体的可持续性参与、实施对重点传承人的供养式保护、激活遗产的造血式传承是实施龙舟说唱保护的尝试性路径。

在佛山龙舟与体育发展的关系研究上，曾文瑶、梁斌（2012）撰写的《论民俗体育对我国体育发展的作用——以佛山九江龙舟为例》，以佛山九江龙舟为例，探讨了我国民俗体育对群众体育、学校体育和体育产业发展的实际推动作用。印证了民俗体育能够帮助解决目前我国体育发展面临的若干瓶颈问题，对实现体育强国目标有着切实的实际意义。

二、岭南民俗体育文化的当代传承样态

（一）民俗体育活动节令性限制被突破

广府童谣唱道：“五月初五系龙舟节咯，阿妈带我去睇龙船……”佛山赛龙舟多在农历五月举行，主要是这样的时节天气暖和，江河水位走高，便于人们驾船；并且古人认为五月是“恶月”。佛山人以赛龙舟的形式禳灾避瘟，在端午这个特定时间里，民众潜意识中都在执行这一文化指令，表现了对生活的热爱和积极向上的精神。龙舟活动的时节伴生性，减少了传统龙舟文化在传承上的随意性，为龙舟文化的传承提供了一种时间性保障制度。这其实是一种民俗习惯在起作用，民众在这种时间制度下秉承习惯、守望传统，传统龙舟活动也因此得以传

承下来[①]。这正是岭南文化不断焕发生机的自然流露。

现在佛山仍以端午节的龙舟赛事最多，但由于居民文体生活的需要，在每年四月到十月长达半年的时间跨度内，国庆节、劳动节等现代节日也常常能看到龙舟竞赛的情景，这些不在端午时节里进行的龙舟比赛，尽管会缺少一些相应的仪式与气氛，但参与民众数量依旧很多。这就延展了佛山赛龙舟的节令区间，为当代龙舟民俗文化的传承发展提供了足够的时间保障，使佛山赛龙舟文化传承的局限性大大减低。

（二）民俗体育项目的类型多样化

佛山赛龙舟的物质载体就是龙舟，龙舟传统类型按照人数的多少来划分大中小三类，大龙舟一般长 8～10 丈，人数有 60～100，中龙舟长约 7 丈，人数有 20～50，小龙舟长约 2 丈，人数有 3～5。按照龙舟的功能来区分主要有游龙和标龙两种分类，游龙又称彩龙，体积大，装饰美观，重在游弋展示华美装饰、鼓乐整齐和纪律性等，佛山容桂、张槎、盐步等地每年的彩龙巡游活动深受群众喜爱。标龙重在竞速求胜，有三人龙、五人龙、十二人龙、标准龙、传统龙等不同类型，传统龙舟由于造价较贵，需要参赛人员多，地方组织竞赛的难度相对较大，所以佛山一般的群体活动中佛山赛龙舟以五人、十二人、标准龙为主，如三水白坭、芦苞，南海九江、禅城南庄等地非常流行五人龙，很少组织传统龙舟比赛。但在佛山南海、顺德等龙舟传统文化较厚重的地区，传统龙舟活动举办频次较高，如南海盐步老龙探“契仔”、黄岐龙母诞拜祭和各社区的锦龙盛会，传统龙舟的地位与价值并没有受到削弱。佛山赛龙舟呈现多类型同时存在发展的样态是人们文化生活需求多样化的折射，也同样体现了岭南民俗体育文化的兼容性一面。

（三）项目参与主体呈扩大化倾向

佛山赛龙舟突出的团队精神赋予了龙舟丰富的内涵，它体现出一种原始与现代相结合的团队意识和凝聚力。20 世纪 70 年代末，佛山民间赛龙舟渐渐复兴，佛山顺德、南海、三水、禅城等地的龙舟活动逐年增多，参与者范围逐渐扩大。传统龙舟队选手以前主要由同村同族人组成，彼此熟络，关系稳固，从事劳动的活动范围不大，节庆前后能经常聚在一起坚持练习扒龙舟。旧时佛山地域民众认为龙舟洁净，女性会带来晦气，不准扒龙舟，甚至家室有孕的男子也被禁止参加。从 20 世纪末开始，参加扒龙舟的人员性别、身份发生了变化，以前由同村同族人组成，而现在女性、不同姓氏不同村落的人也可以一起训练比赛，顺德、

---

① 赵善德．先秦时期珠江三角洲环境变迁与文化演进［J］．华夏考古，2007（2）：90－93．

九江还组织成立了女子职业龙舟队来参加各类大赛。但民间对男女混合龙等新生事物仍然接受程度不高，南海叠滘等地的女子凤舟也只在男队赛龙舟后参加五月初八的游龙表演，出于尊重传统，还不能和男队一起竞技。

（四）宗族仪式的削弱与固守

佛山赛龙舟是一项宗族活动，在整个赛龙舟活动中会举行一系列具有浓郁岭南民俗文化的祭祀仪式，目的是祈求神灵保佑来年风调雨顺、国泰民安。这些祭仪代代传承，沿袭至今，内容基本包括：起龙舟、朝庙、拜龙（祭龙）、采青、请龙、接龙、竞渡等祭仪。参拜当地的庙宇在时间上略有不同，如南海盐步老龙将会在五月初一前往华光庙，顺德勒流等地龙船在五月初三前往龙眼村太尉庙。当代对佛山赛龙舟这一民俗体育活动的传承中，偏重赛龙舟竞技成绩和娱乐性的现象比较突出，而把赛龙舟活动中的仪式性内容给部分地简化了。祭祀仪式作为一种传统习俗流传下来，已经弱化了以往的迷信色彩。当前赛龙舟主要表达了民众的休闲生活需求和思想情感的寄托，赛龙舟宗族仪式的保留是这一民俗体育活动没有失去吸引力的重要原因，在传承和发展其他民俗体育活动中，不能忽略传统仪式的重要性，防止其沦为文化道具。

（五）追求身份认同与彰显个人价值的动机叠加

佛山等岭南地区的传统社会人们聚族而居，赛龙舟往往是在村内各宗族之间或不同姓氏的村与村之间进行。对于各宗族来说，赛龙舟对内则起到凝聚力量、团结人心的作用，使得宗族的价值观念得以传承。对外展示自我形象和实力，以便赢得更多威望甚至实际利益。从资金筹备、人员选拔、训练安排，每次龙舟赛几乎全村全单位人员都会参与。龙舟参赛者为集体展现个人的力量，为所属村落赢得荣誉，期望获得人们的认同和尊重，提高个人在群体中的社会地位。龙舟赛为参赛者提供了一个改善、增强与所属群体之间联系的契机与平台。

身份认同感，是一种族群内部成员对本族群在相互依赖和相近的价值观念及伦理道德、审美情趣的基础上，形成的对本族群的自豪感和亲近感。由于佛山赛龙舟运动鲜明的身体表征属性、参与者接触的频繁性、情感体现的直观性等特点，使参与者和观赏人群很容易进行情感交流，不断增进了解和理解。这对身份认同感培养起到了潜移默化的作用。同时也作为一种特殊的“精神黏合剂”①，能够把自身与集体紧密联系在一起，从而产生凝聚力和向心力。

---

① 闻一多．神话与诗［M］．上海：华东师范大学出版社，1997：150－151．

（六）社会现实与价值追求的冲突与异化

岭南民俗体育项目的核心文化和主旨内容总有因袭的内涵和固定的仪式，体现着民众凝聚力和趋同意识。佛山赛龙舟文化本身所具有的传统性与现实的冲突是客观存在的，20 世纪 90 年代由于区域经济发展不平衡，佛山一些镇街的龙舟赛因为追求大场面，缺乏足够的资金支持，举办龙舟赛的次数大为减少；也出现过为了追求名次，龙舟竞赛中队员参赛资格作假而导致的罢赛、打架等冲突现象。这些社会现象不利于龙舟项目在当地的发展和传承。

佛山赛龙舟的当代传承，因政府支持、群众融入、媒体宣传、公益参与、商业推动等因素的共同作用得以形成良好的文化气候。但在这些值得肯定的发展背后，龙舟文化的功利性倾向日益突出。随着顺德乐从、远航九江等龙舟职业化队伍的出现，佛山赛龙舟的产业化发展从萌芽走向了快速发展，从而使龙舟的某些特质功能被弱化，龙舟的原生态气息被市场化所熏染。佛山的个别村镇因为过于强调龙舟活动带来的经济效益，出台的一些发展举措急功近利，人为地造成了该村镇龙舟的简单商品化和浅表化。因此，民俗体育文化这种功利性的异化现象，对民俗体育文化的传承和可持续发展均有不可忽视的影响。

三、寻绎岭南民俗体育文化的发展对策

（一）以体育类非物质文化遗产数据库的建立推动岭南民俗体育文化发展

岭南民俗体育文化的传承，需要各地区做好岭南民俗体育中的非物质文化遗产整理工作，全面了解和掌握民俗体育类非物质文化遗产的种类、数量、分布状况、生存环境、保护现状及存在的问题。当前，开展岭南体育文化遗产普查主要是依靠各级文化旅游主管部门的牵头与组织实施，而各级体育部门配合文化部门和科研单位的力度不够，文化、体育、旅游等部门应理顺合作机制，全面了解和掌握岭南民俗体育文化遗产的种类、数量、分布状况、生存环境与保护现状，建立岭南民俗体育类国家和省、市、县遗产名录体系，选取条件成熟的项目适度进行市场开发，反哺名录中急需保护的民俗体育文化遗产。对未列入文化遗产名录的项目，也要制定科学的保护计划，明确有关保护的责任主体，进行有效保护，确保岭南民俗体育文化遗产的传承。

（二）岭南民俗体育文化发展要引入市场机制

引入岭南民俗体育文化发展的市场机制，是要按照市场对民俗体育文化的需求进行项目运作，以需要为导向进行布局和发展。岭南民俗体育文化发展过程

中，在效益指标上要区别对待，由于岭南民俗体育文化包含项目繁多，普及性较强的项目可以追求经济效益为主，其他项目要注重其社会效益，在更好地服务社会的同时满足其自身发展。

市场运行需要的项目资金要拓宽渠道，积极吸引国营、民营、集体、个人、外资等各种资金进入，调动各方面的积极性。目前在岭南民俗体育文化发展过程中，民营资本已经大量进入，岭南民俗体育民营资本成功的例证也有显示，如顺德乐从家具集团出资成立的顺德乐从龙舟俱乐部，在世界龙舟锦标赛、中华龙舟大奖赛等赛事中多次斩获冠军。长远来看，民营资本将是岭南民俗体育文化发展的主要投入资本。

（三）积极结合全民健身计划，促进岭南民俗体育生活化

全民健身计划是我国体育事业发展的根本国策。积极将保护与发展岭南民俗体育文化纳入到全民健身计划中，是岭南民俗体育快速发展的助推路径。随着广东人民生活水平的提高，民众的休闲生活内容日渐丰富，高质量的生活成为民众的普遍追求。参加体育活动逐渐成为人们的一种生活方式。传统舞蹈、龙舟、武术等岭南民俗体育具有较强的锻炼功能，其锻炼方式与当地民众的民间信仰和生活方式十分相关，并且出于追求身份认同感的目的，当地群众的参与积极性也能得到激发。因此，我们应充分利用岭南民俗体育的优势，把岭南民俗体育与全面健身相结合，使岭南民俗体育文化融入群众生活当中。可以把一些具有健身、竞技、表演和娱乐价值的岭南民俗体育项目，如传统舞蹈、武术、舞龙舞狮、龙舟等，推广发展成为健身、表演和娱乐健身活动的内容，实现岭南民俗体育的保护与开发有机结合，推动岭南民俗体育向生活化方向发展。

（四）以产业化发展思路融合旅游业发展岭南民俗体育文化

随着广东旅游业的深入发展，民众对旅游产品的追求呈分化趋势，各地依据自身的实际情况积极开发民俗旅游资源，带动了岭南民俗体育文化产品的发展，给广东各地区带来了前所未有的机遇。以产业化思路发展，与旅游业相结合，广东的岭南民俗体育文化有着自身优势：岭南民俗体育文化有着岭南特性和其自身区别于其他地域的文化差异性，是具有特殊文化吸引力的旅游资源。许多岭南民俗体育项目不受年龄、气候等影响，能满足不同游客群体的需求。并且，岭南民俗体育项目健身性、娱乐性、趣味性强，简单灵活，适合开展体验式旅游。将岭南民俗体育项目积极融入区域旅游业进行开发，可实现旅游业发展与岭南民俗体育项目发展的“双赢”，实现岭南民俗体育项目的产业化发展。

四、结语

岭南的体育类民俗体育项目的传承与发展，应深挖项目本身的重要文化内涵及其时代价值，依据国家和地方的非物质文化遗产政策保护与支持，积极主动地寻找合理的自身传承与发展路径。以发展的眼光基于传统创造新文化，明确自己的文化身份，真实表达岭南民俗体育兼容性和多元共存面貌，辩证理解源头与源流关系，抓住文化话语主动权，在厘清与守护岭南体育文化根脉的同时，不断发现与开拓岭南文化时代发展的新生长点。

对佛山龙舟及其背后岭南民俗体育文化的研究，需要业界、学界的长久关注。岭南民俗体育优厚的历史积淀支撑着众多生生不息的传统项目不断得以传承；龙舟等岭南民俗体育在新时代努力寻绎着岭南文化不断发展的新的生命支点，这也正是我们持久关注与探究的理由和动力所在。

参考文献：

［1］凌远清. 珠江三角洲传统龙舟活动的区域特点与文化功能［J］. 顺德职业技术学院学报，2010（10）.

［2］叶春生，凌远清，等. 顺德龙舟［M］. 北京：人民出版社，2007.

［3］申小红. 顺德“龙舟竞渡”礼仪探析［J］. 佛山科学技术学院学报（社会科学版），2013（2）.

［4］舒翔. 蕉身作艇敢为先：顺德龙舟历史文化研究［J］. 顺德职业技术学院学报，2007（4）.

岭南古村落文化元素探微及其复兴实践

——以南海松塘村为例

佛山科学技术学院　吴彩容

岭南是指中国南方的五岭之南地区，相当于现在广东、广西及海南全境，因独特的地理环境和文化背景而孕育了一大批岭南古村落，其中，广东省珠江三角洲腹地的佛山市南海区西南部西樵镇，是西樵山遗址文化的发祥地。岭南水乡特征鲜明、水乡文化独特丰厚、古村经济基础良好，是传承岭南文化的根基，而松塘古村落被认为独具文化特色，由此，本文选取松塘古村落为例，通过实地调研分析松塘村古村落现存的问题，并对其文化元素进行细致的探微，并就松塘古村的物质文化元素、事件文化元素和意境文化元素分别提出复兴措施，对进一步做好古村落活化工作有借鉴意义。

一、佛山南海松塘古村落基本概况及存在问题分析

（一）自然环境概况

佛山地区现存一大批历史悠久的古村落，其中古村风貌保存较好，文化元素丰满的松塘村较为典型。据考证，该村在明清两代至少走出了4位进士、7位举人，其中3人入翰林院，因此松塘村又叫“翰林村”。2010年，获住房和城乡建设部、国家文物局授予第五批“中国历史文化名村”荣誉称号。这是一座历史悠久的村落，常住人口不足2 000，以区姓为主，据记载，宋以来，从南雄逃难迁至岭南水乡的区氏先人在松塘繁衍至今，已经经历了近800年。

南海西樵镇位于珠江三角洲的腹地，是一个地势平坦，河涌纵横，山冈台地棋布，又有不少低洼沼泽地的冲积平原；这种复合三角洲的地理环境、亚热带或热带气候及自然资源的特点，必然给西樵原始居民的经济生产和生活习俗，带来很大的影响。处于西樵西边大约十公里就是翰林文化闻名遐迩的松塘村，松塘古村落隶属上金瓯，上金瓯村委会地处南海西樵镇的北部，毗邻三水、丹灶。从卫星地图可以看出，松塘村环境得天独厚，三面被山冈环绕，中央池塘连片，松塘村倚岗围塘列建，大大的7个水塘相互串联一直绵延到山边。

松塘古村落气候宜人，雨量充沛，属亚热带季风气候，主要特点是：雨热同

期，春湿多阴冷，夏长无酷热，秋冬暖而晴旱。年平均气温为22.2℃；一月最冷，平均气温为13.5℃；七月最热，平均气温为29.1℃；6~9月的平均气温均在27℃以上。年平均雨量为1 653毫米，全年总雨量在1 400~2 000毫米之间。

（二）松塘古村落现状概况及存在问题分析

1. 基本概况

松塘古村落经历了近八百年的历史，见证了近八百年来的风风雨雨，以其丰厚的翰林文化内涵及其独具岭南特色的建筑和自然环境实体一同构成了一个颇具特色的古村落。倚岗列建镬耳屋古民居，鳞次栉比整整齐齐；意境幽深的古巷；相互串联的大水塘；为数众多的宗祠家庙、家塾书舍、古井古树等点缀其间；一大批文辞隽永、内涵丰富的精妙古联；门楼巷名、村训格言、历代公益善举之引文、碑铭；青砖磨砌、精致雕饰和沿塘并立的旗杆夹石；还有闲坐庭前或聚集在村头空地的人们，这些共同孕育了松塘古村落丰富的历史人文，共同描绘松塘古村落的乡土风情。

2. 现状问题

近年来，松塘村加大了村容村貌的整治，环境得到提升，但旅游设施配套的投入依然不足，作为一个旅游古村，松塘已具雏形，但还没能真正飞翔。虽然松塘村已经名声在外，但是对比国内著名的古村旅游点西递、宏村、周庄、西塘、乌镇等地，松塘村仍然是蹒跚学步的孩童。自2010年松塘被授予国家文化名村称号后，西樵镇政府就将松塘的开发提上日程，整个开发力度大大加强，随之而来的是开发中带来的问题，主要有四：

首先，村民对村落开发的观念相对滞后。笔者在对松塘村的实地调研后发现，村民有着高度的文化自觉，以致对村落开发有矛盾的心理，开发观念相对滞后。调研中得知，村民们自发制定并全体表决通过了《西樵镇松塘村村规民约》，要求村内的有证土地、祠堂、民居等项目的改造，均需保持古村岭南建筑风格；村民还多方筹集资金200多万元成立“翰林文化基金”，对村内古建筑和珍贵文物进行修复、奖励考上大学的学生；在村里的民间知识分子和父老乡亲的带动下，村民们对村庄的人物、历史、地理、建筑、传说等文化事项进行了全面收集和整理，并刊出书籍；不仅如此，村民们在高校学者的帮助下，还积极申请国家级、省级等各类历史文化名村和非物质文化遗产等项目，并恢复“烧番塔”“孔子诞”“飘色”等各种民俗活动；这其实是非常难能可贵的、高度的地方文化自觉，这种高度的文化自觉使当代村民的日常生活还保留着翰林古村落的文化传统，这种文化自觉已经内化为村民的一种独特的精神气质和文化传统。然而，正是由于松塘独具的文化特色，极大地吸引了外来的开发力量的加入，但是面对这种外来力量的帮助，当地村民的表现略显犹豫，村民对待开发“开发就是破坏”的观点普遍存在，并认为开发会消融原有的传统文化。可见在村落的开发问题上，村民观念比较保守，阻碍着村落的旅游经济发展步伐。

其次，松塘村非物质文化遗产的恢复与保护仍处于较为薄弱的环节，对非物质遗产的整体性与原真性的保护与传承依然有待提高，很多非物质遗产仅仅以静态的方式展示，并没有真正的活化；也有部分物质文化遗产，由于日久失修和实体元素的缺失而面临消亡的境地。

再次，松塘村有空心化的迹象。越来越多的松塘年轻人，由于经济问题或者发展原因举家外出，长此以往，宗祠祖宅也将会面临无人修缮的问题，八百年古建筑文化和传统生活文化也可能会因此消失。松塘文化镌刻着松塘人的过去，但更应也孕育着松塘人的未来。在笔者对松塘村民的访谈中得知，很多年轻的松塘村民常年在外，偶尔才回村庄小住几天。究其原因，就是在松塘的经济收入比外面的少。人是古村落复兴的核心，没有人，破败消亡仅仅是时间问题，因此，如何吸引年轻人回流，使村中年轻人扎根，发展村庄经济势在必行。

最后，生态环境问题有恶化趋势。城市化进程中，城市对村落的压力、农耕文明在现代化中的境地，在松塘村周围的一些村庄都因纺织工业拆迁建工厂，局部导致了部分山体植被的毁损破坏，水土流失时有发生，自然生态环境也带来了威胁。近年来，在村民的筹款和政府的支持下，松塘村建立相应的卫生制度，但根据笔者的实地调研，依然发现局部隐蔽之处还没普及；此外，松塘外围的环境仍有不同程度的污染影响，包括水、空气和噪音污染等。另外，外来人口的增加或将房屋出租给外来人口，也会加速古村落各类景观元素的耗损。

总的来说，松塘村生态环境上依然面临严峻的考验。

二、佛山南海松塘古村落文化元素探微

松塘古村集自然环境与人文环境于一身，悠久的建村历史和辉煌的文化底蕴，还有独具特色的民俗文化，这些物质的、非物质的元素交织成一个纯粹古朴的古村落，形成了独具岭南特色的兼具佛山元素的文化载体。按照文化的划分理论，把松塘村的文化元素类别分为物质层面的文化元素、事件层面的文化元素和意境层面的文化元素。

（一）物质层面的文化元素

1. 优越的自然环境

松塘村先人区世来（宋朝儒士区桂林之子）于南宋咸淳九年（1273 年）携弟侄区泰来、区世从，从南雄珠玑巷南迁时，选择了自然环境优越，山冈抱水之地作为开村基地，至今，自然环境还非常优越。一方面，先人的富足为古村的建

设奠定了良好的物质基础；另一方面，旧时该地相对偏僻，逃过了城市化对该村的破坏，为古村的形成和发展设置了一道天然的“屏障”。此外与村民保护环境的行为有关，村民自觉保护环境，不轻易拆掉原来的老房子；在古村依然可以看到百年前先人留下的保护环境的告示牌；村民也订立了村规民约，要求村民在项目改造的时候，要注意保护环境保持古村的建筑风格。

2. 丰富的古建筑群

松塘古村至今仍保留有较为完好的镬耳屋民居建筑、宗祠家庙、家塾书舍、古朴巷道、实用古井、旗杆古石、村家牌坊等古建筑物质实体元素，传统古建筑规模超过两千平方米。代表性建筑有“区氏宗祠”“六世祖祠”“见五大夫祠”“东山祖祠”“樵侣祖祠”“明德社学”“养正书舍”“培元书舍”“汇川家塾”“孔圣庙”等，这些古建筑充分体现了“三雕一塑”的岭南特色，古建筑的详细情况请见下表。

松塘古建筑一览表

编号	名称	数量	具体内容
1	镬耳大屋	60～70 间	总建筑面积约 6 800 平方米
2	祠堂	9 处	区氏祠堂 3 座、六世祖祠 2 座、东山祖祠 1 座、樵侣祖祠 1 座、见五大夫祠 1 座、士大夫家庙 1 座
3	书塾	6 处	培元书舍、汇川家塾、大夫家塾、彝圃家塾、养正书舍、明德社学
4	村庙	5 处	关帝庙、孔圣庙、华光庙、玄天宫、北帝庙
5	古井	11 处	红沙或花岗岩砌成
6	牌坊	1 座	松塘第一门牌坊
7	碑石	1 处	区维翰墓碑石
8	旗杆石	数量众多	记载考取功名的村民
9	巷门	数量众多	处于每条古巷的巷口
10	石板路	数量众多	古巷的铺设用材

书院学堂是松塘古村落中重要的组成部分，也是古村落体现深厚翰林文化底蕴体主要阵地，建村以来，松塘人就非常注重教育，松塘先人教育后代要以读书求出路，自区鹤良中进士、进入翰林院以来，文脉畅通，生生不息。

3. 整齐划一的水路系统的脉络元素

松塘村的水塘多达百亩，总共有七个水塘，一个一个相连，一直到山边，每个水塘从山边一直到村口，每口水塘的水质和功能都是不同的。村中道路沿水塘而建，街巷道路几乎都是采用大岩石铺设。道路两旁古树林立；每条小巷巷口都朝着池塘，也就是所谓的百巷归塘，家家户户都设有天井或水渠，雨水便经天井或水渠顺势而流，汇聚于池塘，这样的设计布局有风水的成分，也形成了一个良好的排水系统。

（二）事件层面的文化元素

松塘古村非物质文化遗产异常丰富，有独具特色的民俗文化，还有村史典故等非物质事件元素，比如中秋之夜的“烧番塔”传统民俗和翰林文化故事，都是独具特色的。

1. 丰富多彩的民俗文化

松塘人的祖祖辈辈文脉昌盛，村民都认为是祖宗的庇佑，所以村民们非常重视宗族的建设，村中宗祠祖祠几乎都能保存完好，村民们还传承着各种各样民俗祭祀活动，以表达对先人的爱戴和追思。通过实地调研访谈得知，在松塘村几乎每个月份（按农历算）都至少有一个以上的民俗活动。比如，正月初四的“出色”巡村盛会、二月二土地诞、三月三清明祭祖、四月初八的“闭墓”仪式、是五月五“端午”祭祀和龙舟、六月二十四的武圣诞、是七月七的“乞巧节”和七月半的鬼仔节、八月就是中秋节、传统的“烧番塔”仪式和二十七“孔子诞”拜祭活动、九月九的重阳节和二十九的华光神诞、十一月就是冬至节和大年三十的大扫除和唱童谣送旧迎新。除此之外，还有就是关于传宗接代的过继、倒插女婿、生育、嫁娶、丧葬等习俗。上述民俗习俗大多在宗祠中举行，体现了对神圣和对先人的尊重。

2. 多样化的技艺文化

松塘古村中的传统民间技艺多种多样，石雕技艺、木雕技艺、灰雕技艺和砖雕技艺等各种建筑艺术保存的比较好，而各种技艺依然得以传承。这些技艺构成了松塘民间的传统技艺的重要部分，也是松塘人的艺术智慧的结晶。

3. 多元的文化信仰

（1）翰林文化。

翰林制度是一项职官制度，自唐朝起开始存在，直至清朝灭亡，延续了千余年之久。翰林制度消失了，但松塘村的翰林文化却影响着一代又一代的村民，学风盛行、人才辈出。对于中国古代的翰林来说，有一点是千年不变的，即充任者多是精通经史、饱读诗书之士，所以翰林文化盛行的松塘对饱读诗书的读书人特别受敬重，村中的旗杆石就是为考取功名的村民而立的，村民们非常注重教育兴学，村中私塾林立比如“培元书舍”“养正书舍”“汇川家塾”等载体就是很好的例证。

（2）道家文化。

道家文化崇尚“天人合一”，此从松塘先人的选址中可见一斑：松塘先人选择有山有水，山冈环抱，枕山面水的松塘建村安家，这与道家崇尚自然、热爱自然、亲近自然的观点是不谋而合的。另外，松塘的村规中针对自然环境中的水塘、树木等提出了相关的环保规定，也说明松塘村民对环境的重视，与道家文化也高度一致。村中的整体古建筑多采用青砖、灰瓦、大岩石等朴素建筑材料，整个风格色调与道家的朴实无华的思想相通。村民洗刷用水多取自家门古井，与自然息息相通。村中的古民宅设计奇妙，布局精巧，有开有合，道法自然之味浓郁。总的来说，松塘古村落就是一个与道家文化互相融合的村落。

（3）宗法文化。

松塘的宗法文化浓厚，这可以从村里大大小小数量众多的宗祠看出。村里的各种民俗风俗大多在宗祠中举行，可见以宗祠为文化载体的宗法文化渗透到每位村民的血液里。村里宗祠文化深厚的力量在于，村民们有着共同的祖先，共同的价值观念。家家户户的先人灵位，村里的各类宗祠或者村口的祠堂都是起着链接每个村民的情感纽带的作用；另外，实地调研中发现的各种村规、家训及其他相关规定，实质上都是松塘宗法文化的有机组成部分。

（4）慈善文化及其他文化类别。

松塘村的慈善文化浓厚，大多都是以公益事业为主，如设立奖学金等。还有就是其他特色的文化类别，共同构筑了松塘村的多元文化，这些多元文化互不矛盾，互相糅合，成了村民们的核心价值体系，使得松塘古村得以保存近八百年，甚至延续到更远更远的未来。

（三）意境层面的文化元素

松塘是一个古韵犹存的岭南古村落，村落中的古道、古巷鲜见商业的物质载体，沿路可见的都是各种各样的家塾、书舍等，体现了松塘人重视教育、读书传家的意境。各类古民居建筑、各类宗祠、祠庙、水塘、数量颇多的古井、深幽的古巷、质朴的麻石铺地，宛然一种朴实自然的意境。

沿水塘漫步，往来忙碌的村民，悠闲自在的老人，门前一口古井，井边妇人在用井水洗衣服，旁边小女孩在玩耍帮忙，一种安静祥和的生活气息悠然而生。村口一些牌坊，碧波荡漾的水塘，此情此景无不传递着古村深厚的岁月积淀，人仿佛身临古代。身处古村，每个人都可能有不同的感受，每个角落也许会给人们不同的感觉。而内涵着实丰富、种类繁多的意境元素确是松塘的灵魂，是松塘最为珍贵的文化遗产。

三、佛山南海松塘古村落文化元素的复兴措施

松塘古村落是自然和人文双全的文化古村落，但是，随着岁月的流逝，城市进程的加快及周遭环境的污染，以及年轻村民的外出谋生，必定导致古村各方面文化元素的损害或破败，比如古屋的自然毁损，水塘水质的变差，古村落民俗文化的没落等等。为了在保护中传承，在传承中发展，必须对松塘古村落的各项文化元素进行复兴，形成村民愿意留下来，想回来，不离开的良性循环局面。

（一）古村落物质实体文化元素的复兴措施

松塘古村落的物质实体文化元素多种多样，其中以古建筑和古巷为主，在实地调研中发现，古建筑、古巷和自然环境局部遭到不同程度方面的破坏，比如新建房屋把原有的古屋摧毁，再比如附近工厂对古村自然环境的污染，这些对古村落的复兴构成威胁。

1. 自然环境物质实体元素的复兴措施

自然环境是松塘村的基础，从调研中得知，松塘历来都注重环境保护，但是由于生活方式随着时代的变化，村里的自然环境必定遭到一定程度的破坏。对此，村民必定要防微杜渐，从以下三方面加以复兴。

首先，在原有村规提倡保护环境的基础上，要加大力度禁止砍伐，适当增加乡土品种的栽培，从前松塘之所以叫松塘，很大的原因是村里有很多的松树，但现在不复存在了。适当对村里的古树名木进行挂牌和设置护栏加以保护也可以。通过村民或名人认栽的形式，对古树名木。

其次，对水系统的复兴，要加强对七大水塘水质污染治理，可以利用现代污水处理技术进行修复，也可以通过对水塘的区域责任认定来进行复兴。

最后，是对古巷的修复和复兴，从调研中得知，部分古巷的排水系统或来水系统几乎都外露，影响美观和古朴意境；也有部分古巷长满了青草，也有的麻石缺失等，路是人走出来的，没人走的路，慢慢就不是路。由此，对古巷的复兴，必须是在复古的基础上，吸引人流，包括本村村民的回流或者外来人们的旅游。

2. 古建筑物质实体元素的复兴措施

松塘古建筑的形态各异，各有不同特点，要复兴必须做两项工作：第一是对古建筑物质实体元素进行修复，第二是对古建筑功能的复兴。对实体元素的修复，首先要对古建筑的现状进行调查，然后指定修复方案。而对古建筑的功能的复兴，比如对家塾，书舍可以考虑用来做文艺创作、技艺传承之用，只有让古建筑的功能复兴了，古建筑才得以活化。说白了，不管是家塾也好，书社也罢，还是古民宅也好，都得有人，有人气、有人住、有人用，然后，古建筑才能得以重生。

（二）古村落非物质事件元素的复兴措施

松塘古村落中拥有丰富的民俗民风，历史典故，工艺技术等非物质事件元素，比如以松塘村民对祖先的崇拜和孔子的崇拜，还有以各种节日习俗、婚嫁、丧葬等为代表的民俗文化；松塘的历史典故和动人故事，取材多出于本村，情节跌宕起伏、引人入胜，有的关于读书人如何考取功名，有的关于能人异象，有的关于贫苦人家否极泰来；还有以翰林文化，宗法文化，慈善文化为代表的多元化文化体系；除此以外，还有松塘灰雕、木雕、石雕等技艺文化。上述这些都是属于松塘的非物质事件元素，是古村落的灵魂和精髓，其表现形式是非物质性的，他们的表征必须依附于具体的物质形式上，由此要对非物质事件元素的复兴，首先要做的是对其物质载体进行保护和再现。

应该先对松塘古村落的非物质事件元素的现存状态进行详细的调查，对民俗民风而言，可以加大力度对事件元素的宣传和渲染，并通过“仪式展示”的形式进行传承。对历史典故类的非物质事件元素，可以通过牌匾、楹联记载、雕刻记载，甚至是现代的电子屏幕形式进行滚动再现，还可以结合其他艺术形式进行表达。对工艺技术类的非物质时间元素，可以通过静态的工艺品形式或图书形式进行展示，也可以影片或者动画的形式进行动态展示。

非物质事件元素的复兴过程，一定离不开人，也就是离不开村民，一定要调动村民的主观能动性，事件元素是古村落的灵魂和精神核心，要复兴事件元素，实质上就是要让村民对事件元素进行传承和延续，因此，在对事件元素复兴中，必须对事件元素的积极作用进行宣传，使其渗入村民的心中。

（三）古村落非物质意境元素的复兴措施

在对松塘进行实地调研中发现，如今的松塘传统农耕的意境少了，鸡鸭满地跑的景象不复存在了；书香意境少了，朗朗的读书声也没了；寂静的家塾和书舍多了几分沧桑感，幽静的古巷多了几丝野草和荒凉，也多了些现代文明的味道；这些意境元素的体现是感觉性，但归根结底还得靠物质性实体元素和非物质性事件元素来支撑，随着物质性实体元素和非物质性事件元素的逐步消亡，意境元素也随之慢慢消失。因此，对于意境元素的复兴，必须与物质性的实体元素和非物质性的事件元素来共同营造，并且要靠村民在实体元素和事件元素上的情景再现。

总之，对意境元素的复兴，要把实体元素和事件元素的内容和形式弄清楚，然后进行有机结合，尽可能让物质性元素的功能得到利用，再注入事件元素，让村民的生活中用到这些物质元素，想到这些事件元素，那么意境元素的复兴会被重新营造，重新散发迷人的魅力。

参考文献：

[1] 郑梦玉，梁绍献．南海县志［M］．台北：成文出版有限公司，1967.

[2] 吴荣光．乡城志［M］//佛山忠义乡志．1830（清道光十年）．

[3] 吴宝祥．话说南庄紫洞艇［N］．佛山日报，2010-10-23.

[4] 郭汝诚．德县志［M］．台北：成文出版有限公司．

[5] 陈卓莹．红船时代的粤戏班概况［M］//广东省戏剧研究室．粤剧研究资料选，1983.

[6] 麦啸霞．广东戏剧史略［M］//广东省戏剧研究室．粤剧研究资料选，1983.

[7] 李日星．琼花会馆的建立不足以成为粤剧形成的标志［J］．南国红豆，2011（3）．

[8] 李婉霞．清平戏院见证清末民初澳门粤剧的繁荣［J］．戏曲品味，2013（146）．

[9] 新金山贞．红船规制及其禁忌［M］//黎健香港粤剧口述史．香港：三联书店有限公司，1997.

[10] 朱樗．粤东成案初编［M］//梁沛锦．粤剧研究通论．香港：龙门书店，1982.

[11] 中国戏曲志编辑委员会．中国戏曲志：广东卷［M］．北京：中国 ISBN 中心出版，1993.

后　记

由广东省社会科学界联合会主办，佛山科学技术学院（佛山岭南文化研究院、中国语言文学重点培养学科）、佛山市社会科学界联合会等单位承办的2015广东社会科学学术年会佛山分会于2015年10月30日在佛山科学技术学院举行。年会以“地方特色文化的研究与传承”为主题，采取主会场报告、分论坛研讨和文化考察三种方式进行，对广东省社会科学的研究和发展作了多角度的深入探讨，取得了众多科研成果。

研讨会论文通过公开征集而来。2015年6月15日至8月31日期间，共收到论文115篇，经专家评审组评选，确定106篇论文参会并据此编印了《2015年广东省社会科学学术年会佛山分会论文集》。现在该论文集基础上，根据专家组评审以及论文作者的个人意愿，选出38篇论文汇编成册，结集出版。所收论文一律尊重原著，论文的观点、内容、语言等均由作者文责自负。未能列入本书的论文也不乏真知灼见，但由于篇幅所限，我们只能忍痛割爱，难免造成遗珠之憾，望诸君见谅。

本书在编辑过程中，得到了各级领导的关心支持，以及一些专家学者的指导帮助，在此一并向他们表示衷心感谢！如若此书的出版能给有志于广东地方文化研究的人士提供一点有益的帮助，则正是本书编辑出版的初衷。竭诚欢迎学界同仁提出宝贵意见。

编　者

2016年9月10日